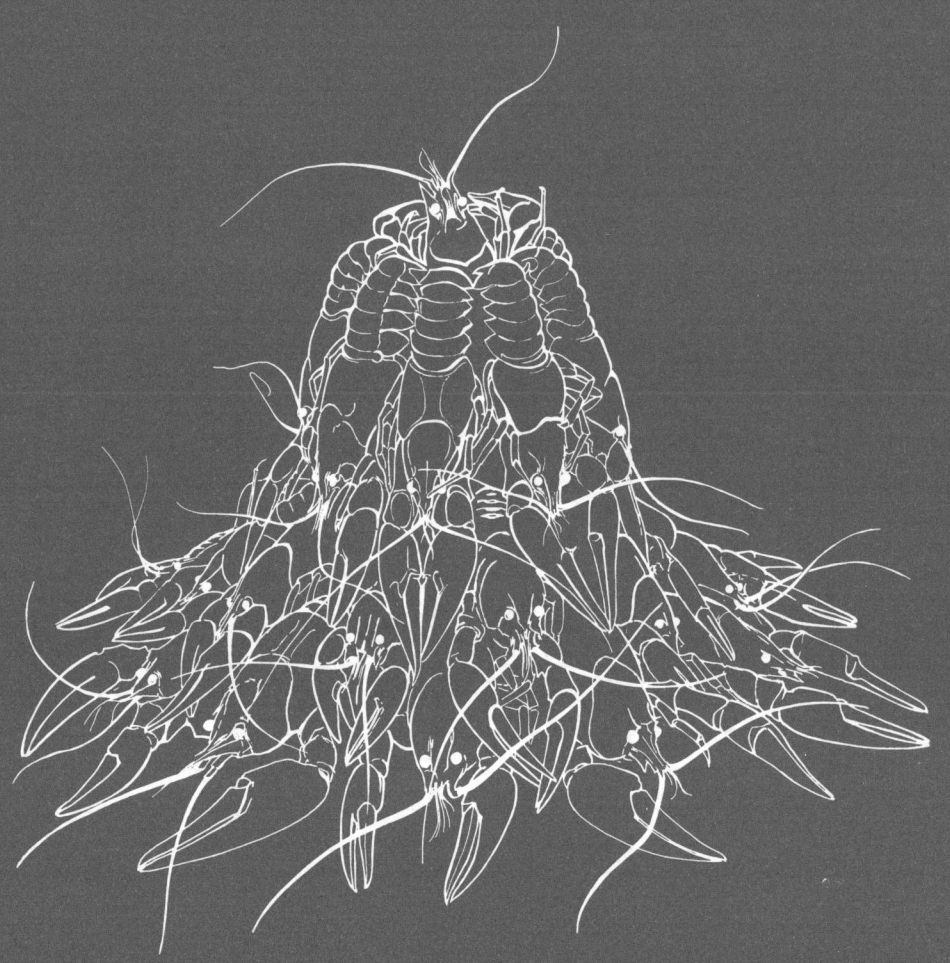

Johann Hagenauer/Günter W. Hager/Franz Ebner

Kalte Küche

Kalte Küche

Johann Hagenauer
Günter W. Hager
Franz Ebner

Farbbilder: Ernest Richter

TRAUNER VERLAG

2. Auflage

Copyright © by Rudolf Trauner Verlag
A-4021 Linz, Köglstraße 14

Gestaltung: Wolfgang Kraml
Grafiken: Heidi Hinterkörner, Isabella Pichler, Monika Schöllhammer
Lektorat Theorie: Wolfgang Kraml
Lektorat Rezepte: Elisabeth Geyer

Herstellung: Trauner-Druck, Linz
ISBN 3 85320 358 2

Vorwort

Für mich gilt er als König der Küchen, der Gardemanger, der Koch für kalte Speisen.

In seinem Ressort optimieren sich die Ansprüche an Ideenreichtum, Ausdrucksform, handwerkliches Können, geschmackliche Vollkommenheit und Präsentation.

Spricht man von Kochkunst, so mag wohl die Kalte Küche stellvertretend für alle Bereiche das Wort Kunst zur Gültigkeit erheben. Denke man bisweilen an die subtilen Genüsse eines Galabuffets, die grandiosen Exponate internationaler Kochkunstausstellungen, die bizarren Eismeißeleien und die aufwendigen Dekorationen.

Das rasche Entstehen einer sogenannten „neuen Küche", das Verlangen nach mehr Frische, vermehrter À-la-minute-Produktion, das Erschließen neuer Märkte sowie ökonomische Überlegungen, aber auch die veränderten Ansprüche neuer versierter Gästekreise leiteten Umdenk- und Ausbildungsprozesse ein, denen fachliterarische Grundlagen vorauseilen müssen.

Mit der vorliegenden Gemeinschaftsarbeit meiner Kollegen Johann Hagenauer, Günter W. Hager und Franz Ebner trug man diesem Bedürfnis zum treffendsten Zeitpunkt Rechnung.

Basierend auf den Erkenntnissen der klassischen Küche, gelang es den Verfassern, in leicht verständlicher Manier mit einer Fülle nachahmenswerter Rezepturen und neuer, gelungener Kreationen das gesamte Spektrum der Kalten Küche im Stile unserer Zeit zu reflektieren.

Das elegant und ästhetisch bebilderte Buch weist Ernest Richter einmal mehr als Gastro-Fotografen der europäischen Spitzenklasse aus. Durch die hervorragend gelungene Symbiose von Bild und Text vereinigt das Buch in souveräner Art die Absichten, den angehenden und jungen Fachmann zu lehren, den praktizierenden Gourmet zum Nachvollzug herauszufordern und zugleich den Arrivierten des Gewerbes zu neuen Kreationen zu inspirieren.

Ewald Plachutta

Zur Einleitung

Immer mehr tritt heute die „Kalte Küche" wieder aus ihrem scheinbaren Schattendasein hervor. Sie ist ein nicht wegzudenkender Teil unserer Eßkultur – ein wichtiger Bereich nicht nur in den großen Hotel- und Restaurantküchen, sondern auch in den vielen anspruchsvollen kleineren Betrieben und in den ambitionierten Haushalten. Eine Reihe von großen Köchen haben der Kalten Küche neue Impulse geben können.

Besonders in der Kalten Küche sind die Qualität und Frische der Rohmaterialien, die genaue Kenntnis über ihre Beschaffenheit und ihre Eigenschaften und das Wissen um die Verwendung der einzelnen Produkte von wesentlicher Bedeutung. Aus diesem Grund – und weil die Lagerhaltung zu den Aufgaben des Gardemangers zählt – wurde der Warenkunde ein breiter Raum gewidmet.

Auch auf eine möglichst schonende Zubereitungsart wird immer mehr Wert gelegt. Das Kapitel „Grundzubereitungsarten" gibt einen Überblick über die verschiedenen Zubereitungsarten und deren jeweilige Besonderheiten. Ein weiterer Schwerpunkt sind die Konservierungsarten vom Räuchern bis zum Tiefkühlen und Vakuumverpacken.

Sozusagen der Krone der Kalten Küche, dem kalten Buffet, wurde ebenfalls ein eigenes ausführliches Kapitel gewidmet.

An die Ausführungen über Buffetorganisation, Buffetaufbau und die verschiedenen Buffetarten ist eine Checkliste angeschlossen, die helfen soll, eine derartige Veranstaltung möglichst rationell und erfolgreich abzuwickeln. Die Richtlinien zum Anfertigen von Buffetplatten und ihre Rezeptierung mit allen Garnituren sind hier angeführt.

In über 400 Rezepten versuchen wir einen ausführlichen Überblick über das breite Spektrum der Kalten Küche – vom einfachen belegten Brot bis zum Galabuffet – zu geben. Amuse gueules, Salate, Aufschnittplatten, Vorspeisen, Pasteten, Terrinen, Galantinen, Parfaits, Mousses und Sulzen sind ausführlich rezeptiert.

Dabei wurde sowohl den Anforderungen der klassischen und bodenständigen Küche als auch der sogenannten neuen Küche Rechnung getragen.

Nicht zuletzt möchten wir uns an dieser Stelle bei allen bedanken, die am Entstehen dieses Buches mitgewirkt haben, indem sie ihre Rezepte zur Verfügung stellten.

Unser besonderer Dank für die Unterstützung beim Zustandekommen dieses Buches gilt folgenden Herren:

Herrn Küchenmeister Herbert Schoba, Küchenchef im Hotel Josefinenhof im Warmbad Villach, für seine Rezepte und die Unterstützung beim Vorbereiten der Fotos,

Herrn Küchenmeister Gernot Rainer vom Restaurant Tschebull am Faaker See für seine Rezepte und die Unterstützung beim Vorbereiten der Fotos,

Herrn Küchenmeister Heinz Kügerl, Fachlehrer an der Hotelfachschule Villach, für die Unterstützung beim Vorbereiten der Fotos,

Herrn Robert Heisinger, Fachlehrer an der Landesberufsschule für das Gastgewerbe in Waldegg, für seine Rezepte, seine Hilfe beim Vorbereiten der Fotos und für seine Beratung beim warenkundlichen Teil des Buches,

Herrn Küchenchef Otto Ledermann, Luzern, Schweiz, für seine Rezepte und die Beratung beim Kapitel „Kaltes Buffet",

Herrn Eduard Mitsche, Küchenchef im Hotel Hilton in Wien, für seine Rezepte und die großzügige Unterstützung bei den Fotos,

Herrn Ewald Plachutta, Küchenchef des Restaurants „Zu den drei Husaren" in Wien, für seine Rezepte und die großzügige Unterstützung bei den Fotos,

Herrn Erich Muskovich, Küchenmeister und Chefgardemanger im Restaurant „Zu den drei Husaren" in Wien, für seine Mitarbeit bei der Erstellung von Rezepten und Fotos,

Herrn Karl Weißeneder, Fachoberlehrer an der Hotelfachschule Bad Hofgastein, für seine Rezepte

und *Herrn Helmut Österreicher,* Küchenchef im Restaurant Steirereck in Wien, für die Zusammenstellung der Amuse gueules.

Johann Hagenauer

Günter W. Hager

Franz Ebner

Inhalt

Waren- und Küchenkunde

Gewürze und Küchenkräuter

Gewürze und Küchenkräuter sind unentbehrliche Küchenzutaten. Sie haben zwar im allgemeinen keinen Nährwert, geben aber den verschiedenen Speisen durch ihre Geruchs- und Geschmacksstoffe erst die Vollendung. Ihr Aroma und ihren Geschmack erhalten sie in erster Linie von den in ihnen enthaltenen ätherischen Ölen und Bitterstoffen. Neben ihrer Aufgabe, den Geruch und Geschmack von Speisen zu beeinflussen, haben sie auch noch Bedeutung für deren Bekömmlichkeit und die Verdauung, weil sie den Appetit anregen, die Sekretion im Magen-Darm-Trakt fördern und die Peristaltik regulieren.

Frische Küchenkräuter haben daneben noch einen hohen Gehalt an Wirkstoffen und Vitaminen. Um diese Stoffe nicht zu zerstören und um ein Entweichen der Aromastoffe zu verhindern, sollten Kräuter nicht mitgekocht, sondern erst kurz vor der Fertigstellung den Speisen zugegeben werden.

Küchenkräuter sollen, wenn irgendwie möglich, immer frisch verwendet werden. Auch gemahlene Gewürze sollten erst nach dem Garwerden der Speisen zugegeben werden. Die in ihnen enthaltenen ätherischen Öle und damit ihr Aroma bleiben dann erhalten.

Gewürze

Anis

Diese Samenkörner eines einjährigen Doldengewächses kommen aus dem Mittelmeerraum und aus Rußland.

Sie sind klein, gerippt und oval und haben eine gelbgrüne bis graugrüne Farbe. Aniskörner haben einen würzigen Geruch und einen leicht süßlichen Geschmack.

Verwendung: vorwiegend für Fischgerichte, aber auch für Gemüse, Geflügelfüllungen, Süßspeisen und als Brotgewürz.

Cayennepfeffer

Cayennepfeffer wird aus den kleinen, roten bis orangefarbenen Chilischoten einer tropischen Pflanze gewonnen. Er kommt als ganze, getrocknete Schote (Chilis) oder gemahlen in den Handel.

Verwendung: zum Würzen von Saucen und Salatdressings, für Fischsuppen, Fleischgerichte und exotische Speisen. Cayennepfeffer paßt gut zu anderen Gewürzen, muß aber vorsichtig dosiert werden.

Fenchel

Getrocknete Samenkörner der Fenchelpflanze. Fenchelkörner sind länglich und von grüner bis grüngelber Farbe. Sie haben einen anisähnlichen Geschmack und Geruch.

Verwendung: zum Einlegen von Gurken, für Fleisch- und Fischgerichte und als Brotgewürz. Das frische, besonders zarte Fenchelgrün eignet sich zum Würzen von Tomaten, Kopfsalat und Fischfonds.

Gewürznelken

Gewürznelken sind die getrockneten Knospen des tropischen Nelkenbaumes. Sie haben einen angenehm aromatischen Geruch und einen brennend würzigen Geschmack.

Verwendung: in der Kalten Küche zum Spicken von Schinken, für Reisgerichte, Wildmarinaden, Kaltschalen und Kompotte. Nelken sollten nur sehr sparsam dosiert werden. Sie harmonieren nicht mit frischen Kräutern.

Ingwer

Ingwer wird aus den Wurzeln einer Gewürzlilienart gewonnen. Die Ingwerwurzel hat einen charakteristisch scharfbrennenden Geschmack und einen mild würzigen Geruch.
Verwendung: für Geflügelgerichte, Fruchtspeisen, Fruchtsaucen und exotische Salate; hauptsächlich für verschiedene Gewürzmischungen (Pastetengewürz, Wurstgewürze).

Kapern

Kapern sind die geschlossenen, in Essig, Öl oder Salz eingelegten Blütenknospen des im Mittelmeerraum heimischen Kapernstrauches. Sie schmecken herbwürzig und leicht bitter. Die Knospen werden nach ihrer Größe in Qualitätsstufen eingeteilt. Die besten Kapern sind die kleinen Nonpareilles, gefolgt von den mittelgroßen Surfines und den großen Capucines.
Verwendung: für Fischsaucen, Fisch-, Fleisch- und Eiergerichte, Salatdressings und Brotaufstriche. Kapern harmonieren gut mit Pfeffer, Senf, Dill, Zwiebeln, Schnittlauch und Kren.

Kardamom

Die Samen aus der Fruchtkapsel einer asiatischen Schilfpflanze. Die unregelmäßig kantigen Körner haben eine violettbraune Farbe. Ihr Aroma ist wohlriechend und ihr Geschmack angenehm und feurig-würzig.
Verwendung: für Kuchen und Bäckereien, aber auch als Pasteten- und Wurstgewürz sowie für Fruchtvorspeisen.

Koriander

Die getrockneten Früchte – oft fälschlich als Samen bezeichnet – eines in heißen und warmen Zonen gedeihenden Doldengewächses. Sie sind hellbraun, kugelig und haben eine gerippte Oberfläche. Der würzig-süße Geschmack des Korianders erinnert an Salbei und Oregano.
Verwendung: für Rohkost, Fischmarinaden, Dressings und Beizen, als Pasteten- und Wurstgewürz; wegen seines anisähnlichen Aromas auch als Brotgewürz und für Gewürzbäckereien. Koriander paßt zu allen fernöstlichen Gewürzen.

Kümmel

Die getrockneten, braunen und sichelförmigen Spaltfrüchte der in ganz Europa vorkommenden Kümmelpflanze. Die Körner haben einen stark aromatischen, intensiven Geschmack und einen sehr würzigen, fast beißenden Geruch.
Verwendung: zum Würzen von fetten Speisen, für Käse- und Fleischgerichte, Kartoffeln, Sauerkraut, Krautsalat, Rote-Rüben-Salat, Chinakohl, als Brotgewürz und zum Kochen von Krustentieren. Kümmel verträgt sich gut mit Knoblauch, Zwiebel, Pfeffer und Cayennepfeffer.

Der **Kreuzkümmel** ähnelt dem normalen Kümmel, seine Samen sind aber größer. Er wird hauptsächlich in wärmeren, südlichen Gebieten kultiviert. Die ganzen Körner sind graugrün, der gemahlene Kreuzkümmel ist grünlichbraun. Der Geruch von Kreuzkümmel ist aufdringlich und eher unangenehm, sein Geschmack scharf.
Verwendung: Kreuzkümmel wird hauptsächlich als Mischgewürz verwendet und ist unter anderem in Curry enthalten. Mit gemahlenem Kreuzkümmel werden exotische Reisgerichte, Chili con carne, Käse und Räucherfleisch gewürzt.

Kurkuma (Gelbwurzel)

Kurkuma wird aus dem Wurzelstock einer tropischen Staude aus der Familie der Ingwergewächse gewonnen. Die gelbe, unter der Rinde leuchtendorange Kurkumawurzel wird als ganzes Stück oder gemahlen angeboten. Das dunkelgelbe Mehl riecht charakteristisch beißend und hat einen ingwerähnlichen, leicht beißenden Geschmack. Das scharf

riechende ätherische Öl der Kurkumawurzel findet in der Parfümindustrie Verwendung, der gelbe Farbstoff wird zum Färben von Fetten und Likören verwendet. Kurkuma ist ein Basisgewürz des Currypulvers.

Verwendung: Geflügelragouts, helle Saucen, Eiergerichte, zu Salatdressings, für Krustentiere, als Ersatz für Curry und für die Senfherstellung. Kurkuma paßt gut zu exotischen Gewürzen, verträgt sich aber nicht mit Ingwer.

Lorbeer

Die grünen Blätter des im Mittelmeerraum heimischen Lorbeerstrauches. Sie werden meist getrocknet, aber auch frisch angeboten. Lorbeerblätter haben einen aromatischen Geruch und schmecken leicht bitter und herb.

Verwendung: für Marinaden, Beizen, Saucen, Suppen, Fisch-, Wild- und Fleischgerichte sowie für Essiggemüse und Sulzen. Lorbeerblätter entfalten beim Kochen ein intensives Aroma. Sie sollten deshalb nur sparsam verwendet werden. Lorbeer paßt gut zu Pfeffer, Zwiebel, Piment, Wacholderbeeren und Gewürznelken.

Muskat

Der Muskatbaum stammt ursprünglich von den Molukken, wird heute aber in fast allen tropischen Gebieten angebaut. Als **Muskatblüte** oder **Macis** wird nicht die Blüte, sondern der getrocknete, mehrfach gefaltete bräunlichgelbe Samenmantel der Muskatfrucht bezeichnet. Die Muskatblüte ist von süßlich-bitterem Geschmack und aromatischem Geruch, milder und blumiger als die Muskatnuß.

Verwendung: für feine, helle Saucen, Fruchtsuppen, Fischgerichte, Currygerichte, Lebkuchen und Bäckereien. Muskatblüten passen gut zu Zimt, Gewürznelken, Pfeffer und Lorbeer.

Die **Muskatnuß** ist der geschälte, nußgroße braune Samenkern der pfirsichartigen Muskatfrucht. Sie ist süßlich-bitter und etwas scharf mit einem sehr intensiven Geruch.

Verwendung: für Spinat, Schwarzwurzeln, Kohlgemüse, Käsespeisen, Suppen, Gebäck sowie für Pasteten und Farcen.

Paprika

Als Gewürzpaprika dienen die getrockneten, gemahlenen, roten ganzen Paprikaschoten. Die Schärfe und das Aroma der Paprikaarten hängen vom mitgemahlenen Samenanteil ab. Vier Qualitätsstufen werden unterschieden:

Als **Delikateß-Paprika** wird die feinste Qualität bezeichnet. Er schmeckt besonders mild und hat eine hellrote Farbe.

Edelsüß-Paprika schmeckt sehr aromatisch, ist etwas schärfer und färbt kräftig.

Halbsüß-Paprika ist würzig-scharf und enthält weniger Farbstoffe. Er ist der typische Gulyaspaprika.

Rosen-Paprika ist eine weniger gute Qualität. Durch die Vermahlung der ganzen Früchte mit den Samen und Scheidewänden ist er sehr scharf und hat eine rotbraune Farbe.

Verwendung: für Geflügel, Fisch, Gulyas, Faschiertes, Suppen, Saucen, Brotaufstriche und Buttermischungen, Reis- und Tomatengerichte sowie für Pastetengewürz. Wegen seiner intensiven Farbe wird er auch zum Färben und Garnieren verwendet. Paprika paßt gut zu Zwiebel, Knoblauch, Kümmel und Majoran.

Pfeffer

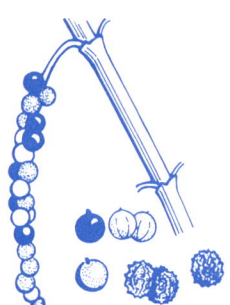

Schwarzer, weißer und grüner Pfeffer sind die Beerenfrüchte (Samen) des Pfefferstrauches. Ursprünglich in Indien heimisch, wird Pfeffer jetzt vor allem in den tropischen Gebieten Asiens und Südamerikas angebaut.

Schwarzer Pfeffer sind die unreifen, nicht geschälten und runzelig getrockneten Beeren. Sie riechen aromatisch und schmecken brennend scharf.

Verwendung: für Marinaden, Suppen und Saucen, deftige Fischgerichte, Fleisch- und Gemüsegerichte, Hülsenfrüchte und als Einmachgewürz.

Weißer Pfeffer sind die reifen, in Wasser aufgeweichten, vom Fruchtfleisch befreiten und getrockneten Beeren. Sie sind milder und haben einen feineren Geschmack als der schwarze Pfeffer.

Verwendung: für zartes Gemüse, Fisch- und Geflügelgerichte, helles Fleisch, Kartoffelgerichte und Pasteten.

Grüner Pfeffer sind die unreifen, in Alkohol, Essig oder Salzlake eingelegten oder durch spezielle Trocknungsverfahren konservierten Beeren. Sie sind aromatisch und nicht brennend im Geschmack.

Verwendung: für Salate, Tatar, Steaks, Terrinen, Pasteten und als Garnierung.

Rosa Pfeffer ist im botanischen Sinn kein Pfeffer, sondern die mit Zucker behandelten Körner einer tropischen Baumfrucht. Er schmeckt etwas süßlich, mild pfeffrig.

Verwendung: für gegrilltes Fleisch und Obst, Fisch-, Geflügel- und Wildgerichte sowie Obstsalate.

Gemahlener Pfeffer verliert sehr rasch sein Aroma. Pfeffer sollte daher nur frisch gemahlen verwendet werden.

Piment (Nelkenpfeffer, Neugewürz, Gewürzkörner)

Piment ist die Beerenfrucht des mittelamerikanischen Nelkenpfefferbaumes. Die getrockneten, runzelig kugelförmigen Beeren sind dunkelbraun bis violett. Sie schmecken scharfwürzig, aromatisch und riechen leicht nach Pfeffer und Nelken.

Verwendung: ganze Beeren für Wild- und Hammelbraten, Ragouts, Fischsuppen, dunkle Suppen und Saucen, Marinaden für Fisch und zum Einlegen von Gurken; gemahlen für Faschiertes, Innereien, Würste, Kompotte, Pasteten und Backwaren. Piment wird sehr vielseitig verwendet und daher auch als „Allgewürz" bezeichnet. Es paßt gut zu den meisten exotischen Gewürzen.

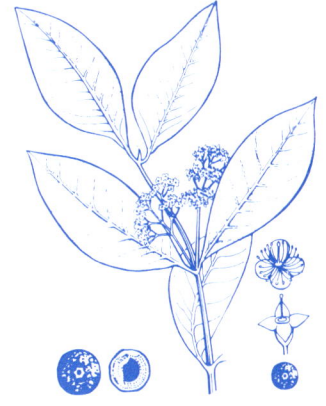

Safran

Safran sind die getrockneten Blütenfäden und Blütennarben der Safranpflanze. Sie haben eine feurige, braunrote Farbe und einen intensiven, leicht bitteren Geschmack. Safran ist stark gelbfärbend.

Verwendung: zum Aromatisieren und Färben von Suppen, Saucen, Kuchen, Backwaren und Reisgerichten. Dieses besonders teure Gewürz ist sehr lichtempfindlich und muß daher dunkel aufbewahrt werden.

Safran paßt zu allen Kräutern des Mittelmeerraumes.

Senfkörner

Senfkörner sind die Samen verschiedener, ursprünglich im Mittelmeerraum heimischen Senfpflanzen.

Weißer Senf wird im ganzen oder gemahlen (Senfpulver, Senfmehl) verwendet. Die getrockneten Samen sind gelblichbraun. Sie schmecken würzig-scharf, leicht nußartig und nach Kren.

Verwendung: ganze Körner zum Einlegen von Gemüse, für Fisch-, Fleisch- und Wildmarinaden und Sauerkraut; Senfpulver zum Würzen von Saucen, Mayonnaisen und Salaten; für Geflügel- und Käsegerichte, für Speisesenf.

Senfkörner verhindern die Schimmel- und Bakterienbildung und wirken deshalb konservierend.

Senfkörner brauchen auch eine gewisse Zeit, um ihr Aroma voll entfalten zu können. Sie sind außerdem sehr hitzeempfindlich und sollten deswegen auf keinen Fall mitgekocht werden.

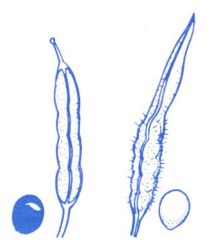

Schwarzer Senf ist wesentlich schärfer als weißer und wird hauptsächlich zu Speisesenf verarbeitet.

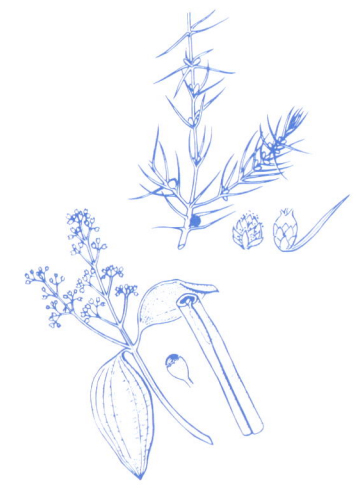

Wacholder

Wacholder sind die reifen, getrockneten blauschwarzen Beeren des Wacholderstrauches. Sie haben einen bitteren, harzigen und leicht süßlichen Geschmack.
Verwendung: für schwerverdauliche Speisen, Rinderbraten, Wildgerichte, Saucen, Sauerkraut, Marinaden und zur Geschmacksverbesserung beim Räuchern.

Zimt (Zimtrinde)

Die dünne Rinde des Ceylon-Zimts (Caneel) schmeckt fein aromatisch und leicht süßlich. Chinesischer Kassia-Zimt hat eine dickere Rinde, ist kräftiger, würzig-feurig und leicht bitter.
Verwendung: für Kompott, Apfelkuchen, Punsch, Süßspeisen (Zimtsterne), aber auch zu Lammbraten oder verschiedenen Schinkengerichten. Zimt paßt gut zu Gewürzen wie Vanille und Nelken sowie zu Koriander, Muskat und Piment.

Küchenkräuter

Basilikum (Basilienkraut)

Basilikum stammt ursprünglich aus Südasien und ist seit dem 16. Jahrhundert in Mitteleuropa bekannt. Die gegen Kälte sehr empfindlichen Blätter verwendet man meistens frisch, das Kraut wird getrocknet oder gemahlen. Frische Basilikumblätter haben einen angenehm beißenden Geschmack, aromatisch, kühl, würzig, das getrocknete Kraut ein strenges, appetitanregendes Aroma.
Verwendung: für Salate, Pilze, Gurken und Tomatensauce, Braten, Ragouts, Fisch, Saucen, italienisches Gemüse, Gemüsesuppen, Nudelgerichte. Basilikum harmoniert mit Dill, Estragon, Knoblauch, Petersilie, Pfeffer, Rosmarin, Zwiebel.

Beifuß

In Europa, Asien, Nordafrika und Nordamerika wildwachsendes Kraut, das auch als Kulturpflanze angebaut wird. Beifuß ist ein dem Wermut ähnliches Gewürzkraut mit würzigem Geruch und etwas bitterem Geschmack. In der Küche genutzt werden die frischen oder getrockneten kleinen Blütenzweige und die jungen Blätter. Sie wirken verdauungsfördernd nach dem Genuß von fettem Fleisch.
Verwendung: für Enten- und Gänsebraten, Wildschweingerichte, Innereien, Kalbs- und Schweinshaxen, Aal, Gemüse wie Kohl und verschiedene Kräutersaucen sowie Salate. Beifuß verträgt sich mit Zwiebel, Knoblauch und Pfeffer.

Bohnenkraut (Pfefferkraut)

Ursprünglich aus dem östlichen Mittelmeerraum stammend, ist das minzartige Kraut heute in ganz Südeuropa heimisch. Bohnenkraut hat einen kräftigen, dem Pfeffer ähnlichen Geruch und Geschmack. Als Gewürz werden die frischen oder getrockneten Blätter und Blüten verwendet.
Verwendung: für Bohnengemüse (Hülsenfrüchte), Kohl, Sauerkraut, Pilze, Suppen, Lamm, Wild, Salate, Saucen, Kartoffeln, Geflügelgerichte, Wurst und Pasteten. Bohnenkraut paßt gut zu Petersilie, Schnittlauch und Estragon.

Bibernelle

Bibernelle ist ein in fast ganz Europa und Vorderasien wild wachsendes Doldengewächs. Die jungen Blätter haben einen frischen, leicht bitteren gurkenähnlichen Geschmack.
Verwendung: in Suppen und Saucen, für Salate (Endivien, Gurken), Kartoffeln, Fisch, Geflügelgerichte und Pasteten. Bibernelle paßt zu fast allen Kräutern.

Borretsch (Gurkenkraut)

Ursprünglich in Vorderasien heimisch, wird Borretsch heute in fast ganz Europa und Nordamerika angebaut. In Geschmack und Geruch gleicht der Borretsch frischen Gurken. Als Gewürz benutzt man die jungen frischen oder getrockneten Blätter und die frischen Blüten.
Verwendung: für Gurken-, Blatt- und Gemüsesalate, Gemüsegerichte, Kräuterbutter und Kräutersaucen, Kohlgerichte sowie Fisch- und Grillgerichte. Die frischen Blüten werden für Salate und Getränke verwendet.
Borretsch läßt sich gut mit Bohnenkraut, Liebstöckel, Zitronenmelisse und Petersilie kombinieren.

Dill

Dill stammt ursprünglich aus Asien und wird heute weltweit angebaut. Mit Ausnahme der Wurzeln können alle Pflanzenteile als Gewürz verwendet werden. Junge Triebe werden als Dillspitzen bezeichnet.
Verwendung: für Fische und Meeresfrüchte, Eiergerichte, gekochte Fleischgerichte, Koteletts, Salate (Gurken), Saucen, Buttermischungen und für Essiggemüse. Dillblüten können zum Würzen des Suds von Krustentieren verwendet werden.

Estragon (Bertram)

Die aus Südrußland stammende Pflanze wird heute in vielen europäischen Ländern kultiviert. Der Geschmack ist leicht bitter, kerbel- oder anisartig. Als Gewürz werden ausschließlich die jungen frischen oder getrockneten Blätter genützt.
Verwendung: zur Herstellung von Estragonsenf und -essig, für Einmachgewürze, Suppen, Salate, Saucen, gedünstetes Rind- und Kalbfleisch, Geflügel, Faschiertes, gekochten Fisch, Spargel, Krabben und Kräuterbutter. Estragon verträgt sich mit Petersilie, Schnittlauch, Kerbel, Zitronenmelisse, Dill und ist Bestandteil der Kräutermischung „fines herbes" sowie er Sauce béarnaise.
Insgesamt verstärkt Estragon den Geschmack anderer Kräuter, muß aber, weil sein Aroma sehr intensiv ist, sparsam verwendet werden.

Kerbel

Der Kerbel ist in Südrußland und Westasien heimisch, wächst heute aber auch in Europa. Kerbel hat einen frischen, leicht anisartigen Geschmack. Verwendet werden die jungen, frischen oder getrockneten Blätter ähnlich wie Petersilie.
Verwendung: für Suppen, Saucen, Würzbutter, Topfenspeisen und Kartoffelgerichte, aber auch für Fisch, Eier, frische Salate und als Dekor.
Kerbel paßt zu fast allen frischen Kräutern, ausgenommen Thymian, Basilikum und Kresse; Bestandteil der Kräutermischung „fines herbes".

Knoblauch

Knoblauch stammt aus Südwestasien, wird aber heute weltweit angebaut. Er ist ein beliebtes und gesundes Küchengewürz und kommt auch als Granulat, Paste oder Pulver in den Handel.
Verwendung: für Saucen, Suppen, Gemüse, Salate, fette Fleischspeisen, Pasteten und zur Wursterzeugung. Frischer Knoblauch ist sehr intensiv und sollte daher nur sparsam verwendet werden.

Kren (Meerrettich)

Kren ist eine Staude aus der Familie der Kreuzblütler, die in ganz Europa gedeiht. Die in der Küche verwendete Wurzel enthält unter anderem ein sehr scharf riechendes ätherisches Öl ähnlich dem des Senfsamens und hat einen hohen Vitamin-C-Gehalt. Kren wirkt ver-

dauungsfördernd und eignet sich daher gut zu fetten, schwer verdaulichen Gerichten. Er sollte am besten immer frisch gerieben werden.

Verwendung: als Einlegegewürz, als Beilage zu Rauchfleisch, gekochtem oder gebratenem Fleisch, verschiedenen Fischgerichten, Eiern und Käse sowie zur Geschmacksverbesserung von Senf, Mayonnaisen und Saucen.

Kresse (Brunnenkresse)

Kresse kommt in fast allen gemäßigten Breiten an feuchten Stellen vor. Das Kraut hat einen frischen, rettichartigen, leicht bitteren Geschmack. Zum Würzen werden die frischen jungen Pflanzen verwendet.

Verwendung: für Salate, Eiergerichte, Topfenspeisen, Brotaufstriche, Fisch- Kalbfleischgerichte, Kräutersaucen und als Garnitur zu Grillgerichten und kalten Speisen.

Liebstöckel (Maggikraut)

Liebstöckel stammt aus Südosteuropa und wird heute im Mittelmeerraum und in Mitteleuropa gezogen. Alle Pflanzenteile enthalten sellerieähnliche, aber intensivere Aromastoffe. Die Blätter haben einen an Suppenwürze erinnernden Geschmack.

Verwendung: für kräftige Ragouts, verschiedene Braten und Saucen sowie Suppen, Gemüse und Salate, Würzbutter, Essigerzeugung, Eintopfgerichte und Hammelfleisch, Liebstöckel paßt zu Zwiebel, Knoblauch und Majoran.

Majoran

Majoran ist in Süd- und Mitteleuropa, der gemäßigten Zone Eurasiens und in Mittel- und Nordamerika anzutreffen. Er hat einen würzigen Geruch und einen leicht bitteren Geschmack. Verwendet werden die frischen oder getrockneten Blätter. Majoran kommt ganz, gerebelt oder gemahlen in den Handel.

Verwendung: für Enten- und Gänsebraten, Blut- und Leberwürste, Kartoffelgerichte, Hülsenfrüchte, Gulyas, Ragouts, Eintopfgerichte, Lebergerichte, Bratengewürze sowie kräftige Pasteten und Galantinen. Majoran läßt sich gut mit Thymian kombinieren.

Melisse (Zitronenmelisse)

Zitronenmelisse wird im Mittelmeergebiet und in den europäischen Ländern angebaut. Die frischen Blätter haben einen zitronenähnlichen Geruch und einen erfrischenden Geschmack. Zum Würzen verwendet man die jungen Blätter frisch oder getrocknet.

Verwendung: für Wildgerichte, Salate, Kräutersaucen, Fruchtkaltschalen und Topfen sowie für Fisch-, Fleisch- und Pilzgerichte und zum Dekorieren von Speisen. Zitronenmelisse paßt gut zu allen Kräutern, darf aber nie mitgekocht werden.

Minze

Minze wird aus verschiedenen milden Minzarten in den USA und Europa gezüchtet. Die Blätter haben einen würzigen Geruch und mentholartigen Geschmack. Sie werden frisch oder getrocknet verwendet.

Verwendung: für Tee, Speiseeis, Fruchtsalate, Salatsaucen sowie für Kartoffeln, Saucen, Lammgerichte und zum Dekorieren von Speisen.

Oregano

Der dem Majoran verwandte Oregano ist hauptsächlich in den Mittelmeerländern beheimatet. Er hat einen starken, aromatischen und angenehmen, leicht bitteren Geschmack. Verwendet werden die frischen oder getrockneten gerebelten oder gemahlenen Blätter.

Verwendung: für Pizzagerichte, Tomatengerichte, Gemüsesuppen, Fisch, Käsespeisen,

Teigwaren, Kalb- und Schweinefleischgerichte sowie Salate und Pilzgerichte. Oregano harmoniert mit Thymian, Rosmarin und Basilikum.

Petersilie

Stammt aus dem östlichen Mittelmeerraum und wird in ganz Europa angebaut. Zum Würzen nimmt man die frischen ganzen oder gehackten Blätter. Die glatte Petersilie ist geschmacksintensiver als die krause Petersilie, die eher zum Dekorieren von Speisen genommen wird. Zum Würzen nimmt man die frischen ganzen oder gehackten Blätter, die Stengel werden im Bouquet garni verwendet.
Verwendung: für Fisch, Fleisch, Gemüse, Salate und Suppen sowie zur Garnierung aller Gerichte. Die Wurzel wird zum Teil für Salate und Suppen gebraucht. Petersilie soll nicht mitgekocht werden. Petersilie paßt gut zu allen anderen Kräutern und ist auch Bestandteil der klassischen Kräutermischung „fines herbes".

Rosmarin

Rosmarin stammt aus dem Mittelmeerraum und den gemäßigten Klimazonen. Die Blätter haben einen kampferartigen Geruch und einen intensiven, bitter-aromatischen Geschmack. Sie sollten daher nur sparsam verwendet werden. Als Gewürz verwendet man die frischen oder getrockneten Blätter.
Verwendung: für braune Saucen, Tomatengerichte, Zucchini, Champignons, Kalb- und Schweinefleischgerichte, Geflügel, Rind, Lamm, Kaninchen, Wild und Marinaden. Rosmarin verträgt sich gut mit Basilikum, Oregano, Salbei und Thymian.

Salbei

Salbei kommt wildwachsend im gesamten Mittelmeerraum vor. Der Geschmack ist würzig, aromatisch und leicht bitter. Als Gewürz Verwendung finden vor allem die getrockneten jungen Blätter und Zweigspitzen.
Verwendung: für Tomatengerichte, Eierspeisen, Saltimbocco, Reisgerichte, Füllungen, Nudeln, Topfenaufstriche, Innereien, Geflügel, Kaninchen, Wildgerichte und Fisch.

Schnittlauch

Schnittlauch wird fast in allen mitteleuropäischen Ländern angebaut. Die rohrartigen Blätter haben ein zartes Zwiebelaroma. Zum Würzen sollte nur frisch geschnittener Schnittlauch verwendet werden.
Verwendung: für Suppen, Saucen, Salate, Eiergerichte, Brotaufstriche, Topfen, Fleisch-, Fisch- und Gemüsegerichte. Schnittlauch harmoniert mit allen Kräutern und gehört zu den „fines herbes".

Thymian

Der aus den westlichen Mittelmeergebieten stammende Thymian wird auch im übrigen Europa angebaut. Thymian duftet intensiv und hat einen leicht bitteren, beißenden Geschmack. Als Gewürz werden die getrockneten und gerebelten Blätter verwendet.
Zitronenthymian riecht weniger streng und schmeckt leicht nach Zitrone.
Verwendung: Kartoffelgerichte, Geflügel- und Wildgeflügelgerichte, Wild, Lamm, Kaninchen, Ragouts, Suppen, Saucen, Füllungen, Pasteten, Marinaden und Tomatenspeisen. Thymian paßt gut zu Zwiebel, Knoblauch, Petersilie, Majoran, Rosmarin, Lorbeer und Muskat. Er sollte immer sparsam verwendet werden.

Waldmeister (Maikraut)

Waldmeister ist in ganz Mitteleuropa und Nordamerika verbreitet. Er hat einen spezifischen

süßduftenden Geruch und schmeckt gewürzhaft. Als Gewürz Verwendung findet vor allem das frische Kraut.

Verwendung: zum Aromatisieren von Süßspeisen und Kompotten, für Parfaits, Sorbets, Puddings, Säfte, Kaltschalen und Wildsaucen sowie für die Waldmeisterbowle.

Weinraute

Die hellgrünen Blätter des in Südeuropa heimischen Rautenstrauches werden frisch oder getrocknet als Gewürz verwendet. Sie schmecken intensiv, scharf, stark würzig und leicht bitter.

Verwendung: sehr sparsam zu Salaten, Saucen, Kräutermischungen und Käse; hauptsächlich zum Aromatisieren von Essig, der sich sehr gut zum Würzen von Wildbeizen eignet. Weinraute sollte immer in Verbindung mit Grundgewürzen wie Zwiebel, Knoblauch und Pfeffer genommen werden.

Wermut (Absinth)

Wermut ist in Westasien, Nordafrika und Mittel- und Südeuropa heimisch. Das Wermutkraut hat einen aromatisch-würzigen Geruch und einen bitteren, scharfen Geschmack. In der Küche finden die jungen Blätter und Zweigspitzen Anwendung.

Verwendung: für Kräutertee, Wermutbranntweinessig, für fette Gerichte wie Gänse- und Entenbraten und für Hammelfleisch.

Ysop

Ysop ist ein aus dem Mittelmeergebiet stammender Halbstrauch mit graugrünen, lanzettförmigen Blättern. Sie riechen etwas kampferartig und schmecken leicht bitter und kräftig würzig.

Verwendung: kleingehackt zum Würzen von Suppen, Saucen, Mayonnaisen, Salaten, Geflügelfarcen und Rohkost.

Getrocknete Blätter gibt man zu Fleischpasteten, Wildmarinaden, Bohnen und Kartoffelsuppen. Außer mit Thymian und Salbei kann Ysop mit allen frischen Kräutern verwendet werden. Den geschmacklich sehr dominierenden Ysop muß man immer vorsichtig dosieren.

Würzmischungen

Mischungen von verschiedenen Gewürzen und Kräutern bezeichnet man als Würzmischungen. Im Handel werden eine ganze Reihe von fertigen Würzmischungen für die verschiedensten Speisen angeboten. Diese Mischungen sind oft ideal auf die jeweilige Speise abgestimmt und bedeuten für den Koch oder die Köchin eine Zeitersparnis beim Würzen und Abschmecken.

Brathuhngewürz

Neben verschiedenen Gewürzen wie zum Beispiel Paprika enthält das Brathuhngewürz auch Glutamat, das den Geschmack der Speisen noch mehr betont. Es wird vorwiegend zum Würzen von Brathühnern, aber auch für zum Braten und Grillen bestimmtes Fleisch verwendet.

Chilipulver

Chilipulver ist milder als der Cayennepfeffer. Unter anderem gehören Chilis, Oregano, Kreuzkümmel, Knoblauchpulver, Nelken und Piment zu dieser Würzmischung. Das scharfe Chilipulver wird für Eier-, Fleisch- und Fischgerichte sowie für Pasteten verwendet.

Currypulver

Currypulver besteht aus den Grundgewürzen Kurkuma, Kardamom, Koriander, Pfeffer, Ingwer, Chili, Knoblauch, Nelken und Anis. Es gibt unzählige Varianten des Currys, der aus bis zu 30 Gewürzen bestehen kann.
Der pikante, leicht scharfe Geschmack des Currys paßt besonders zu Saucen, Geflügel, weißem Fleisch, Fisch, Reisgerichten.

Einlegegewürz

Diese Würzmischung besteht nur aus ganzen Gewürzen wie zum Beispiel Senfkörnern, Lorbeerblättern, Pfefferkörnern und Dillsaat und wird, wie schon der Name sagt, zum Einlegen von Gemüse verwendet.

Fines herbes

Fines herbes sind eine klassische französische Kräutermischung. Sie besteht aus Petersilie, Estragon, Kerbel, Schnittlauch und anderen Kräutern und ist auch getrocknet als fertige Kräutermischung erhältlich. Sie wird für Suppen, Saucen, Omeletts, Innereien, Schweinefleisch, Lamm und Wild verwendet.

Grillgewürz

Diese Würzmischung wird hauptsächlich zum Braten und Grillen verwendet. Sie besteht meist aus Chilis, Knoblauch, Muskatnuß und Nelken. Sein pikant scharfes, besonders würziges Aroma paßt zu Grillspeisen, Eier- und Käsegerichten, Salaten und Saucen.

Pastetengewürz

Für Pasteten, Fleischfüllungen und Galantinen werden im Handel spezielle Würzmischungen angeboten. Hauptgewürze für das Pastetengewürz sind weiße und schwarze Pfefferkörner, Paprikapulver, Majoran, Thymian, Basilikum, Muskatnuß, Muskatblüte, Nelken und Ingwer (siehe auch Kapitel Pasteten, Rezepte Seite 196 ff.).

Provencekräuter

Rosmarin, Lavendelblüten, Basilikum, Thymian, Lorbeerblätter und oft auch Fenchelsamen werden gehackt und für Salate und Fleischspeisen verwendet.

Salatkräutermischung (italienische)

Diese Kräutermischung enthält Rosmarin, Salbei, Basilikum und Oregano. Man würzt damit in erster Linie Salate, aber auch Suppen, Saucen und Tomatengerichte.

Wildgewürz

Das Wildgewürz ist eine Mischung aus ganzen Gewürzen, unter anderen Lorbeerblättern, Rosmarin, Thymian, Pfefferkörnern, Piment und Wacholderbeeren. Der süßlich-bittere Geschmack dieser Würzmischung paßt zu allen Wildgerichten, daneben auch zu Fisch und Saucen.

Würzmischung für Kräuterbutter

Petersilie, Estragon, Schalotten und Thymian werden fein gehackt und zur Herstellung von Kräuterbutter, aber auch zum Würzen von Saucen verwendet.

Würzen und Würzsaucen

Würzen sind flüssige oder körnige, streufähige Produkte, die den Eigengeschmack von Speisen hervorheben und verbessern sollen.

Unter Würzsaucen versteht man flüssige, konzentrierte Mischungen verschiedener Würzstoffe, die zum Vollenden von Speisen oder als Tafelsauce verwendet werden. Meistens kennt man nur die Grundzutaten. Die genaue Zusammensetzung der Saucen ist oft Geheimnis der Hersteller.

Chilisauce

Als Grundlage dienen der dicklichen, scharfen Chilisauce zermahlene Chilischoten. Außerdem enthält sie Zusätze von Essig, Zucker, Salz, Knoblauch und Tomatenmark. Die beiden Geschmacksrichtungen Scharf und Süß passen hervorragend zu Salaten, Saucen und Grillgerichten.

Chutney

Chutneys stammen aus der indischen Küche. Als Basis dienen verschiedene Obst- oder Gemüsesorten wie zum Beispiel Mangos, Pfirsiche, Äpfel oder Tomaten, die mit zahlreichen Gewürzen, Ingwer, Pfeffer, Zucker und Essig zu einer Paste mit fester Konsistenz eingekocht werden.

Alle Chutneys schmecken süß, scharf und sauer und werden normalerweise nur als Tafelsauce und nicht zum Abschmecken verwendet.

Sie passen in erster Linie zu exotischen Speisen, schmecken aber auch gut zu Lamm-, Fisch- und Geflügelgerichten.

Flüssige Speisewürze

Sie wird aus eiweißreichen Stoffen wie zum Beispiel Kasein oder entfetteten Ölsaaten unter Zusatz von Gemüse-, Fleisch- oder Pilz- und Gewürzextrakten hergestellt. Speisewürzen dienen zur Aromatisierung von Suppen, Saucen, Eintopfgerichten, Eierspeisen, Gemüsen und Salaten.

Glutamat (Streuwürze)

Glutamat ist ein weißes, kristallines Salz, das aus pflanzlichem Eiweiß gewonnen wird. Durch den Zusatz von Kräutern, Fett und Kohlehydraten werden Streuwürzen hergestellt. Glutamat hat keinen Eigengeschmack. Alleine oder mit anderen Gewürzen vermischt, wird es zum Abrunden und Verbessern von Speisen wie zum Beispiel Suppen, Saucen, Gemüsen und Salaten verwendet.

Ketchup

Passierte Tomaten werden mit Essig, Salz, Zucker, Pfeffer, Paprika, Zitronensaft, Nelken und Ingwer abgeschmeckt. Diese beliebte Tischwürze wird gerne zu warmen und kalten Gerichten, Saucen, Teigwaren, Grillgerichten und Cocktailsaucen gegeben.

Mustardsauce

Die Mustard- oder Senfsauce wird aus gemahlenen Senfkörnern unter Verwendung von Essig und verschiedenen Gewürzen erzeugt. Sie wird als Tafelsauce für gebratene Würstchen, Fleisch- und Fischspeisen, Salate und als Grundlage für andere Senfsaucen verwendet.

Pesto (Basilikumsauce)

Pesto ist eine italienische Spezialität, die aus Ligurien stammt. In Italien wird diese grüne Sauce hauptsächlich zu Trenette, einer Bandnudelsorte, serviert. Hergestellt wird Pesto aus frischen Basilikumblättern, Knoblauch, Pinienkernen, Salz, Pecorino oder Parmesan und Olivenöl.

Sojasauce

Diese dünnflüssige, dunkelbraune bis schwarze Sauce wird aus vergorenen Sojabohnen hergestellt. Der würzige, salzige und gleichzeitig auch süßliche Geschmack der Sojasauce paßt besonders zu Suppen, Saucen, zum Beizen und Würzen von Fleisch und natürlich zu chinesischen und exotischen Speisen.

Tabascosauce

Die Grundlage der roten, aus Lateinamerika stammenden Tabascosauce bilden die kleinen, außerordentlich scharfen Chilischoten. Ihr feuriger, leicht säuerlicher Geschmack paßt zu Suppen, Saucen, Krebsgerichten, Salaten und Mayonnaisen. Wegen der Schärfe dieser Sauce genügen zum Abschmecken von Speisen schon wenige Tropfen.

Worcestershiresauce

Die Worcestershiresauce ist eine nach englischem Rezept hergestellte, dunkelbraune Tafelsauce auf der Grundlage von Essig, Zitronensaft, Salz, Melasse, Zucker, Sardellen, Tamarinde, Soja, Kräutern und Gewürzen. Auf Grund ihres säuerlichen, pikant scharfen Geschmacks verwendet man sie spritzerweise zum Abschmecken von Suppen, Saucen, Salaten, Fleisch- und Gemüsegerichten.

Speisesenf

Speisesenf oder Mostrich ist schon eine seit Jahrtausenden gebrauchte Würzpaste. Sie wird meist aus dem entölten Senfmehl der gemahlenen gelben oder braunen Senfkörner (siehe Seite 13) oder aus Gemischen von beiden hergestellt. Zugesetzt werden Wasser, Essig, Wein oder Traubenmost, Salz, Zucker und verschiedene Gewürze. Die vielen verschiedenen Geschmacksrichtungen werden durch die Beigabe von Kren, Kräutern, Tomaten, Sardellen und anderem erzielt.

Außerdem wird noch zwischen mildem, mittelscharfem (Delikateßsenf), scharfem, sehr scharfem, extra scharfem und süßem Senf unterschieden. Für milden Senf werden die Senfkörner mit den Hülsen verarbeitet, wie zum Beispiel bei dem bekannten französischen „Moutarde à l'ancienne". Für schwarzen Senf werden die Kornhülsen durch Passieren entfernt, der Senf wird dadurch schärfer.

Senf wird am besten in gut verschließbaren Porzellan- oder Steingutgefäßen aufbewahrt. Durch öfteres Umrühren wird die Abscheidung des Senföles verhindert. Metallische Gegenstände sollten im Zusammenhang mit Senf nicht verwendet werden. Sie werden von der Säure angegriffen, der Senf schmeckt dann metallisch.

Verwendet wird Senf als Speise- oder Tafelsenf zu gekochten und gebratenen warmen oder kalten Fleischspeisen, Schinken oder Würsten und zum Abschmecken von Speisen, Saucen, Dressings und ähnlichem.

Er kommt als Pulver oder Tafelsenf in den Handel. Sein Geschmack und seine Schärfe richten sich vor allem nach regionalen Geschmäcken und Bräuchen.

Deutsche Senfsorten sind der mittelscharfe, den Bordeauxsenfen sehr ähnliche Düsseldorfer Löwensenf in verschiedenen Schärfegraden und der milde bis süßsäuerliche bayrische Senf.

Aus **England** bekannt ist „Colman's Senfmehl", ein besonders feines, aber scharfes Senfpulver. Es sollte zur Verwendung immer mit kaltem Wasser zur gewünschten Konsistenz angerührt werden und dann zur besseren Geschmacksentwicklung etwa zehn Minuten stehen bleiben. Die essentiellen Öle entwickeln erst in Verbindung mit Wasser ihre Schärfe. Senfmehl wird zur Herstellung von kalten Saucen, Dressings, Mayonnaise und zum Einreiben von Fleisch vor dem Grillen oder Braten verwendet. Für Salatdressings wird das Senfpulver mit Wasser und Zucker cremig angerührt, mit Salz und Pfeffer gewürzt und mit Olivenöl aufgeschlagen. Danach wird mit gutem Essig verdünnt und das Dressing abgeschmeckt. Als Tafelsenf wird der süß-scharfe „englische Spezial-Senf" angeboten.

Sehr berühmt sind die **französischen Senfsorten.** Ein Großteil des in der Welt konsumierten Senfes kommt aus **Dijon.** Er ist scharf und wird aus braunen, nicht entölten Senfkörnern und Weißwein hergestellt. Französischer Estragonsenf besteht aus Senfsaat, Essig, Zucker, Salz und verschiedenen Würzstoffen. Sein Geschmack ist würzig und säuerlich bis scharf. Moutarde à l'ancienne ist eine milde Senfsorte „auf alte Art", die aus verschiedenen Senfkörnern hergestellt wird.

Österreichische Senfsorten sind der aus groben braunen und gelben Senfsaaten, Zucker, Essig, Salz und verschiedenen Würzstoffen hergestellte Kremser Senf mit süßlichem Geschmack und der Estragonsenf. Er ist eher würzig und säuerlich, aber nicht wirklich scharf. Daneben werden noch verschiedene Sorten Grillsenf, Kräutersenf, Tomatensenf, Krensenf, Currysenf, grüner Senf mit Kräutern, Sarepta-Senf (ein rumänischer Braunsenf), russischer Senf und andere angeboten.

Salz

Salz ist das älteste bekannte Würzmittel. Es enthält viele Mineralstoffe und besteht hauptsächlich aus Natriumchlorid.

Salz wird entweder durch Eindampfen von Meerwasser gewonnen oder als Steinsalz abgebaut. Das sehr grobkörnige **Meersalz** ist reich an Spurenelementen und wird bei Tisch meist in der Mühle gereicht.

Neben seinen würzenden Eigenschaften wird Salz auch zur Konservierung von Nahrungsmitteln verwendet und mildert außerdem den Säuregehalt verschiedener Speisen.

Um ein Herauslösen der Nährstoffe zu verhindern, sollen Speisen erst kurz vor ihrer Zubereitung gesalzen werden.

Salz hat die Eigenschaft, Feuchtigkeit anzuziehen. Durch den „Antibackzusatz", der in fast jeder Packung enthalten ist, bleibt das Salz bei trockener Lagerung fein und streufähig.

Um eventuellen Kropfbildungen vorzubeugen, muß das Salz in Österreich mit Jod versetzt werden. Jodiertes Speisesalz wird als **Vollsalz** bezeichnet. **Diätsalz** ist eine Mischung verschiedener Mineralsalze, die das herkömmliche Speisesalz ersetzen sollen.

Kräutersalz ist Vollsalz oder Speisesalz, dem verschiedene Kräuter zugesetzt werden, wie zum Beispiel Oregano, Rosmarin, Thymian, Basilikum, Majoran, Lorbeer und Petersilie oder Sellerie. Der tatsächliche Salzgehalt liegt zwischen 65 und 70 Prozent.

Unter **Pökelsalz** versteht man Speisesalz, dem salpetersaures Natrium zugesetzt wurde. Dieses Salz darf ausschließlich zur Konservierung von Fleischwaren verwendet werden.

Essig

Schon die Griechen und Römer schätzten den Essig, besser gesagt den „sauren Wein", als schmackhafte Würze vieler Speisen.

Die Wahl der Essigsorte richtet sich nach dem Ursprungsland des Rezeptes und ist eine wesentliche Voraussetzung für den guten Geschmack von Salaten, Saucen und marinierten kalten Speisen. Gute Qualitäten haben ein exzellentes Geschmacksvolumen und eine sanfte Säure.

Grundsätzlich unterscheidet man zwischen dem Gärungs- und dem Säureessig. Gärungsessig wird aus alkoholischen Flüssigkeiten wie zum Beispiel Wein, Obst- und Beerenwein durch die Essigsäuregärung gewonnen. Unter Säureessig versteht man mit Trinkwasser verdünnte, chemisch erzeugte reine Essigsäure. Gärungs- und Säureessig kommen mit fünf bis zehn Prozent Essigsäure in den Handel. Essig enthält keinen Nährwert und wird als Konservierungsmittel, als Würzstoff oder für die Herstellung von Marinaden verwendet. In der Kalten Küche wird er gerne zum Abschmecken von Aspik, Mayonnaisen und für Marinaden verwendet. Essig soll kühl und dunkel gelagert und nicht in Metallgefäßen aufbewahrt werden, weil sich dabei Giftstoffe bilden können.

Aceto balsamico (Balsam-Essig)

Er stammt aus dem Gebiet von Modena in Norditalien. Aus gekelterten weißen Trauben wird durch Spezialbehandlung eingedickter Most hergestellt, der in Wacholderholzfässern jahrelang gelagert wird. Dabei erhält der Aceto balsamico seine dunkle Farbe und sein ausgeprägtes Aroma. Dieser wertvolle Essig wird nur sehr sparsam zum Würzen verwendet.

Apfelessig

Dieser Obstessig wird aus vergorenem Apfelsaft hergestellt und auch als Cidre-Essig bezeichnet. Er schmeckt mild-aromatisch und eignet sich besonders für Salatmarinaden.

Aromatisierter Essig

Diesen Essig kann man selbst herstellen, indem man Kräuter, Gewürze oder Früchte wie zum Beispiel Bohnenkraut, Estragon, Rosmarin, Lorbeerblätter, Schalotten, Knoblauch, Limonen oder Himbeeren in Weinessig einlegt. Aromatisierter Essig wird zum Abschmecken beziehungsweise Marinieren von kalten Speisen, zur Herstellung von Salatdressings und zum Aufschlagen von speziellen Saucen verwendet (Himbeeressig, Kräuteressig, Würzessig.

Hesperidenessig

Hesperidenessig ist ein reiner Gärungsessig und wird durch biologische Gärverfahren unter Beigabe von Apfelsaft und Weinessig hergestellt. Er hat ein fruchtiges, fein-würziges Aroma.

Tafelessig

Tafelessig ist meist reiner Gärungsessig. Er kann aber auch aus einem Gemisch aus Gärungs- und Säureessig hergestellt werden.

Weinessig

Weinessig wird aus Traubenwein hergestellt. Wir unterscheiden roten und weißen Weinessig. Geschmacklich ergeben sich keine Unterschiede, jedoch kann der weiße Weinessig wegen seiner Farbe universeller verwendet werden. Geschätzt wird der Weinessig wegen seines vollen Weinaromas und seines pikantaromatischen Geschmackes. Beliebte Sorten kommen aus Italien und Frankreich.

Im Handel werden auch Weinessig, der aus Sherrywein hergestellt wurde, und mit Zitronensaft oder mit Provence-Kräutern aromatisierter Weinessig angeboten.

Weitere handelsübliche Essigsorten sind Malzessig, der ein Bestandteil der Worcestershiresauce ist, und Reisessig, den man zum Würzen von süß-sauren Gerichten verwendet.

Speiseöle

Im allgemeinen bestehen Öle aus dem dreiwertigen Alkohol Glycerin und gesättigten und ungesättigten beziehungsweise mehrfach ungesättigten Fettsäuren.

Die mehrfach ungesättigten Fettsäuren sind lebenswichtig, da sie vom Organismus nicht aufgebaut werden können und deshalb mit der Nahrung zugeführt werden müssen. Diese Fettsäuren erfüllen im Körper wichtige Funktionen und tragen unter anderem dazu bei, den Cholesterinspiegel zu senken und den Blutdruck zu vermindern.

Verschiedenste Früchte und Samen enthalten Öle, die durch Pressen oder Extrahieren gewonnen werden.

Beim Preßverfahren werden die gereinigten Früchte oder Samen zerkleinert und anschließend ausgepreßt. Das so gewonnene kaltgepreßte Öl hat ein besonders fruchtiges und natürliches Aroma und wird in der Regel nicht raffiniert, sondern meist nur papiergefiltert. Die Qualität dieser Öle ist besonders hoch, da sie nicht nur geschmacklich den warmgepreßten Ölen vorzuziehen sind, sondern auch durch ihren hohen Gehalt an mehrfach ungesättigten Fettsäuren für die Gesundheit wesentlich wertvoller sind. Sie eignen sich aber weniger zum Braten und Backen, weil sie einen niedrigen Rauchpunkt und einen ausgeprägten Eigengeschmack haben. Um ein vorschnelles Ranzigwerden dieser Öle zu verhindern, sollen sie dunkel, kühl und luftgeschützt aufbewahrt werden.

Werden die Ölfrüchte oder Samen mit stärkerem Druck warm gepreßt, verliert das so gewonnene Öl durch die Hitze wichtige Vitamine und Mineralstoffe. Bei der Raffination werden Verunreinigungen und verschiedene störende Stoffe durch Filtration, Klärung, Entfärbung etc. entfernt. Gleichzeitig wird die Haltbarkeit der Öle erhöht. Diese warmgepreßten Öle haben einen neutralen, weniger ausgeprägten Eigengeschmack.

Im Handel sind von den einzelnen Ölfrüchten wie Sonnenblumenkernen, Sesamkernen, Maiskeimen, Erdnüssen, Färberdistelsamen und Kürbiskernen sowohl kalt- als auch warmgepreßte Öle erhältlich.

Kaltgepreßte Sorten sind teurer, aber qualitativ hochwertiger und für die Kalte Küche besonders geeignet.

Distelöl (Safloröl)

Dieses Öl wird aus den Samen der Färberdistel gewonnen. Es ist hellgelb, im Geschmack dem Sonnenblumenöl ähnlich und wird für Salate, Saucen, Rohkost und Mayonnaisen verwendet.

Erdnußöl (Arachisöl)

Die Erdnüsse sind Früchte einer strauchartigen Pflanze, aus denen das Öl gewonnen wird. Dieses wohlschmeckende Öl eignet sich sehr gut zum Braten und Fritieren, da es Temperaturen bis zu 210 °C verträgt. Es wird aber auch für Salate verwendet und spielt bei der Margarineherstellung eine bedeutende Rolle.

Kürbiskernöl (Kernöl)

Dieses dunkelgrüne bis schwarze Öl wird durch Pressen aus ungeschälten oder geschälten, gerösteten Kürbiskernen gewonnen und hat einen nußartigen Geschmack. In der Steiermark wird das warmgepreßte Öl als Kernöl bezeichnet. Es wird für Salate, Sulzgerichte, wie zum Beispiel zu Preßkopf, und zum Vollenden von kalten Vorspeisen verwendet.

Maiskeimöl

Das aus den Maiskeimen gepreßte Öl hat eine goldgelbe bis hellgelbe Farbe und einen süßlichen Geschmack. Das Maiskeimöl ist besonders reich an mehrfach ungesättigten Fettsäuren und wird für Salate, Rohkost, Mayonnaisen und wegen seiner leichten Verdaulichkeit auch in der Diätküche verwendet.

Olivenöl

Das aus dem Fruchtfleisch der Oliven gewonnene Öl ist hellgelb bis grün. Das feinste Olivenöl ist naturbelassen, schmeckt ausgeprägt kräftig, ist farbintensiv und wird durch die besonders schonende kalte Pressung gewonnen. Dieses Öl wird im Handel als „Jungfernöl" oder „extra vierge" bezeichnet.
In der Kalten Küche wird es für Spezialgerichte verwendet. „Reines Olivenöl" besteht aus einer Mischung aus Jungfernöl und raffiniertem Olivenöl. Im Gegensatz zum Jungfernöl kann reines Olivenöl auch in der warmen Küche verwendet und bei Raumtemperatur gelagert werden.
Die französischen Olivenöle mit ihrem fruchtigen Geschmack zählen zu den besten. Italienische und griechische Olivenöle sind nicht so teuer, kräftig und aromatisch. Olivenöle aus Spanien sind schwer und sollten vorwiegend als Kochöle verwendet werden.
Verglichen mit dem Sonnenblumenöl hat Olivenöl nur einen geringen Anteil an mehrfach ungesättigten Fettsäuren und soll dunkel und kühl, aber nicht unter plus zehn Grad Celsius aufbewahrt werden.

Sonnenblumenöl

Das hellgelbe, klare Öl mit angenehmem Geruch und Geschmack wird aus den Kernen der Sonnenblume gewonnen. Der hohe Anteil an mehrfach ungesättigten Fettsäuren macht das Öl bekömmlich, leicht und qualitativ hochwertig. Das Sonnenblumenöl wird zur Herstellung von Salaten und Mayonnaisen, aber auch in der warmen Küche verwendet und dient außerdem der Margarineerzeugung.

Tafelöl

Tafelöl ist eine Bezeichnung für Speiseöle ohne Sortenangabe. Es ist meist 100 Prozent reines Pflanzenöl und besteht aus einer Mischung verschiedener Ölarten. Das raffinierte, geschmacksneutrale Öl wird als preisgünstiges Öl universell in der Küche verwendet.

Traubenkernöl

Das Traubenkernöl, das aus den Kernen reifer Weintrauben gewonnen wird, ist besonders reich an Vitamin E. Das hellgelbe bis goldgelbe Öl mit grünlichem Schimmer ist fast geruchlos und hat einen angenehm milden Geschmack. Auf Grund seiner leichten Verträglichkeit und seines hohen gesundheitlichen Wertes wird Traubenkernöl sehr gerne für Salate verwendet. Daneben ist dieses Öl hoch hitzebeständig und wird zum Braten und Backen verwendet.

Walnußöl

Das aus Walnußkernen gewonnene Öl hat einen angenehmen, nußartigen Geschmack und eine hellgelbe bis leicht bräunliche Farbe. Es ist stark jodhaltig und wird fast ausschließlich in der Kalten Küche für Salatgarnituren und spezielle Gerichte verwendet. Nach dem Öffnen soll dieses Öl unbedingt im Kühlschrank aufbewahrt werden. Für Salatdressings empfiehlt es sich, das Walnußöl auf Grund seines intensiven Aromas mit geschmacksneutralen Ölen zu mischen.

Würzöle

Mit eher geschmacksneutralen raffinierten Ölen wie Sonnenblumenöl, Erdnußöl und Maiskeimöl kann man spezielle Würzöle selber herstellen.

Durch Einlegen von getrockneten oder frischen Pilzen wie Morcheln und Trüffeln oder kurz gewaschenen frischen Kräutern wie Rosmarin, Dill, Estragon, Salbei und Thymian werden Öle aromatisiert und für Salate und kalte Vorspeisen verwendet. Es können aber auch mit verschiedenen Gewürzen, Ingwer oder zerdrückten Knoblauchzehen Würzöle hergestellt werden.

Andere im Handel erhältliche Öle sind das Avocadoöl, das nußartig schmeckende Baumwollsaatöl, das geschmacksneutrale Kokosöl, das Mandelöl, das hellgelbe bis rötliche Mohnöl, das einen süßlichen Geruch und einen milden Geschmack hat, das Palmöl, das Sojabohnenöl, das wegen seines hohen Rauchpunktes zum Fritieren verwendet wird und den Nachteil eines etwas derben Aromas besitzt, das Weizenkeimöl, das aus Leinsamen gewonnene Leinöl, Haselnußöl und das Sesamöl.

Gemüse

Ein Großteil der heute angebauten Gemüse geht auf Sorten zurück, die bereits vor mehreren Jahrhunderten gezüchtet wurden.

Durch ihren hohen Vitamin- und Mineralstoffgehalt sind sie ein unentbehrlicher Bestandteil unserer Ernährung. In Gemüsen sind fast alle Vitamine und Mineralien enthalten, die der Körper benötigt.

Frisches Gemüse muß möglichst schnell verwertet und erst kurz vor der Zubereitung gewaschen werden. Es soll nicht im Wasser liegen bleiben, weil sich dabei Vitamine und Mineralstoffe auslaugen.

Damit es seinen Eigengeschmack und seine Güte behält, soll Gemüse nur kurz und schonend gegart werden. Längeres Warmhalten schadet dem Gemüse ebenso wie unsachgemäße Lagerung. Die ideale Lagertemperatur liegt bei sechs bis zwölf Grad Celsius.

In der Kalten Küche wird Gemüse in erster Linie roh zu Salaten und Vorspeisen verarbeitet. Üblicherweise wird Gemüse in folgende Gruppen zusammengefaßt:

Wurzel- und Knollengemüse: Karotten, Sellerie, Rettich, Radieschen, Kartoffeln, Kren, Schwarzwurzeln, Topinambur u. a.

Stengel- und Sprossengemüse: Kohlrabi, Spargel, Fenchel, Stauden-(Stangen- oder Bleich-)Sellerie.

Blattgemüse: Kopfsalat, Bataviasalat, Endivie, Frisée, Eichblattsalat, Eisbergsalat, Spinat, Mangold, Römischer Salat, Weißkraut, Rotkraut, Kohl, Kohlsprossen, Chinakohl, Radicchio, Vogerlsalat, Chicorée u. a.

Blütengemüse: Karfiol, Brokkoli, Artischocke u. a.

Frucht- und Samengemüse: Gurken, Fisolen, Tomaten (Paradeiser), Paprika, Chilis, Pfefferoni, Melanzane (Auberginen, Eierfrüchte), Zucchini u. a.

Zwiebelgemüse: Zwiebel, Schalotten, Porree (Lauch), Perlzwiebeln, Knoblauch u. a.

Artischocke

Die Artischocke ist die noch nicht entfaltete, faustgroße, grüne Blüte einer südländischen Distelart und gilt als besondere Delikatesse. Genießbar sind nur der fleischige Blütenboden und der dicke, fleischige untere Teil der Blütenblätter. Artischocken haben einen milden, leicht bitteren Geschmack. Sie werden für warme oder kalte Vorspeisen verwendet und mit entsprechenden Saucen serviert. Gekochte Artischockenböden werden zum Füllen, als Garnitur und für Spezialsalate verwendet.

Bambussprossen

Die hellgelben Sprossen sind im Geschmack ähnlich dem Spargel. Sie werden mit Essig und scharfen Gewürzen eingelegt, zu Reisgerichten serviert und für Salate und Garnituren verwendet.

Batavia

Batavia ist ein Verwandter des Häuptelsalates mit ungezahnten, stark gewölbten Blättern, die zur Spitze hin rötlich werden und einen würzigen, leicht bitteren Geschmack haben.

Brokkoli

Diese Kohlart hat eine entfernte Ähnlichkeit mit dem Karfiol. Die Köpfe sind dunkelgrün bis violettgrün. Die geschlossenen Röschen sind von Deckblättern umgeben, die mitgegessen werden können. Die Blattstiele haben einen spargelähnlichen Geschmack. Auf Grund der intensiven Farbe wird er in der Kalten Küche häufig für Garnituren, zum Auslegen von Gemüseterrinen und für Salate verwendet.

Eisbergsalat (Bummerlsalat)

Eisbergsalat ist ein fester Kopfsalat, der ähnlich wie ein langgestreckter, heller Weißkrautkopf aussieht. Seine knackigen Blätter behalten gut ihre Frische.

Chicorée (Brüsseler Spitzen)

Der Chicorée hat schmale, zu den Spitzen hin gelbe Blätter mit leicht bitterem Geschmack. Die Blattspitzen sind zart, der restliche Teil knackig. Chicorée sollte nicht längere Zeit dem Tageslicht ausgesetzt werden, weil dabei die Spitzen grün und bitter werden.

Chinakohl

Die weißlichgrünen, gerippten und enganliegenden Blätter des Chinakohls sind zu einem kegelförmigen Kopf zusammengeschlossen. Er wird hauptsächlich als Salat verwendet, kann aber auch als Suppengemüse genommen werden.

Eichblattsalat

Die rostbraun bis grünlich schimmernden Salatblätter haben ein löwenzahnähnliches Aussehen und einen leicht bitteren Geschmack. Die Blätter des Eichblattsalates sind besonders zart und verwelken sehr rasch.

Endivie

Im allgemeinen unterscheiden wir breitblättrige, schmalblättrige und gekrauste Zuchtformen der Endivie. Die Salatblätter haben einen angenehm bitteren Geschmack. Am zartesten sind die gelblichen Blatteile.

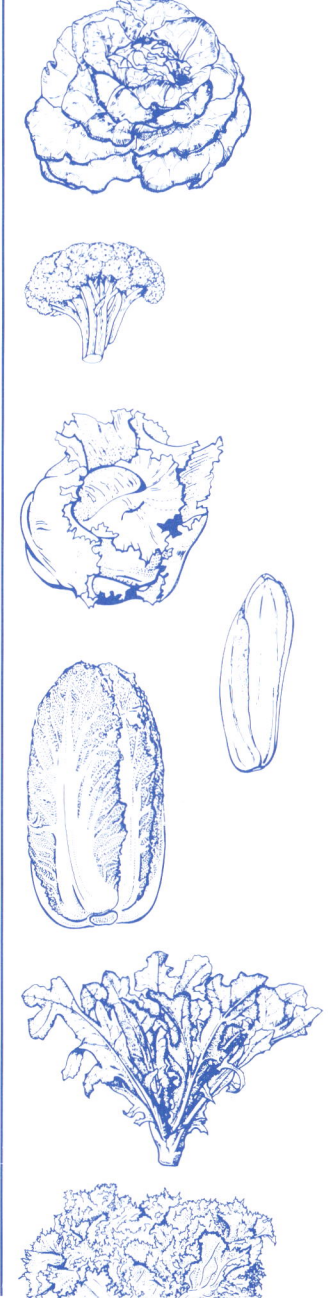

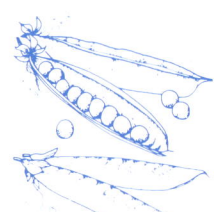

Erbsen

Unter Erbsen versteht man die noch nicht reifen Früchte eines aus dem Orient stammenden Schmetterlingsblütlers. Heute gibt es ungefähr 100 verschiedene Kultursorten. Die Qualität von Erbsen wird wesentlich durch ihre vom Reifegrad abhängige Zartheit bestimmt.

Erbsen werden heute hauptsächlich als Konserven oder Tiefkühlware angeboten, die nach ihrer Korngröße in verschiedene Klassen eingeteilt sind. Am zartesten sind die im Frühsommer geernteten kleinen und jungen Erbsen. Mit zunehmender Größe werden Erbsen mehlig, und ihr Zucker verwandelt sich langsam in Stärke. Die größeren Erbsen sollten nur noch für Suppen und Pürees verwendet werden.

Eine besondere Sorte sind die **Zuckererbsen.** Ihre noch kaum entwickelten Samen werden mitsamt der kurzen, flachen Hülse gegessen.

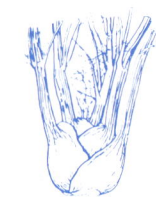

Fenchel

Die weißen bis hellgrünen Knollen des Fenchels werden bis zu zwölf Zentimeter lang. Fenchel hat ein süßliches, anisartiges und würziges Aroma. Er wird roh für Vorspeisen und Salate verwendet und harmoniert besonders mit Fischgerichten.

Fisolen (grüne Bohnen)

Als Prinzeßbohnen werden die grünen, schmalen Fisolen bezeichnet, die keine Fäden und Kerne besitzen. Die besonders zarte „Keniabohne" gilt als Delikatesse. Im allgemeinen sind Fisolen grün und werden in der Kalten Küche für Garnituren und Salate verwendet.

Friséesalat

Der Friséesalat ist eine Spielart der gekrausten Endivie mit gelbgrünen, dünnen, vielverzweigten Blättern. Der leicht bittere Friséesalat wird aus optischen Gründen besonders gerne zum Garnieren verwendet.

Grüner Salat (Häuptelsalat, Kopfsalat)

Die hellgrünen, zu einem Kopf zusammengeschlossenen Blätter sind stark wasserhältig. Die dunkleren äußeren Blätter sind sehr vitaminreich mit einem leicht bitteren Geschmack. Die hellen, gelblichen inneren Blätter sind milder, aber auch weniger vitaminreich.

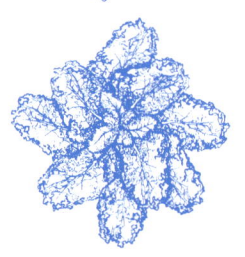

Grünkohl (Blattkohl)

Am Stengel des Grünkohls bilden sich gekrauste dunkelgrüne Einzelblätter, die sich nicht zu einem Kopf zusammenschließen. Grünkohl hat einen hohen Vitamin- und Mineralstoffgehalt und entwickelt seinen vollen Geschmack erst nach Frosteinwirkung.

Gurke

Im Handel werden Gurken in verschiedene Güteklassen nach Form und Größe eingeteilt, die jedoch auf den Geschmack keinen Einfluß haben.

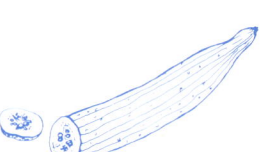

Prinzipiell unterscheidet man Freilandgurken (dicke Form, hellgrüne Farbe mit hellen Streifen und dicker Schale) und Glashausgurken, die mit der Schale verwendet werden können. Kleine Züchtungen werden eingelegt. Besonders klein sortierte Essiggurken werden als Cornichons bezeichnet.

Gurken sind Kürbisgewächse. Sie enthalten sehr viel Wasser und wenig Nährstoffe. In der Kalten Küche werden Gurken gerne gefüllt, als Garnitur gereicht und zu Kaltschalen verarbeitet. Rohe, in verschiedener Form geschnittene Gurken werden für Salate und Rohkost verwendet.

Darüber hinaus werden Gurken zu Senfgurken, Gewürzgurken und Salzgurken verarbeitet.

Karfiol (Blumenkohl)

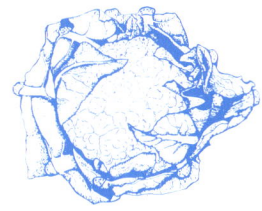

Als Karfiol wird der unterentwickelte, fleischige Blütenstand einer Kohlart bezeichnet. Die weiße, meist fest geschlossene Blume ist von einer grünen Blattrosette umgeben. Karfiol hat einen hohen Vitamin-C-Gehalt und ist leicht verdaulich. Er wird roh oder gekocht für Salate, Garnituren und Rohkost verwendet.

Karotte

Karotten sind sogenannte Speicherwurzeln. Ihre Farbe ist je nach Sorte gelb bis dunkelorange. Sie sind stark zuckerhältig und haben einen hohen Anteil an Karotin, das der Körper in Vitamin A umwandeln kann. Karotten sind gut lagerfähig und daher das ganze Jahr über erhältlich.

Besondere Sorten sind die jungen, runden **Pariser Karotten** und die kleinen **Babykarotten.**

Kartoffeln (Erdäpfel)

Die Kartoffelpflanze ist ein Nachtschattengewächs, von dem nur die unterirdisch wachsenden Knollen genießbar sind. Die eigentlichen oberirdisch wachsenden Früchte sind giftig. Der hohe Stärkegehalt und ihr hoher Gehalt an Vitamin C machen die Kartoffel zu einem wertvollen Nahrungsmittel.

Weil der Körper rohe Kartoffelstärke nicht spalten kann, dürfen sie nur gegart verwendet werden.

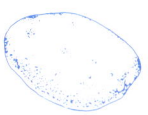

Festkochende Kartoffeln (Frühkartoffeln) stammen aus der ersten Ernte im Jahr (Juni). Es handelt sich dabei meist um feste gelbe Sorten, die stärkearm und speckig sind. Wichtige Vertreter der Frühkartoffeln sind Sieglinde, Naglerner Kipfler und Sonja. Diese Sorten sind besonders gut für Salate geeignet.

Vorwiegend festkochende Kartoffeln (mittelfrühe Kartoffeln) stammen aus Ernten im Sommer (August). Es handelt sich dabei vorwiegend um feste weißgelbe Sorten, die wenig mehlig sind. Sie sind zur Einlagerung geeignet. Diese sehr guten Speisekartoffeln springen beim Kochen nur wenig auf. Wichtige Vertreter dieser Gruppe sind Bintje, Conny, Linzer Rose und Ostara.

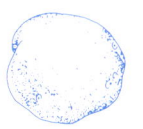

Mehligkochende Kartoffeln (Spätkartoffeln) stammen aus Ernten im Herbst (Oktober). Diese mehligen, stärkereichen weißen Sorten eignen sich sehr gut zum Einlagern. Beim Kochen springen sie leicht auf. Vertreter dieser Sorten sind Alter Ackersegen, Maritta und Saturna.

Kartoffeln sollen möglichst an dunklen, luftigen, trockenen und frostfreien Orten gelagert werden.

Die bei der Lagerung wachsenden Keime enthalten giftiges Solanin und müssen unbedingt entfernt werden.

Kohlgemüse

Kohl ist eines der ältesten und artenreichsten Kulturgemüse, die wir kennen. Zu dieser Gemüsefamilie gehören neben Weiß- und Rotkraut auch Wirsing, Grünkohl, Chinakohl, Kohlsprossen, Kohlrabi, Karfiol und Brokkoli.

Kohlrabi

Kohlrabi ist der zu einer runden fleischigen Knolle verdickte, grünlichweiße bis violette Stengelteil einer oberhalb der Erde wachsenden Kohlart. Junge Kohlrabi sind zart und im Gegensatz zu älteren Knollen nur selten holzig. In der Kalten Küche wird gefüllter Kohlrabi als Garnitur zu Kalten Platten angeboten oder für Rohkost und Salate verwendet.

Kohlsprossen (Rosenkohl)

Kohlsprossen sind die etwa walnußgroßen, festen und geschlossenen grünen Blattsprossen einer Kohlart. Blanchiert und mariniert dienen sie als Garniturbestandteil oder Salat.

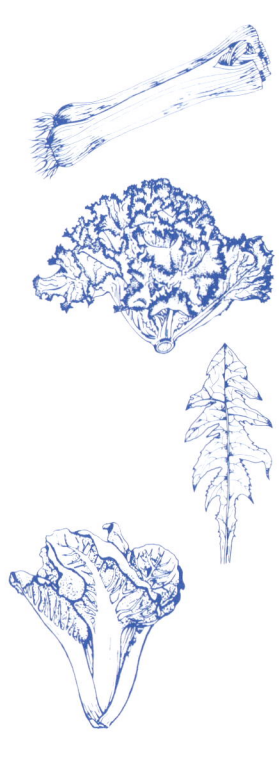

Lauch (Porree)

Lauch ist ein winterfestes Gemüse, das den Zwiebeln ähnelt. Im Geschmack ist es aber milder und süßlicher als diese.

Qualitative Lauchstangen sind gerade, gut gebleicht und am oberen Ende dunkelgrün. Gelbe oder verwelkte Spitzen sind ein Anzeichen verminderter Qualität.

Lollo rosso

Die gekrausten Salatblätter des Lollo rosso sind zu den Spitzen hin rotbraun und haben einen leicht bitteren Geschmack.

Löwenzahn

Der hauptsächlich wild wachsende Löwenzahn hat hellgrüne, grobgezahnte Blätter mit bitterem Geschmack. Vor allem die jungen und besonders zarten Blätter werden gerne mit anderen Salaten gemischt.

Mangold

Mangold ist eine gezüchtete Rübenart. Verwendet werden die jungen fleischigen und zarten Blätter. Sie sind spinatähnlich, aber nicht so kräftig grün. Zubereitet wird Mangold ähnlich wie Spinat.

Mais

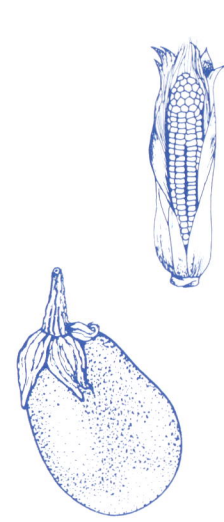

Die meist weißgelben Maiskörner haben einen besonders milden, süßlichen Geschmack. Neben Stärke und Eiweiß enthalten die Körner reichlich Fett. Aus den besonders fettreichen, großen Keimlingen wird das Maiskeimöl (siehe Seite 25) gewonnen.

Eine in Amerika angebaute Sorte ist der Zuckermais (Sweat corn). Diese Maisart wird im milchreifen Zustand geerntet. Als milchreif werden jene Maiskörner bezeichnet, bei denen beim Drücken eine milchige Flüssigkeit zum Vorschein kommt. Diese Körner werden für Salate und Garnituren verwendet. Die in Essig pasteurisierten jungen, kleinen Maiskolben werden in der Kalten Küche für Garnituren verwendet.

Melanzane (Auberginen)

Melanzane werden ihrer Form wegen auch als Eierfrüchte bezeichnet. Sie haben eine glänzend violett gefärbte, lederartige Schale und ein wasserreiches Fruchtfleisch. Roh enthalten sie Bitterstoffe, deshalb sollen sie geröstet, gedünstet oder gebacken werden. In der Kalten Küche werden sie anschließend mariniert oder gefüllt.

Okra

Okra sind die drei bis fünf Zentimeter langen, eckigen und schotenförmigen Früchte einer ostafrikanischen Pflanze mit bohnenähnlichem, mild bis schwach herbem Geschmack. Kurz gedämpft bleiben sie knackig und zart und geben ihren charakteristischen Pflanzenschleim nicht ab. Okra werden für Salate und Garnituren verwendet.

Oliven

Oliven sind die Steinfrüchte des Öl- oder Olivenbaumes, der vor allem in den Mittelmeerländern wächst. Ihre Farbe reicht von Grün über Violett bis Schwarz, ihr Geschmack ist herb bis leicht bitter. Die Früchte werden mariniert und sind mit oder ohne Stein und teilweise auch gefüllt im Handel. Oliven werden für Garnituren und Vorspeisencocktails verwendet und sind Bestandteil verschiedener Salate. In der Kalten Küche werden sie auch mit verschiedenen Buttermischungen gefüllt (Olivenöl siehe Seite 25).

Palmenherzen (Palmenmark)

Palmenherzen sind die jungen, nicht entfalteten Sprossen einer Zwergpalmenart, die einen spargelähnlichen Geschmack haben.
Palmenherzen sind konserviert im Handel und werden für kalte Speisen, Salate und Garnituren verwendet.

Paprika

Als Speisepaprika dienen die großfrüchtigen milden Sorten, die eine rote, gelbe oder grüne Farbe haben können. Rohe grüne Paprika besitzen einen hohen Vitamin-C-Gehalt.
Paprika werden zum Füllen, Garnieren, für Salate und püriert für Saucen verwendet (Paprikapulver siehe Seite 12).

Portulaksalat

Der Portulaksalat hat kleine, zarte, fleischige Blätter, die in ihrer Mitte eine kapernähnliche Blattknospe bilden. Diese Salatart wird meist mit anderen Salaten gemischt oder als Garniturbestandteil verwendet.

Radiccio

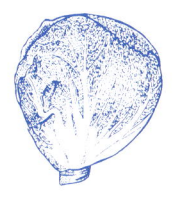

Der Radiccio ist ein dem Chicorée verwandter, angenehm bitter schmeckender, kleinköpfiger Salat. Typisch für ihn sind seine knackigen, rotweißen Blätter, die kräftige Marinaden vertragen.

Radieschen

Radieschen sind dem Rettich verwandte, aber wesentlich kleinere runde Knollen. Ihr weißes Fleisch schmeckt scharf und ist stark wasserhältig. Sie werden schon nach kurzer Lagerung zäh und sollten rasch verwendet werden. Wie Rettich werden sie für Salate, Rohkost- und Käseplatten und als Dekoration verwendet.

Rettich

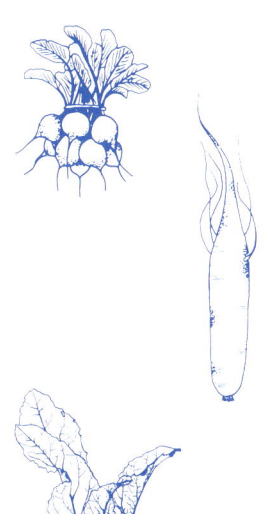

Der scharfe Geschmack aller Retticharten wird durch ätherische Senföle gebildet. Es gibt weiß- und schwarzschalige Sorten von unterschiedlichster Form und Größe als Sommer-, Herbst- und Winterrettich.
Rettich wird für Salate, Rohkost- und Käseplatten verwendet. Für Dekorationszwecke werden auch gerne Rettich-Gemüseblumen hergestellt.

Rote Rüben

Rote Rüben sind die innen fleischigen, dunkelroten Wurzelknollen einer Rübenart. Sie sind süß und stark rot färbend. Zu große Exemplare haben innen eine unschöne Farbe und sind meist faserig. Verwendet werden sie meist gekocht und als Rote-Rüben-Salat, für Rohkost und zum Garnieren.

Rotkraut (Rotkohl, Blaukraut, Blaukohl)

Rotkraut ist wie Weißkraut beschaffen und hat rotbraune bis dunkelviolette Blätter. Es wird roh als Salat und zu Rohkost verwendet. Gedünstet wird es als Gemüsebeilage – zum Beispiel zu Wild – genommen.

Sauerampfer

Die Blätter des meist wild wachsenden Sauerampfers sind im Geschmack kräftig sauer und haben eine pfeilähnliche Form. Nur die jungen und besonders zarten Blätter werden verwendet und meist mit anderen Salaten gemischt.

Schwarzwurzel

Sie ist zwei bis drei Zentimeter stark und 20 bis 30 Zentimeter lang. Außen ist sie dunkelbraun bis schwarz und innen weiß. Die Wurzeln enthalten viel Eiweiß und schmecken süßlich-herb. Schwarzwurzeln enthalten einen Milchsaft, der nach dem Schälen schnell oxydiert und das Fleisch braun färbt. Sie sollen daher nach dem Schälen sofort in leichtes Zitronen- oder Essigwasser gelegt werden.
Die besonders bekömmliche Schwarzwurzel ist das nährstoffreichste Gemüse. Schwarzwurzelvorspeisen und -salate sind sehr beliebt.

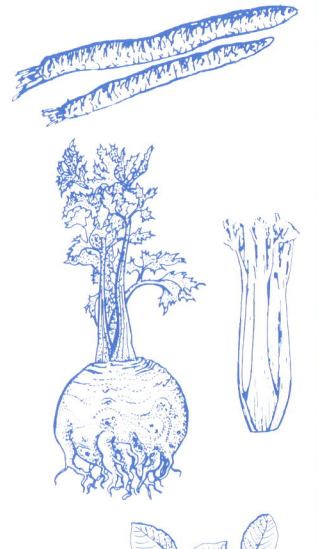

Sellerie

Sellerie gibt es in Form von Stangen- und Knollensellerie. Er ist reich an Vitaminen, Mineralsalzen und ätherischen Ölen. Sellerie wird gerne zu Salaten und Säften verarbeitet. Mit Käsecreme gefüllter Stangensellerie wird gerne als kalte Vorspeise oder bei Cocktailbuffets gereicht.
Selleriegrün kann auch zum Würzen verwendet werden.

Sojabohnen, Sojakeime

Sojabohnen gehören zu den Hülsenfrüchten. Die äußere Form der Samen ähnelt einer Erbse. Sie sind flach oder gewölbt, oval, nierenförmig oder kreisrund. Die Farbe reicht von Weißgelb bis Rot- und Schwarzbraun. Das Sojaeiweiß ist besonders hochwertig. Daneben enthalten die Sojabohnen Vitamine und Mineralstoffe.
Sojabohnen werden hauptsächlich zu Salaten verarbeitet, sie dienen auch zur Herstellung von Sojasauce (Sojasauce siehe Seite 21). Die frischen weißgelblichen Keime der Sojabohne werden blanchiert oder geröstet zu Salaten, Reisgerichten und zum Dekorieren verwendet.

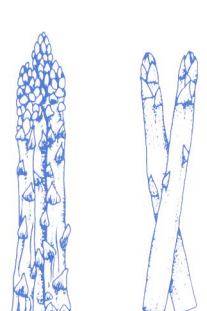

Spargel

Der Spargel ist das klassische Frühlingsgemüse der Monate April und Mai. Es gibt verschiedene Sorten dieses Feingemüses, von denen der grüne und der weiße Spargel die bekanntesten sind. Bei uns am meisten verbreitet ist der weiße Spargel. Die Spitzen sind das Beste und Beliebteste dieses Gemüses. Die Sprossen sind fingerdick, fleischig und saftig. Damit der Spargel seine Feuchtigkeit behält und saftig bleibt, wird er mit einem feuchten Tuch bedeckt und kühl gelagert. Zur Herstellung von Kaltschalen, Salaten, Vorspeisen und als Garniturbestandteil wird er sehr geschätzt.

Spinat

Durch seinen Gehalt an verschiedenen Mineralstoffen, unter anderem Eisen, Eiweiß und Vitaminen ist Spinat für die menschliche Ernährung ein wertvolles Nahrungsmittel. Junge Blätter werden für Mischsalate verwendet, wobei die großen Blätter geschmacksintensiver sind. Spinatblätter werden zum Einschlagen und als Einlage für Farcen verwendet und zu Pürees verarbeitet.

Tomaten (Paradeiser)

Die roten bis gelben Früchte der Tomatenpflanze können rund, länglich (Eiertomaten) oder gerippt sein. Besonders kleine Sorten werden als Zwerg- oder Kirschtomaten bezeichnet. In der Kalten Küche verwendet man Tomaten zum Garnieren, Füllen, als Salat und für Kaltschalen, Tomatensaft, Saucen und Pürees.

Vogerlsalat (Feldsalat, Rapunzelsalat, Nüßlisalat)

Die kleinen, zarten, dunkelgrünen Blätter des Vogerlsalates, die büschelförmig zusammengefaßt sind, werden meist mit anderen Salaten gemischt oder zum Garnieren verwendet.

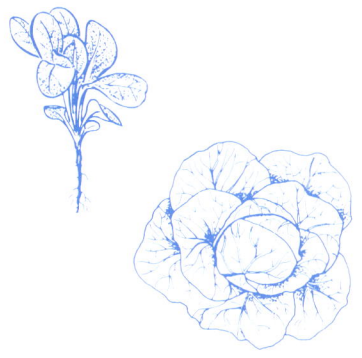

Weißkraut (Weißkohl)

Die weißlichgrünen, glatten Blätter des Weißkrautes bilden einen festen geschlossenen Kopf. Durch milchsaure Gärung wird daraus das stark Vitamin-C-hältige Sauerkraut hergestellt. Roh wird Weißkraut als Salat verwendet.

Wiesenkräutersalat

Vor allem im Frühjahr werden gemischte Wiesenkräuter wie zum Beispiel Schafgarbe, Bibernelle, Schlüsselblumenblätter und -blüten, Kresse und Bärlauch als Blattsalat angeboten.

Wirsing (Kohl, Kelch)

Die hell- bis dunkelgrünen, gekrausten Blätter des Wirsings bilden einen locker geschlossenen Kopf. Im Geschmack ist er etwas milder als Weißkraut. Die äußeren Blätter werden zum Einschlagen verschiedener Fleischstücke verwendet. Sie müssen dazu durch Blanchieren geschmeidig gemacht werden.

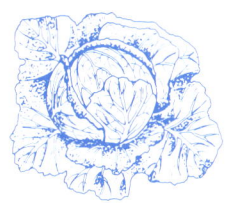

Zucchini

Diese gurkenförmigen Gemüsekürbisse können bis zu 30 Zentimeter lang werden. In der Kalten Küche werden junge Zucchini mit der Schale geraspelt oder in Scheiben geschnitten und für Salate und Rohkost verwendet.

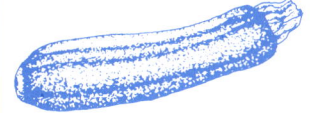

Zwiebel

Die Zwiebel gehört zu den Lauchgewächsen. Der zu Tränen reizende Geruch frischer Zwiebeln beruht auf dem hohen Gehalt an ätherischem Zwiebelöl. Die Küchenzwiebel ist im Gegensatz zur Gewürzzwiebel sehr mild im Geschmack. Bei jungen Zwiebeln kann auch der Stiel verwendet werden. Die haselnußgroße **Perlzwiebel** ist eine runde, weiße, eingelegte Zwiebelart, die gerne zum Garnieren verwendet wird. Die **Schalotte** ist klein und eiförmig. Im Vergleich mit der Küchenzwiebel hat sie einen edelwürzigen Geschmack und wird vor allem in der „feinen Küche" verwendet. Zwiebeln werden in der Küche universell als würzende Zutat verwendet.

Pilze

Pilze sind keine Gemüsesorten, sondern Sporengewächse. Diese niederen Pflanzen sind nicht in der Lage, das Kohlendioxid aus der Luft zu assimilieren. Die benötigten Nährstoffe entnehmen sie aus bereits gebildeter organischer Substanz. Was als Pilz verwendet wird, ist nur der Fruchtkörper der Pflanze. Die Pflanze selbst ist ein feines, verzweigtes Fadengeflecht, das unterirdisch wächst.
Pilze gehören zu den ältesten Pflanzen der Welt.
Sie enthalten viel Eiweiß, wertvolle Vitamine, Mineralstoffe, aromatische Stoffe und Kohlenhydrate, wenig Fett und keine Stärke. Sie sind aber schwer verdaulich und daher als Diät- oder Krankenkost ungeeignet. Außerdem sind Pilze „ideale" Schadstoffspeicher.
Obwohl sich Pilze sehr schwer züchten lassen, sind doch einige Zuchtpilzsorten am Markt.

Seit ungefähr 2.000 Jahren wird in Japan und China der Shiitakepilz auf morschem Laubholz kultiviert.

Der bekannte Champignon wird seit etwa 400 Jahren in Europa gezüchtet. Auch der Austernpilz und die Stockschwammerl sind in kultivierter Form erhältlich.

Im Spätsommer und Herbst sind auch verschiedene frische Wildpilze auf den Märkten zu haben. In Marinaden eingelegt, konserviert, getrocknet oder tiefgekühlt sind Wildpilze auch das ganze Jahr über verfügbar.

Frische Pilze müssen sehr rasch verarbeitet werden, weil sie auf Grund ihres hohen Wasser- und Eiweißgehaltes sehr leicht verderben.

Schon zubereitete Pilze dürfen nicht aufbewahrt oder aufgewärmt werden. Sie zersetzen sich sehr schnell und bilden dabei Giftstoffe.

Getrocknete Pilze sollen vor der Verwendung gut gewaschen und in Wasser oder Wein eingeweicht werden, damit sie sich vollsaugen können und ihre ursprüngliche Größe wieder erreichen.

In den meisten Ländern ist der Handel mit frischen und getrockneten Pilzen durch eine Verordnung geregelt. In Österreich müssen wildwachsende in den Handel gebrachte Pilze durch das Marktamt auf ihre Genußtauglichkeit kontrolliert werden. Das nach dieser Begutachtung ausgestellte Zertifikat muß für den Konsumenten gut sichtbar angebracht sein.

In der Kalten Küche werden die Pilze in gedämpftem oder blanchiertem Zustand vorwiegend für Salate, als Einlage für Pasteten und Galantinen und für Sulzen und Garnituren verwendet.

Aus der Vielfalt der einzelnen Pilzarten wurden im Folgenden nur jene herausgegriffen, die für die Kalte Küche von besonderer Bedeutung sind.

Austernpilz (Austernseitling)

Der Austernpilz gehört zu den wenigen Pilzen, deren Züchtung bisher gelungen ist. Im Spätherbst und in milden Wintern wächst er manchmal in Hunderten dachziegelartig an den Stämmen und Stümpfen verschiedener Laubhölzer. Er hat einen bis zu 15 Zentimeter breiten, am Rand muschelförmig eingerollten Hut von aschgrauer, bläulichgrauer oder grünbrauner Farbe. An der Unterseite hat der Austernpilz weiße Lamellen mit einem leicht bläulichen Stich. Das weiße Fleisch wird bei größeren Stücken zäh und schwer verdaulich, bleibt aber sehr schmackhaft.

Champignon

Champignons sind die am häufigsten verwendeten Pilze. Das mildeste Aroma haben ganz junge Champignons, die sich auch sehr gut zum Garnieren eignen. Voll ausgereifte Stücke haben einen großen, flachen Hut, der sich sehr gut zum Füllen eignet. Das Fleisch der gezüchteten Champignons ist weiß und angenehm mild und nußartig im Geschmack. Neuerdings gibt es auch Champignons mit hellbraunen, leicht schuppigen Hüten, die als Steinchampignons gehandelt werden. Sie sind etwas kräftiger im Geschmack als die herkömmlichen weißen Champignons.

Die auf Wiesen und in Wäldern wild wachsenden Sorten haben das kräftigste Aroma. Champignons werden für Pilzpasteten, Saucen und Suppen gefüllt oder für Cocktails, Salate und Garnituren sowie als würzende Zutat und Einlage verwendet.

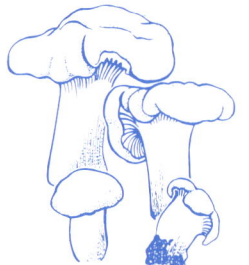

Eierschwammerl (Pfifferlinge)

Dieser sehr geschätzte Pilz wächst in größeren Mengen in Jungwäldern und an moosigen Plätzen von Sommer bis Herbst. Der trichterförmige Hut hat einen unregelmäßig welligen Rand mit stark herabfallenden Lamellen. Das Fleisch ist hell- bis dottergelb und hat einen pfefferartigen Geschmack.

Eierschwammerl werden sehr vielfältig für Pasteten, Einlagen, Salate und als Garnitur verwendet.

Morchel

Morcheln gehören zu den Schlauchpilzen. Sie haben einen kegelförmigen Hut mit einer wabenartigen Oberfläche. Der Stiel ist hohl. Am besten sind die braunen bis schwarzen Spitzmorcheln. Ihr Hut ist länglicher als der von Speisemorcheln, die eine helle, gelblich-braune bis gelblichgraue Farbe haben.

Morcheln müssen vor der Zubereitung öfter mit frischem Wasser gewaschen werden, damit der im Inneren angesammelte Sand vollkommen entfernt wird. Gedämpfte oder blanchierte Morcheln werden für Salate und Garnituren oder als Einlage für Pasteten und Galantinen verwendet. Morcheln sind meistens eingelegt oder getrocknet im Handel und werden frisch nur im April und Mai angeboten.

Shiitakepilz

Dieser Pilz wird seit langer Zeit in China und Japan kultiviert und ist heute ein bedeutender japanischer Exportartikel. Neuerdings ist er auch bei uns als Pilzzucht erhältlich.

Sein dunkelbrauner, schuppiger Hut wird bis zehn Zentimeter groß. Der Stiel ist beige, die weißen bis hellbeige Lamellen stehen sehr dicht. Das Fleisch ist fast weiß und fest.

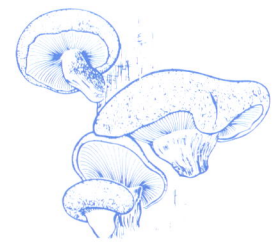

Steinpilz (Herrenpilz)

Dieser wertvolle Speisepilz von hell- bis dunkelbrauner Farbe wächst in Laub- und Nadel-wäldern. Das weiße Fleisch schmeckt süßlich und nußartig. Die Stiele sind dick und weiß. Steinpilze müssen besonders schnell verarbeitet werden, da sie leicht schmierig werden. In der Kalten Küche werden sie für Garnituren, Salate, Vorspeisen und Pasteten verwendet.

Stockschwammerl

Dieser kleine Blätterpilz wächst oft in Büscheln mit über 30 Einzelpilzen auf morschen Baumstümpfen von Laub-, manchmal auch von Nadelhölzern von Frühling bis Herbst. Stockschwammerl haben einen bräunlichgelben Hut mit dunkelbraunem Rand. Die gelb-lichen Lamellen sind anfangs von einer Haut bedeckt, die später am braunen, schuppigen Stiel einen Ring bildet. Das Fleisch ist am Hut weiß und am Stiel hellbraun. Der untere Teil des Stiels ist nicht genießbar.

Auf Nadelholz gewachsene Stockschwammerl sind leicht mit dem zarten, aber giftigen Nadelholztäubling zu verwechseln.

Trüffel

Trüffeln sind unterirdisch wachsende Knollenpilze. Sie gedeihen vorzugsweise in der Nähe von Krüppeleichen, Pappeln und Haselnußsträuchern. Gezüchtet werden Trüffeln nur inso-fern, als Eichen gepflanzt werden, unter denen dann die Trüffeln wieder möglichen Lebens-raum finden. Aufgespürt werden Trüffeln von speziell dafür gezüchteten Hunden.

Als eine extrem teure Delikatesse werden Trüffeln hauptsächlich als Garniturbestandteil, zum Würzen oder als Einlage verwendet.

Die beiden in der Küche vorwiegend verwendeten Arten sind die weiße Piemont-Trüffel und die schwarze Périgord-Trüffel.

Die **weiße Piemont-Trüffel** aus dem Gebiet um Alba in Italien unterscheidet sich von der schwarzen Trüffel nicht nur in Form und Farbe, sondern hauptsächlich in Geschmack und Geruch. Sie riecht sehr stark etwa nach Knoblauch und Gorgonzola und wird meist roh gegessen. Normalerweise wird die weiße Trüffel über verschiedene Speisen geraspelt oder in Blättchenform verzehrt. Weiße Trüffeln wachsen auch in Jugoslawien und Umbrien. Sie erreichen aber nicht die hohe Qualität der Originale aus Piemont.

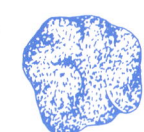

Die kleinere **schwarze Périgord-Trüffel** stammt aus der Region Périgord im Département Dordogne östlich von Bordeaux in Frankreich. Sie hat eine stark warzige Oberfläche und riecht sehr ausgeprägt nach Laub, Erde und Moder. Im Gegensatz zu den weißen werden schwarze Trüffeln meist gekocht. Auf Grund ihres Preises werden aber auch sie hauptsäch-lich als Würzeinlage oder Dekoration bei verschiedenen Gerichten verwendet.

sie hauptsächlich als Würzeinlage oder Dekoration bei verschiedenen Gerichten verwendet.

Die in Spanien wachsende schwarze Trüffel erreicht ebenfalls nicht die Qualität der Trüffel aus Périgord.

Die **schwarzbraune Sommertrüffel** wächst hauptsächlich in Italien, Frankreich, der Bundesrepublik Deutschland, der Schweiz und vereinzelt auch in Österreich. Sie ist knollenförmig, stark berindet und mit großen Warzen behaftet. Ihr Fleisch ist grauweiß bis gelbbraun und von hellen Adern durchzogen.

Daneben gibt es noch die englische rotgekörnte schwarze Trüffel, die aber weitgehend unbekannt ist.

Obst

Als Obst werden im allgemeinen die genießbaren Früchte und Samen verschiedener kultivierter oder wildwachsender Bäume, Sträucher und Pflanzen bezeichnet; sie können durchwegs im rohen Zustand gegessen werden. Obst zeichnet sich besonders durch den süßen oder säuerlichen Geschmack und das feine Fruchtaroma aus.

Durch planmäßige Züchtungen ist heute ein vielfältiges Angebot an Arten und Sorten zu haben.

Obst wird – wie Gemüse – in verschiedene Gruppen unterteilt:

Kernobst besitzt im Fruchtfleisch ein Kerngehäuse. Dazu zählen Äpfel, Birnen, Quitten, Vogelbeeren (Eberesche), Hagebutten.

Steinobst enthält einen sehr harten Steinkern, in dem sich der Samen befindet. Steinobst sind Kirschen, Weichseln, Pfirsiche, Marillen, Nektarinen, Zwetschken, Pflaumen, Ringlotten.

Beerenobst enthält im Fruchtfleisch viele kleine Kerne. Beerenobst sind Erdbeeren, Himbeeren, Brombeeren, Johannisbeeren (Ribiseln), Preiselbeeren, Stachelbeeren, Heidelbeeren, Holunderbeeren, Melonen, Weintrauben, Sanddorn.

Schalenobst hat fettreiche oder stärkereiche Kerne oder Samen, die meist von einer harten Schale umgeben sind. Walnüsse, Haselnüsse und Edelkastanien zählen zum Schalenobst.

Südfrüchte kommen vorwiegend aus den südlichen (tropischen) Ländern und dem Mittelmeergebiet.

Saftige Südfrüchte und Zitrusfrüchte: Orangen, Zitronen, Limetten, Pomelos, Mandarinen, Grapefruits und deren Kreuzungen, Feigen, Datteln, Bananen, Ananas, Kiwi, Granatapfel, Kaki (Sharonfrüchte), Passionsfrucht (Maracuja), Litschi, Mango, Papaya, Cherimoya, Anonas, Cranberry, Melonen, Guave, Kumquat, Kaktusfeige, Karambolen, Tamarillo u. a.

Nußartige Südfrüchte: Mandeln, Pistazien, Pignolien, Kokosnüsse, Cashewnüsse, Paranüsse, Avocado u. a.

Ananas

Ananas sind aus vielen Einzelfrüchten zusammengesetzt und können mehrere Kilogramm schwer werden. Der hohe Genußwert liegt in ihrem süß-säuerlichen, erfrischenden, sehr charakteristischen Geschmack.

Die Früchte sind reif, wenn das Fruchtfleisch auf einen leichten Fingerdruck nachgibt. Ananas reifen nach der Ernte nicht nach und sollen schnell verbraucht werden. Die Ananas kommt aus allen tropischen und subtropischen Gebieten, wird aber auch in Europa in Treibhäusern gezüchtet. Verwendet werden Ananas zum Frischgenuß, für Kompott, Süßspeisen, Kaltschalen, für Dekoration und Garnituren und für Kalte Bufetts.

Anonas

Die Anona ist eine Spielart der Anonengewächse, zu denen auch die Cherimoya gehört. In der Form ist sie ähnlich einem grünen, großschuppigen Pinienzapfen mit dunklen Warzen. Wenn die Schale dunkel wird, ist die Frucht reif. Das Fruchtfleisch ist bläulichweiß, von rahmiger Konsistenz mit vielen schwarzen Kernen. Die sehr vitaminreiche Frucht hat einen hohen Calcium- und Traubenzuckergehalt. Ihr Geschmack ist ähnlich dem von Erdbeeren. Anonas werden im ganzen tropischen und subtropischen Raum kultiviert. Sie werden zum Frischgenuß, für Desserts oder zum Garnieren verwendet.

Apfel

Die verschiedenen Apfelsorten variieren sehr stark in der Farbe, sind grün über gelb bis rot und gesprenkelt, Geschmack, säuerlich oder süß, und Konsistenz, die fest oder mürb sein kann.

Im Handel wird Tafelobst in verschiedenen Qualitätsklassen und Wirtschaftsobst angeboten. Tafeläpfel sind zum Frischverzehr geeignet. Sie haben eine fleckenlose, glatte Schale, ein schönes Aussehen und ein gutes Aroma. Wirtschaftsäpfel sollen nur zur Herstellung von Obsterzeugnissen verwendet werden.

Der Apfel als meistgegessenes Obst enthält viele wichtige Nährstoffe und wird daher vielseitig, sowohl in der täglichen Ernährung als auch in der Krankenkost, verwendet.

Äpfel, die im Herbst und Winter in noch nicht vollständig ausgereiftem Zustand geerntet werden, sind am besten lagerfähig. Der Lagerraum soll dunkel, belüftbar, kühl, aber frostfrei und nicht zu trocken sein.

Außer zum Frischverzehr werden Äpfel für verschiedene Süßspeisen verwendet. In der Kalten Küche verarbeitet man sie zu Salaten, Garnituren, Saucen, Kaltschalen und Rohkost. Sie harmonieren mit fast allen Obst- und Gemüsesorten.

Bekannte Tafeläpfelsorten sind:

Cox Orange: gelbe bis orangerote Schale; festes, später mürbes, saftiges Fruchtfleisch; süßlich-säuerlicher Geschmack, würzig.

Gloster: dunkelrote Schale; festes, später weiches, saftiges Fruchtfleisch; süß-säuerlicher Geschmack; sehr gute Haltbarkeit.

Golden Delicious: goldgelbe, dünne Schale; festes, später mürbes, saftiges Fruchtfleisch; honigsüßer Geschmack, würzig, mit feiner Säure.

Granny Smith: grasgrüne Schale; festes, saftiges Fruchtfleisch; leicht säuerlicher Geschmack. Golden Delicious und Granny Smith eignen sich, weil sie nicht braun werden, besonders für Garnituren.

Gravensteiner: grünlichgelbe Schale; lockeres bis mürbes, saftiges Fruchtfleisch; süß-säuerlicher Geschmack, würzig.

Idared: kräftigrote Schale; festes, saftiges Fruchtfleisch; angenehm säuerlicher Geschmack, aromatisch.

Jonathan: kräftigrote Schale; festes, saftiges Fruchtfleisch; leicht säuerlicher Geschmack.

Klarapfel: grünlichgelbe Schale; mehliges, mürbes, saftiges Fruchtfleisch; saurer Geschmack.

Kronprinz Rudolf: typisch österreichischer Apfel; grün-rote Schale; festes, sehr saftiges Fruchtfleisch; aromatisch.

Mac Intosh: rote Schale mit grünlichen Streifen; festes, saftiges Fruchtfleisch; herber Geschmack.

Roter Delicious: hellrote Schale; festes, saftiges Fruchtfleisch; süßer und milder im Geschmack als der Golden Delicious.

Roter und gelber Boskop: gelbgrüne bis rote, rauhe Schale; festes, später mürbes, saftiges Fruchtfleisch; stark säuerlicher Geschmack; sehr gute Haltbarkeit.

Avocado

Avocados sind 10 bis 15 Zentimeter lang, birnenförmig und haben einen großen Kern in der Mitte. Die Schale ist derb, oft leicht genarbt und glänzend und hat eine hell- bis dunkelgrüne

Golden Delicius

Granny Smith

Gravensteiner

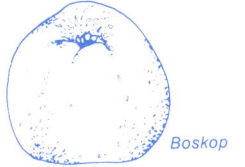

Boskop

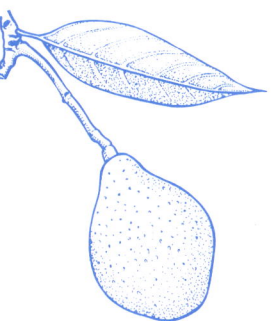

oder violettbraune Farbe. Das Fruchtfleisch ist gelblich bis dunkelgrün, fettig und hat einen süßlichen, nußartigen Geschmack. Harte Avocados sollen bei Zimmertemperatur nachreifen. In reifem Zustand sind sie butterweich und im Geschmack ausgeprägter. In der Kalten Küche werden sie zur Zubereitung von Vorspeisen, Brotaufstrichen, Kaltschalen und Cocktails oder Obstschalen verwendet.

Birne

Alexander Lucas

Die Farbe der einzelnen Birnensorten variiert von Grün über Gelb bis Rötlich und Braun. Birnen gelten als hochwertiges Tafelobst und haben meist ein saftiges, weißes, süßes Fruchtfleisch, das viele Mineralstoffe und wenig Säure enthält.
Sie werden wie die Äpfel nach Qualitätsklassen unterschieden und gehandelt.
Einfache Birnensorten mit Form- und Farbfehlern, sogenannte Wirtschaftsbirnen, werden getrocknet als **Kletzen** bezeichnet. Die meisten Birnen werden vor ihrer Genußreife geerntet und müssen noch nachreifen.
Durch ihren hohen Saftgehalt sind sie nur kurze Zeit haltbar und verderben in reifem Zustand sehr schnell.
Für Kochzwecke beziehungsweise für Kompott sollen die Früchte noch nicht ausgereift sein.

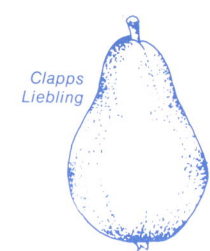

Clapps Liebling

Birnen werden vor allem roh als Tafelobst genossen.
In der Kalten Küche sind sie eine gute Ergänzung zu Käseplatten und eignen sich außerdem für Salate und gefüllt als Garnituren.
Bekannte Birnensorten sind:
Alexander Lucas: gelbgrüne bis braune Schale; weißes, saftiges Fruchtfleisch; süßer Geschmack.
Clapps Liebling: gelbgrüne, glatte Schale mit feinen roten Tupfen; sehr saftiges Fruchtfleisch; aromatisch.
Conference: grüngelbe, rostige Schale; längliche Form; schmelzendes, saftiges Fruchtfleisch; süßer Geschmack.

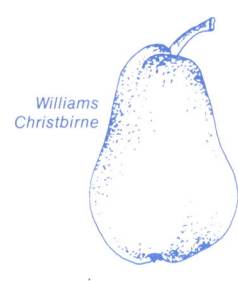

Williams Christbirne

Gellerts Butterbirne: rauhe, braunrote Schale; schmelzendes, weiches, saftiges Fruchtfleisch; würziges Aroma.
Gute Luise: rötliche Schale; saftiges Fruchtfleisch; süßer Geschmack; zart würziges Aroma.
Williams Christbirne: hellgelbe Schale; schmelzendes, sehr saftiges Fruchtfleisch; typisches Aroma; als Konservenfrucht geeignet.

Brombeere

Die den Himbeeren ähnlichen Brombeeren wachsen vorwiegend in Wäldern. Die glänzend schwarzviolette Frucht schmeckt säuerlich-süß.
Verwendet werden sie wie Erdbeeren zum Rohgenuß, für Kompott, Gelee und Likör.
Bekannte Kreuzungen zwischen Himbeeren und Brombeeren sind die **Loganbeere** und die **Boysenbeere,** die sich durch besondere Größe und eigenen Geschmack hervorheben.

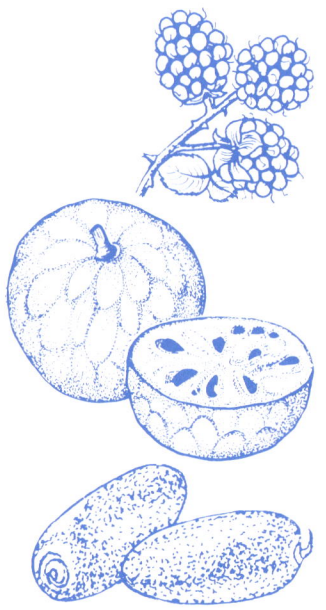

Cherimoya (Rahm-, Zimt-, Zuckerapfel)

Wie die Anona ist die Cherimoya eine Art der Anonengewächse. Sie ist in Art und Eigenschaft sehr ähnlich der Anona und erreicht etwa die Größe einer Grapefruit.

Dattel

Frische Datteln sind braun und etwa fingerlang. Sie haben einen honigsüßen Geschmack und sollten rasch verbraucht werden. Die oft harte Haut kann leicht abgezogen werden, der Kern läßt sich leicht entfernen. Die beste Dattel ist die hellbraune und weichfleischige Königsdattel.
Datteln eignen sich gut zum Tiefgefrieren. Verwendet werden Datteln zum Rohgenuß, für Garnituren und Desserts und als Beigabe zu Käse.

Edelkastanie (Marone)

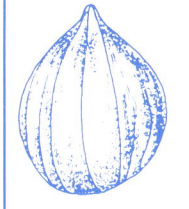

Edelkastanien sind die Früchte eines in Südeuropa beheimateten Baumes. Die glänzenden Sorten sind durch Vergärung oder Beizen speziell für Kochzwecke geeignet, weil sie sich durch die Vorbehandlung leichter schälen lassen. Edelkastanien werden im ganzen geröstet, gekocht, gedämpft und passiert für Füllungen verwendet oder mit Gemüse kombiniert. Eine Spezialität sind die geschälten und in Zucker oder Sirup eingelegten Marrons glacés.

Erdbeere

Wir unterscheiden die großfrüchtigen süßen bis süß-säuerlichen Gartenerdbeeren und kleinfruchtige Erdbeersorten wie Monats- und Walderdbeeren. Diese sind aromatischer und ausgeprägter im Geschmack als die Gartenerdbeere. Am besten schmecken jedoch die kleinen Walderdbeeren. Hier gilt die Regel: Je kleiner, desto aromatischer.
Erdbeeren werden überwiegend frisch gegessen oder für Kaltschalen, Saucen, Desserts, Garnituren und Marmelade verwendet.

Feige

Frische Feigen sind birnenförmig, rotbraun oder grünlichgelb mit einem lilagrauen Schleier, weich und saftig. Die helle, feinhäutige Sorte ist besser als die dickhäutige, weniger saftige Art. Feigen werden schnell überreif und sollen deshalb rasch verbraucht werden. Die Haut ist abzuziehen, kann aber auch, wie die vielen zarten Kerne, gegessen werden. Verwendet werden Feigen für Desserts und Garnituren.

Granatapfel

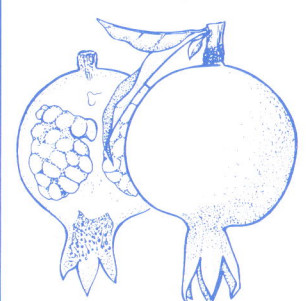

Der Granatapfel ist eine Scheinbeere mit vielen hellen, eßbaren Kernen und einem süß-säuerlichen, geleeartigen Fruchtfleisch. Die etwa apfelgroße Frucht hat eine dicke, ledrige Schale und ist deshalb gut transport- und lagerfähig.
Das Fruchtfleisch und die Kerne können roh genossen werden. Dazu wird die Frucht halbiert und mit einem Löffel gegessen. Außerdem wird das Fruchtfleisch für Saft, Saucen und Sorbets, die Kerne zum Garnieren verwendet.

Grapefruit

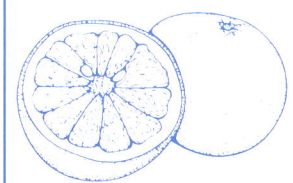

Die Grapefruit ist keine Kreuzung verschiedener Zitrusfrüchte, sondern eine eigenständige Pflanzenart. Sie trat erstmals im 18. Jahrhundert in der Karibik auf. Grapefruits haben ein feines, süßes, durch einen Bitterstoff sehr aromatisches Fruchtfleisch. Verschiedene gelbe, rosa und rotfleischige Sorten sind am Markt erhältlich. Verwendet werden Grapefruits für Säfte, Vorspeisen, Fruchtsalate und Garnituren.

Guave

Die Guave ist die Frucht eines in Mittel- und Südamerika heimischen Myrtengewächses. Sie ist apfel- oder birnenförmig, mit gelblichgrüner Schale und einem hellen grünen oder zartrosa Fruchtfleisch mit kantigen Samen. Guaven haben einen pikant säuerlichen, sehr aromatischen Geschmack ähnlich dem der Quitten. Ihr Duft ist moschusartig. Sie werden roh oder als Kompott und für Marmeladen verwendet.

Hagebutte

Die wildwachsende Hagebutte ist eiförmig, orangerot und hat eine glatte, glänzende Haut. Die haarigen Kerne im Inneren der Frucht sind ungenießbar. In frischem Zustand ist die Hagebutte trocken und fest. Sie schmeckt schwach süß und arteigen. Erst nach dem ersten Frost wird sie teigig weich und kann auch roh gegessen werden. Ansonsten wird sie für Marmeladen und Saucen verwendet.

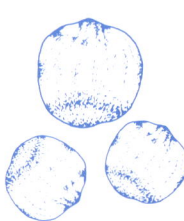

Haselnuß

Haselnüsse werden hauptsächlich aus der Türkei, Italien, Spanien und der UdSSR importiert. Unterschieden wird zwischen vier Arten. Die länglichen, walzenförmigen **Lambertsnüsse** sind eine beliebte Wirtschaftssorte. Sie reifen schon sehr früh, etwa Mitte August.
Die **Lamberts-Hybriden** sind den Lambertsnüssen sehr ähnlich. Sie lösen sich aber leichter aus ihrer Hülle als diese.
Zellernüsse haben verschiedene Formen von rund bis länglich.
Zeller-Hybriden sind in der Form und in ihrer Eigenschaft den Lambert-Hybriden ähnlich, stammen in der Zucht aber hauptsächlich von den Zellernüssen ab.
Die nach der Ernte noch etwas feuchten Kerne von den Haselnüssen müssen besonders luftig und nicht zu warm gelagert werden.
Haselnüsse werden für Backwaren, als Dekor und als Ausgangsprodukt für Haselnußöl und Haselnußmark verwendet.

Heidelbeere

Die erbsengroßen, schwarzblauen, wildwachsenden Früchte besitzen einen stark färbenden, dunkelroten Saft. Ihr Geschmack ist eher herb und süß-säuerlich.
Heidelbeeren eignen sich sehr gut zum Tiefkühlen und werden zum Frischverzehr und für Kaltschalen und Desserts verwendet.

Himbeere

Die roten, mitunter auch schwarz oder gelb gefärbten, behaarten Früchte gedeihen wildwachsend im Wald oder kultiviert im Garten. Himbeeren schmecken angenehm süß, sind saftig und sehr aromatisch.
Waldhimbeeren sind kleiner, aber saftiger und ausgeprägter im Geschmack.
Verwendet werden Himbeeren wie die Erdbeeren.

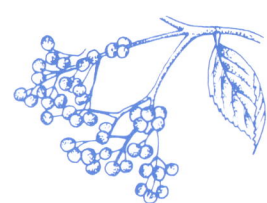

Holunder (Holler)

Die kugeligen schwarzen Beeren enthalten einen stark färbenden, purpurroten Saft. Das weiche, saftige Fruchtfleisch schmeckt herb und sauer.
Die Beeren werden für Säfte und Saucen, Kaltschalen, Kompotte und Speiseeis verwendet.
Die stark duftenden Holunderblüten werden gebacken als Dessert gereicht.

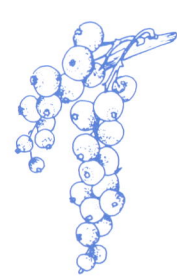

Johannisbeere (Ribisel)

Je nach Sorte unterscheiden wir rote, weiße und schwarze Johannisbeeren mit glänzender Haut.
Die roten Früchte, die man in Österreich Ribiseln nennt, schmecken säuerlich-herb und werden zu Marmelade, Ribiselwein, Säften, Desserts, Kaltschalen und Saucen verarbeitet.
Die weißen Beeren haben einen süß-säuerlichen Geschmack. Die schwarzen Johannisbeeren haben ein kräftiges, herbes Aroma und sind zum Rohgenuß eher weniger geeignet. Sie verleihen dem französischen Cassis-Likör den typischen Geschmack und werden besonders zur Saftgewinnung verwendet.
Johannisbeeren sind im allgemeinen schlecht lagerfähig, da sie Saft lassen und schimmeln.

Kaki

Kakis stammen ursprünglich aus Ostasien, werden aber heute in Italien, Spanien und Israel in großen Mengen gezüchtet. Sie sehen wie gelborange Tomaten aus; das geleeaartige Fruchtfleisch enthält acht Kerne und wird bei Reife weich und saftig. Kakis schmecken süß, leicht vanilleartig, aber ausdruckslos. Reife Früchte müssen schnell verbraucht werden.
Verwendet werden Kakis für Mus, Eis und Fruchtsalat oder als Garnituren.

Obst, Gemüse, Küchenkräuter und Pilze (Beschreibung Seite 42)

Obst, Gemüse, Küchen-kräuter und Pilze

1 Grapefruit, 2 Wassermelone,
3 Avocado, 4 Papaya, 5 Ysop,
6 Frisée-Salat, 7 Jungzwiebeln,
8 Pomelo, 9 Zuckermelone, 10 rosa
Grapefruit, 11 Eichblattsalat,
12 Aubergine, 13 Kohlrabi,
14 Guave, 15 Granatapfel,
16 Loquat, 17 Karambole,
18 Mango, 19 Kaki, 20 Chicorée,
21 Fenchel, 22 Kaktusfrucht,
23 Limette, 24 Feige, 25 Kumquat,
26 Wiesenkräutersalat, 27 Zucchini,
28 Austernpilze, 29 grüner Spargel,
30 Artischocke, 31 Stangensellerie,
32 Moosbeeren, 33 Datteln,
34 Okra, 35 Champignons,
36 Morcheln, 37 Zitronenthymian,
38 Basilikum, 39 Wermut, 40 Waldmeister, 41 Rosmarin, 42 Lorbeer,
43 Majoran, 44 Borretsch, 45 Zitronenmelisse, 46 Oregano, 47 Bibernelle, 48 Estragon, 49 Kerbel,
50 Salbei

Käse

1 Original Schweizer Emmentaler,
2 österreichischer Emmentaler,
3 Blue Notre, 4 Roquefort, 5 Berg-
baron, 6 Rauchkäse, 7 Préclos,
8 Provolone, 9 Belle Bressane,
10 Bergkäse, 11 Österzola, 12 Blue
Stilton, 13 Blue Bayou, 14 Parmesan, 15 Dolce Latte, 16 Kräuter-
roulade – Mousse du Berry,
17 Mondseer, 18 Schafkäse,
19 österreichischer Ziegenkäse,
20 Ostjepki, 21, 22, 23 französische
Camemberts, 24 Rougette, 25 Bour-
sault, 26 Bresse Bleu, 27 Ziegenkäse, 28 Frischkäse mit Nüssen,
29 Frischkäse mit Paprika,
30 Frischkäse mit schwarzem Pfeffer, 31 österreichische Brietorte,
32 Raffinesse

Fische, Schal- und Krustentiere

1 Dornhai, 2 Seeteufel oder Angler,
3 Roter Knurrhahn, 4 Hecht, 5 Steinbutt, 6 Austern, 7 Hummer, 8 Kalmare, 9 Lachs, 10 Mies- oder Pfahl-
muscheln, 11 Kaisergranat (Scampi),
12 Rheinanken, 13 Saibling, 14 Jakobsmuscheln, 15 Riesengarnelen,
16 Galizierkrebse

Fische, Schal- und Krustentiere *(Beschreibung Seite 42)*

Kaktusfrucht (Kaktusfeige, Opuntie)

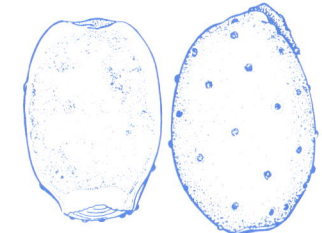

Die Kaktusfrüchte stammen ursprünglich vom mexikanischen Opuntienkaktus, der sich mittlerweile wie Unkraut über die subtropischen Gebiete aller Erdteile verbreitet hat. Die reifen Früchte haben eine zuerst grüne, dann rötlichgelbe, ledrige Haut, die mit feinen Stacheln besetzt ist. Wenn man die Früchte in Wasser legt, lassen sich diese Stacheln aber leicht lösen. Unter der Haut, die abgezogen wird, ist ein rötlichgelbes, süß-aromatisches Fruchtfleisch. Verwendet werden Kaktusfeigen hauptsächlich für Obstsalate.

Kapstachelbeere (Physalis, Ananaskirsche)

Die bei uns noch relativ unbekannte Kapstachelbeere wird heute immer häufiger angeboten.
Sie hat nichts mit unserer Stachelbeere gemeinsam. Die kirschförmigen, kleinen, grüngelben bis orangegelben Früchte mit glatter Schale sind von einer bastfarbenen, lampionähnlichen Hülle umgeben.
Das fleischige, saftige Fruchtfleisch enthält kleine eßbare Kerne.
Kapstachelbeeren schmecken süß-säuerlich und haben einen an Ananas erinnernden Geruch. Sie werden deshalb auch Ananaskirschen genannt.
Sie sollen kühl gelagert werden und bis zur Verwendung in ihrer Hülle bleiben.
Verwendet wird sie als Dessertfrucht, für Marmelade, Kompott und zum Garnieren. Soll die Kapstachelbeere gezuckert werden, so muß man die glatte, undurchlässige Haut durchstechen, damit der Zucker eindringen kann.

Karambole (Baumstachelbeere)

Karambolen sind in den Tropen heimische Früchte, die aussehen wie sternförmig gezackte Gurken von unterschiedlicher Größe. Sie haben einen süß-säuerlichen, etwas wäßrigen Geschmack mit einem aromatischen Duft ähnlich wie Jasmin. Reif sind sie wachsartig durchsichtig und gelb. Verwendet werden diese vitaminreichen Früchte ungeschält und in Scheiben geschnitten hauptsächlich zum Dekorieren verschiedener Obstspeisen, Cocktails und Salate.

Kirsche

Grundsätzlich unterscheidet man zwischen Süß- und Sauerkirschen. Durch ihren hohen Gehalt an organischen Säuren haben die Sauerkirschen ein leicht säuerliches Aroma.
Unter **Weichseln** oder **Morellen** versteht man Sauerkirschen mit dunklen Früchten und dunkel färbendem Fruchtsaft.
Glaskirschen oder **Amarellen** sind helle Sauerkirschensorten mit fast durchscheinender Außenhülle und nicht färbendem Saft.
Sie werden gerne zu Marmelade, Kompott und Gelee verarbeitet, in Weinbrand oder Maraschino eingelegt und hauptsächlich industriell verarbeitet (Konserven).
Bei den **Süßkirschen** unterscheiden wir weichfleischige, große, saftige **Herzkirschen** und festfleischige Kirschensorten.
Süßkirschen sind im allgemeinen gelb, rot oder dunkelrot und haben ein fruchtiges Aroma. Sie eignen sich besonders zum rohen Genuß, werden aber auch zu Kompotten, Kaltschalen und Süßspeisen verarbeitet.

Kiwi

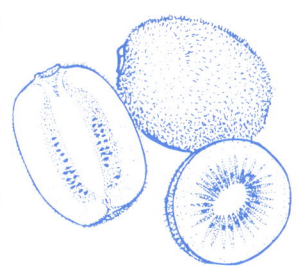

Kiwis sind die Zuchtart einer fernöstlichen Kletterpflanze. Die Früchte werden heute hauptsächlich aus Neuseeland importiert, wo sie auch den Namen erhalten haben. Unter der rauhen braunen Haut sitzt ein hellgrünes, strahliges und sehr saftiges Fruchtfleisch mit vielen kleinen schwarzen Kernen. Kiwis schmecken süß-aromatisch und haben einen hohen Vitamin-C-Gehalt. Sie sind gut lagerfähig und werden für Fruchtsalate, Kaltschalen, Pürees, Sorbets und zum Dekorieren verwendet.

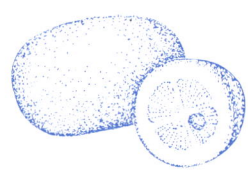

Kumquat (Zwergorange, Cocktailorange)

Kumquats sind die kleinsten Zitrusfrüchte. Sie werden seit Tausenden Jahren in China und Japan kultiviert. In Europa sind sie erst seit Mitte des 19. Jahrhunderts bekannt. Kumquats schmecken etwa wie saftiges Orangeat mit stärkerem Zitronen- oder Orangenaroma und werden samt der Schale und den kleinen, weichen Kernen gegessen. Die orangefarbene Schale schmeckt süßer als das etwas herbere Fruchtfleisch. Verwendet werden diese kleinen Früchte für Salate und Garnierungen oder in Honigsirup eingelegt.

Limette

Die Limette ist eine kleine, fast runde, der Zitrone verwandte Zitrusfrucht. Sie hat eine besonders dünne grüne Schale und ein grünliches, kernloses und saftreiches Fruchtfleisch. Limetten werden oft mit den kleineren, wesentlich weniger intensiven Limonen verwechselt. Sie färben leicht grün und sind geschmacklich intensiver als Zitronen. Verwendet werden sie wie Zitronen für Fruchtsalate, Fruchtcocktails und Süßspeisen, zum Abschmecken von Fischgerichten und Dressings sowie für Kaltschalen, Sorbets und Kräutersaucen.

Litschi (Lychee, chinesische Haselnuß)

Diese sehr feine Frucht stammt ursprünglich aus Südchina und ist heute allgemein in den tropischen Gebieten zu finden. Unter der schuppig gefederten, im vollreifen Zustand braunen Haut liegt ein saftiges, weißes Fruchtfleisch mit einem eichelgroßen, braunen Kern. Der Geschmack ähnelt einer Mischung aus Rosinen, Sauerkirschen und Rosen mit leichtem Muskataroma. Litschis werden für Süßspeisen, als Kompott oder als pikanter Bestandteil von Fleisch- und Fischgerichten, für Cocktails und für Garnituren verwendet.

Loquat

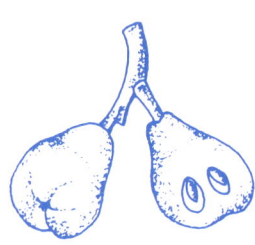

Die Loquat ist die Scheinfrucht des immergrünen, aus China stammenden Wollmispelbaumes. Sie wird inzwischen auch im Mittelmeerraum und in Amerika angebaut. Die dünne und zähe Haut der bis zu etwa acht Zentimeter langen Frucht ist meist goldgelb. Das hellgelbe bis blaßorange, feste Fruchtfleisch hat einen süßen, an Äpfel erinnernden Geschmack. Loquats werden meist in Konserven angeboten, manchmal aber auch frisch aus den Mittelmeerländern oder Südamerika importiert. Verwendet werden die Früchte für feine Fruchtsalate, Cocktails, Gelees und für Garnituren.
Um das zarte Aroma der Loquats nicht zu überdecken, sollten sie nicht mit Äpfeln, Orangen und Grapefruits gemischt werden.

Mandarine

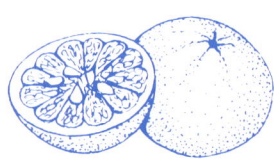

Als Mandarinen werden eine Gruppe verschiedener Arten und Hybriden von Zitrusfrüchten bezeichnet, die eine sehr lose Schale besitzen.
Bekannte Arten sind die sehr früh reifenden, saftigen **Satsumas** mit geringem Säuregehalt; die kernarmen, leuchtendroten **Clementinen;** die sehr kleinen **Tangerinen** und die **Tangelos,** eine süß-erfrischende und kernlose Kreuzung zwischen Tangerinen und Grapefruits.

Mandel

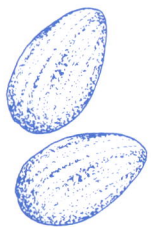

Grundsätzlich unterscheiden wir süße und bittere Mandeln. Die kleineren bitteren Mandeln enthalten Blausäure und sind zum rohen Genuß nicht geeignet. Man gewinnt aus ihnen eine Essenz, die als Aromastoff Verwendung findet.
Der spitzförmige, flachgedrückte, gelbliche Mandelkern ist von einer zimtbraunen, rauhen Haut umgeben, die durch Blanchieren leicht abgezogen werden kann. Verwendet werden Mandeln zum Rohgenuß; gehackt, gestiftelt oder blättrig für Obstsalate; halbierte Mandeln für Dekorzwecke; gerieben für Backwaren; ganze Mandeln als Einlage für Pasteten; Grundzutat für Marzipan.

Mango

Die Mango ist eine sehr fleischige, leicht birnenförmige Frucht, die ursprünglich aus Süd-
ostasien stammt. Heute wird sie in vielen tropischen und subtropischen Gebieten angebaut.
Ihre Haut ist glatt und dünn mit einer Farbe, die von Grün über Gelb, Orange und Rot bis Violett gehen kann. Die gelb-roten Sorten sind eher sauer, die grün-violetten sind eher süß. Das
pfirsichfarbene, sehr saftige Fruchtfleisch ist fest mit dem flachen Kern verbunden. Mangos
können bis zur Reife bei Zimmertemperatur gelagert werden. Wenn die Früchte auf einen
Fingerdruck leicht nachgeben, sind sie reif. Verwendet werden Mangos für Fruchtsalate und
Cocktails, für Speiseeis, Kaltschalen und Pürees.

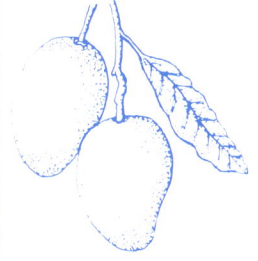

Marille (Aprikose)

Die rundlichen bis länglich ovalen Früchte mit orangegelber Außenhaut haben ein saftiges,
im allgemeinen festes Fruchtfleisch, das sich leicht vom Kern lösen läßt.
Marillen schmecken süß-säuerlich, würzig und aromatisch. Durch kurzes Blanchieren läßt
sich die Haut der Marille besonders leicht abziehen. So verwendet man sie für Kaltschalen
und Salate. Marillen werden gerne roh gegessen oder zu Mehlspeisen, Branntwein, Likör,
Kompott und Marmelade verarbeitet.

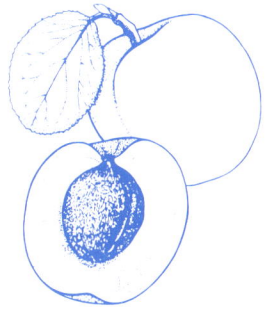

Melonen

Die Früchte gehören zu den Gurkengewächsen, sind also eigentlich ein Gemüse. Wegen
ihres süßen, aromatischen Fleisches werden sie aber dem Obst zugerechnet.
Ursprünglich in Vorderasien beheimatet, kommen sie heute vor allem aus den Mittelmeerländern.
Wassermelonen sind hell- bis dunkelgrüne, bis zu 15 Kilogramm schwere Früchte. Sie
bestehen zu 95 Prozent aus Wasser und haben ein intensiv rotes Fruchtfleisch mit einge-
lagerten schwarzen Kernen.
Honig- und Zuckermelonen haben eine gelbe Schale, eine ovale Form und ein honig-
süßes, gelbgrünes bis sektfarbenes Fruchtfleisch.
Netzmelonen haben eine rötlichgelbe, dicke, mit einem hellen Netz überzogene Haut. Ihr
gelblichgrünes Fruchtfleisch schmeckt aromatisch und ist saftig und vitaminreich.
Cantaloupe-Melonen zählen zu den Zuckermelonen; sie haben eine warzige, gerippte,
gelbe Schale und ein sehr süßes, orangefarbenes Fruchtfleisch.
Ogen-Melonen sind eine in Israel gezüchtete Variante der Cantaloupe-Melonen. Ihr grünliches Fleisch ist sehr saftig und süß.
In der Kalten Küche werden Melonen hauptsächlich für Vorspeisen, Frucht- und Kaltschalen
und Garnituren verwendet.

Wassermelone

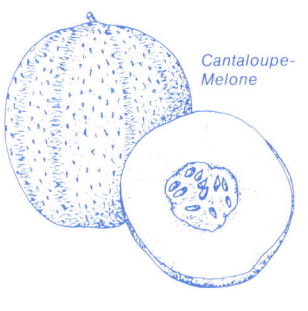

Cantaloupe-Melone

Moosbeere (Cranbeery)

Die mit den Preiselbeeren verwandten dunkelroten Moosbeeren sind größer und nicht so
herb im Geschmack. Das typische Preiselbeeraroma fehlt, ihr Säuregehalt ist geringer als
der der Preiselbeere, Cranberrys können daher auch roh gegessen werden, sie müssen
aber vollreif und schon etwas weich sein.
Auf Grund ihrer Größe werden sie in der Kalten Küche gerne anstelle von Preiselbeeren als
Garnituren für Kalte Platten verwendet.

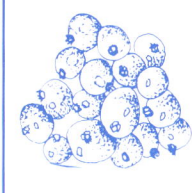

Papaya (Baummelone)

Papayas ähneln einer Melone, gehören aber zur Gruppe der Feigen. Unreif können sie als
Gemüse, reif als Obst verwendet werden. Papayas haben eine grüngelbe, ledrige Schale
mit einem goldorangefarbenen Fruchtfleisch. Der süßliche, an Himbeeren erinnernde
Geschmack kann mit Zitronensaft erhöht werden. Das Fruchtinnere ist mit erbsengroßen,
schwarzen Samen gefüllt, die nicht eßbar sind. Verwendet werden Papayas für Fruchtsalate
oder zu kalten Vorspeisen (statt Melonen zu Schinken).

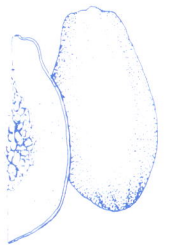

Passionsfrucht (Maracuja)

Diese gelbliche oder weinrotpurpurfarbene, bräunlich gepunktete Tropenfrucht kommt hauptsächlich aus Brasilien und Südafrika, wird aber auch schon an der Riviera angebaut. Die Früchte haben eine glatte, im reifen Zustand schon etwas schrumpelige Schale. Das sehr aromatische Gelee im Inneren ist mitsamt den Kernen eßbar.
Verwendet wird die Passionsfrucht vor allem für Fruchtsalate, Sorbets, Fruchtcremes und zum Frischverzehr.

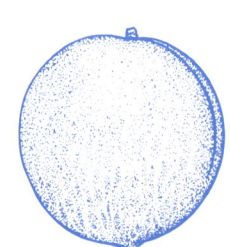

Pfirsich und Nektarine

Charakteristisch für die auf Druck empfindlichen und leicht verderblichen Pfirsiche ist ihre samtartige Außenhaut. Das Fruchtfleisch ist sehr saftig und je nach Sorte weiß bis gelb und leicht oder schwer kernlöslich.
Auf Grund ihrer leichten Verderblichkeit sind sie nicht lagerfähig.
Hauptsächlich werden sie für Fruchtsalate, Kompotte, Kaltschalen, Eisspeisen und zum Frischverzehr verwendet.
Nektarinen werden oft fälschlich als Kreuzung zwischen Pfirsich und Pflaume bezeichnet. Sie sind aber nur eine Spielart der Pfirsiche mit glatter Haut und den gleichen Eigenschaften wie Pfirsiche.

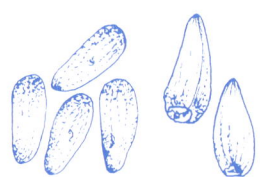

Pignolien (Pinienkerne, Zirbelnüsse)

Diese spitz-ovalen, von einer harten Schale umgebenen Samen aus den Zapfen der Zirbelkiefer schmecken mandelartig, leicht süß-säuerlich und werden schnell ranzig. In der Kalten Küche werden sie vor allem zum Garnieren, für Farcen und zum Bestreuen von pikanten Fleischspeisen verwendet.

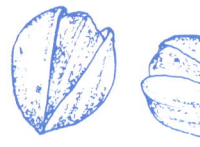

Pistazien

Pistazien sind die Früchte eines vom Mittleren Osten bis Zentralasien heimischen kleinen Baumes. Ihr angenehm milder Geschmack und ihre dekorative grüne Farbe machen sie zu einem geschätzten Bestandteil von Füllungen, Saucen und Gebäcken.
Um ihre charakteristische Farbe zu erhalten, werden sie geschält, kurz in Wasser gekocht und dann enthäutet.

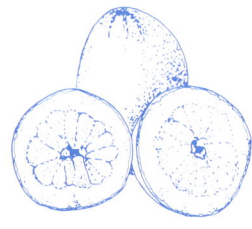

Pomelo (Pampelmuse)

Die Pomelo ist eine der größten Zitrusfruchtarten mit einem Gewicht von einem bis zu zwei Kilogramm. In der grün-gelb marmorierten Schale ist das feste, gelbe Fruchtfleisch in Kammern eingeschlossen. Der Geschmack ist beerenartig, der Saftgehalt gering.

Preiselbeere

Die kugeligen, roten Beeren haben ein festes Fruchtfleisch mit herbem, leicht säuerlichem Geschmack.
Zum Rohverzehr sind Preiselbeeren zu bitter. Erst beim Kochen entfaltet sich ihr Aroma. Wegen ihres hohen natürlichen Säuregehalts und ihrer festen Haut sind sie gut haltbar und werden für Kompotte und Saucen verwendet. Sie gelten als ideale Beilage für Wildgerichte.

Sanddorn

Die kugeligen, orangegelben bis roten Beeren enthalten einen orangegelben Saft. In rohem Zustand sind die Beeren sauer. Beachtenswert ist ihr hoher Gehalt an Vitamin C und Provitamin A.
Verwendet wird Sanddorn für Kaltschalen, Säfte und Mixgetränke.

Stachelbeere

Die in verschiedenen Größen vorkommende Stachelbeere kann rot, gelb, grün oder weiß sein. Je nach Sorte ist die Außenhülle glatt oder behaart.
Das Fruchtfleisch ist saftig und weichfleischig. Sorten mit dünner, durchscheinender, glatter Schale werden bevorzugt. Stachelbeeren haben einen süß-säuerlichen, aromatischen Geschmack.
Reife Beeren werden als Tafelobst gereicht oder zu Konfitüren und Kaltschalen verarbeitet. Die voll entwickelten harten Beeren, die noch nicht genußreif sind, werden zu Kompott verarbeitet. Vor Genuß soll der Blütenrest entfernt werden.

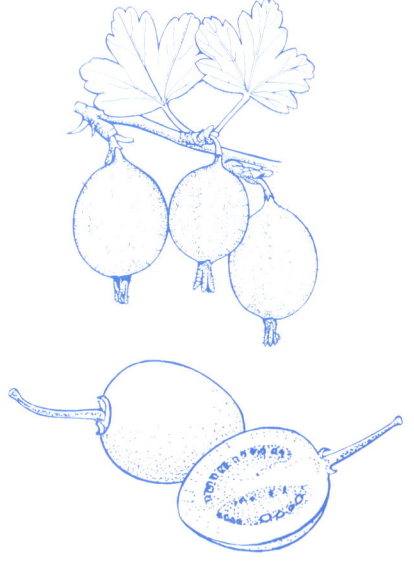

Tamarillo (Baumtomate)

Diese tropische Baumfrucht ähnelt im Aussehen einer rotbraunen Pflaume und wird im Reifezustand rot. Im Anschnitt sehen Tamarillos wie Tomaten aus, denen sie auch im Geschmack leicht ähneln. Der Bittergeschmack wird durch Blanchieren und Schälen gemildert. Rote, reife Früchte müssen sofort verbraucht werden. Tamarillos werden am besten roh als Beilage zu Käse oder als Garnitur für Kalte Platten, zu Salaten oder als Bestandteil von Fruchtsalaten verwendet.

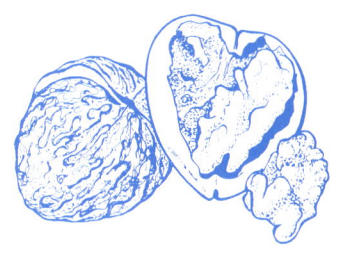

Walnuß

Der vierlappige, ölhältige, gelblichweiße Samenkern ist von einer dünnen, hellbraunen Haut umgeben. Walnüsse sind mit und ohne Schale im Handel. Noch unreife, grüne Nüsse werden zur Herstellung von Kompotten, Nußlikör und eingelegt als „schwarze Nüsse" für Garnituren verwendet.
Vor Genuß von frischen Walnüssen soll die bittere Haut abgezogen werden. Zu warme und zu lange Lagerung bewirkt den Verderb der Nüsse. Sie werden ranzig, ölig und wurmig. Walnüsse werden für Salate, als Dekor und für Walnußöl verwendet.

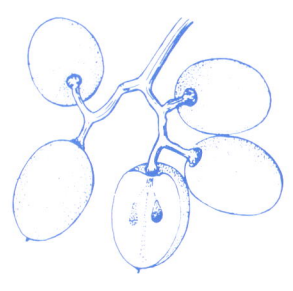

Weintraube

Grundsätzlich unterscheiden wir weiße Trauben mit grüner, hell- bis goldgelber Farbe und blaue Trauben mit roten bis dunkelblauen, im allgemeinen nicht besonders süßen Früchten. Weintrauben werden in verschiedene Qualitätsklassen eingeteilt.
Tafeltrauben kommen überwiegend aus wärmeren Ländern. Gute Qualitäten sind meist großbeerig und fast kernarm. Gekühlt sind sie gut lagerfähig.
Getrocknete Weintrauben kommen als Rosinen, Korinthen und Sultaninen in den Handel. Speziell zur Weinerzeugung gezüchtete Weintrauben bezeichnet man als Keltertrauben. Auch sie können roh gegessen werden.
Geschälte Weintrauben, von denen die bitteren Kerne entfernt wurden, eignen sich für Salate.
Weiße Tafeltraubensorten sind die Panse, Regina, Chasselas, Uva Italia, Aledo, Grosverts und Ohane.
Blaue Tafeltraubensorten sind die Americana, Olivette und die Lavallee.
Alicante sind Tafeltrauben, die auch in Glashäusern gezogen werden.

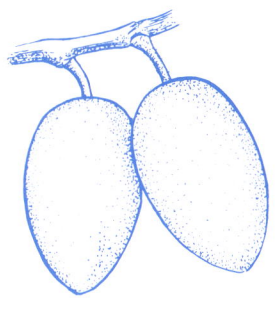

Zwetschke und Pflaume

Pflaumen und Zwetschken unterscheiden sich eigentlich nur in ihrer Form, obwohl dieser Unterschied heute oft schwer zu erkennen ist, da sich Formen und Eigenschaften durch oftmaliges Kreuzen weitgehend angepaßt haben.
Zwetschken sind blau, länglicher und haben spitze Enden. Das grünlichgelbe Fruchtfleisch ist saftig und hat einen leicht säuerlichen, arteigenen Geschmack.
Sie eignen sich besser zum Backen, da ihr festeres Fruchtfleisch beim Erhitzen weniger Saft abgibt. Beliebte Erzeugnisse aus Zwetschken sind Powidl, Zwetschkenröster und Dörrzwetschken.

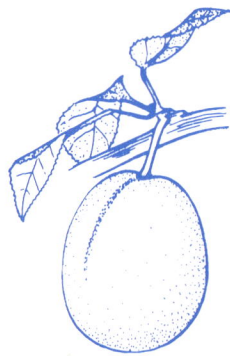

Pflaumen haben eine eher kugelige Form und abgerundete Enden. Ihre Farbe reicht von Rötlichblau bis ins tiefe Violett. Sie reifen früher als die Zwetschken und sind wegen ihres weicheren, aromatischeren Fruchtfleisches besonders zum Frischverzehr geeignet.

Die **Ringlotte** ist mit der Pflaume nah verwandt. Sie hat eine grüngelbe Außenhaut, ist kugelrund und pflaumengroß. Ihr Fruchtfleisch ist zart und weicher als das der Zwetschke. Ringlotten haben einen süß-säuerlichen Geschmack und werden roh als Tafelobst gegessen oder zu Kompott weiterverarbeitet.

Die ebenfalls mit der Pflaume verwandte, kleine, runde **Mirabelle** hat eine goldgelbe Farbe. Ihr Fruchtfleisch ist je nach Sorte weich bis fest und steinlösend. Mirabellen sind süß und sehr aromatisch.

Eier

Wenn von Eiern als Lebensmittel die Rede ist, versteht man darunter im allgemeinen Sprachgebrauch immer die Eier von domestizierten Hühnern. Durch die gezielte Züchtung liegt die Legeleistung eines Huhnes heute bei etwa 200 Eiern jährlich. Gänse und Enten legen im Vergleich dazu nur etwa 15 bis 30 Eier pro Jahr. Enten-, Gänse- und Puteneier sind deshalb von geringerer Bedeutung. Sie müssen auch stets speziell gekennzeichnet sein. Die Eier von Wachteln, Möwen, Kiebitzen und Tauben gelten als besondere Delikatessen.

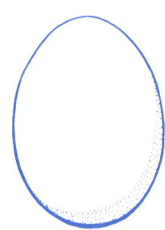

Die weitaus meisten heute gehandelten Eier stammen von sogenannten Batteriehennen. Hinsichtlich des Nährwertes besteht kein Unterschied zu den Eiern von natürlich gehaltenen sogenannten Freilandhühnern. Allerdings haben die Eier von Freilandhühnern einen kräftigeren Geschmack und einen kräftiger gefärbten Dotter. Diese Färbung kann aber auch bei Batteriehühnern durch den Zusatz von Karotin zum Futter erreicht werden.

Die Farbe der Eischale ist weder für den Geschmack noch für die Qualität ausschlaggebend. Sie hängt nur von der Rasse der Hühner ab.

In die poröse Schale können leicht verschiedene Gerüche eindringen. Eier sollten daher immer getrennt von aromatischen Nahrungsmitteln an einem kühlen Ort aufbewahrt werden. Die Spitze soll dabei nach unten zeigen, damit der Dotter nicht auf der Luftkammer aufliegt.

Eier variieren in Frische und Größe. Im Handel werden sie deshalb in verschiedene Qualitätsklassen und Gewichtsgruppen eingeteilt. Die größten Eier mit einem Gewicht von 70 Gramm und darüber, gehören zur Gewichtsgruppe 1.

In der Küche werden meist Eier mit einem Durchschnittsgewicht von 55 Gramm verwendet, was der Gewichtsgruppe 4 entspricht. Beim Einkauf kann die Frische der Eier vom Verpackungsdatum abgelesen werden. Eier der Qualitätsklasse I werden auch als „vollfrische Eier" bezeichnet und dürfen nicht älter als zwei Wochen sein. Frische Eier sind beim Aufschlagen am hochgewölbten Eidotter und am festen Eiklar zu erkennen. Der Inhalt frisch gelegter Eier haftet sehr stark an der Schalenhaut. Deshalb ist es sehr schwierig, solche Eier nach dem Kochen zu schälen.

Eier platzen beim Kochen nicht, wenn man an dem runden Ende mit einer Nadel ein kleines Loch sticht. Sie sollen stets in siedendes Wasser gelegt werden und vom Zeitpunkt des Wiederaufkochens an acht bis zehn Minuten garen. Größere Mengen werden häufig auch kalt zugestellt. Auch hier wird die Garzeit erst vom ersten Aufwallen an berechnet. Nach dem Kochen werden Eier sofort mit kaltem Wasser abgeschreckt. Dadurch löst sich das Eiweiß von der Schalenhaut, das Ei läßt sich leichter schälen. Durch das Abschrecken und nicht zu lange Kochen wird auch eine grünliche Verfärbung des Dotters vermieden. Schon hart gekochte Eier werden immer in der Schale aufbewahrt. Sie können durch Drehen beziehungsweise Kreiseln von rohen unterschieden werden. Gekochte Eier drehen sich gleichmäßig schnell, rohe Eier drehen sich ungleichmäßig langsam (trudeln).

In der Kalten Küche werden Eier vorrangig durch Kochen und Pochieren gegart. Roh werden sie zum Binden für Farcen, Eiklar zum Klären von Aspik, Eidotter als Emulgator für Mayonnaise und für spezielle Salatsaucen verwendet.

Hartgekochte Eier werden für Vorspeisen gefüllt oder zu Salaten verarbeitet, als Dekor oder für Garnituren zu kalten Platten verwendet und als Grundlage für viele Aufstriche gebraucht.

Perlhuhnei: Das kleine, bräunlich gesprenkelte Ei ist im Geschmack feiner als das Hühnerei. Es wiegt etwa 40 Gramm und wird drei bis fünf Minuten gekocht. Weich- oder hartgekocht wird es zu grünen Salaten gegessen.

Zwerghühnereier: sind nur halb so groß wie Hühnereier.

Enteneier: sind größer als Hühnereier und wiegen etwa 70 Gramm. Sie schmecken ölig und können schädliche Bakterien enthalten. Daher sollten sie in gastgewerblichen Betrieben nicht verwendet werden. Enteneier müssen als solche deutlich gekennzeichnet werden und dürfen weder roh noch weichgekocht verwendet werden. Sie müssen zum Gebrauch mindestens zehn Minuten gekocht werden.

Gänseeier: sind 150 bis 200 Gramm schwer und schmecken leicht ölig.

Kiebitzeier: sind birnenförmig, etwa 25 Gramm schwer, die Schale ist olivgrün und unregelmäßig schwarz getupft. Sie werden acht Minuten gekocht und haben einen kräftigen, den Möweneiern ähnlichen Geschmack.

Möwenei: Diese Eier sind je nach Größe der Vogelart unterschiedlich groß und wiegen 25 bis 40 Gramm. Sie sind grünlich, grau gefleckt und haben einen leichten Fischgeschmack. Möweneier werden hartgekocht gegessen, sie haben eine Kochzeit von zehn Minuten. Das Eiweiß verfestigt sich schwerer als Hühnereiweiß, und der Dotter wird durch das Kochen rotgelb. Sie dürfen nicht immer gesammelt werden.

Wachtelei: Die Größe des Wachteleies beträgt zirka ein Viertel eines Hühnereies. Die Schale ist ockergelb, schwärzlich gefleckt, und das Ei wiegt etwa 10 Gramm. Wachteleier kommen frisch aus Züchtereien auf den Markt und sind weich- oder hartgekocht eine wohlschmeckende Delikatesse. Die Kochzeit beträgt vier bis sechs Minuten. Sie werden in der Kalten Küche vielfach als Garnitur für Schauplatten, zu Vorspeisen oder für Spezialsalate verwendet.

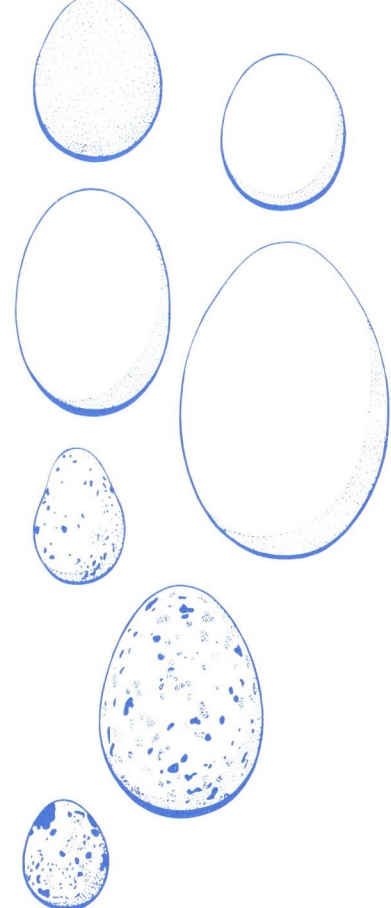

Milch

Seit man sie domestiziert, sind Tiere außer Fleischlieferanten auch die Hauptlieferanten von Fett und Milch. Sie besteht aus Wasser, Kalzium und Albumin, Milcheiweiß, Milchzucker, Milchfett, Mineralstoffen und Spurenelementen. Auf Grund dieser Zusammensetzung gilt Milch als eines der wichtigsten Nahrungsmittel der Welt. Sie ist das einzige Nahrungsmittel überhaupt, das Nährstoffe in einem fast ausgewogenen Verhältnis enthält. In den modernen Lebens- und Ernährungsgewohnheiten haben Milch und Milchprodukte deshalb einen herausragenden Stellenwert.

Unter der bei uns üblicherweise verwendeten Milch wird auch im Handel immer Kuhmilch verstanden. Milch von anderen Tieren wie Ziegen oder Schafen muß als solche deklariert sein.

Rohmilch ist eine „ab Hof" vom Bauern bezogene unveränderte Kuhmilch. Vor der Verwendung sollte man sie kurz aufkochen, da in ihr schädliche Bakterien enthalten sein können.

Vollmilch ist eine von den Molkereien gesammelte, pasteurisierte und auf einen standardisierten Fettgehalt von 3,6 Prozent (BRD 3,5 Prozent) eingestellte Milch. Durch das Homogenisieren rahmt diese Milch nicht mehr auf, das heißt, das Milchfett setzt sich nicht ab.

Extra Vollmilch entspricht der normalen Vollmilch, hat aber einen einheitlichen Fettgehalt von 4,5 Prozent.

Magermilch ist eine entrahmte, pasteurisierte Vollmilch mit einem Fettgehalt von maximal 1 Prozent (BRD 0,3 Prozent). Sie enthält sonst alle Proteine und Mineralstoffe der Vollmilch außer den fettlöslichen Vitaminen.

Milchprodukte

Neben der Milch sind Milchprodukte die wichtigsten Kalzium- und Phosphorlieferanten. Sie enthalten außerdem die meisten Vitamine der Milch, sofern sie nicht durch zu starke Hitzeeinwirkung zerstört werden.

Sauermilch ist durch den Zusatz von Sauermilchkulturen angesäuerte pasteurisierte Voll- oder Magermilch mit einem Fettgehalt zwischen 1 und 3,6 Prozent.

Buttermilch wird durch den Zusatz von Buttermilchkulturen hergestellt. Sie ist pasteurisiert und hat einen Fettgehalt von 1 Prozent.

Joghurt wird aus Vollmilch unter Zusatz von Joghurtkulturen erzeugt. Der Fettgehalt beträgt zwischen 1 und 5 Prozent.

Kefir entsteht durch die Ansäuerung von Vollmilch mit Kefirpilzen und Hefe. Getränke aus Kefir schäumen deshalb leicht und haben einen geringen Alkoholgehalt (etwa 0,1 Prozent). Der Fettgehalt liegt bei 3,6 Prozent.

Rahm ist der fettreiche Anteil der Milch, der in Zentrifugen von ihr abgetrennt wird. Er wird pasteurisiert, ultrahocherhitzt, sterilisiert und unverändert oder angesäuert in den Verkehr gebracht.

Schlagrahm oder **Schlagobers** ist eine Süßrahmsorte mit einem Fettgehalt von 36 Prozent. Durch Schlagen vergrößert er sein Volumen um 80 bis 100 Prozent.

Sauerrahm ist ein pasteurisierter Süßrahm, der durch den Zusatz von Reinkulturen gesäuert wird. Der Fettgehalt beträgt 15 Prozent.

Crème fraîche ist eine ursprünglich aus Frankreich stammende Rahmart, die durch Zusatz von Bakterienkulturen gewonnen wird. Crème fraîche hat einen wesentlich höheren Fettanteil als Sauerrahm (36 Prozent) und eine viel festere und geschmeidigere Konsistenz. Sie wird zum Verfeinern von Suppen oder Saucen verwendet.

Crème double ist eine französische Rahmsorte mit einem erhöhten Fettgehalt von 45 Prozent, die bei uns nur schwer erhältlich ist. Durch vorsichtiges Einkochen von Crème fraîche verdampft ein Teil der Flüssigkeit, und der Fettgehalt erhöht sich auf die gewünschten 45 Prozent.

Butter

Butter ist eines der wichtigsten Speisefette in Ländern mit gemäßigtem Klima. Sie ist ein reines Naturprodukt, das ausschließlich aus Kuhmilch ohne Zusatz von anderen Fetten hergestellt wird.

Aus dem durch Zentrifugieren der Milch gewonnenen Rahm mit einem Fettgehalt von 30 bis 45 Prozent wird je nach der gewünschten Sorte Sauerrahm- oder Süßrahmbutter hergestellt. Der Schmelzpunkt von Butter liegt zwischen 28 und 33 °C, ihr Fettgehalt bei etwa 82 Prozent.

Butter muß gegen Licht, Wärme und Sauerstoff geschützt werden, da sie schnell ranzig wird. Je tiefer die Lagertemperatur ist, desto länger bewahrt Butter ihre Frische. Sie nimmt sehr leicht fremde Gerüche an und soll deshalb nie in unmittelbarer Nähe von stark riechenden Lebensmitteln aufbewahrt werden.

Butter eignet sich zum Garen von zarten Fleischsorten, Fischen, Eiern und Gemüsen und dient zur Herstellung von Cremen, Saucen, Teigen, Massen und zur Mehlbindung.

Landbutter ist eine am Bauernhof aus nicht pasteurisiertem Rahm hergestellte Butter. Sie ist von ausgezeichnetem Geschmack, aber weniger lang haltbar als Butter aus pasteurisiertem Rahm.

Teebutter „Primina" wird aus gefrostetem Spezial-Sauerrahm hergestellt. Sie ist besser streichfähig als normale Butter.

Teebutter wird aus pasteurisiertem Rahm als Süßrahm- oder Sauerrahmbutter hergestellt. Sie wird in rechteckigen Packungen zu 250 und 125 Gramm und in Kleinpackungen zu 20 Gramm angeboten. Sauerrahmbutter ist auch in Rollen zu 250 Gramm erhältlich. Daneben gibt es auch noch gesalzene Teebutter.

Tafelbutter wird aus pasteurisiertem Molkenrahm hergestellt. In Käsereien ohne Erhitzungsanlage hergestellte Tafelbutter muß nicht pasteurisiert sein.

Kochbutter soll nur zum Kochen verwendet werden, da sie auch stärkere Geruchs- und Geschmacksabweichungen aufweisen darf. Sie wird aus Molkenrahm hergestellt.

Butterschmalz wird aus Teebutter ohne chemische Zusätze durch Erhitzen hergestellt. Durch diesen Vorgang sondert sich das Butterfett von den übrigen Bestandteilen ab. Butterschmalz kann zum Braten und Backen verwendet werden.

Käse

Käse ist das Produkt aus konzentrierter und duch Reifung veredelter Milch. Der überwiegende Teil der Käse wird aus Kuhmilch hergestellt. Aber auch unter den Käsen aus anderen Milchsorten befinden sich sehr gute, zum Teil sehr bekannte Produkte wie zum Beispiel der aus Schafmilch hergestellte Roquefort, der griechische Feta und die stangen- und pyramidenförmigen Ziegenkäse.

Bei den **Herstellungsmethoden von Käse** unterscheidet man zwischen Sauermilchkäse und dem sogenannten Süßmilchkäse. Während bei Sauermilchkäse mit Hilfe von Milchsäurebakterien das Eiweiß von der Molke getrennt wird, setzt man für Süßmilchkäse der leicht erwärmten Milch Lab (ein Enzym des Kälbermagens) bei, um die Trennung von Molke und Eiweiß zu erreichen.

Nach dem Zusatz verschiedener Bakterien und Schimmelpilzkulturen werden die Käse dann in Formen gefüllt, gepreßt und gesalzen. Anschließend reifen sie unterschiedlich lang, bis sie als fertige Käse zum Verkauf kommen.

Die Dauer des Reifeprozesses wirkt sich auf die Konsistenz des Teiges, sein Aroma und seinen Geschmack aus. Dabei darf allerdings der optimale Reifegrad nicht überschritten werden. Durch den stetigen Abbau von Eiweiß im Käse entsteht nach einiger Zeit Ammoniak, das den Käse ungenießbar macht.

Die zwei verschiedenen Arten der Reifung lassen sich schon von außen erkennen. Käse, die von innen nach außen gereift sind, haben eine nach außen geschlossene Rinde. Viele solcher Käse haben im Teig verschieden große Löcher, die durch das bei der Vergärung anfallende Kohlensäuregas entstehen. Käse mit großen Löchern sind in warmen Gärkellern gereift, solche mit kleinen Löchern in kühlen Kellern und unter Behandlung mit größeren Mengen von Wasser und Salz. Von außen nach innen gereifte Käse bilden an der Außenhaut Schimmel oder Rotschmiere. Die in solchen Käsen vorkommenden länglichen Löcher entstehen beim natürlichen Absetzen des Käseteiges.

Die Einteilung in verschiedene Gruppen erfolgt nach ihrer Festigkeit beziehungsweise dem Wassergehalt in Hartkäse, Schnittkäse, halbfeste Schnittkäse, Weichkäse und Frischkäse. Diese Gruppen werden wieder nach dem Fettgehalt in der Trockenmasse (Fett i. Tr.) eingeteilt, eine Bezeichnung, die sich nicht auf das Gesamtgewicht des Käses, sondern nur auf den Anteil an Trockenmasse bezieht. Bei der Käseherstellung wird zwar der überwiegende Teil des in der Milch enthaltenen Wassers abgesondert (ein Liter Milch enthält 87,5 Prozent Wasser, das heißt, man kann daraus zwischen 6 und 25 dag Käse gewinnen), ein gewisser Anteil bleibt aber im fertigen Käse erhalten. Dieser noch verbleibende Anteil verdunstet mit zunehmender Reifung, was die genaue Angabe des absoluten Fettgehaltes nicht möglich macht.

Es ist aber möglich, von der Käseart auf den absoluten Fettgehalt zu schließen. Je „härter" der Käse ist, desto mehr Trockenmasse enthält er und desto höher ist der Fettanteil am Gesamtgewicht.

Zum Beispiel Emmentaler mit 45 Prozent Fett i. Tr. enthält etwa 28 Prozent Fett, bezogen auf das Gesamtgewicht, Gouda mit 45 Prozent Fett i. Tr. etwa 25 Prozent Fett insgesamt und Camembert oder Brie mit 45 Prozent Fett i. Tr. nur noch etwa 20 Prozent Fett, bezogen auf das Gesamtgewicht.

Nur ganz wenige Käse enthalten mehr als 30 Prozent Fett im Gesamtgewicht.

Nach folgender Formel kann der absolute Fettgehalt von Käse errechnet werden:

$$\text{absoluter Fettgehalt} = \frac{\text{Fett i. Tr.} \times \text{Trockenmasse}}{100}$$

Hartkäse haben einen sehr hohen Anteil an Trockenmasse, durchschnittlich etwa 60 Prozent. Ihre Reifezeit beträgt zwischen drei und sechs Monaten. Je länger die Reifung andauert, desto ausgeprägter ist ihr Geschmack. Das Aroma dieser Käse ist direkt unter der Rinde am stärksten, die deshalb nur ganz dünn abgeschnitten werden soll.
Jüngere Sorten zeichnen sich durch ihren milden Geschmack und ihre elastische Konsistenz aus. Ausgereifte, trockene Käse haben einen pikanten Geschmack und sind reibfähig.
Beispiele für Hartkäse sind Alp- und Bergkäse, Cheddar, Chester, Emmentaler, Greyerzer (Gruyère), Parmesan, Pecorino, Provolone und Sbrinz.
Schnittkäse sind weicher und saftiger als Hartkäse. Ihr Trockenmassegehalt liegt zwischen 44 und 55 Prozent. Wie bei den Hartkäsen liegt das Aroma direkt unter der Rinde.
Beispiele für Schnittkäse sind Edamer, junger Gouda, Trappistenkäse; Tilsiter und Tiroler Bergkäse.
Halbfeste Schnittkäse sind noch weicher und saftiger, der Trockenmassegehalt (bis 50 Prozent) liegt noch unter dem von Schnittkäse. Diese Käse können wieder in drei Gruppen unterteilt werden: ohne Schmiere gereift, mit Schmiere gereift und die verschiedenen Edelpilzkäse.
Beispiele für halbfeste Schnittkäse sind Butterkäse, Bel Paese, Bonbel, Feta, Monte Nero, Port Salut; Jerome, Esrom; Bresse Bleu, Dolce Latte, Roquefort und Stilton.
Weichkäse sind von außen nach innen gereift und weisen eine Schimmel- oder Schmierenbildung auf. Der Gehalt an Trockenmasse liegt zwischen 35 und 52 Prozent. Mehr als bei anderen Käsesorten ist hier der Reifegrad von Bedeutung. Auf Grund ihrer Reifungsart können Weichkäse innen einen lockeren Kern von körnchenartiger Konsistenz haben, der aber keineswegs eine Beeinträchtigung der Qualität darstellt.
Bei Weichkäsen wird zwischen Käsen mit natürlicher Rinde, Schmierenkäse, Weißschimmelkäse und Doppelschimmelkäse unterschieden.
Beispiele für Weichkäse sind Feta, Mozzarella, franz. Ziegenkäse; Schloßkäse, Limburger, Münster, Romadur; Brie, Camembert, Noblesse; Gorgonzola und ähnliche.
Frischkäse sind Käse, die keine Reifung erfahren haben und frisch gegessen werden sollen. Zu ihnen gehören Cottage Cheese, Gervais, Mascarpone und Topfen.
Schmelzkäse werden durch Einschmelzen verschiedener feingemahlener Käsesorten unter Vakuum und unter Zusatz von Schmelzsalzen und Wasser hergestellt. Zu beachten ist der Unterschied zwischen Schmelzkäse mit Sortennamen, die nur aus einer Käsesorte hergestellt werden dürfen, und Schmelzkäse ohne Sortennamen, bei denen das Rohmaterial aus verschiedenen Käsesorten bestehen darf.
Bei der **Lagerung von Käse** spielt die Temperatur eine große Rolle. Sie sollten der Sorte entsprechend kühl bei einer relativen Luftfeuchtigkeit von 80 bis 85 Prozent gelagert werden. Um Schimmelbefall zu vermeiden, soll eine Luftzirkulation möglich sein. Bei zu trockener oder zu warmer Luft trocknet Käse aus. Die Einwirkung von Sonnenlicht oder Kälte kann den Geschmack beeinträchtigen.
Im Kühlschrank gelagerte Käse sollen etwa eine Stunde vor dem Genuß aus der Verpackung genommen werden und bei normaler Zimmertemperatur stehen bleiben.
Hart- und Schnittkäse sind kühl zu lagern. Die Schnittflächen werden so klein wie möglich gehalten und mit Klarsichtfolien abgedeckt.
Weichkäse werden im Kühlschrank oder der Kühlvitrine gelagert. Streng riechende Käse können in verschließbaren Behältern aufbewahrt werden. Hohe Temperaturen begünstigen die Reifung, das Aroma wird intensiver und die Konsistenz weicher. Schimmelkäse sollten, um eine Verschleppung des Schimmels zu vermeiden, auf Tellern oder Platten mit Saftrinne aufbewahrt werden.
Weißschimmelkäse reifen bei Kühlschranktemperatur noch nach beziehungsweise voll aus.
Frischkäse müssen kühl und geschützt vor Fremdgerüchen aufbewahrt werden. Bei Zimmertemperatur setzt ein schnelles Anreifen ein, die Käse werden sauer, hefig oder käsig.

Beim **Aufschneiden von Käse** sind einige wichtige Regeln zu beachten, wenn man vermeiden will, daß ausgetrocknete oder schimmelige Reste und unverwertbare Ränder übrigbleiben. Die verschiedenen Formen von Käse – rund, tortenförmig, quadratisch, pyramidenförmig bis zylindrisch – machen es notwendig, die jeweils richtige Schneideart anzuwenden, um dem Gast eine harmonische Portion servieren zu können.

Um die Rinde gleichmäßig auf alle Stücke zu verteilen, sollte, wo immer das möglich ist, der sogenannte Tortenschnitt angewendet werden. Dabei werden die einzelnen Stücke immer abwechselnd rechts und links von der Mitte geschnitten. Kleine Käse, wie etwa Ziegenkäse, werden einmal in der Mitte geteilt.

Größere tortenartige Schnitten aus zylindrischen Käsen wie zum Beispiel Edelpilzkäse werden in Facetten geschnitten.

Rechteckige Käseschnitten – zum Beispiel von Emmentaler – werden quer zur Länge in einzelne Scheiben geschnitten.

Kugelförmige Käse werden halbiert und die einzelnen Hälften dann keilförmig aufgeschnitten.

Verschiedene zylindrische Käse verlangen eine besondere Schnittart. Ein etwa eineinhalb Zentimeter dicker Deckel wird parallel zur Flachseite abgeschnitten. Am übrigen großen Stück wird etwa zwei Zentimeter breit ringsum die Rinde entfernt.

Der nun freigelegte Käse kann mit dem Käsemesser flach abgeschabt oder in dreieckige Keile geschnitten werden.

Um den Käse vor Austrocknung zu schützen, setzt man anschließend den Deckel wieder auf.

Beim **Käseservice** darf außer Frischkäse keine andere Käsesorte direkt aus dem Kühlschrank kommen. Käse braucht – wie Wein – Luft zum Atmen und eine gewisse Zeit zum Temperieren.

Eine Käseplatte sollte wenigstens aus drei bis vier Käsesorten bestehen. Begonnen wird immer zuerst mit den milden Sorten, die Käse mit dem kräftigsten Aroma werden zuletzt gegessen (zum Beispiel Frischkäse – Weichkäse – Hartkäse – Blau- oder Grünschimmelkäse).

Interessant ist es immer, wenn die Möglichkeit zum Verkosten von zwei Käsen aus der gleichen Gruppe (zum Beispiel Roquefort und Dolce Latte) geboten wird.

Wirklich gute Käse wirken immer für sich und benötigen nur ganz wenig unterstützendes Beiwerk.

Butter kann mitserviert werden, ist aber nicht notwendig. Nüße, Oliven oder Weintrauben harmonieren sehr gut mit Käse. Als Brot sollte eigentlich nur geschmacksneutrales Weißbrot serviert werden. Besonders bei zarten und milden Käsesorten würden Brote mit starkem Eigengeschmack das feine Aroma überdecken.

Das ideale Getränk zu Käse ist Wein.

Leichte Rot- und Weißweine bei milden Käsen, ältere Bordeauxweine, Barolo oder ähnliche Weine für vollmundige Käse. Bei sehr intensiven Käsesorten können auch schwere Weißweine angeboten werden.

Wenige Ausnahmen, wie zum Beispiel Rougette, Tiroler Graukäse, Steirer Käse oder Quargel, vertragen sich auch mit Bier, Most oder Sturm.

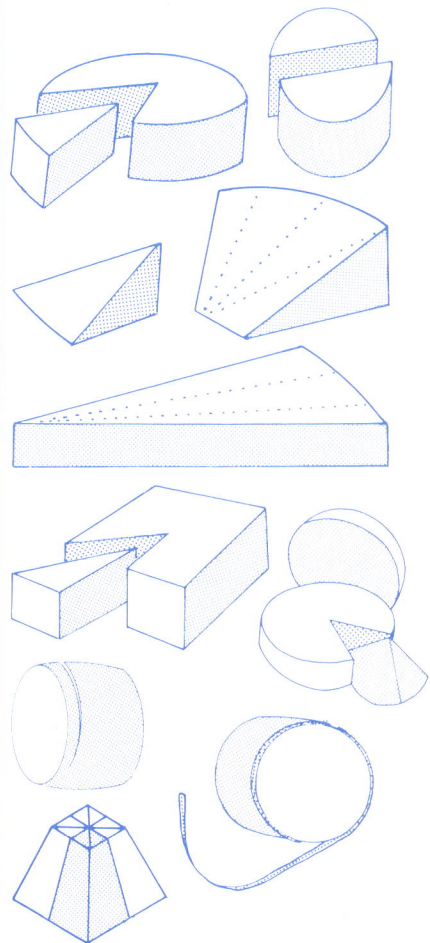

Appenzeller

Dieser Schweizer Halbhartkäse kommt aus dem Kanton Appenzell in runden Laiben von sechs bis acht Kilogramm auf den Markt. Der elfenbeinfarbene Teig ist fest, hat nur wenige kleine Bruchlöcher und einen Fettgehalt i. Tr. von etwa 50 Prozent. Die natürliche gelbe bis hellbraune Rinde hat keine Unebenheiten oder Risse. Der Geschmack des Appenzellers ist aromatisch-fruchtig, kann aber auch einigermaßen scharf werden.

Belle Bressane

Der Belle Bressane ist ein französischer Blauschimmelkäse mit 50 Prozent Fettgehalt i. Tr. Er wird in Ringform hergestellt. Der leicht cremige Teig ist dunkelgelb, von Blauschimmelflecken durchsetzt, mit vereinzelter Bruchlochung. Sein Geschmack ist mild-aromatisch.

Bergkäse

Dieser österreichische Hartkäse kommt in Form von großen Rädern von mindestens 20 Kilogramm Gewicht auf den Markt und hat einen milden Geschmack, der etwas intensiver als der des Emmentalers ist. Er wird auf Almen aus frischer Rohmilch hergestellt und hat 45 Prozent Fett i. Tr.

Bresse Bleu

Bresse Bleu oder Bleu de Bresse ist ein französischer Blauschimmelkäse aus pasteurisierter Kuhmilch. Er hat einen weichen Teig mit einer gleichmäßigen Verteilung der inneren Blauschimmelflecken. Der Fettgehalt i. Tr. beträgt 50 Prozent. Seine natürliche leicht bläuliche Rinde sollte vor dem Genuß entfernt werden. Der pikante Geschmack ist nicht sehr ausgeprägt. Erzeugt wird er in verschiedenen Größen zwischen sechs und zehn Zentimetern Durchmesser. Älterer Bleu de Bresse schmeckt kräftiger, aber noch immer milder als zum Beispiel Roquefort.

Brie

Er wird in großen, flachen Tortenformen mit mindestens 45 Prozent Fett i. Tr. hergestellt. Gewöhnlich wird er in Segmenten verkauft. Wie der Camembert ist er von einer Weißschimmelschicht überzogen. Er wird jedoch schon im schwach angereiften Zustand verzehrt. Je nach Reifegrad schmeckt er süßlich bis scharf-pikant.
Der französische Brie wird ebenfalls in Tortenform hergestellt und vom Stück verkauft. Er enthält 45, 50 oder 60 Prozent Fett i. Tr. Der ausgereifte Brie schmeckt mild-aromatisch und paßt besonders gut zu rotem Burgunder.

Butterkäse

Er wird in Laibform und in Ziegelform mit gelbbrauner bis rötlicher Rinde hergestellt. Er kommt als Vollfett- oder Rahmkäse in den Handel und enthält 45 bis 55 Prozent Fett i. Tr. Butterkäse schmeckt besonders mild und leicht säuerlich.

Camembert

Typisch für den Camembert ist seine äußere Weißschimmelschicht. Sein weicher, fast streichfähiger Teig ist von rahmgelber Farbe und hat einen milden Geschmack mit leichtem Champignonaroma. Bei seiner Herstellung wird eine kombinierte Säure- und Labwirkung angewendet. Camemberts haben mindestens 45 Prozent Fett i. Tr.

Chester (Cheshire)

Der fette englische Cheshirekäse wird in den Importländern Frankreich und Deutschland als Chesterkäse angeboten. Der Chester ähnelt im Geschmack dem Cheddar. Er ist zylinderförmig, bröckelig und leicht salzig und hat eine kurze Reifezeit. Neben der weißen Sorte existiert auch eine rote Art des Cheshire, der mit Orleansfarbstoff gefärbt ist. Chesterkäse sind auch ein Ausgangsprodukt für Schmelzkäse.

Dolce Latte

Der Dolce Latte ist ein hervorragender italienischer Blauschimmelkäse nach Art des Gorgonzolas. Der von regelmäßigen dichten Blauschimmeladern durchzogene Teig ist weich bis cremig und hat 48 Prozent Fett i. Tr. Sein Geschmack ist zart und angenehm würzig.

Edamer

Edamer ist ein gepreßter holländischer Schnittkäse und ist zum Schutz gegen das Austrocknen mit einer gelben oder roten Paraffinschicht überzogen. Edamer wird mit 30, 40, 45 oder 50 Prozent Fett i. Tr. hergestellt und schmeckt mild, nicht säuerlich und im Alter etwas herb.

Emmentaler

Original Schweizer Emmentaler muß aus roher Kuhmilch hergestellt werden. Charakteristisch für diesen Hartkäse sind die oft kirschgroßen Löcher, die durch die Bildung von Kohlensäuregas bei der Reifung entstehen. Die Reifezeit von Emmentaler dauert mindestens drei Monate, wobei er sein typisches, mildes, nußartiges und leicht säuerliches Aroma entwickelt. Er kommt in runden, großen Laiben mit mindestens 45 Prozent i. Tr. zum Verkauf.

Gorgonzola

Der original Gorgonzola stammt aus der Lombardei in Italien und wird aus Kuhmilch in Zylindern von sechs bis zwölf Kilogramm erzeugt. Sein Teig ist weich und von zahlreichen Blauschimmeladern durchzogen. Die naturgereifte Rinde ist rotgrau. Grogonzola hat einen ausgeprägt würzigen Geschmack, der mit zunehmendem Alter pikant werden kann.

Greyerzer (Gruyère)

Der Greyerzer Käse ist ein dem Emmentaler ähnlicher Hartkäse aus der französischen Schweiz. Er hat einen vollwürzigen, haselnußartigen Geschmack und kommt in Laiben zwischen 20 und 45 Kilogramm auf den Markt. Seine Löcher sind nur etwa erbsengroß, und sein mürber Teig hat mindestens 45 Prozent Fett i. Tr. Greyerzer Käse werden halb- und dreiviertelfett hergestellt.

Mascarpone

Mascarpone ist ein Frischkäse aus der Lombardei in Italien. Er ist sehr cremig, beigefarben und hat einen Fettgehalt i. Tr. von etwa 80 Prozent. Im Unterschied zu anderen Käsesorten bleibt beim Mascarpone das wertvolle Molkeneiweiß bei der Herstellung erhalten. Mascarpone eignet sich für Süßspeisen, Desserts und zum Verfeinern von Saucen. Die österreichische Variante kommt unter dem Namen Mascarino auf den Markt.

Mozzarella

Mozzarella stammt aus Süditalien und wird aus Kuh- oder Büffelmilch hergestellt. Der rindenlose, fast reinweiße, elastische Teig wird nur gepreßt und keiner Reifung unterworfen. Er hat einen Fettgehalt i. Tr. von 40 bis 45 Prozent. Erzeugt wird Mozzarella in runden, eiförmigen oder rechteckigen Laiben von 100 g bis ein Kilogramm und in Behältern oder Kunststoffpackungen mit Salzlake angeboten. Sein Geschmack ist mild, sahnig und nicht sehr ausgeprägt.

Münster

Er wird in verschiedenen Formen mit bis zu 50 Prozent Fett i. Tr. hergestellt. Seine Oberfläche ist mit einer orangeroten Schmiere überzogen, die man wie bei allen Schmierenkäsen vor dem Verzehr entfernt. Innen ist er weißgelb und cremig. Er schmeckt mild bis pikant. Den französischen Münster, auch Géomé genannt, gibt es nur als Vollfettkäse mit 45 Prozent Fett i. Tr. Er ist buttergelb und leicht säuerlich im Geschmack.

Parmesan

Von diesem italienischen Reibkäse gibt es zwei Sorten: Den Parmigiano Reggiano, der nur in einem bestimmten Gebiet im Parma und der Reggio Emilia hergestellt werden darf, und den Grana Paduno, der aus der ganzen Poebene kommt.

Parmesankäse haben eine Reifungszeit von mindestens eineinhalb Jahren, der Parmigiano Reggiano mit seinem höheren Fettgehalt oft bis zu drei Jahren. Hergestellt wird Parmesan in großen zylindrischen Laiben mit einem Fettgehalt von mindestens 20 Prozent Fett i. Tr.

Provolone

Dieser aus Kuhmilch hergestellte Hartkäse stammt aus Kampanien in Italien. Er wird von Hand zu Klumpen zwischen einem und fünf Kilogramm Gewicht geformt. Der Teig mit etwa 45 Prozent Fett i. Tr. ist cremefarben, kompakt und zart mit einem je nach Alter milden bis pikanten Geschmack. Piccante Provolone ist eine länger gereifte, härtere und reibfähige Variante mit sehr pikantem Geschmack.

Die glatte, dünne, gelbglänzende Rinde ist mit Schnüren eingewickelt.

Pyrenäenkäse

Er entspricht dem französischen Catalou und enthält 50 Prozent Fett i. Tr. Er wird bei uns aus Kuhmilch hergestellt. Für den Original-Catalou verwendet man auch Schafmilch. Die Rinde des Pyrenäenkäses ist tiefschwarz und braun paraffiniert. Er schmeckt mild und paßt besonders gut zu Roséwein (oder Edelzwicker).

Quargel

Der Quargel kommt ursprünglich aus Olmütz in Mähren. Er wird aus Magermilch ohne Lab-zusatz hergestellt und enthält bis 10 Prozent Fett i. Tr. Er hat eine flache zylindrische Form und eine rotgelbe Außenschmiere. Der Teig ist orangerot, fest, ungelocht und hat in der Mitte einen topfigen Kern.

Ähnliche Produkte: Harzer, Mainzer, Achleitner, Schlierbacher.

Roquefort

Roquefort, einer der berühmtesten Edelpilzkäse, wird aus Schafmilch hergestellt. Er reift in den Höhlen von Roquefort und hat einen fetten, leicht gelben, geäderten Teig mit 45 Prozent Fett i. Tr. Sein würzig-pikanter, leicht bitterer und etwas scharfer Geschmack wird durch den Blauschimmel und die Aromen der Macchie geprägt.

Schafkäse

Schafkäse werden mindestens als Halbfettkäse hergestellt und haben deshalb einen Mindestfettgehalt von 45 Prozent i. Tr. Sie werden aus einem Gemisch von Kuh- und Schaf-milch oder aus reiner Schafmilch unter Zusatz von Labenzym hergestellt.

Stilton

Stilton ist ein englischer Blauschimmelkäse, der im Prinzip wie ein Cheddar hergestellt wird. Der cremige, gelbliche Teig ist von blaugrünen Schimmeladern durchzogen und hat einen Fettgehalt von 55 Prozent Fett i. Tr. Er hat ein sehr ausgeprägtes, pikantes und volles Bukett. Stilton ist ein ausgesprochener Saisonkäse, der am besten zwischen November und März gekauft wird.

Topfen

Er ist bei uns der beliebteste Frischkäse und kommt als Magertopfen, mit 10, 20, 40 und 60 Prozent Fett i. Tr. in den Handel. Topfen wird aus pasteurisierter Milch hergestellt. Der Rohstoff ist der Eiweißstoff der Milch, das Kasein. Topfen ist ein preiswertes Nahrungsmittel und hat einen hohen Eiweißgehalt, ist kalorienarm, leicht verdaulich und deshalb besonders für Diät- und Schonkost geeignet. Durch Zugabe von Früchten kann Topfen zu Süßspeisen verarbeitet werden. Mit Gewürzen, Kräutern oder Gemüsen vermischt, wird er auch als Brotaufstrich verwendet.

Ziegenkäse

Ziegenkäse sind Weichkäse, die aus Ziegenmilch oder einem Gemisch aus Kuh- und Ziegenmilch hergestellt werden. Sie haben meistens einen geschmeidigen Teig mit kleinen Bruchlöchern und einen pikanten, manchmal etwas strengen Geschmack. Die Rinde hat oft eine Weißschimmelbildung mit leichter Rotschmiere.

Fisch

Süß- und Salzwasserfische liefern dem Körper hochwertiges Eiweiß und sind besonders reich an Mineralstoffen und Vitaminen und ein wichtiger Beitrag zur Ernährung. Es gibt etwa 30.000 bekannte Fischarten, von denen allerdings weniger als die Hälfte zum Verzehr geeignet sind. Durch moderne Fang- und Zuchtmethoden sowie die ausgereifte Kühltechnik und den heutzutage schnellen Transport stehen Fische überall und zu jeder Zeit zur Verfügung. Immer mehr bereichern sie wieder die tägliche Speisekarte, und von einem festlichen kalten Buffet sind sie nicht wegzudenken.

Man klassifiziert Fische nach der Herkunft, dem Fettgehalt (Fettfische, Magerfische), nach der Qualität (Konsumfische, Edelfische) und nach der Körperform (Rundfische, Plattfische). In ihrem Lebenselement sind Fische ständig von Wasserdruck umgeben, so daß sie kaum eigene Stützsubstanz benötigen und daher wenig schwerverdauliches Bindegewebe enthalten.

Aufgrund des hohen Wassergehaltes sind Fische allerdings sehr leicht verderblich. Sie sind daher vom Einkauf bis zur Zubereitung sorgfältig zu behandeln.

Frische Fische haben klare und glänzende, leicht hervorstehende Augen. Die Kiemen sollen glänzend, hellrot oder dunkelrosa sein. Die Schuppen müssen glatt und festanliegend sein. Fische mit braunen oder grauroten Kiemen und abgehenden Schuppen sind nicht mehr frisch. Fisch ist frisch, wenn sein Fleisch fest und elastisch ist.

Sehr wichtig ist die **richtige Lagerung.** Frisch gekaufter Fisch soll sofort aus der Verpackung genommen und frisch auf Eis oder mit Folie abgedeckt in geeigneten Behältern gelagert werden.

Nach Möglichkeit sollte Fisch aber immer erst am Tag der Zubereitung frisch gekauft werden. Frischer Fisch kann bei Temperaturen von 0 Grad Celsius bis plus 6 Grad Celsius einen Tag im Kühlschrank gelagert werden, tiefgefrorene magere Fische sind bei minus 18 Grad Celsius etwa sechs Monate haltbar, fette Fische etwa vier Monate.

Süßwasserfische

Zu den Süßwasserfischen werden in der Küche alle eßbaren Fische aus Binnengewässern gezählt. Auch verschiedene Arten, die sich teils im Süßwasser und teils im Meer aufhalten – wie der Aal, der Lachs und die Lachsforelle – zählen dazu.

Aal

Der schlangenförmige Aal hält sich hauptsächlich im Süßwasser auf. Zum Laichen wandert er in die Saragossa-See. Die abgelaichten Tiere sterben dort, die jungen Tiere wandern ins Süßwasser zurück. Flußaufwärts ziehende sogenannte Breitkopfaale sind weniger fettreich

als die flußabwärts ziehenden Spitzkopfaale mit bis zu 25 Prozent Fettanteil. Aale sind grau, braun oder grünlich mit einer durchgehenden Rückenflosse. Männliche Aale werden etwa 50 Zentimeter, weibliche bis 150 Zentimeter lang. Während der Wanderung werden sie goldsilbern (Blankaal). In dieser Zeit ist das Fleisch am zartesten und schmackhaftesten. Das sehr fette, gelierfähige Aalfleisch eignet sich für Suppen, Pasteten, Sulzen und Galantinen. Sehr häufig wird bei uns geräucherter Aal angeboten.

Äsche

Die Äsche gehört zur Gruppe der Salmoniden. Der flache Bauch ist silberweiß, der rundliche Rücken graugrün bis dunkelgrün. Charakteristisch ist die besonders ausgebildete Rückenflosse. Äschen haben eine Größe von etwa 30 bis 40 Zentimetern. Das hervorragende Fleisch der Äsche ist mager und hat, frisch gefischt, einen leicht an Thymian erinnernden gewürzhaften Geschmack.

Barsch

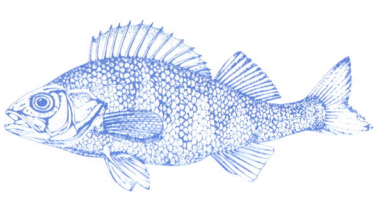

Der Flußbarsch oder Egli hat einen hohen, breiten Rücken mit zwei getrennten Rückenflossen mit Stachelstrahlen, die bei der Bearbeitung leicht Verletzungen verursachen können. Die festsitzenden Schuppen sind nur gleich nach dem Fang leichter zu entfernen. Die Rückenfarbe ist blaugrün bis dunkelgrau mit mehreren dunklen Querstreifen. Der Schwanz und die Bauchflossen sind hellrötlich gefärbt. Barsche werden durchschnittlich etwa 35 Zentimeter lang und bis zweieinhalb Kilogramm schwer. Der Flußbarsch hat ein feines, mageres und leicht verdauliches, aber grätenreiches Fleisch.

Blaufelchen, Rheinanke

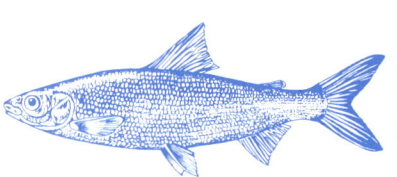

Diese sehr artenreiche Familie der Renken gehört zur Gruppe der Salmoniden. Der blaugraue bis dunkelgrüne Rücken trägt die für diese Art typische „Fettflosse" zwischen Rücken- und Schwanzflosse. Sie erreichen eine Länge von etwa 40 bis 50 Zentimetern. Rheinanken werden hauptsächlich im Bodensee gefangen. Das kräftige Fleisch ist nicht ganz so gut wie das der Forelle. Eine Besonderheit ist die gute Leber.

Forelle

Alle Forellenarten gehören zur Gruppe der Salmoniden (Lachsartigen). Die meisten heute angebotenen Forellen stammen aus Zuchtanstalten und erreichen nicht die Qualität von freilebenden Bach- und Seeforellen.

Die **Bachforelle** hat einen torpedoförmigen, gedrungenen Körper mit etwa 20 bis 25 Zentimetern Länge. Auf dem grünlichen bis bräunlichen Rücken trägt sie unregelmäßig verteilte große, dunkle Flecken, unterhalb der Seitenlinie rote, hell umrandete Augenflecken. Die Fettflosse hat meistens eine rote Spitze. Das ausgezeichnete Fleisch der Bachforelle eignet sich hervorragend für kalte Gerichte.

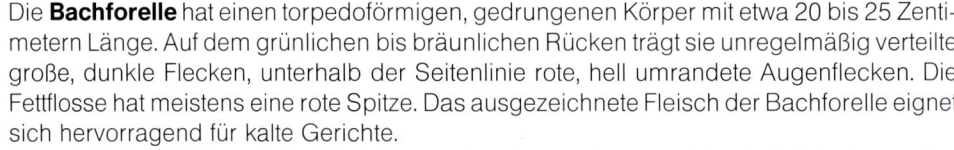

Die aus Amerika stammende **Regenbogenforelle** wird hauptsächlich in Teichwirtschaften gezüchtet. Sie ist schnellwüchsiger und robuster als die heimische Bachforelle. Ihr Kopf ist länglich, entlang der Seitenlinie hat sie ein breites, rötliches, in den Regenbogenfarben schillerndes Band. Der ganze Körper ist von unregelmäßigen dunklen Flecken bedeckt. Mit einer Größe bis zu 70 Zentimetern und einem Gewicht bis zu sieben Kilogramm gehört sie zu den größten Forellenarten. Ihr Fleisch ist nicht so fein wie das der Bachforelle.

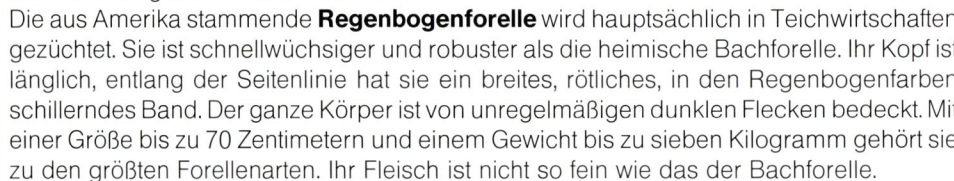

Die **Seeforelle** ist mit einer mittleren Länge von etwa 40 bis 80 Zentimetern wesentlich größer als die Bachforelle. Der Rücken ist blaugrün bis braungrau, die Seiten sind hell mit unregelmäßigen dunklen Flecken. Sie lebt in den tieferen Seen des Alpengebietes und laicht in deren Zuflüssen. Das Fleisch der Seeforelle hat einen ausgezeichneten feinen Geschmack und eignet sich sehr gut für kalte Gerichte.

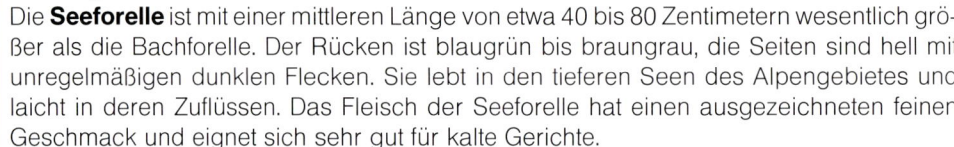

Die **Lachsforelle** wird sehr oft sowohl mit der Seeforelle als auch mit dem Lachs verwechselt. Wie dieser wandert sie zum Laichen vom Meer in den Oberlauf der Flüsse und wieder zurück. Sie wird bis zu einen Meter lang und fast 20 Kilogramm schwer. Vom Lachs unterscheidet sie sich aber durch den kürzeren Kopf und die gedrungenere Form. Die Farbe des Rückens ist blaugrün, die Seiten silbrig mit unregelmäßigen kreuzförmigen dunklen Flecken. Die Fettflosse ist rötlich gerändert, die Schwanzflosse fast gerade. Das Fleisch der Lachsforelle ist heller als beim Lachs. Die Lachsforelle ist einer der schmackhaftesten Fische und eignet sich wie alle Forellenarten besonders gut für kalte Gerichte.

Forellen haben im allgemeinen ein sehr zartes, nussiges Fleisch mit geringem Fettgehalt und einem feinen Geschmack. Die Gräten lassen sich leicht lösen.

Hecht

Der Hecht hat einen langen, walzenförmigen Körper, der seitlich leicht zusammengedrückt ist. Der lange, weit gespaltene Kopf ist vorne entenschnabelartig abgeflacht. Er ist dunkelgrün bis grau- oder blaugrün gefärbt mit unregelmäßigen helleren Flecken. Hechte werden ungefähr einen Meter lang und wiegen etwa zehn Kilogramm. Das durchschnittliche Gewicht liegt aber bei etwa drei Kilogramm.

Das Fleisch junger Hechte ist fest mit wenig Gräten, fast weißer Farbe und von ganz ausgezeichnetem Geschmack, aber schwer verdaulich. Ältere Exemplare haben ein gröberes Fleisch mit unangenehmen Gräten. Hechte eignen sich sehr gut zur Herstellung von Farcen, Mousses und Terrinen.

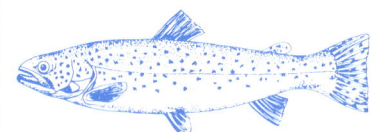

Huchen (Donaulachs)

Der Huchen hat einen langgestreckten, im Querschnitt fast runden Körper mit einem großen, flachen Kopf. Die Fettflosse ist vergleichsweise groß. Auf dem braunrötlichen bis grünlichen Rücken sitzen kleine dunkle Flecken. Die Seiten sind hell mit einem rötlichen Stich. Huchen werden bis zu eineinhalb Meter lang und 50 Kilogramm schwer. Das feste Fleisch ist weiß und von sehr gutem Geschmack. Es eignet sich gut für kalte Gerichte.

Karpfen

Der **Schuppenkarpfen** ist die ursprüngliche Form des Karpfens. Sein Körper ist gestreckt, seitlich nur wenig abgeflacht, hochrückig und ganz von großen Schuppen bedeckt. Der Rücken ist blaugrün bis braungrün, die Seiten sind goldgelb und werden zum Bauch hin heller. Am Ende des Maules haben alle Karpfen vier Barteln. Karpfen haben ein durchschnittliches Gewicht von zwei bis drei Kilogramm.

Der **Spiegelkarpfen** unterscheidet sich in der Form kaum vom Schuppenkarpfen. Er hat aber nur wenige unregelmäßig verteilte große Schuppen. Die Mittellinie vom Kopf bis zum Schwanz ist mit Schuppen ebenso bedeckt wie der Schwanz selbst. Das Fleisch des Spiegelkarpfens ist feiner als das des Schuppenkarpfens.

Das sehr schmackhafte Fleisch hat einen Fettgehalt von etwa fünf Prozent. Die hauptsächlich gehandelten Zuchtkarpfen haben weniger Gräten als die wildlebenden Exemplare. Tiere aus Zuchtanstalten müssen lebend etwa zwei bis drei Tage gewässert werden, damit sie den typischen Schlammgeruch verlieren.

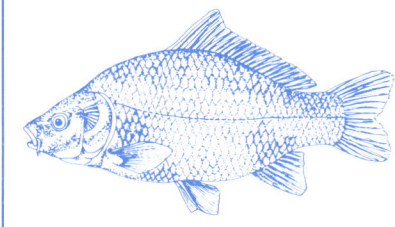

Besonders schmackhaft ist der **Amur-** oder **Königskarpfen.** Er hat ein fast weißes, festes Fleisch und ein Gewicht bis zu 20 Kilogramm.

Lachs

Der Lachs ist ein Wanderfisch. Seine ersten beiden Lebensjahre verbringt er im Süßwasser, dann wechselt er für die nächsten drei bis fünf Jahre ins Meer, um dann zum Laichen wieder ins Süßwasser zurückzukehren. Er hat einen langgestreckten Körper mit einem verhältnismäßig kleinen Kopf und vorgestreckten Kiefer. Der Rücken ist graubraun gefärbt, die Seiten sind silberglänzend mit dunklen Flecken. Aufsteigende Lachse sind allgemein lebhafter gefärbt und haben teilweise rote Flecken. Die meisten Lachse kommen aus Schottland, Irland, Skandinavien und Kanada.

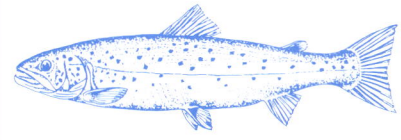

Es gibt zwei Großfamilien von Lachsen: die Atlantik- und die Pazifiklachse. Atlantiklachse werden nach ihrer Heimat und den Fanggebieten unterschieden, die Pazifiklachse nach verschiedenen Arten.

Unterschiedlich ist auch der Fettgehalt von Lachsen. Den höchsten Fettanteil haben Ostseelachse, gefolgt von den norwegischen und grönländischen Lachsen und den irischen und schottischen Lachsen mit dem niedrigsten Fettanteil. Alaska- und Kanadalachse haben einen sehr unterschiedlichen Fettgehalt von hoch bis sehr niedrig (8 bis 25 Prozent).

Flußaufwärts ziehende Tiere haben das beste Fleisch. Es ist fest, hellrot und sehr fettreich. Durch den Fettverbrauch während der Wanderung wird das Fleisch dunkler. Das Fleisch männlicher Lachse ist zarter als das von weiblichen Lachsen.

In der Kalten Küche wird Lachs geräuchert oder mariniert (Graved lax) und für Terrinen, Mousses, Füllungen oder für kalte Platten verwendet.

Saibling

Der Saibling ist ein forellenartiger Fisch mit einem langgestreckten, torpedoförmigen, mit kleinen Schuppen besetzten Körper.

Die Rückenfarbe reicht von blaugrün bis braun, die Seiten sind weißlich bis gelb und mit hellen Flecken versehen. Zur Laichzeit nehmen Bauch und Seiten eine kräftige orange bis rote Färbung an.

Seesaiblinge leben in kalten Alpenseen bis in Höhen von etwa 2.000 Metern und erreichen eine Länge von ungefähr 40 Zentimetern.

Bachsaiblinge sind meist etwas kleiner und haben oft einen lebhaft gemusterten Rücken. Sie leben in stark strömenden Bächen bis in die Quellregionen. Das feste, leicht rosafarbene Fleisch der Saiblinge ist außergewöhnlich schmackhaft und wird in der Kalten Küche für verschiedene Delikateß-Vorspeisen verwendet.

Wels (Waller)

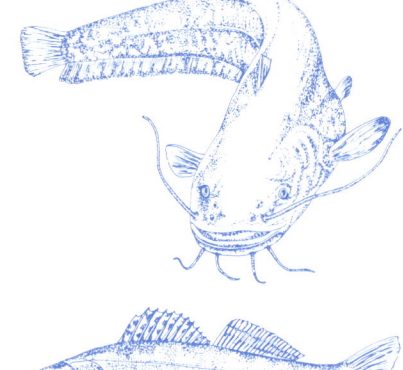

Der Wels gehört zu den größten Süßwasserfischen Europas. Sein großer, vorne runde Körper ist hinten seitlich abgeplattet. Der Rücken ist dunkel, die Seiten gelblich mit dunkler Marmorierung, der Bauch ist leicht rötlich. Das feste Fleisch junger Welse ist weiß, zart und ohne Gräten, aber fettreich.

Zander (Schill, Fogosch)

Der Zander gehört zur Gruppe der Barsche und hat eine leicht hechtähnliche Körperform. Der Rücken mit den beiden großen Rückenflossen ist grünblau bis bleigrau mit dunklen Querstreifen, die Unterseite ist silberweiß. Er wird durchschnittlich 40 bis 50 Zentimeter lang, kann aber auch mehr als einen Meter Länge erreichen.

Das sehr schmackhafte weiße Fleisch ist fest und mager. Zander haben nur wenig Gräten und sollten möglichst frisch verwendet werden. Sie eignen sich besonders gut für Farcen, kalte Fischschnitten in Saucen oder als Galantine.

Salzwasserfische (Seefische)

Salzwasserfische oder Seefische werden die eßbaren Bewohner der Meere genannt. Ausgenommen davon sind als eigene Gruppe die Schal-, Krusten- und Weichtiere. Salzwasserfische stellen mit jährlich etwa 25 Millionen Tonnen den weitaus größeren Teil der weltweit verzehrten Fische dar. Die wichtigsten Fische dieser Art werden hier, eingeteilt in Rund- und Plattfische, behandelt.

Rundfische

Haie

Für die Küche interessant sind hauptsächlich zwei Haie:
der **Dornhai** und der **Heringshai.** Beide sind Vertreter der Knorpelfische und leben im Atlantik und im Mittelmeer. Der **Dornhai** hat einen schlanken, langgestreckten Körper und erreicht eine Länge von etwa einem Meter. Vor jeder der beiden Rückenflossen befindet sich ein Stachel mit einer Giftdrüse. Das feste Fleisch ist mager (2 Prozent Fett, 17 Prozent Eiweiß) und von kräftigem Geschmack. Es kommt in Gelee mariniert als Seeaal in den Handel. Die geräucherten Bauchlappen werden als Schillerlocken angeboten.

Der **Heringshai** ähnelt in seiner typischen Körperform den Thunfischen, erreicht aber Längen zwischen eineinhalb und drei Metern. Das ausgezeichnete Fleisch ist fest, hellrosa und erinnert im Geschmack an Kalbfleisch. Es ist mit 1 Prozent Fett sehr mager, eiweißreich (22 Prozent) und eignet sich zum Marinieren, Grillen und Schmoren.

Hering

Der Hering ist ein Schwarmfisch, der im Nordatlantik und Nordpazifik lebt. Der äußerlich eher unscheinbare Seefisch erreicht eine Durchschnittslänge von 30 Zentimetern. Sein Körper ist schlank und seitlich etwas zusammengedrückt. Der Rücken ist blaugrün, die Seiten silbrig. Heringe werden zum größten Teil in verschiedenster Form konserviert und in über 100 verschiedenen Vollkonserven gehandelt. Das weiße Fleisch von Heringen ist fett und schmackhaft.

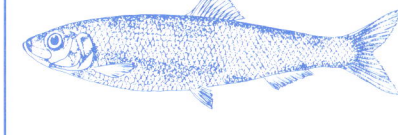

Grüne Heringe sind die frischen, nicht konservierten Fische.
Als **Matjeshering** wird der noch nicht geschlechtsreife Fisch bezeichnet, der eingesalzen und in Öl eingelegt wird.
Fettheringe haben einen starken Fettansatz, Milch und Rogen sind noch nicht entwickelt.
Vollheringe enthalten Milch (vom männlichen Tier) und Rogen (vom weiblichen Tier). Sie werden geräuchert und kommen als Bücklinge in den Handel.
Ihlen nennt man Heringe nach dem Ablaichen. Das Fleisch ist mager und trocken. Sie kommen als Rollmöpse oder Bismarckheringe in den Handel und werden für Fischsalate verwendet.
Zu den heringsartigen Fischen gehören auch Sardinen, Sprotten und Sardellen.
Die fettreichen **Sardellen** werden in Salz gegart. Sie dienen der geschmacklichen Abrundung und werden für Garnituren verwendet.
Sardinen werden an den Mittelmeerküsten gefangen und ohne Kopf in Öl konserviert.
Sprotten sind eine kleine, bis etwa 15 Zentimeter lange Heringsart.

Kabeljau

Der in der Nordsee und im Nordatlantik lebende Kabeljau hat einen olivgrünen bis braunmarmorierten Rücken mit dunklen Flecken und drei Rückenflossen. Die Schwanzflosse ist gerade. Der Kabeljau wird bis zu einen Meter lang und etwa 15 Kilogramm schwer.
Das magere weiße Fleisch ist zart und lamellenartig aneinandergefügt. Es ist wohlschmeckend.

Der **Dorsch** ist eine in der Ostsee lebende Art des Kabeljaus. Mit einer durchschnittlichen Länge von etwa 50 Zentimetern ist er wesentlich kleiner als dieser. Auch der junge Kabeljau wird als Dorsch bezeichnet.
Fleisch vom Dorsch ist etwas zarter als das vom Kabeljau und muß sorgfältig behandelt werden. Ein besondere Delikatesse ist die Dorschleber.

Knurrhahn

Mit seiner typischen kantigen Kopfform ist der im Mittelmeer und Nordatlantik lebende Knurrhahn leicht erkennbar. Die vorderen drei Strahlen der stacheligen Brustflossen sind

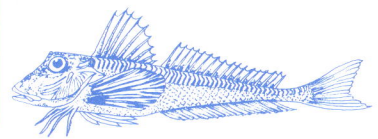

fingerartig beweglich. Von den zwei Arten, dem Grauen und dem Roten Knurrhahn ist der zweite mit einer Länge von durchschnittlich 50 Zentimetern der größere. Das magere Fleisch beider Arten ist in der Qualität gleich. Es ist weiß, fest und hat einen ausgezeichneten Geschmack. Der Knurrhahn liefert grätenlose Filets, die sich zum Grillen, Braten oder Fritieren eignen. Außerdem wird er für Fischsuppen und Bouillabaisse verwendet. Der Putzverlust beim küchenfertigen Herrichten ist leider sehr groß.

Makrele

Die Makrele ist ein torpedoförmiger Schwarmfisch. Sie hat keine oder nur wenige kleine Rundschuppen und keine Schwimmblase. Der Rücken ist leuchtend grünblau gefärbt, die Seiten sind rötlich bis perlmuttartig glänzend. Geschlachtete Fische sind blausilbern. Zwischen der Rückenflosse und der stark gegabelten Schwanzflosse sitzen mehrere kleine Flößchen. Makrelen werden etwa 40 Zentimeter lang.
Das gute, saftige, dunkle Fleisch ist etwas fett und hat leicht lösbare Gräten.

Rochen

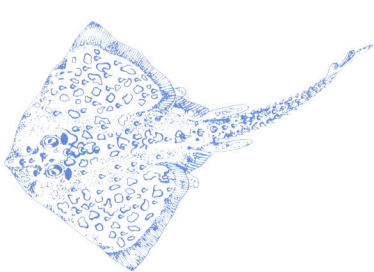

Die in der Küche verwendbaren Rochenarten haben große, vollständig am Körper angewachsene, dreiecksförmige Flossenteile, sogenannte Flügel. Der lange, schmale Schwanz ist mit Dornen versehen. Meistens sind nur die Flügel als einzige verwertbare Teile der Fische bereits enthäutet im Handel. Die verschiedenen Arten erreichen Längen zwischen einem halben und zweieinhalb Metern.
Bei frischen Stücken ist die schuppenlose Haut von Schleim überzogen. Sie verströmen einen ammoniakartigen Geruch, der aber nach etwa drei Tagen verschwindet.
Das hellrosa Fleisch ist mager, sehr gelatinehältig und hat einen guten Geschmack.

Rotbarsch (Goldbarsch)

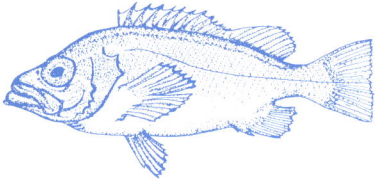

Trotz seines Namens gehört der Barsch nicht zu den barschartigen Fischen. Sein ziegelrot gefärbter Körper ist mit harten Schuppen besetzt. Seine durchschnittliche Länge beträgt 40 Zentimeter bei einem Gewicht von etwa einem Kilogramm.
Das rosaweiße Fleisch ist fest und sehr schmackhaft, aber auch ziemlich fett.

Schellfisch

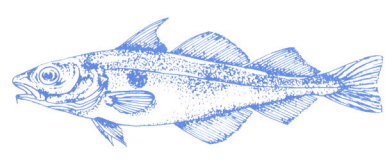

Der Schellfisch gehört zur Gruppe der Dorschartigen. Sein Rücken ist dunkelgrau mit einem schwarzen Fleck unterhalb der ersten sichelförmigen Rückenflosse. Die Seiten sind grau, der Bauch weiß. Ausgewachsene Exemplare erreichen eine Länge von etwa einem Meter und ein Gewicht von ungefähr acht Kilogramm.
Das feste Fleisch ist mager, eiweißreich und leicht rosafarben und geräuchert als „Smoked haddock" bekannt.

Seelachs (Köhler)

Der Seelachs zählt wie der Schellfisch zur Gruppe der Dorschartigen. Der Rücken ist olivbis schwarzgrün, die Seiten sind zum Bauch hin hell, das Maul ist schwarz. Durchschnittlich erreicht der Seelachs eine Länge von etwa 70 Zentimetern.
Das perlgraue, magere Fleisch wird beim Garen hell und ist zuweilen trocken. Es muß vorsichtig behandelt werden, weil es sehr leicht zerfällt. Seelachs wird auch zu Lachsersatz verarbeitet.

Seeteufel (Angler, Lotte de mer)

Der Seeteufel hat einen gedrungenen Körper mit einem vergleichsweise riesigen Kopf, der mehr breit als lang ist. Sehr auffällig ist das breite Maul mit den gut sichtbaren beweglichen

Zähnen. Der Vorderteil des schuppenlosen Körpers bildet mit dem Kopf eine Einheit, von der sich der Schwanz deutlich absetzt. Er erreicht eine durchschnittliche Länge von etwa 80 Zentimetern, kann aber auch wesentlich größer werden.

Das weiße Fleisch des Seeteufels hat einen feinen, ausgezeichneten Geschmack, ist grätenlos.

Seewolf (Katfisch)

Er hat einen fast walzenförmigen, dunkelgrau marmorierten Körper mit durchgehender Rückenflosse. Charakteristisch ist der runde, katzenähnliche Kopf. Die durchschnittliche Länge liegt bei etwa 80 Zentimetern. Er kommt bereits ohne Kopf und enthäutet in den Handel.

Das weiße Fleisch ist fest und schmackhaft.

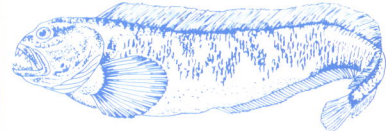

Thunfisch

Mit einer Länge bis zu zweieinhalb Metern und einem Gewicht von etwa 300 Kilogramm sind die Thunfische die größten der Makrelenfamilie. Der Rücken trägt eine zweigeteilte Rückenflosse und ist von dunkelblauer Farbe. Die Seiten sind grau und werden zum Bauch hin hell. Das ganz ausgezeichnete, fett- und vitaminreiche Fleisch ist rot gefärbt und muß schnell verarbeitet werden. Beliebt sind die sehr zarten Filets und Steaks wegen ihres kalbfleischähnlichen Geschmacks. In Öl und Salzlösung eingelegter Thunfisch wird gerne für Salate und Vorspeisen verwendet.

Bonito und **Bonitol** sind kleinere Verwandte des Thunfischs. Das Fleisch des nur im Mittelmeer vorkommenden Bonitols ist fester und noch schmackhafter als das des Bonites.

Wolfsbarsch (Loup de mer)

Wie fast alle Barschfische hat der Wolfs- oder Seebarsch zwei Rückenflossen, von denen die vordere stark gestrahlt ist. Der Kopf ist fast vollständig beschuppt, am Kiemendeckel befindet sich ein großer schwarzer Fleck. Der Rücken ist graublau, die Bauchseite silbrig. Wolfsbarsche erreichen eine Länge zwischen 30 und 50 Zentimetern und mehr.

Das besonders gut schmeckende Fleisch des Wolfsbarsches ist fest und mager. Es ist eine der besten Fischfleischsorten und entsprechend teuer.

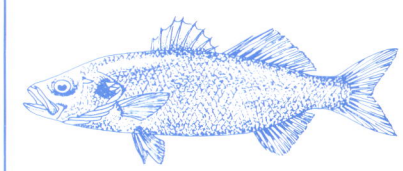

Plattfische

Alle Plattfische haben in ihrer frühesten Jugend die normale Fischform. Wenn die Umwandlung beginnt, wandert ein Auge auf die andere Seite des Körpers, die Maulstellung und die Beschuppung verändern sich. Die Fische schwimmen nur noch auf einer Seite liegend. Plattfische sind meist Edelfische.

Flunder

Die graugrüne, mit orangefarbenen Tupfen durchsetzte Haut der Flunder hat entlang der Flossensäume, am Kopf und am Anfang der Seitenlinie dornige Hautwarzen. Die blinde Seite ist weiß. Sie wird durchschnittlich etwa 40 Zentimeter groß, kann aber auch eine Länge bis zu 80 Zentimetern erreichen.

Flundern haben zwar mehr Fleisch als Schollen, es ist aber fetter und von weniger guter Qualität. In der kalten Küche haben sie keine besondere Bedeutung.

Heilbutt

Der eher langgestreckte Heilbutt ist an der Oberseite graubraun, ältere Exemplare sind fast schwärzlich. Die Unterseite ist weiß. Nach etwa vier Jahren erreicht er schon eine Länge von

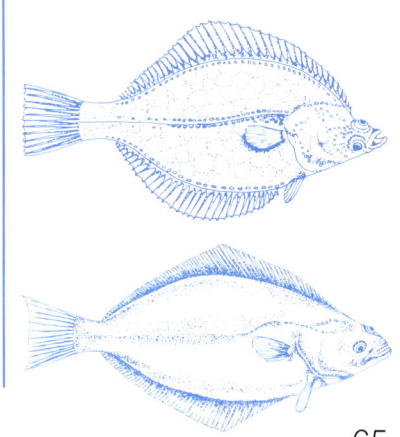

ungefähr 65 Zentimetern, kann aber auch bis zu drei Metern lang werden. Damit ist der Heilbutt der größte Plattfisch.

Das geschätzte Fleisch erreicht im Spätherbst und Winter sein optimales Aroma. Es ist weiß und sehr schmackhaft, aber nicht ganz so fein wie das des Steinbutts.

Rotzunge

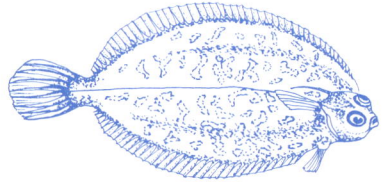

Die Rotzunge ist in der Form ähnlich der Seezunge, ihr Kopf läuft aber vorne spitz zu. Die Farbe der Augenseite ist rötlich bis graubraun mit unregelmäßig verteilten dunklen Ringen. Rotzungen werden bis zu einen halben Meter lang und etwa ein Kilogramm schwer.

Das weiße Fleisch ist schmackhaft und wird gerne als Alternative für Seezungen genommen. Es ist aber weicher mit weniger gutem, etwas fadem Geschmack.

Scholle (Goldbutt)

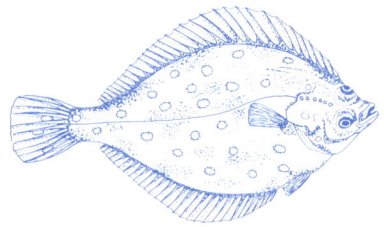

Schollen haben an der Oberseite eine graubraune Farbe mit auffallenden, scharf abgegrenzten rotgelben Flecken. Die glatte Haut ist mit Rundschuppen bedeckt. Die Blindseite ist weiß mit rosa Einschlag. Schollen werden etwa 20 bis 40 Zentimeter lang.

Das Fleisch der Scholle ist weiß und von gutem Geschmack, nicht ganz so fein wie das der Seezunge und nicht sehr fest. Es eignet sich eher zum Braten und Backen, wird aber auch geräuchert und mariniert.

Seezunge

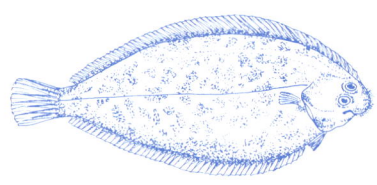

Die Seezunge hat einen gestreckt-elliptischen Körper von dunkelgrauer Farbe, der von kleinen Schuppen besetzt ist. Durch die Fähigkeit, die Augenseite der Bodenfarbe anzupassen, hat die Seezunge manchmal dunklere Flecken. Auffallend ist das papageienschnabelähnlich geformte Maul. Seezungen werden etwas über einen halben Meter lang.

Sie hat als Edelfisch ein äußerst delikates, gallertreiches Fleisch von weißer Farbe, das auch in der kalten Küche gern verwendet wird. Im Gegensatz zu der bei anderen Plattfischen üblichen Art wird die Haut der Seezunge auf beiden Seiten vom Schwanz zum Kopf hin abgezogen.

Steinbutt

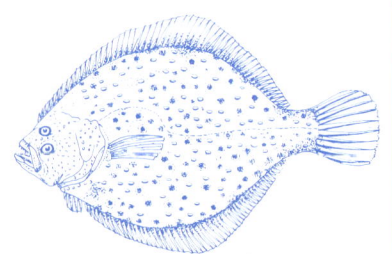

Der fast kreisrunde Körper des Steinbutts ist schuppenlos, weist aber zahlreiche unregelmäßig verteilte Verknöcherungen (Steine) auf. Seine Farbe ist an der Augenseite dunkelgrau mit gelblichem Einschlag und unregelmäßigen dunklen Flecken. Die Blindseite ist hell und meist ohne Verknöcherungen. Der Steinbutt hat eine durchschnittliche Größe von etwa 50 Zentimetern, kann aber auch über einen Meter lang werden.

Das feste weiße Fleisch ist von ganz ausgezeichnetem Geschmack, die Haut ist sehr gelatinehältig. Steinbutt eignet sich für zarte, warme Zubereitungsarten und wird sehr gerne als kalte Schauplatte zubereitet. Junge, sehr kleine Steinbutte werden als Babybutt bezeichnet.

Fischdauerwaren

Weil Fische wegen ihres hohen Wassergehaltes sehr leicht verderblich sind, wird durch verschiedene Konservierungsmethoden ihre Haltbarkeit verlängert. Sie werden getrocknet, geräuchert, eingesalzen, mariniert, gebraten, gekocht, pasteurisiert oder zu Konserven verarbeitet.

Zum **Trocknen** eignen sich Magerfische wie Kabeljau, Schellfisch oder Seelachs. Sie werden in freier Luft oder in Anlagen getrocknet. Stockfisch oder Klippfisch wird so haltbar gemacht.

Geräuchert werden vor allem fettreiche Fische entweder durch Heißräucherung bei Temperaturen über 60 Grad Celsius oder – meist nach vorheriger Salzgarung – durch Kalträucherung unter 30 Grad Celsius. Durch das Räuchern wird dem Fleisch Wasser entzogen, und konservierend wirkende Bestandteile des Rauches dringen in das Fleisch ein. Wichtiger als die nur kurze Haltbarkeitsverlängerung ist die intensive Geschmacksgebung des Räucherns.

Unter anderem werden durch Heißräuchern Bücklinge (aus Frischhering), die bekannten „Kieler Sprotten", Räuchermakrelen, Räucheraal, Schillerlocken (aus den enthäuteten Bauchstreifen des Dornhais), Räucherforellen, geräucherter Seeaal (aus Rückenstücken von enthäutetem Dornhai) und als besondere Spezialität geräucherter Rogen von Seelachs, Kabeljau und Dorsch hergestellt. Kalt geräuchert werden Lachshering (aus Salzhering) und Räucherlachs. Geräucherter Fisch sollte nicht im Kühlschrank, sondern an einem kühlen und luftigen Ort aufbewahrt werden.

Der Räuchergeruch überdeckt auch sehr leicht den Geruch des beginnenden Verderbs. Verderbenden Räucherfisch erkennt man aber an der Rotfärbung der Mittelgräte.

Durch **Salzen** werden Heringe, Sardellen, Seelachs und Kaviar haltbar gemacht. Eine Spezialität sind Anchovis (Kräutersprotten), die unter Einwirkung von Salz, Zucker und Gewürzen enzymatisch reifen.

Mariniert werden Fische durch Einlegen in Essig, Genußsäure, Salz und sonstigen Würzzutaten. Bismarckheringe, Rollmöpse oder Russen werden so haltbar gemacht.

Durch **Braten** und anschließendes Einlegen in Essigaufguß, Saucen oder Öl werden zum Beispiel Bratheringe haltbar gemacht.

Durch **Kochen** werden Fischteile haltbar gemacht, die anschließend zur Gänze in Gelee eingelegt werden.

Fischvollkonserven sind durch Hitzesterilisation in verschlossenen Dosen haltbar gemacht. Sie gehören zu den am meisten verbreiteten Fischerzeugnissen.

Bei der Lagerung muß zwischen Halbkonserven und Vollkonserven unterschieden werden. Halbkonserven, wie zum Beispiel Marinaden, sind nur begrenzt haltbar und müssen gekühlt gelagert werden.

Kaviar

Die Eier der Fischweibchen nennt man Rogen. Und nur der Rogen der Stör-Weibchen wird als Kaviar bezeichnet. Störe leben heute fast nur mehr auf asiatischem Gebiet im Kaspischen und im Schwarzen Meer, im Baikal-See und in den großen Flüssen Nordrußlands und Chinas. Die Hauptlieferländer von Kaviar sind die UdSSR und der Iran.

Qualitätsmerkmale von Kaviar sind die großen, durchscheinenden und vollen Körner. Sie sollen eine graue Farbe, einen milden Geruch und eine trockene Oberfläche haben. Je heller und größer die Körner sind, desto besser ist die entsprechende Kaviarsorte.

Der sehr hohe Eiweiß- (30 Prozent) und Fettgehalt hat zur Folge, daß Kaviar sehr leicht verdirbt. Daher wird Kaviar immer gesalzen. Die Höhe des Salzgehaltes wird der Jahreszeit und der Qualität des Rogens angepaßt. Stark gesalzener Kaviar ist von minderer Qualität. Die russische Bezeichnung **„Malossol"** weist nicht auf eine eigene Kaviarsorte, sondern nur auf den geringen Salzgehalt hin. Er beträgt zwischen 2,8 und 4 Prozent. Aufbewahrt wird Kaviar am besten im luftdicht verschlossenen Originalbehälter. Das sind entweder innen mit Goldlack beschichtete Blechdosen oder Gläser. In diesem Originalbehälter sollte er auch, auf gestoßenem Eis oder einem Eissockel angerichtet, serviert werden.

Unterschieden wird Kaviar nach den verschiedenen Störarten, denen er entnommen wird. Diese Bezeichnungen sagen aber nichts über die Qualität aus.

Beluga stammt vom Hausen oder Beluga-Stör. Diese Störart wird bis zu neun Meter lang und über 1.000 Kilogramm schwer. Die Weibchen liefern etwa 15 Kilogramm schwarzgrauen Kaviar mit einer Korngröße von etwa 3,5 Millimetern. Aus der UdSSR stammender Beluga wird in Dosen oder Gläsern mit blauem Deckel geliefert.

Ossiotr wird dem im Kaspischen Meer lebenden, bis zu zwei Meer langen Waxdick entnommen. Die Körner sind etwa zwei bis drei Millimeter groß und von goldgelber bis brauner oder silbergrauer Farbe. Russischer Ossiotr wird in Dosen oder Gläsern mit gelbem Deckel gehandelt.

Sevruga stammt vom häufig vorkommenden, etwa zwei Meter langen Scherg. Die kleinen, grauen Körner haben den stärksten Eigengeschmack von allen Kaviarsorten. Sevruga-Malossol aus der UdSSR wird in Dosen oder Gläsern mit rotem Deckel geliefert.

Beschädigte Körner oder sehr weicher Rogen wird zu **Preßkaviar** verarbeitet. Er ist stark gesalzen und kommt meistens in Fässern gelagert in den Handel.

Daneben gibt es noch verschiedene Sorten- und Unterbezeichnungen, die sich aber meist auf Rogen von anderen Fischarten beziehen.

Schah-Kaviar stammt von sehr seltenen, besonders großen Beluga-Stören. Er gehört zu den teuersten Kaviarsorten.

Zaren-Kaviar ist ein aus dem Rogen der skandinavischen Regenbogenforelle erzeugter Kaviar. Er ist eingefärbt, etwas milder und im Korn größer als der sehr ähnlich schmeckende Beluga.

Keta-Kaviar ist der rötliche Rogen des pazifischen Keta-Lachses. Die Körner haben einen Durchmesser bis zu fünf Millimetern. Verglichen mit anderen Kaviarsorten, hat er aber wenig Aroma und schmeckt eher wäßrig.

Deutscher Kaviar stammt aus dem Rogen von Seehase, Kabeljau oder Hering. Die Körner sind klein und schwarz oder rot gefärbt.

Bottarga-Kaviar ist eine in Italien hergestellte Sorte aus dem Rogen der Meeräsche. Er wird gesalzen und geräuchert.

Rogen vom Lachs, Karpfen, Kabeljau, Hecht oder Hering wird als Kaviarersatz bezeichnet. Frischer Kaviar ist nur sehr beschränkt haltbar und kann in normalen Kühlschränken etwa eine Woche aufbewahrt werden. Bei einer gleichbleibenden Temperatur von etwa minus zwei Grad hält er auch länger. Kaviar sollte aber nie Temperaturen unter minus vier Grad ausgesetzt werden. Wesentlich länger haltbar ist pasteurisierter Kaviar. Er ist in Gläser abgefüllt und hält länger als ein Jahr. Pasteurisierter Kaviar ist wesentlich billiger als die frischen Sorten, erreicht diese aber im Geschmack nicht.

Krusten-, Schal- und Weichtiere

Das Fleisch von Krusten-, Schal- und Weichtieren ist so reich an wertvollem Eiweiß, Mineralstoffen und Spurenelementen wie kaum ein anderes Nahrungsmittel. Diese Tiere lassen sich auch auf vielfältigste Art und Weise zubereiten und zählen zu den Delikatessen der Küche. Allerdings sind sie sehr leicht verderblich und müssen daher sorgfältig behandelt werden.

Tiefgekühlte Tiere dürfen nur weitergelagert werden, wenn der Tiefkühlprozeß nicht unterbrochen wurde. Frische Meeresfrüchte muß man möglichst rasch verarbeiten. Schon zubereitete Tiere dürfen nicht noch einmal aufgewärmt werden.

Beim Einkauf von Muscheln ist darauf zu achten, daß die Schalen fest geschlossen sind, Muscheln mit offenen Schalen sind tot und daher ungenießbar.

Ebenfalls ungenießbar sind Muscheln, die beim Kochen ihre Schalen nicht öffnen. Traditionelle Muschelsaison in Europa ist in den Monaten mit „r", also von September bis März. Krustentiere haben als sogenanntes äußeres Skelett einen festen Panzer, der nicht mitwächst. Er wird daher von Zeit zu Zeit abgeworfen und durch einen größeren ersetzt. Dieser Vorgang dauert zwei bis drei Wochen. Flußkrebse, die ihren Panzer gerade abgeworfen und ihn noch nicht durch einen neuen ersetzt haben, werden als **„Butterkrebse"** bezeichnet.

Lebende Krustentiere werden durch schnelles Eintauchen in siedendes Wasser getötet. Dabei erhalten die Tiere eine hell- bis tiefrote Farbe. In den Panzern der meisten Krustentiere sind blaue und rote Farbpigmente eingelagert. Die hitzeunbeständigen blauen Pigmente werden beim Kochen zerstört, sodaß die roten Farbpigmente die Farbe der gekochten Tiere prägen.

Garnelen (Shrimps, Prawns, Krevetten)

Garnelen sind langschwänzige Schwimmkrebse, von denen es etwa 2.500 verschiedene Arten gibt. Nur ein kleiner Teil davon hat wirtschaftliche Bedeutung. Sie leben im gesamten Meeresbereich von der Tiefsee bis in die flachen Küstengewässer. Im Handel werden sehr unterschiedliche Einteilungen vorgenommen. Neben der Einteilung nach den Wassertiefen (Tiefsee- und Flachwassergarnelen) gibt es die Unterscheidung in Kaltwasser- und Warmwassergarnelen und die Unterscheidung nach Größen.

Shrimps nennt man solche Garnelen, von denen ein Kilogramm mehr als 200 Stück beinhaltet. Prawns, King Prawns oder Riesengarnelen sind große bis sehr große Garnelen. Die genaue Einteilung ist aber von Land zu Land verschieden.

Bei uns sind am häufigsten die Tiefsee- und Nordseegarnelen im Handel. Zunehmend kommen aber auch sogenannte „Freshwater"-(Süßwasser-)Garnelen aus asiatischen Gewässern auf den Markt, die aber die Qualität der Tiefsee- und Nordseegarnelen nicht erreichen. Sie sind kleiner, dunkler und haben manchmal einen ausgeprägten Fischgeschmack.

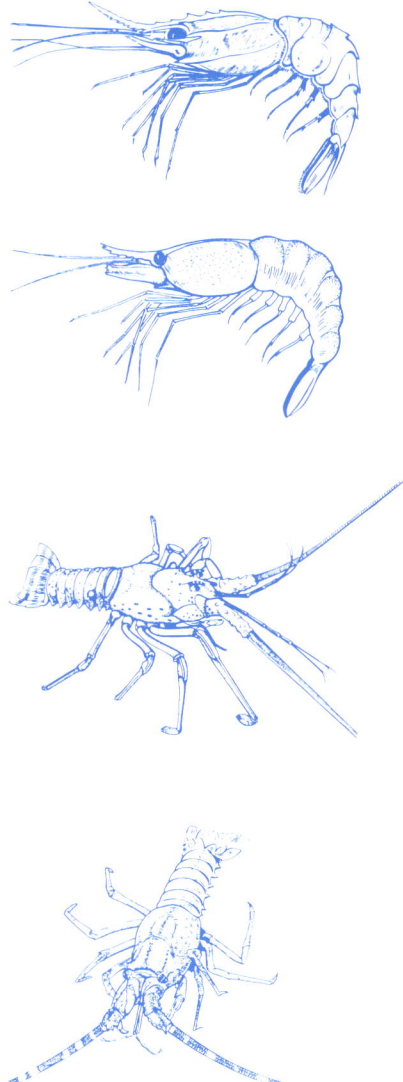

Die **Tiefseegarnele** wird auch Grönland-, Nordmeer- oder Nordische Garnele genannt. Die Bezeichnung Hummergarnele oder **Hummerkrabbe** ist nicht erlaubt. Sie wird in den norwegischen Fjorden, an den Küsten vor Island und Grönland, aber auch vor den nördlichen USA und vor Alaska gefangen und lebt in Tiefen zwischen etwa 100 und 300 Meter. Die bis ungefähr 15 Zentimeter lange Tiefseegarnele hat ein durchschimmerndes rosafarbenes Fleisch. Es ist sehr empfindlich und kommt daher meist tiefgefroren oder schon gekocht zum Verkauf.

Die **Nordseegarnele (Nordseekrabbe)** lebt in den Küstengewässern der Nord- und Ostsee, im Ostatlantik, im Mittelmeer und im Schwarzen Meer. Ihr durchsichtig graubrauner Körper wird etwa sieben Zentimeter lang und unterscheidet sich von anderen Garnelen durch ihr erstes, besonders entwickeltes Scherenpaar und das kurze Stirnhorn. Nordseegarnelen kommen immer schon gekocht in den Handel.

Das rosarote, leicht süßliche Fleisch wird in der Kalten Küche für Cocktails, Kalte Platten, Salate und als Dekoration verwendet.

Langusten

Langusten gehören wie die Hummer und Flußkrebse zu den langschwänzigen Bodenkrebsen. Sie leben an den felsigen Küsten aller Meere mit mittleren Wassertemperaturen in Tiefen bis über 100 Meter. Gefangen werden Langusten von April bis September.

In Europa kommen hauptsächlich drei Langustenarten mit einem Handelsgewicht zwischen 400 und 1.500 Gramm zum Verkauf.

Die **Europäische Languste** lebt im Mittelmeer, an der europäischen Atlantikküste und in den Gebieten um Südengland, Schottland und Irland. Sie wird bis etwa 45 Zentimeter lang. Ein besonderes Merkmal sind die weißen Flecken an beiden Seiten eines jeden Schwanzsegmentes. Die qualitativ besten Exemplare werden an der irischen Atlantikküste gefangen.

Die **Portugiesische** oder **Afrikanische Languste** gehört mit einer Länge bis zu 75 Zentimetern und einem Gewicht bis zu sechs Kilogramm zu den größten ihrer Art. Sie lebt an der portugiesischen und nordafrikanischen Atlantikküste und im Mittelmeer. Ihre Farbe ist ziegelrot mit unregelmäßigen, kleinen hellen Flecken an den Seiten der Schwanzsegmente. Ein besonderes Merkmal sind die scharf abgegrenzten, verschieden großen weißen Ringe an den langen Fühlern. Ihre Qualität ist je nach Fanggebiet ähnlich der Europäischen Languste.

Die **Amerikanische Languste** lebt hauptsächlich an der gesamten ostamerikanischen Atlantikküste und in der Karibik. Auffallend sind die paarweise angeordneten weißen

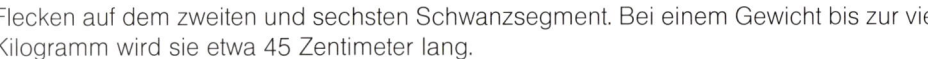

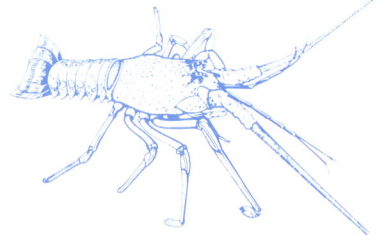

Flecken auf dem zweiten und sechsten Schwanzsegment. Bei einem Gewicht bis zur vier Kilogramm wird sie etwa 45 Zentimeter lang.

Von der Languste kann nur das Schwanzfleisch gegessen werden, das etwas trockener als Hummerfleisch ist. Wie Hummer sind Langusten delikate Höhepunkte von kalten Buffets.

Hummer

Auch der Hummer gehört zur Gruppe der langschwänzigen Bodenkrebse. Unverwechselbar machen ihn seine beiden Scheren, von denen normalerweise die rechte stärker entwickelt ist. Hummer leben in den kühleren Gewässern des Atlantiks an den amerikanischen, kanadischen und europäischen Küsten mit felsigem Grund. Ihre Farbe reicht je nach Lebensraum von Grünblau über ein kräftiges Dunkelblau bis Schwarzviolett. An den Seiten und den Unterteilen sind sie gelblich mit unregelmäßigen rötlichen Flecken.

Hummer können ein Gewicht von etwa neun Kilogramm bei einer Länge von ungefähr 70 Zentimetern erreichen. Am besten sind sie jedoch mit einem Gewicht von etwa 450 bis 900 Gramm und einer Länge zwischen 25 und 40 Zentimetern. Tiere mit einer Länge unter 21 Zentimetern dürfen nicht gefangen werden. Auf dem Markt angeboten werden Hummer lebend, tiefgefroren oder in verschiedenen Konserven.

Kurz vor dem Panzerwechsel und bis etwa drei Monate danach sind Hummer am vollfleischigsten. In dieser Zeit werden auch frisch gefangene Tiere tiefgefroren oder anders verarbeitet. In der Gefangenschaft verlieren Hummer zwar nichts von ihrem Geschmack, sie nehmen aber auch keine Nahrung mehr zu sich, so daß sie von ihrem eigenen Fleisch zehren und dabei abmagern.

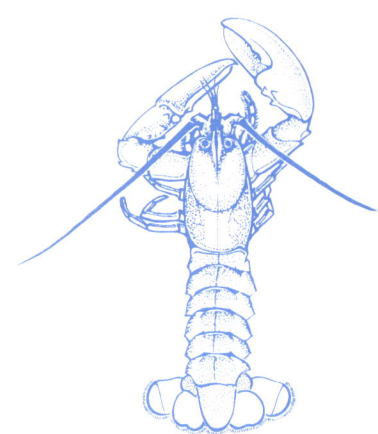

Der **Europäische Hummer** ist mit einem Gewicht bis zu sechs Kilogramm und einer Länge bis zu 60 Zentimetern die größte Krebsart der europäischen Meere. Er lebt an den Küstengewässern von Skandinavien, Großbritannien und Irland über Frankreich, Portugal und Spanien bis ins Mittelmeer. Die besten Europäischen Hummer kommen aus Irland, England und Schottland. Hummer aus den europäischen Fanggebieten decken aber nur etwa die Hälfte des europäischen Bedarfs. Der Rest wird aus den reichen amerikanischen Beständen geliefert.

Der **Amerikanische Hummer** lebt an den Atlantikküsten von Kanada und den nördlichen USA. Er ist etwas größer als der Europäische Hummer und von grünlichblauer bis rotbrauner Farbe mit dunkelgrün gesprenkeltem Panzer. Die berühmtesten Amerikanischen Hummer kommen aus dem Bundesstaat Maine, die größten Mengen aus Kanada.

Am meisten geschätzt werden die sehr fleischigen Scheren der männlichen Tiere und die breiteren Schwanzteile der weiblichen Tiere. Eine besondere Spezialität sind die tiefroten Eierstöcke der weiblichen Hummer, genannt Corail.

Das weiße, zarte und besonders saftige Fleisch hat einen leicht süßlichen Geschmack und ist schwer verdaulich. Hummer wird für Salate, Cocktails, Buttermischungen und Garnituren verwendet und ist oft der Mittelpunkt von festlichen Kalten Buffets.

Kaisergranat (Scampi, franz.: Langoustine)

Kaisergranat ist dem Hummer verwandt, aber wesentlich kleiner und schlanker mit vergleichsweise dünnen Scheren. Scampi leben an der gesamten nördlichen Atlantikküste bis nach Marokko, in den irischen und englischen Gewässern und im Mittelmeer. Die Tiere erreichen eine Größe von ungefähr 20 Zentimetern. Der Panzer ist von hellem Lachsrot und verändert beim Kochen kaum seine Farbe. Das weiße Fleisch schmeckt süßlich. In den Handel kommen meistens die Schwanzteile, die dann manchmal unter dem irreführenden Namen „Langustenschwänze" angeboten werden. Auch die Schwänze der Heuschreckenkrebse kommen unter der Handelsbezeichnung Scampi zum Verkauf. Scampi werden zu Vorspeisen, Cocktails und Salaten verwendet.

Langostinos

Langostinos sind Furchenkrebse mit einer Länge bis zu etwa 25 Zentimetern. Sie leben

hauptsächlich im südöstlichen Pazifik in den Gewässern vor Chile und Argentinien. Bei uns sind fast ausschließlich die gekochten und tiefgefrorenen Langostinoschwänze, die wegen ihres hervorragenden Fleisches sehr beliebt sind, erhältlich.
Ihr helles, süßes und von Därmen freies Fleisch wird für Cocktails und Salate oder als Garnitur von Kalten Platten verwendet.

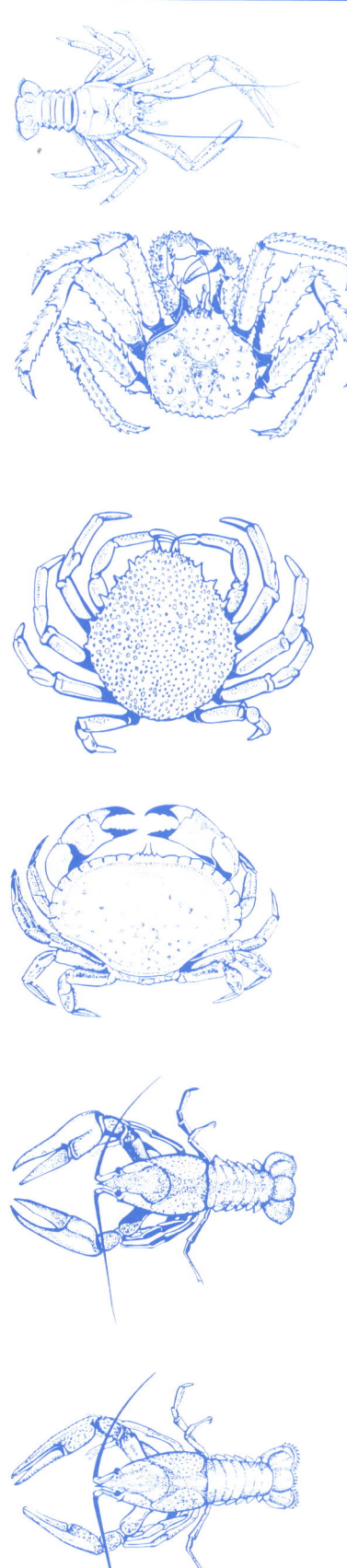

Königskrabbe

Die Königskrabbe ist ein im nördlichen Pazifik und der Beringsee lebender Krebs. Die Antarktische Königskrabbe lebt vorwiegend in den antarktischen Gewässern und an den südlichen Küsten Chiles und Argentiniens. Gefangen werden nur männliche Tiere, die in Tiefen von einigen hundert Metern leben.
Nur selten kommen bei uns ganze Tiere tiefgefroren auf den Markt. Meist wird das Fleisch als „Crabmeat" in Konserven gehandelt. Es ist grobfaserig und im Geschmack ähnlich dem Hummer. Verwendet wird das Fleisch der Königskrabbe hauptsächlich für Cocktails und Salate.

Seespinne

Diese Krabbenart lebt an der gesamten europäischen Atlantikküste und im Mittelmeer. Ihr rotbrauner Rumpf wird etwa 15 Zentimeter groß, die Beine sind von leuchtendroter Farbe. Ihre Körperform ähnelt der einer Spinne.
Das Fleisch der Seespinne ist wohlschmeckend und unter Feinschmeckern sehr begehrt. Eine andere Art der Seespinne ist die **Nordische Eismeerkrabbe** oder **Schneekrabbe,** die im Nordpazifik und in den Küstengewässern Kanadas vorkommt. Von ihr kommen nur die Scheren mit ihrem außerordentlich guten Fleisch tiefgefroren in den europäischen Handel.

Taschenkrebs (Krabben)

Taschenkrebse leben in allen Küstengewässern kalter und gemäßigter Meere. Die bei uns gehandelte Art lebt an der europäischen Atlantikküste, in der Nordsee und im Mittelmeer in Felsspalten bis in 100 Meter Tiefe. Sie werden etwa 20 Zentimeter lang. Im Vergleich zu ihrem großen Panzer enthalten die Taschenkrebse relativ wenig Fleisch, das hauptsächlich den großen Scheren und dem Bruststück entnommen wird. Eine besondere Delikatesse sind die Eierstöcke und die Leber. Der Panzer wird zum Füllen und Gratinieren oder als Schale für Krabbensalate verwendet.

Flußkrebs

Weltweit gibt es mehr als 300 verschiedene Krebsarten, die im Süßwasser leben. Die bei uns wichtigsten Vertreter dieser Art sind der Edel- oder Solokrebs, der Galizier-, Teich- oder Sumpfkrebs und der aus Amerika eingeführte Signalkrebs.
Der **Edel-** oder **Solokrebs** hat sehr kräftig ausgebildete Scheren von fast gleichmäßiger Form. Seine Farbe ist olivgrün bis dunkelbraun, manchmal mit einem leichten bläulichen Schimmer. Die Männchen erreichen bei einem Gewicht von etwa 150 Gramm eine Länge bis zu 15 Zentimetern, Weibchen sind etwas kleiner.
Früher waren Edelkrebse in ganz Europa in ruhig fließenden und nicht allzu kalten Gewässern heimisch. Heute sind die Bestände aber stark zurückgegangen.
Der **Galizierkrebs** unterscheidet sich vom Edelkrebs hauptsächlich durch seine wesentlich kleineren Scheren. Der Panzer ist heller als beim Edelkrebs.
Der Galizierkrebs stammt ursprünglich aus Osteuropa, heute kommt er auch in ganz Mitteleuropa vor und wird verschiedentlich gezüchtet. Das Marktangebot an Flußkrebsen wird hauptsächlich von ihm bestritten.
Flußkrebse liefern ein sehr zartes und saftiges Fleisch. Das Kopfbruststück nennt man Krebsnase. Sie wird zum Garnieren und Füllen verwendet. Das Fleisch wird gerne für Salate und kalte Krebsgerichte genommen. Aus dem gekochten und zerkleinerten Panzer werden Krebsbutter, Suppen und Saucen hergestellt.

Austern

Austern kommen in allen gemäßigten und tropischen Meeren wildlebend vor. Für den Markt haben aber nur noch in speziellen Austernbänken gezüchtete Tiere Bedeutung.

Die **Europäische Auster** hat eine flache, fast runde Schale mit einer Größe zwischen fünf und zwölf Zentimetern. Ihre Farbe ist hellgrau oder grünlich bis sandfarben.

Die speziellen Namen dieser Austernart werden von den Herkunftsgebieten und den Zuchtmethoden abgeleitet: Belons, Marennes und Arcachones kommen aus Frankreich, Imperials aus Holland, Colchester, Helford, Whitestable und Royal Natives aus England, und Limfjords kommen aus Dänemark.

In größeren Mengen wird die **Portugiesische** oder **Felsenauster** gezüchtet. Ihre Farbe ist grau bis bräunlich, und ihre Form ist länglicher und tiefer als die der Europäischen Auster. Das Fleisch hat eine grauviolette Farbe. Gezüchtet wird sie vor allem in Frankreich in Austernteichen, sogenannten Claires. In Marennes-Oléron ernähren sich die Austern von einer bestimmten Kieselalge, die ihr Fleisch grünlich färbt. Diese Austern sind als „Fines de Claires" und „Special Claires" berühmt. Sie zählen zu den besten Portugiesischen Austern.

Die **Pazifische Felsenauster** oder „Japonaise" ist in der Form der Portugiesischen Auster sehr ähnlich, aber noch etwas stärker gewölbt als diese. Sie wird heute auch an den europäischen und amerikanischen Küsten sowie im Mittelmeer gezüchtet und hat inzwischen eine überragende Marktstellung erreicht. Wie die Portugiesische Auster wird sie nach den Zuchtmethoden eingeteilt.

Die **Amerikanische Auster** sieht im wesentlichen der Europäischen Auster mit ihrer runden Form sehr ähnlich. Sie wird an der ganzen Atlantikküste der USA gezüchtet. Eine Berühmtheit dieser Art ist die aus Long Island stammende Blue Point.

Jakobsmuschel (Pilgermuschel)

Die Jakobsmuschel ist eine Kammuschel mit einem Durchmesser bis zu 13 Zentimetern. Sie lebt hauptsächlich im Mittelmeer. Die Fangzeit ist zwischen November und März. In dieser Zeit ist der „Corail" genannte Rogensack eine besondere Delikatesse. Das feste Fleisch des Muskels ist hellbeige.

Die Jakobsmuschel wird gekocht oder gedünstet und kalt für Muschelsalate und Vorspeisen verwendet. Vor der Zubereitung müssen der Bart und die dunkleren Fleischteile entfernt werden.

Miesmuschel (Pfahlmuschel)

Die Miesmuschel ist an den flachen Küsten aller nördlichen Meere vertreten. Sie hat eine blauschwarze Schale und wird bis zu zehn Zentimeter lang. Miesmuscheln werden an den europäischen Küsten in großen Mengen gezüchtet. Ihr gelbes Fleisch ist würzig und leicht verdaulich. In der Kalten Küche werden sie gedünstet und kalt für Garnituren oder mariniert für Cocktails verwendet.

Venusmuschel

Die über 500 Arten der Venusmuschel kommen an nahezu allen Meeresküsten vor. Die im Mittelmeer sehr häufig lebende Art ist bei uns auch als **Vongole** bekannt. Sie wird etwa vier Zentimeter groß.

Ein sehr bekanntes Gericht sind die „Spaghetti vongole", in der Kalten Küche wird sie für Salate, Vorspeisen und Cocktails verwendet.

Kalmare

Kalmare sind schlanke, zehnarmige Kopffüßler. Sie haben eine zigarrenähnliche Form mit einer braun und violett gesprenkelten Haut. In der Küche werden Exemplare bis zu einer Größe von etwa 25 Zentimetern verwendet.

Ihr weißliches, festes Fleisch ist mager und sehr proteinreich.

In der Kalten Küche werden Kalmare nach dem Kochen oder Dünsten mariniert oder gefüllt und als kalte Vorspeisen serviert oder als Garnituren zu Kalten Platten verwendet.

Krake (Oktopus)

Die achtarmigen Kraken, auch Oktopus oder Pulpo genannt, kommen in allen Meeren vor. Die bei uns gehandelte Art kommt vorwiegend aus dem Mittelmeer und von den felsigen Atlantikküsten.

Nur die jüngeren Tiere mit einem Gewicht zwischen 500 und 1.000 Gramm haben ein schmackhaftes und zartes Fleisch. Sie werden gekocht oder gedünstet und finden dann mariniert in Vorspeisen, Salaten und als Garnituren für Kalte Platten Verwendung.

Weinbergschnecke

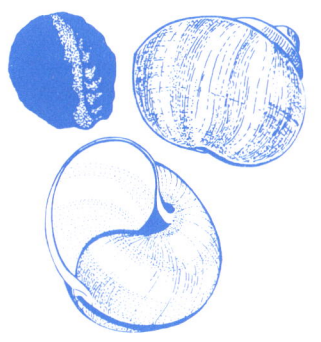

Die Weinbergschnecke ist eine in den gemäßigten Zonen Europas überall anzutreffende Landschnecke. Sie wird heute in Schneckengärten gezüchtet oder tiefgekühlt aus dem Fernen Osten importiert (Achatschnecke).

Das Fleisch ist graugelb, das der Achatschnecke fast schwarz und hat nur wenig Eigengeschmack. Es wird gekocht, gebacken und mariniert und zu Ragouts und Pasteten verarbeitet.

Fleisch

Unter Fleisch versteht man nach den Leitsätzen für Fleisch und Fleischerzeugnisse alle Teile von geschlachteten oder erlegten warmblütigen Tieren, die für den menschlichen Genuß bestimmt sind. Unter Frischfleisch versteht man Fleisch, das nach der Schlachtung außer dem Abhängen keiner weiteren Behandlung unterzogen worden ist.

Als Nahrungsmittel bietet Fleisch dem Körper das zum Aufbau und zur Erhaltung notwendige, hochwertige tierische Eiweiß. Es zeichnet sich durch seinen hohen Sättigungswert, die Vielseitigkeit und die Möglichkeiten der schmackhaften Zubereitung aus.

Mageres Fleisch ist leicht verdaulich, fettes, grobfaseriges Fleisch ist schwer verdaulich. Die Verdaulichkeit von Fleisch ist auch vom Reifegrad und der Art der Zubereitung abhängig.

Die Qualität von Fleisch hängt von der Tierart, der Rasse, der Fütterung, der Art der Tierhaltung, vom Geschlecht und vom Alter und dem Gesundheitszustand der Tiere ab.

Rind

Im allgemeinen gilt Rindfleisch als das wertvollste Fleisch unter den Schlachttieren. Gegenüber anderen Fleischsorten hat es die größere Konzentration an Nährstoffen. Außerdem weist das Rind eine so große Fülle von Fleischteilen und Qualitäten auf wie kaum ein anderes Schlachttier.

Qualitätsbestimmend ist aber nicht nur der Fleischteil, sondern auch das Tier, von dem das Fleisch stammt: Ochsen, Kalb, Kuh oder Stier.

Großen Einfluß auf die Fleischqualität haben auch das Alter, die Fütterung und die Haltung der Tiere.

Das beste Fleisch liefern Mastochsen, Kalbinnen und junge Masttiere.

Wichtig ist auch das richtige „Abhängen". Erst dadurch wird das Rindfleisch weich, mürbe, saftig und wohlschmeckend.

Rindfleisch ist kräftig hellrot bis dunkelrot, kurzfasrig (je nach Alter fein bis grob) mit körnigem, weißem (bei älteren Tieren gelblichem) Fett.

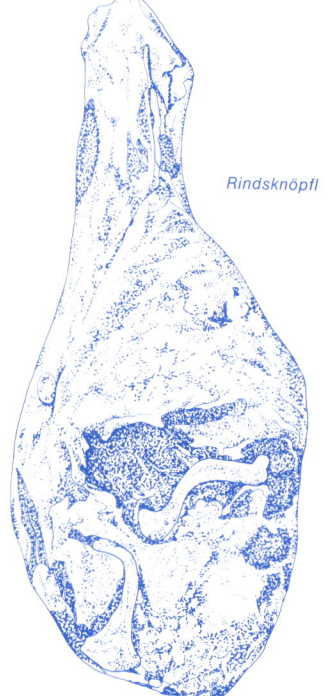

Rindspistole

Rindsknöpfl

Fleischteile des Rindes

Österreichische Aufteilung

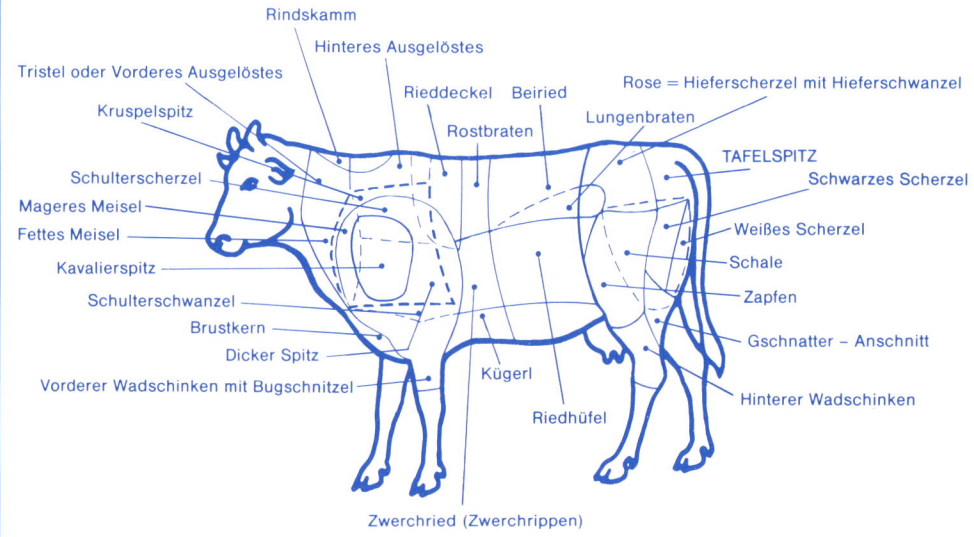

Rindskamm
Hinteres Ausgelöstes
Tristel oder Vorderes Ausgelöstes
Rieddeckel   Beiried
Rose = Hieferscherzel mit Hieferschwanzel
Kruspelspitz
Rostbraten
Lungenbraten
TAFELSPITZ
Schulterscherzel
Schwarzes Scherzel
Mageres Meisel
Weißes Scherzel
Fettes Meisel
Schale
Kavalierspitz
Zapfen
Schulterschwanzel
Gschnatter – Anschnitt
Brustkern
Dicker Spitz
Vorderer Wadschinken mit Bugschnitzel
Kügerl
Hinterer Wadschinken
Riedhüfel
Zwerchried (Zwerchrippen)

Deutsche Aufteilung

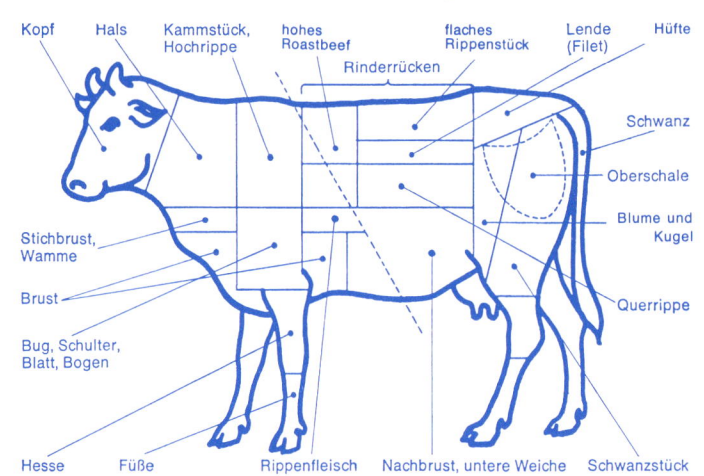

Kopf   Hals   Kammstück, Hochrippe   hohes Roastbeef   flaches Rippenstück   Lende (Filet)   Hüfte
Rinderrücken
Schwanz
Oberschale
Stichbrust, Wamme
Blume und Kugel
Brust
Querrippe
Bug, Schulter, Blatt, Bogen
Hesse   Füße   Rippenfleisch   Nachbrust, untere Weiche   Schwanzstück

Schweizer Aufteilung

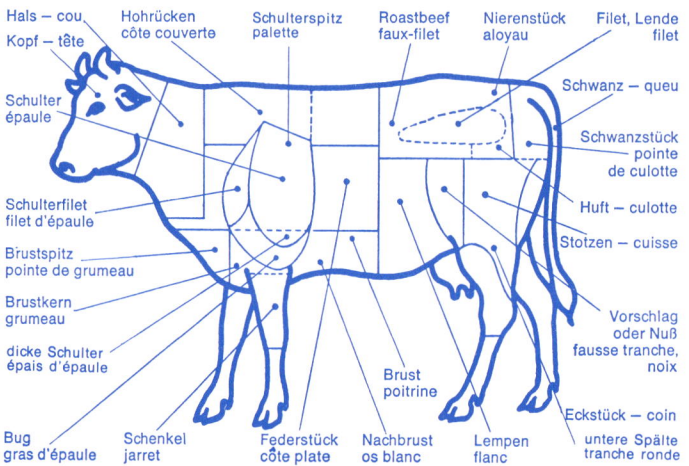

Hals – cou   Hohrücken côte couverte   Schulterspitz palette   Roastbeef faux-filet   Nierenstück aloyau   Filet, Lende filet
Kopf – tête
Schwanz – queu
Schulter épaule
Schwanzstück pointe de culotte
Schulterfilet filet d'épaule
Huft – culotte
Brustspitz pointe de grumeau
Stotzen – cuisse
Brustkern grumeau
Vorschlag oder Nuß fausse tranche, noix
dicke Schulter épais d'épaule
Brust poitrine
Eckstück – coin
Bug gras d'épaule   Schenkel jarret   Federstück côte plate   Nachbrust os blanc   Lempen flanc   untere Spälte tranche ronde

DAS HINTERVIERTEL

Das Hinterviertel umfaßt den „Englischen" (Rücken), das „Knöpfel" (Schlegel, Keule) und den „Riedhüfel" (Bein- und Bauchfleisch).

DER ENGLISCHE (BEIRIED, SCHOSSE)

Der Lungenbraten (Rindslende, Rindsfilet) ist das beste und teuerste Fleischstück vom Rind. Dieses wertvolle Stück sollte nur zum Braten, Kurzbraten, Grillen oder roh gehackt als Beef tartar verwendet werden.

In rohem Zustand werden aus dem Lungenbraten folgende Stücke geschnitten:
– aus dem Filetkopf oder Chateaubriandteil die doppelten Filetbeefsteaks (ca. 350–400 g),
– aus der Filetmitte die Beefsteaks (ca. 170–200 g),
– aus der Filetspitze die Tournedos (Lendenschnitten = 2 Tranchen zu je ca. 80–100 g) und Filets mignons (3 Fleischstückchen pro Person zu je ca. 50–60 g).

Das Rostbratenstück ist der hohe, dicke, zur Schulter gehende Teil des Englischen. Portioniert mit Knochen wird es als Côte de bœuf, ohne Knochen als Rostbraten bezeichnet. Geeignet zum Braten, Grillen und Dünsten.

Die Beiried (Roastbeefstück) ist der niedere, zum Knöpfel gehende Teil des Englischen. Portioniert ohne Knochen für Rumpsteak; nicht ausgelöst und mit dem Lungenbraten für Porterhouse-Steak (ca. 1.000 g) und T-Bone-Steak; im ganzen gebraten ohne Knochen zu Roastbeef. Geeignet zum Braten und Grillen.

Der Rieddeckelteil ist der obere Teil des Rostbratenstücks. Das saftige Fleisch eignet sich besonders zum Dünsten für Ragouts und Gulasch, für Suppen und Fleischsalate.

DAS KNÖPFEL (SCHLEGEL, KEULE)

Die Schale (Ortschwanzel) ist die Muskulatur der inneren Keulenfläche. Sie eignet sich vorzüglich zum Dünsten im ganzen, für Schnitzel oder Rouladen, aber auch als Rindsbraten oder zum Trocknen (Bündner Fleisch). Der Schalendeckel wird für Kleingerichte zum Dünsten verwendet.

Der Zapfen (Kugel) ist das magerste Fleisch vom Knöpfel. Das Fleischstück eignet sich zum Dünsten im ganzen, für rohportionierte Gerichte oder getrocknet als Bündner Fleisch.

Die Rose (Hieferscherzel) kann, wenn es gut abgelegen ist, als Bratenfleisch verwendet werden. Im ganzen wird sie wie Roastbeef verarbeitet, portioniert als Rumpsteak. Die Rose kann auch zum Dünsten, Kochen oder für Kleingerichte genommen werden.

Das Hieferschwanzel ist ein dreieckiger Muskel, der sich vorzüglich zum Sieden und Dünsten im ganzen eignet.

Der Tafelspitz ist das an das Schwarze Scherzel anschließende, spitz zulaufende Muskelstück; ein Gustostück zum Sieden und Dünsten.

Das Weiße Scherzel ist der schmale, runde Muskel längs des Schwarzen Scherzels. Das bröselige und trockene Fleisch ist nur zum Sieden oder Dünsten geeignet. Getrocknet kann es als Bündner Fleisch verwendet werden.

Das Schwarze Scherzel ist ein fast quadratischer, magerer Muskel. Gespickt wird es zum Dünsten im ganzen genommen, portioniert für Rindsschnitzel und Rouladen. Es kann aber auch als ganzes Stück gebraten werden.

Das Wadschinkenstück (Gschnatter, Anschnitt) ist der am Ende des Schwarzen Scherzels gelegene, sehnendurchzogene Muskel. Er ist sehr gut für Gulasch und andere Saftfleischgerichte geeignet.

Der Wadschinken (hinteres Pratzel) ist ein ausgesprochenes Gulaschfleisch. Unterschieden werden der vordere und der etwas fleischigere hintere Wadschinken. Die vom Wadschinken geschnittene Beinscheibe wird Jarret genannt.

DER RIEDHÜFEL

Die Zwerchried (Platte, Palisade) besteht aus den letzten, gegen den Spitz zu liegenden fünf Rippen. Sie ist ein ausgezeichnetes Siedefleisch und wird, in Streifen geschnitten, für Beinfleisch verwendet.

Der Riedhüfel (Schlemmried) ist der an die Zwerchried anschließende hintere, in den Riedhüfelspitz auslaufende Teil. Er ist ein ausgesprochenes Siedefleisch.

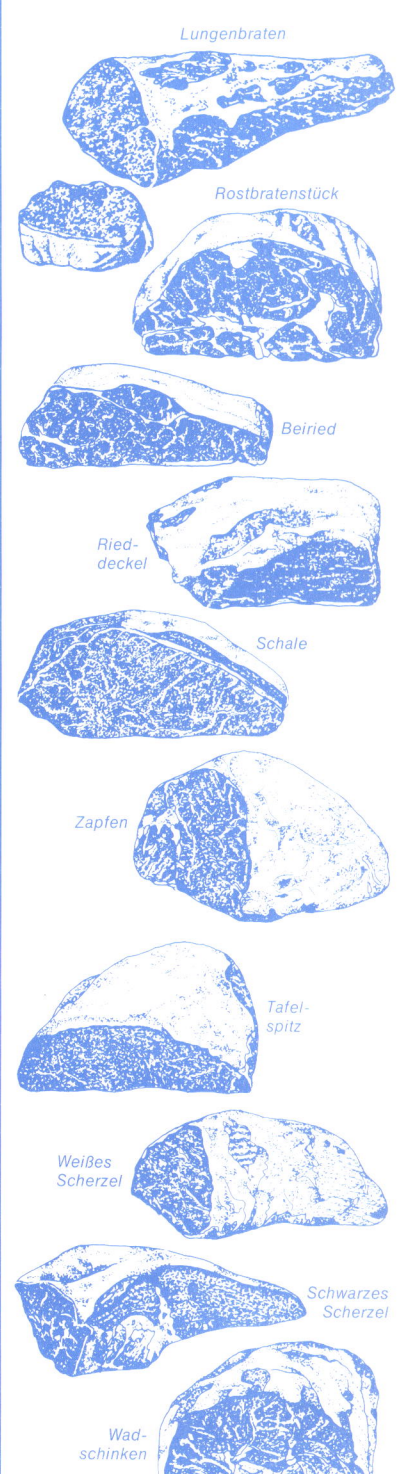

Lungenbraten

Rostbratenstück

Beiried

Rieddeckel

Schale

Zapfen

Tafelspitz

Weißes Scherzel

Schwarzes Scherzel

Wadschinken

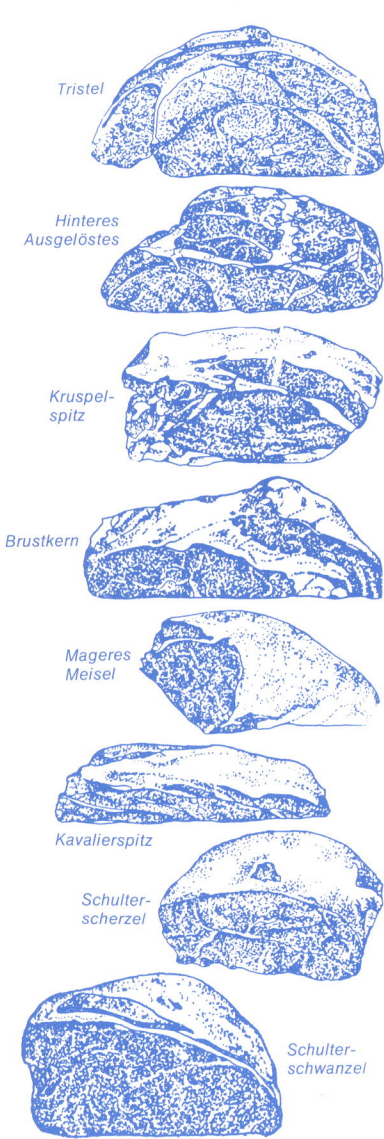

Tristel

Hinteres Ausgelöstes

Kruspel-spitz

Brustkern

Mageres Meisel

Kavalierspitz

Schulter-scherzel

Schulter-schwanzel

DER SPITZ

Das Tristel (Vorderes Ausgelöstes) ist ein Teil des Halses. Es ist ein hartes, trockenes Fleisch, das sich nur für Kleingerichte oder als Klärfleisch eignet.

Der Rindskamm liegt am Nacken. Er wird nur bei gut entwickelter Halsmuskulatur verwendet und schon beim Aufarbeiten abgenommen. Der Kamm eignet sich zum Pökeln oder Räuchern und zum Sieden.

Das Hintere Ausgelöste (Federl) liegt an der Wirbelsäule unterhalb des dicken Spitzes zwischen Tristel und Rostbratenstück. Es ist ein saftiges, zum Sieden oder Dünsten geeignetes Fleischstück.

Der dicke Spitz (Rippenspitz) ist der mittlere, bis zur fünften Rippe liegende Teil. Er eignet sich nur zum Sieden.

Der Kruspelspitz reicht von der sechsten bis zur achten Rippe. Der untere Teil wird auch dünner Spitz genannt. Dieses saftige Fleischstück eignet sich zum Sieden.

Für Zwerchrippen (Zwerchspitz, Schermrippen) werden alle Rippen quer in etwa zehn Zentimeter breite Streifen geschnitten. Sie eignen sich nur zum Sieden.

Die Rindsbrust (Brustkern, dickes und mittleres Kügerl) ist ein stark fettdurchzogenes Fleischstück, das zum Sieden, Dünsten, Pökeln oder Räuchern genommen wird.

DIE SCHULTER

Der Rieddeckelteil überdeckt zum Teil den Hals und den oberen Teil des Rostbratenstückes. Ein saftiges, zum Sieden und Dünsten geeignetes Fleischstück.

Das Magere Meisel ist der vordere Schulterblattmuskel, der besonders zum Sieden und Dünsten, hauptsächlich für Gulasch, geeignet ist.

Der Kavalierspitz ist der innere Schulterblattmuskel, der unmittelbar am Schulterblatt liegt. Er gilt als besonderes Gustostück zum Sieden.

Das Fette Meisel überdeckt das Magere Meisel. Es ist ein etwas fettes Siedefleisch, aber auch zum Dünsten als Gulasch gut geeignet.

Das Schulterscherzel ist jenes Fleischstück, das sichtbar wird, sobald man das Schulterblatt auslöst. Es ist saftig, von Sehnen durchzogen und eignet sich zum Sieden, Dünsten und für Gulasch.

Das Schulterschwanzel (dicke Schulter) ist der Hauptteil der Schulter. Es wird zum Sieden und Dünsten genommen.

Das Bugschnitzel und das vordere Pratzel sind die Muskeln an der hinteren und vorderen Seite des Röhrenknochens. Diese beiden saftigen Fleischstücke werden vorwiegend für Kleingerichte, aber auch zum Dünsten verwendet.

Kalb

Kalbfleisch ist heller, fettärmer, wasserhältiger und zarter als Rindfleisch. Die Qualität des Fleisches hängt von der Art der Fütterung und dem Schlachtalter der Tiere ab.

Sehr helles Fleisch stammt meist von Kälbern, die mit Milch und Eiweißfutter gemästet werden. Die Tiere nehmen dadurch sehr schnell an Gewicht zu und werden dann mit etwa fünf Monaten oder etwas später geschlachtet.

Sobald das Kalb anfängt, Gras oder Heu zu fressen, nimmt es den eisenhältigen Blutstoff Hämoglobin auf, und das Fleisch beginnt sich rötlich zu färben.

Bei jungen Tieren sind die Muskeln noch nicht voll entwickelt. Kalbfleisch ist daher auch zarter als das Fleisch erwachsener Rinder.

Um das Fleisch auch bei der Zubereitung zart zu halten, muß es mit den richtigen Methoden gegart werden.

Für den Hals, die Brust und die Stelzen ist ein feuchtes Garverfahren, das die zähen Sehnen und Bindegewebe weich macht, von Vorteil.

Für die feinen Fleischstücke wie Karree, Rücken und Schlegel eignet sich Garen in trockener, eher schwacher Hitze. Bei starker Hitze würde das Fleisch trocken und zäh.

Fleischteile des Kalbes

Im allgemeinen wird das Kalb halbiert und geviertelt. Werden Kalbsrücken gebraucht, wird das Kalb nicht halbiert, sondern je nach gewünschter Länge in der Querrichtung durchgeschnitten und so in einen hinteren und vorderen Stutzen geteilt.

Österreichische Aufteilung

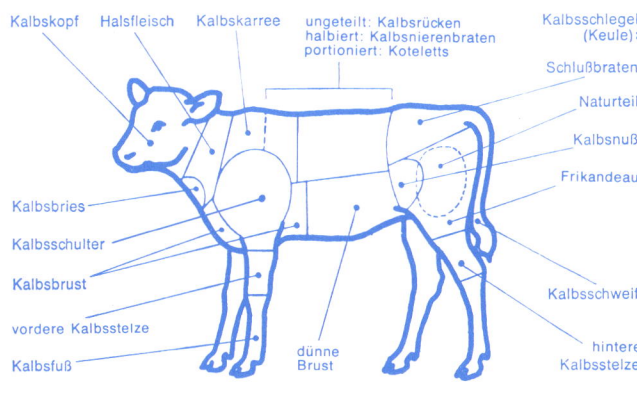

Kalbskopf Halsfleisch Kalbskarree ungeteilt: Kalbsrücken / halbiert: Kalbsnierenbraten / portioniert: Koteletts Kalbsschlegel (Keule); / Schlußbraten / Naturteil / Kalbsnuß / Frikandeau

Kalbsbries / Kalbsschulter / Kalbsbrust / vordere Kalbsstelze / Kalbsfuß / dünne Brust / Kalbsschweif / hintere Kalbsstelze

Deutsche Aufteilung

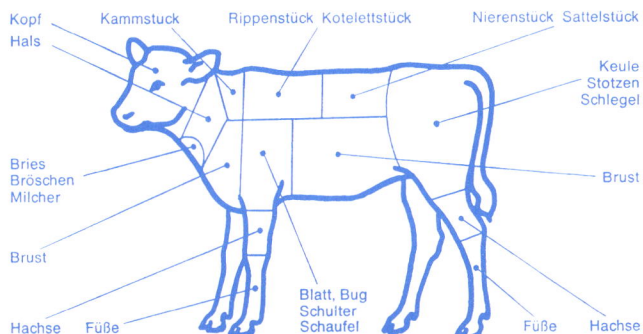

Kopf / Hals Kammstuck Rippenstück Kotelettstück Nierenstuck Sattelstück Keule / Stotzen / Schlegel

Bries / Bröschen / Milcher / Brust / Hachse Füße Blatt, Bug / Schulter / Schaufel Brust Füße Hachse

HINTERER STUTZEN

Der Kalbsrücken bleibt im angebotenen Zustand für Bankette und Empfänge oder für das Wagenservice und für Schauplatten bei kalten Buffets.

Wird der **Kalbsrücken halbiert,** erhält man je zwei Kalbsnierenbraten und Kalbskarrees. Boucheriemäßig aufgeteilt, ergeben die Karrees Kalbskoteletts. Der ausgelöste Kalbsrücken wird in Kalbsrückensteaks oder Medaillons geteilt.

Die Kalbslende (Lungenbraten) eignet sich für Medaillons, Piccata, Spießchen, gespickt und im ganzen gebraten, für kalte Vorspeisen oder zum Einlegen in Pasteten oder Galantinen.

Die Kalbskeule (Kalbsschlegel) zerfällt ausgelöst in fünf Teile. **Der Naturteil** (Kaiserteil) besteht aus sehr magerem Fleisch und eignet sich am besten für Schnitzel und Rouladen.

Die Kalbsnuß wird im ganzen als saftiges Bratenstück verwendet oder roh zu Steaks und Schnitzeln portioniert.

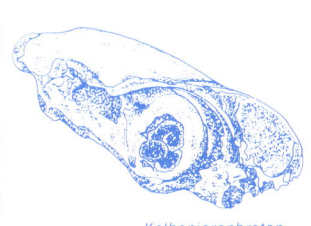

Kalbsnierenbraten

Das Kalbsfrikandeau wird genau wie die Kalbsnuß verarbeitet.

Die Kalbsrose, ein kleines, feinfaseriges Fleischstück, eignet sich für Medaillons, Piccata, Spießchen oder Mixed Grill.

Die Kalbsstelze wird gespickt im ganzen gebraten oder gedünstet für kalte oder warme Buffets, ausgelöst für Kalbsvögerl oder roh mit den Knochen, quer in dicke Scheiben geschnitten, für Osso buco verwendet.

VORDERES VIERTEL

Kalbskarree

Die Schulter ergibt große, magere Fleischstücke. Sie eignet sich im Ganzen oder gerollt zum Braten, gedünstet für Ragouts. Frikassees und Gulasch oder faschiert für Diätspeisen.

Das Karree wird im ganzen gebraten, zu Koteletts geschnitten, ausgelöst, gefüllt oder zu Steaks geschnitten.

Der Hals ist ein mit Sehnen und Knochen durchsetztes Fleischstück. Er wird ausgelöst, gerollt, gebunden und als ganzes gebraten oder ausgelöst für Ragouts, Gulasch und verschiedene Kleingerichte verwendet.

Die Brust ist ein aus Muskel- und Fettschichten zusammengesetztes, knochiges Fleischstück. Sie wird pariert und gefüllt als ganzes Stück gebraten oder für Ragouts und Gulasch ausgelöst.

Die Vorderstelze wird wie die hintere Stelze im ganzen gebraten oder für Kalbsvögerl, Ragouts und Gulasch zerteilt.

Schwein

Das Schwein bestreitet heute den größeren Teil des Fleischverbrauches. Heute werden hauptsächlich langgestreckte, magere Schweine gezüchtet. Sie haben 16 Rippen statt früher 12, etwa 30 Prozent weniger Rückenspeck und ungefähr 25 Prozent mehr Muskelfleisch, als die Schweine noch vor 50 Jahren hatten. Trotzdem ist Schweinefleisch noch immer das fettreichste Schlachtfleisch. Das Fett sollte fest und reinweiß sein.

Das Fleisch junger Schlachtschweine ist blaß- bis zartrosa, feinfaserig und weich. Es soll gleichmäßig fein marmoriert sein und feuchtglänzende Schnittstellen aufweisen. Das Fleisch älterer Tiere ist rot, grobfaserig und fest. Qualitätsunterschiede sind allerdings auch abhängig von der Rasse und der Fütterung der Tiere.

In der Zubereitung unterscheidet man zwischen dem abgezogenen Schwein und dem zarteren, in der Schwarte (Haut) belassenen Jungschwein.

Fleischteile des Schweines

Allgemein wird das Schwein geviertelt oder halbiert. Beim Jungschwein bleibt für besondere Fälle der Rücken ganz.

Österreichische Aufteilung

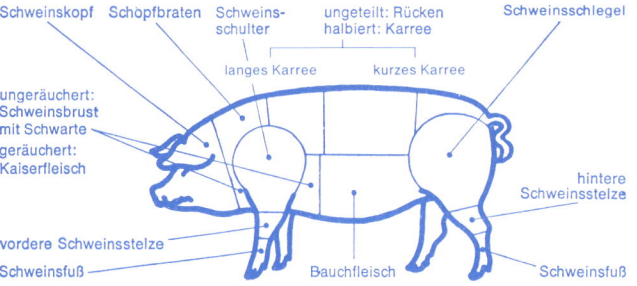

78

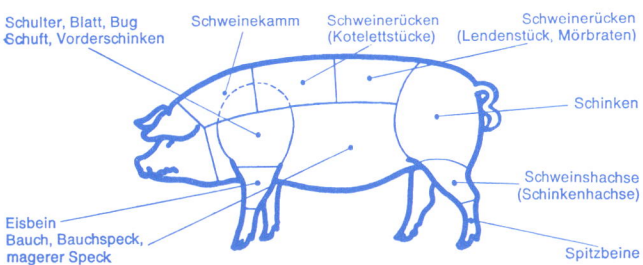

Deutsche Aufteilung

Schulter, Blatt, Bug
Schuft, Vorderschinken

Schweinekamm

Schweinerücken
(Kotelettstücke)

Schweinerücken
(Lendenstück, Mörbraten)

Schinken

Schweinshachse
(Schinkenhachse)

Eisbein
Bauch, Bauchspeck,
magerer Speck

Spitzbeine

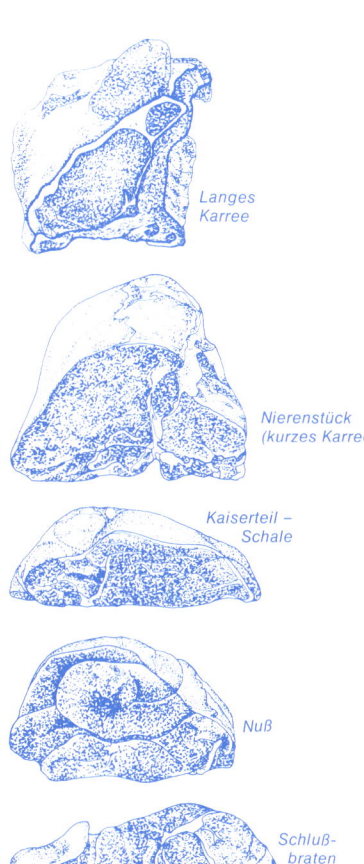

Langes
Karree

Nierenstück
(kurzes Karree)

Kaiserteil –
Schale

Nuß

Schluß-
braten

Das Karree (Rippenstück, langes Karree) ist ein zartes Teilstück, das häufig in Koteletts geteilt wird. Es wird auch als Ganzes gebraten, gepökelt oder geräuchert. Die Schweinskrone wird aus zwei ganzen Karreestücken zubereitet.

Das Nierenstück (kurzes Karree) wird mit oder ohne Filet verwendet. Die Zubereitungsarten sind die gleichen wie beim Karree. Aus dem Kernfleischstück wird Lachsschinken hergestellt.

Die Lende (Lungenbraten, Filet) liegt an der Unterseite des Nierenstückes. Sie wird im ganzen gebraten, für Medaillons portioniert oder zum Einlegen für Pasteten und Galantinen verwendet.

Der Schlegel gehört zu den wertvollsten Teilen des Schweines. Ausgelöst zerfällt er in vier Stücke: den Kaiserteil, die Nuß, das Frikandeau und den Schlußbraten (kleine Nuß). Aus dem Schlegel können einzelne Schnitzel geschnitten werden, er kann aber auch in ganze Bratenstücke zerlegt werden. Schlegel von jungen Schweinen können ausgelöst und im ganzen gebraten werden. Natürlich werden aus dem Schlegel auch verschiedene Schinkensorten hergestellt.

Die Schulter ist ein eher grobfaseriges, etwas fettes Fleischstück, das für Braten, Ragouts, Gulasch und Kleingerichte oder zur Schinkenerzeugung verwendet wird.

Die Brust ist ein sehr grobfaseriges Fleischstück ähnlich der Schulter, das im ganzen gebraten, gedünstet oder gekocht, gefüllt und mit der Schwarte gebraten oder geräuchert als Kaiserfleisch angeboten werden kann.

Der Schopfbraten (Nacken) ist ein stark mit Fett durchzogenes Fleischstück. Er wird ausgelöst zum Braten verwendet oder in Tranchen geschnitten oder zu Schweinskarbonaden verarbeitet.

SPANFERKEL

Das Spanferkel ist das etwa acht bis zwölf Wochen alte Jungtier mit einem Gewicht von maximal 21 Kilogramm. Es kann gebraten, gebacken oder gegrillt werden. Ein gefülltes Spanferkel muß etwa sechs Stunden gegrillt werden. Die Kerntemperatur sollte, damit das Fleisch saftig bleibt, dabei ungefähr 80 °C betragen.

Hammel – Lamm – Milchlamm

Lammfleisch erlebt heute eine Renaissance und bietet sich immer mehr als Alternative zu den herkömmlichen Schlachtfleischsorten an.

Lämmer werden meist mit einem Alter zwischen drei Monaten und einem Jahr geschlachtet. Diese Tiere sind sehr zart, so daß sich wirklich jeder Teil zum Braten eignet. In diesem Alter hat das Fleisch auch noch nicht den etwas strengen Geschmack älterer Tiere.

Als Milchlämmer werden Tiere bezeichnet, die mit Milch gemästet wurden und nicht älter als sechs Monate sind. Sie haben sehr helles Fleisch mit weißen Fetteilen.

Bis zu einem Jahr alte Tiere, die auf der Weide oder im Stall aufgezogen wurden, bezeichnet man als Mastlämmer. Ihr Fleisch ist hellrot mit weißem Fett ohne Gelbstich.

Als Hammel oder Schöps werden kastrierte männliche oder nicht zur Zucht benutzte weibliche Tiere mit einem Alter von höchstens zwei Jahren bezeichnet. Sie liefern ziegelrotes Fleisch mit gelblichem Fett.

Schaffleisch kommt von Hammeln, die älter als zwei Jahre sind, oder von weiblichen Tieren, die schon geworfen haben. Es ist dunkelrot mit gelbem Fett und dem typischen strengen Hammelgeschmack.

Als zartes und sehr wohlschmeckendes Fleisch gilt das jener Hammel, die auf Wiesen in Meeresnähe gehalten werden. In der internationalen Küche werden sie als Pré-salé bezeichnet.

Fleischteile des Lammes

Der Hammel wird wie das Lamm zerlegt und zubereitet.

Österreichische Aufteilung

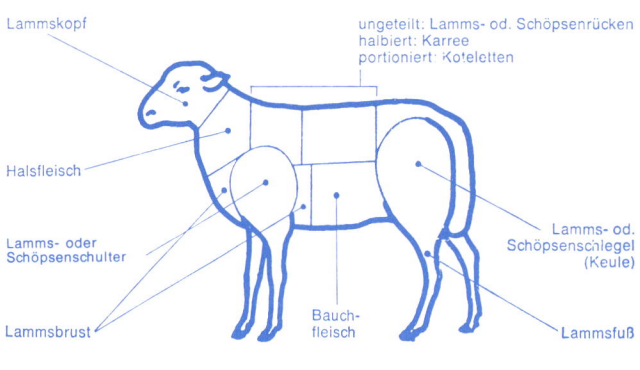

Deutsche Aufteilung

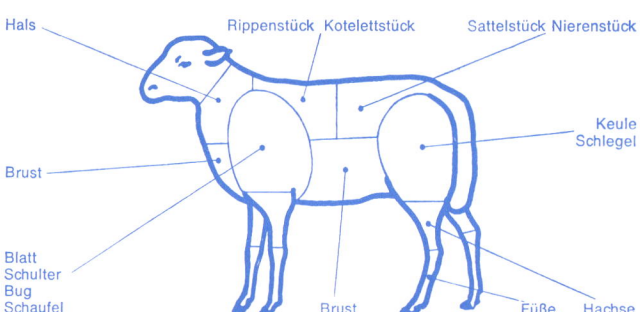

Der **Hinterstutzen** (Keule, Schlegel) wird in den meisten Fällen vom **Sattelstück** getrennt, pariert, gewürzt und gebraten. Aus dem Sattelstück werden die Lammchops geschnitten, portionsweise in Speckscheiben gewickelt und gebraten. Weiters sind im Sattelstück die Nieren und die **Lendchen** (Filets) enthalten. Wird der Rücken der Länge nach gespalten, erhält man zwei Rippenstücke, die im ganzen gebraten, zum Lammkronenbraten gerollt oder zu Koteletts portioniert werden.

Die Lammkeule hat von allen Teilstücken das magerste Fleisch und den geringsten Knochenanteil. Sie wird hohl ausgelöst und gerollt oder mit Knochen im ganzen gebraten. Mit dem Knochen in Scheiben geschnitten, kann sie auch zum Kurzbraten oder Grillen verwendet werden.

Die Schulter hat festeres Fleisch als die Keule, ist aber trotzdem ein relativ zartes Teilstück. Sie wird entbeint, gerollt und im ganzen gebraten oder in kleinen Stücken für Ragouts verarbeitet.

Die Lammbrust ist ein knochen- und fettreiches Teilstück. Sie wird entbeint und meist für Ragouts, Irish-Stew oder Lammcurry verwendet. Gerollt kann sie auch im ganzen gebraten oder geschmort werden.

Der Hals ist ein aromatisches, aber ebenfalls knochen- und fettreiches Stück. Er wird entbeint und gerollt oder in kleinen Stücken für Ragouts verwendet.

Der **Vorderstutzen** setzt sich aus Schulter, Brust und Hals zusammen.

Als **Baronstück** wird der Lammsattel mit den beiden Keulen bezeichnet. Er wird im ganzen gebraten.

Innereien

Innereien sind die inneren Organe von Tieren. Sie können sehr vielseitig verwendet werden und bereichern immer wieder die Speisekarte. Am häufigsten verwendet man Leber, Nieren und Zunge und als besondere Delikatesse Kalbsbries.

Der Nährwert von Innereien ist dem des Muskelfleisches ebenbürtig, teilweise sogar überlegen. Innereien enthalten hochwertiges Eiweiß und eine Reihe wertvoller Vitamine. Allerdings haben sie auch einen hohen Cholesterin- und Purinstoffgehalt.

Innereien verderben auch schneller als Muskelfleisch. Sie sollten deshalb so frisch wie möglich gekauft und noch am selben oder am nächsten Tag verarbeitet werden.

Herz, Leber, Lunge und Nieren müssen eine glänzende Oberfläche haben. Bries soll hellrosa oder weiß sein und leicht glänzen. Ältere Innereien haben gewöhnlich eine dunklere Farbe und wirken trocken.

Innereien sind zum Einfrieren nicht geeignet, weil Geschmack, Aussehen und die Beschaffenheit dabei beeinträchtigt werden.

Bries (Kalbsmilch)

Beim Bries handelt es sich um die Wachstumsdrüse (Thymusdrüse) junger Tiere. Mit abgeschlossenem Wachstum verschwindet diese Drüse wieder. Bries hat eine festere Konsistenz als Hirn, ist ihm aber sonst ähnlich. Der runde, in der Nähe des Herzens gelegene Teil (Herzbries, Nuß) ist von besserer Qualität als der kleinere, längliche, zum Hals hin gelegene Teil. Allgemein wird Bries vom Kalb verwendet, manchmal ist aber auch Lammbries erhältlich. Zum Ausbluten und Reinigen wird Bries gewässert und vor der Zubereitung blanchiert. Anschließend kann es gebraten, gebacken und für Ragouts, Pasteten und Galantinen verwendet werden.

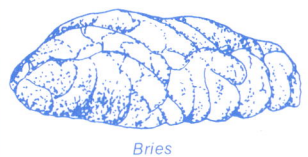

Bries

Herz

Das Herz hat eine ähnliche Faserstruktur wie zartes Skelettmuskelfleisch, ist aber etwas fester und zäher.

Das besonders zarte Kalbsherz kann auch zum Kurzbraten verwendet werden. In der Qualität ähnlich sind sich Herzen vom jungen Rind und vom Schwein.

Das fettfreie Fleisch vom Herz wird häufig gespickt und je nach Art und Güte gegart. Es kann auch zum Füllen verwendet werden.

Herz vom

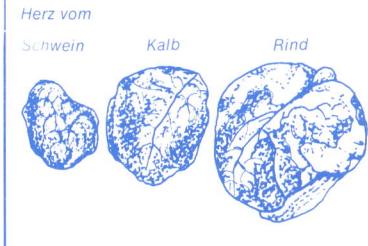

Schwein   Kalb   Rind

Hirn

Hirn unterscheidet sich in seiner Beschaffenheit – wie das Bries – am stärksten vom Muskelfleisch. Es enthält weniger Eiweiß, aber mehr Fettstoffe als anderes Schlachtfleisch. Hirn hat eine sehr lockere Struktur, ist besonders leicht verdaulich und daher für Diätgerichte geeignet.

Um das Entfernen von Häutchen und Blutadern zu erleichtern, wird das Hirn gewässert. Vor der Weiterverwendung wird es meist blanchiert und kann dann gebraten oder gebacken werden. Zum Rösten verwendet man es frisch. Püriert kann man es für Saucen und Füllungen verwenden.

Hirn vom

Kalb   Schwein

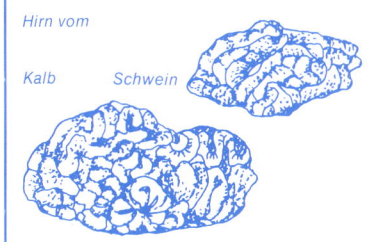

Kutteln

Kutteln sind die vier Mägen und einzelne Darmteile von Rindern und Kälbern. Der Pansen hat außen glatte Falten und innen eine grobe Struktur. Der Netzmagen hat eine reliefartige netzähnliche Struktur. Am besten sind Kutteln vom sogenannten Blättermagen. Der Labmagen ist weich und geschmeidig.

Kutteln werden vor dem Verkauf vom Fleischhauer vorbereitet, erfordern aber trotzdemn eine eher aufwendige Zubereitung.

Leber

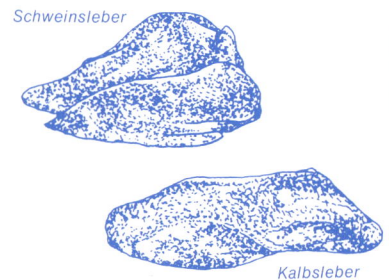

Schweinsleber

Kalbsleber

Leber ist die am häufigsten verwendete Innerei. Kalbsleber ist zart und weich, sie hat einen milden Geschmack und die beste Qualität aller Leberarten. In dünne Scheiben geschnitten, kann sie kurz gebraten, gegrillt oder gebacken werden. Stärker im Geschmack und nicht so zart ist die Leber vom Lamm. Sie ist zum Grillen oder Braten am Spieß geeignet. Rindsleber hat einen ausgeprägten, kräftigen Geschmack und eine feste Konsistenz. Der leicht bittere Geschmack verliert sich, wenn die Leber vor der Zubereitung in Milch gelegt wird. Die Leber von erwachsenen Rindern ist nicht mehr zum Backen oder Rösten geeignet. Sie wird nur für Suppeneinlagen verwendet. Schweinsleber hat ebenfalls einen intensiven Geschmack. Sie ist dunkelbraunrot und im Schnitt fein porös und leicht körnig. Schweinsleber wird – in Milch eingelegt – etwas zarter. Häufig wird sie zu Pasteten und Wurst verarbeitet.

Lunge (Beuschel)

Die magere Lunge ist nur wenig nahrhaft. In den Verkauf kommen eigentlich nur Kalbs- und Schweinsbeuschel, deren Fleisch für Suppen und Eintopfgerichte verwendet wird. Rindslunge kann faschiert auch für Füllungen genommen werden.

Milz

Das Fleisch der Milz ist dunkelrot und von sehr weicher Konsistenz. Geschabte Milz wird vorwiegend für Suppeneinlagen (Milzschnitten), aber auch für Füllungen und Wurstmassen verwendet.

Nieren

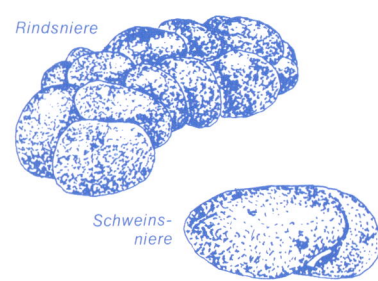

Rindsniere

Schweinsniere

Nur Schweins- und Lammnieren haben die typische glatte Nierenform. Kalbs- und Rindsnieren sind aus vielen einzelnen mit dem Nierenmark verbundenen Lappen zusammengesetzt. Nieren sind von einer dicken Fettschicht umgeben, die vor der Verarbeitung entfernt wird. Kalbsnieren werden zum Teil mit der Fettschicht für Nierenbraten verwendet. Die aderförmigen Harnwege und die weißen Häute von Schweins- und Lammnieren werden abgetrennt. Die ausgeputzten Nieren müssen gründlich gewässert werden, damit der Harngeschmack verschwindet. Nieren können für Spieße, gegrillt, geschmort oder gebraten und für Pasteten und Ragouts verwendet werden.

Schweinsnetz

Schweinsnetz ist das weiche, fetthaltige Membrangewebe des Bauchfells. Es wird als Hülle für Crepinettes, kleine Würstchen aus gehacktem Füllsel, zum Auslegen von Terrinen und zum Einhüllen von Filets verwendet.

Zungen

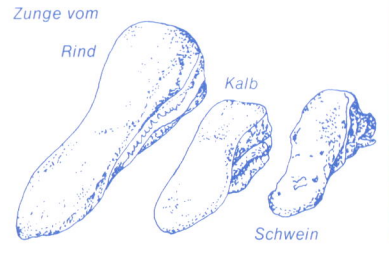

Zunge vom Rind

Kalb

Schwein

Zungen können von allen Schlachttieren verwendet werden. Kalbs-, Schweins- und Lammzungen sind aber zarter als Rindszungen, die immer von jungen Tieren stammen sollten. Alle Zungen haben ein sehr kompaktes, festes Muskelfleisch, das von einer dicken Haut umschlossen ist. Diese Haut kann nach dem Kochen leicht abgezogen werden.

Frische Zungen werden in Wein gedünstet oder gekocht, gepökelte Zungen werden nur gekocht. Alle Zungensorten werden auf ähnliche Art zubereitet und warm oder kalt serviert oder für Einlagen in Pasteten und Galantinen verwendet.

Schinken

Als Schinken bezeichnet man den geräucherten und gepökelten Schweinsschlegel. Gute Qualitäten zeichnen sich durch ein kräftig rotes bis rotbraunes Fleisch und einen geringen Speckrand aus. Bei ungekühlter und luftiger Lagerung kann Schinken zirka einen Monat lang aufbewahrt werden.

Ardenner Schinken ist ein aus Belgien stammender Rohschinken von besonders guter Qualität, der im Geschmack mit dem Parmaschinken und dem Yorker Schinken verglichen werden kann.

Bayonner Schinken ist eine südfranzösische Rohschinkenart, die in Weinsure gepökelt und anschließend geräuchert wird.

Lachsschinken wird im Gegensatz zu anderen Schinkenarten nicht aus dem Schweinsschlegel, sondern aus der Rose des Schweinskarrees hergestellt. Diese wird mit fettem Speck umwickelt, leicht gepökelt und geräuchert.

Parmaschinken ist der bekannteste Rohschinken aus Oberitalien. Er wird mit verschiedenen Gewürzen eingerieben und zirka 10 bis 15 Monate luftgetrocknet.

Prager Schinken ist ein gekochter Beinschinken, der leicht gepökelt und langsam geräuchert wird. Außerdem wird er gerne in Brotteig eingeschlagen und gebacken.

Der dunkle **Westfäler Schinken** ist eine der berühmtesten deutschen Schinkenarten und wird roh in den Handel gebracht.

Yorker Schinken ist ein besonders zarter englischer Schinken von Weltruf. Er ist sehr mager und wird nur leicht gepökelt und wie die meisten Schinkenarten anschließend geräuchert.

Speck

Als Speck bezeichnet man die Fettschichte, die zwischen der Haut und dem Muskelfleisch liegt und meist mit der Schwarte gepökelt und geräuchert wird.

Besondere Bedeutung in der Kalten Küche kommt dem frischen Speck zu, auch grüner Speck genannt. Er wird zum Einhüllen von Pasteten, Terrinen und Galantinen (Auslegen der Pastetenformen) und zum Spicken verwendet.

Bekannte Speckarten sind der mit Muskelfleisch durchzogene Bauchspeck, der in Paprika gewälzte, fette Paprikaspeck, der Karreespeck, der Frühstücksspeck, der Räucherspeck (Hamburger) und der Schinkenspeck, der eine leichte Fleischschichte besitzt.

Wurstwaren

Würste bestehen immer zum größten Teil aus mehr oder weniger fein zerkleinertem Fleisch von Schwein, Kalb, Rind, Huhn, Lamm, Esel, Pferden oder auch Wild.

Dazu kommen noch Innereien, Fett, Speck, Gewürze und Salz. In einigen Ländern wird der Wurstmischung ein Teil Getreide beigefügt. Eine Reihe von Zutaten wie Eier, Obers, Wein, Bier, Schweineblut, Semmelbrösel, Hafer- oder Kartoffelmehl sowie Zwiebeln, Knoblauch und verschiedene Gewürze finden, regional verschieden, ihre Verwendung. Das so hergestellte Brät wird in künstliche oder natürliche Därme gefüllt. Die Würste werden dann gebrüht, getrocknet oder je nach Art kalt oder heiß geräuchert.

Für das Herstellen von Würsten existieren strenge lebensmittelrechtliche Vorschriften.

Einteilen lassen sich Würste in drei große Gruppen: Rohwürste, Brühwürste und Kochwürste.

Rohwürste sind alle bei der Herstellung nicht erhitzten Produkte. Es sind meistens Dauerwurstwaren. Ihre Haltbarkeit erhalten sie in der Hauptsache durch die Zugabe von Salz, durch innere Säuerung und durch Trocknen oder Räuchern. Normalerweise können diese Wurstsorten ungekühlt (bei Temperaturen zwischen 10° und 15°C) längere Zeit aufbewahrt werden. Einzelne Sorten sind auch zum Sieden geeignet.

Angeschnittene Rohwürste sind gegen unsachgemäße Lagerung sehr empfindlich. Die Einwirkung von Feuchtigkeit oder Kälte verfärbt die Anschnittfläche. Licht und Sauerstoff lassen die fetten Teile ranzig werden. Unterschieden wird zwischen streichfähigen und schnittfesten Rohwürsten. Schnittfeste Rohwürste werden gepökelt. Das Durchlaufen einer längeren Fermentationsphase und die anschließende Lufttrocknung oder Räucherung gibt ihnen den besonderen Geschmack. Luftgetrocknete Rohwürste sind häufig auch mit einem Edelschimmelbelag oder mit einer künstlichen Talkum- oder Reismehlschicht überzogen. Dauerwürste haben einen sehr hohen Gehalt an Trockensubstanz. Das bedingt auch einen hohen Nährwert und einen hohen Anteil an Proteinen, Mineralstoffen und Vitaminen.

Zu den Rohwürsten zählen die verschiedenen Salamisorten, Cervelat, Landjäger, Kantwurst und als Vertreter der streichfähigen Art die Mettwurst.

Brühwurst besteht meist aus Muskelfleisch von Kalb, Rind oder Schwein, Speck, Salz und anderen Gewürzen. Diese Grundzutaten werden unter Zugabe von Eis noch roh sehr fein zerkleinert.

Für Fleischwurstsorten werden dem Brät noch mehr oder weniger große Fleischstücke beigegeben.

Das Brät wird in Natur- oder Kunstdärme gefüllt und anschließend geräuchert, getrocknet oder bei 70 bis 75 °C gebrüht.

Geräucherte Brühwürste sind nur begrenzt haltbar. Bei zu kalter Aufbewahrung können sie sich grau färben, hohe Feuchtigkeit läßt sie schmierig werden, und bei zu trockener Luft schrumpfen sie. Die ideale Lagertemperatur liegt bei 6 bis 8 °C.

Bei Brühwürsten wird noch zwischen Brät- und Fleischwürsten unterschieden. Zu den Brätwürsten gehören – nach Qualität gereiht – unter anderem folgende Sorten:
Schinkenwurst, Krakauer, Göttinger, Polnische Spezial, Wiener, Krainer, Mortadella, Lyoner, Bratwürste, Tiroler, Käsewurst, Jausenwurst, Braunschweiger, Schweinskopfwurst.

Durch einen besonderen Trocknungsprozeß werden aus Fleischwürsten Dauerwürste wie die Bergsteiger oder Großglockner hergestellt.

Kochwürste werden unter Mitverwendung von vorgekochtem Fleisch und Innereien sowie Speck, Gewürzen, Salz und Bindemitteln hergestellt. Die verwendeten Innereien sind hauptsächlich Leber, Zunge, Herz und Blut. Im Laufe der Produktion werden diese Zutaten dann noch einmal gekocht, gebrüht oder auch gebraten.

Zu den Kochwürsten gehören die Blut- und Leberwürste, Preßwurst und alle Streichwürste.

Geflügel

Der Sammelbegriff Geflügel umfaßt im kulinarischen Sinn alle Vögel, die vom Menschen gegessen werden. Hausgeflügel wie Huhn, Ente, Gans, Truthahn sowie Perlhuhn und Taube finden in der Küche immer vielfältigere Zubereitungsmöglichkeiten. Die meisten dieser Geflügelarten kommen heute von Zuchtbetrieben. Sie erreichen zwar bei gleichbleibender Qualität meist nicht die feinen Geschmacksnuancen wie freilebendes Geflügel, andererseits garantieren diese Zuchtbetriebe aber die ausreichende Marktversorgung und niedrige Preise.

In freier Wildbahn lebende, zum Verkehr geeignete Vögel werden als Wildgeflügel (siehe Seite 88) bezeichnet.

Geflügelfleisch ist sehr eiweißreich und leicht verdaulich, enthält aber weniger Mineralstoffe als Schlachtfleisch. Geschlachtetes Geflügel darf nur in gerupftem Zustand auf den Markt gebracht werden.

Die **Qualität** des Geflügels ist abhängig von der Art, der Rasse, dem Geschlecht, dem Alter, der Haltung und der Fütterung.

Junge Tiere haben helle, glatte Füße und biegsame Brustknochen. Bei Enten und Gänsen lassen sich die Schwimmhäute leicht einreißen, der Schnabel und die Füße brechen leicht. Junge und weibliche Tiere haben ein weiches und zartes Fleisch. Unterschieden wird auch Geflügel mit hellem oder mit dunklem Brustfleisch. Helles Brustfleisch haben Huhn, Trut-

Vorspeisenbuffet *Gemüsesulze mit Wachteleiern, Seezungenröllchen mit Lachs und Kerbel, Lachsterrine mit Seezungeneinlage, Galantine vom Schweinslungenbraten, Rehrückenschnitte auf Apfelscheibe mit Gänseleberparfait, Riesengarnelen in Muscheln, Gefüllte Kalmare auf roten Rüben, Räucherlachsmousse mit Brokkoli, Rehrückenfiletpastete mit Morcheln, Wachteleier in Tomatenschiffchen*

Fleisch, Geflügel *1 Nußschinken, 2 Beinschinken, 3 Parmaschinken, 4 Beinschinken, 5 Roher Nußschinkenspeck, 6 Schinkenspeck, 7 Hamburger Speck, 8 Karreespeck, 9 Pfeffernußschinken, 10 Lachsschinken, 11 San-Daniele-Schinken, 12 Pökelfleisch, 13 Osso collo, 14 Bündner Fleisch, 15 Hauskaninchen, 16 Rehkeule, 17 Hasenrücken, 18 Rehrücken, 19 Beiried mit Lungenbraten, 20 Lammkrone, 21 Rindszunge, 22 Truthahn, 23 Gans, 24 Ente, 25 Fasanenhahn, 26 Poularde, 27 Rebhuhn, 28 Stubenküken, 29 Jungwildente, 30 Brathuhn*

hahn, Perlhuhn und Taube, dunkles stammt von Ente und Gans. Diese Farbunterschiede haben aber keinen Einfluß auf die Fleischqualität.

Die **Lagerung** von Geflügelfleisch muß äußerst sorgfältig gehandhabt werden, weil es nur begrenzt haltbar ist. Frisches Geflügel kann bei Temperaturen zwischen 0 und 4 °C etwa sechs Tage aufbewahrt werden. Tiefgefrorenes Geflügel kann bei −10 °C etwa sechs Monate, bei −15 °C etwa zwölf Monate und bei −20 °C bis zu 18 Monaten gelagert werden. Auch bei der Verarbeitung von Geflügel muß sehr sorgfältig vorgegangen werden. Es muß immer von anderen Lebensmitteln getrennt verarbeitet werden. Nach beendeter Arbeit soll der Arbeitsplatz sofort gründlich gereinigt werden, um die Übertragung von entstehenden Bakterien auf andere Lebensmittel zu verhindern.

Hühner

Hühner werden heute hauptsächlich entweder zur Eierproduktion oder als Fleischhühner gezüchtet. Sie sind unter verschiedenen Bezeichnungen, nach Alter und Gewicht unterschieden, erhältlich.

Küken (Stuben- oder Mastküken) sind das kleinste Hühnergeflügel. Sie werden im Alter von etwa einem Monat mit einem Gewicht zwischen 300 und 500 Gramm geschlachtet. Ihr Fleisch ist gelblich. Küken werden meist zum Braten und Grillen im ganzen verwendet.

Hühnchen sind Hähne oder Hennen mit einem Alter um zehn Wochen. Sie werden auch als Brathähnchen, Jungmasthähnchen oder Poulets bezeichnet. Ihr Schlachtgewicht liegt zwischen 700 und 1.200 Gramm, das Fleisch ist meist rötlichgelb. Hähnchen werden sehr vielfältig zum Braten, Grillen, Fritieren oder Backen verwendet.

Poularden sind junge, noch nicht geschlechtsreife Masthühner in einem Alter zwischen 12 und 16 Wochen. Sie stammen aus besonders schnellwachsenden und fleischreichen Züchtungen. Ihr Schlachtgewicht liegt zwischen 1,5 und 2,5 Kilogramm. Ihr Fleisch ist hell und zart. Unter Poularden versteht man in Frankreich und Belgien eine besondere Hühnerrasse. Sehr bekannt sind auch die fast runden „Bresse-Poularden" aus Lyon.

Verwendet werden sie zum Braten, Poêlieren, Pochieren und Sautieren.

Kapaune sind junge kastrierte Masthähne, die wegen ihres sehr geschmackreichen, zarten und saftigen Fleisches gezüchtet werden. Ihr Schlachtgewicht liegt zwischen zwei und drei Kilogramm. Sie werden gebraten, pochiert oder sautiert.

Suppenhühner sind meist schon ein Jahr alte Vögel, die bis zu 2,5 Kilogramm wiegen können. Sie werden zu Frikassee verarbeitet oder für Suppen und Salate verwendet.

Perlhühner gehören zu einer kleinen Hühnerrasse, die mit dem Fasan verwandt ist. Sie wiegen zwischen 700 und 1.000 Gramm. Das Fleisch junger Perlhühner ist im Geschmack dem der Poularden ähnlich. Es trocknet beim Braten leicht aus und wird deshalb mit dünnen Speckscheiben umwickelt. Perlhühner werden pochiert, gebraten und gegrillt. Sie eignen sich vorzüglich für Galantinen und Terrinen.

Truthähne

Truthähne oder Puter stammen aus Mittelamerika. Sie haben ein besonders eiweißreiches, relativ mageres Fleisch. Das Brustfleisch ist weiß, Keulen und Flügel haben dunkleres Fleisch. Männliche Truthähne werden bis zu 7,5 Kilogramm schwer, weibliche etwa 3,5 Kilogramm. Daneben gibt es noch eine leichtere Zuchtart, die sogenannten Babyputer, mit einem Gewicht zwischen 2,5 und 4 Kilogramm.

Ente

Enten sind mit einem Gewicht von zwei bis drei Kilogramm kleiner als Gänse. Sie haben weniger Fleischanteile als Hühner und sind häufig fett. Das Fleisch von höchstens einjährigen Enten ist besonders schmackhaft. Junge Enten erkennt man an der weichen Gurgel und am biegsamen Brustbein. Sie eignen sich besonders zum Braten und Schmoren.

Barbarie-Enten sind eine besondere Zuchtform aus Wild- und Hausenten. Eine Spezialität ist die fleischige Brust. Sie darf aber weder blutig noch ganz durchgebraten werden.

Blutenten sind Enten, die nicht geschlachtet, sondern erstickt werden. Die Tiere bluten dabei nicht aus, das im Fleisch bleibende Blut macht es saftig und besonders schmackhaft. Vertreter dieser Entenart sind die Rouener und die Nantaiser Enten.

Col-vert-Enten sind eine bei uns selten angebotene Flugentenart. Jüngere Tiere haben ein zarteres Brustfleisch als Barbarie-Enten.

Flugenten sind eigentlich Wildenten, die aber auch in großen Freigehegen gezüchtet werden. Sie haben eine vergleichsweise große Brustpartie mit einem feinen, zarten und gut durchbluteten Fleisch. Bekannte Züchtungen sind auch noch die englische Aylesbury, die amerikanische Cayuga und die chinesische Peking-Ente.

Gans

Gänse haben ein sehr fettreiches und schwerverdauliches Fleisch, das nur im ersten Jahr schmackhaft ist.

Frühmastgänse werden mit etwa fünf Monaten und einem Gewicht von etwa vier Kilogramm geschlachtet. Ihr Fleisch ist etwas magerer als das von **Mastgänsen,** die mit einem Alter zwischen sechs und neun Monaten geschlachtet werden. Ihr Gewicht liegt dann bei etwa sieben Kilogramm.

Eine besondere Delikatesse ist die **Gänsestopfleber.** Sie stammt von Gänsen, die – nach etwa einem halben Jahr in Freiheit – drei Wochen gemästet wurden. Dazu werden sie viermal täglich mit etwa einem halben Kilogramm leicht gekochtem Mais gestopft. Auf diese Weise gemästete Gänse liefern bei einem Schlachtgewicht von etwa acht Kilogramm eine Leber mit einem Gewicht von etwa einem Kilogramm.

Tauben

Tauben zählen zum dunklen Mastgeflügel. Junge Tiere mit etwa sechs Wochen haben ein zartes, fast weißes Fleisch. Die Brust soll vollfleischig, die Haut glatt und ohne verfärbte Streifen sein. Das durchschnittliche Gewicht liegt zwischen 300 und 500 Gramm. Tauben eignen sich zum Braten und Grillen im ganzen oder zum Füllen.

Wild und Wildgeflügel

Unter Wild und Wildgeflügel versteht man jagdbare und erlegte Säugetiere und Vogelarten, deren Fleisch für die menschliche Ernährung bestimmt ist.

Das Fleich des Wildes, das Wildbret, ist dunkler, feinfaseriger, fettärmer und eiweißreicher als das der Schlachttiere. Durch längeres Abhängen wird Wildfleisch mürbe, leichter verdaulich und entwickelt den typischen arteigenen Wildgeschmack, der durch eine leichte Oberflächenzersetzung des Fleisches zustande kommt und den man als „Hautgout" bezeichnet.

Die Qualität des Fleisches hängt vom Geschlecht und Gesundheitszustand des Tieres, vom Alter, von der Schußwunde und von der Aufbewahrung und der Reife ab.

Das Fleisch männlichen Wildes wird im allgemeinen wegen seines kräftigeren Geschmackes dem zarteren und mürberen Fleisch weiblicher Tiere vorgezogen. Junge Tiere haben ein zartes, wohlschmeckendes Fleisch, das Fleisch älterer Tiere ist dagegen zäh und weniger geschmackvoll.

Wurden beim Erlegen der Tiere die Baucheingeweide zerschossen, so hat das Fleisch einen unangenehmen Geruch und Geschmack.

Wild und Wildgeflügel dürfen während der gesetzlich festgelegten Schonzeiten nicht erlegt werden. Wildschweine unterliegen außerdem der Trichinenbeschau. In der Kalten Küche wird Wildfleisch gerne für Pasteten, Galantinen oder gebraten für kalte Platten verwendet.

Schalenwild

Zum Schalenwild gehören Hirsch, Reh, Wildschwein und Gemse.

Hirsch

In der Gastronomie versteht man unter Hirschfleisch das Fleisch von Damwild und Rotwild. Der Damhirsch lebt in den Niederungen und hat ein Gewicht von 60 bis 70 Kilogramm. Sein Fleisch ist ähnlich dem Ochsenfleisch, im allgemeinen aber zarter und mehr von Fett durchwachsen. Aus diesen Gründen wird es bei der Zubereitung bevorzugt. Der Edel- oder Rothirsch lebt im Gebirge und wird zwischen 80 und 150 Kilogramm schwer. Sein Fleisch ist besonders fettarm. Junge männliche Tiere von 50 bis 70 Kilogramm werden als Spießer bezeichnet. Das wohlschmeckende Fleisch entspricht dem Rindfleisch. Hirschkälber sind junge weibliche Tiere mit einem Gewicht zwischen 30 und 50 Kilogramm. Dieses Fleisch ist ähnlich dem Kalbfleisch.

Besonders geschätzt wird der Rücken oder der Ziemer, der wie Lungenbraten ausgelöst und anschließend rosa gebraten wird. Die Keule oder Hinterläufe werden im ganzen gebraten oder portioniert. Schulter oder Blätter werden gedünstet und für Ragouts verwendet. Brust und Hals werden zu Gulyas oder Farcen verarbeitet.

Reh

Das größte Angebot an Wildfleisch liefert das Reh, das rudelweise in Wäldern lebt.

Das ausgewachsene männliche Tier im zweiten Jahr wird als Bock bezeichnet. Weibliche Tiere im dritten Jahr werden Geiß genannt und wiegen zwischen 14 und 18 Kilogramm. Kitz ist ein junges Tier bis zum ersten Jahr und hat ein Gewicht von 6 bis 12 Kilogramm.

Das Fleisch von Tieren bis zu drei Jahren ist besonders zart, fettarm und wohlschmeckend, später wird es grobfaserig, dunkel, trocken und schwer verdaulich.

Der Rücken wird im ganzen rosa gebraten oder zu Koteletts portioniert. Der Schlegel kann ebenfalls im ganzen gebraten oder für Filets aufgeteilt werden.

Brust und Hals werden für Ragouts und Farcen verwendet.

Wildschwein

Das Wildschwein gehört zum Schwarzwild und kann bis zu 180 Kilogramm schwer werden. Als Keiler werden ausgewachsene männliche Tiere bezeichnet. Sie wiegen zwischen 60 und 140 Kilogramm und haben ein derbes Fleisch.

Die weiblichen Tiere mit einem Gewicht von 50 bis 90 Kilogramm werden als Bache oder Wildsau bezeichnet. Ihr Fleisch ist fett.

Frischlinge sind junge Tiere im ersten Jahr. Sie haben ein Gewicht von 10 bis 20 Kilogramm. Das Fleisch der Frischlinge ist ähnlich dem Schweinefleisch. Unter Überläufern versteht man Tiere im zweiten Jahr. Sie wiegen zwischen 30 und 40 Kilogramm und haben ein schmackhaftes Fleisch.

Das Wildschwein wird wie das Hausschwein zerlegt und nach Art des Wildes zubereitet. Das Fleisch ist dunkler und aromatischer als das Schweinefleisch.

Besonders geschätzt wird das Fleisch von Frischlingen, insbesondere der Rücken und die Keule. Das Fleisch älterer Tiere wird hauptsächlich gekocht oder gedünstet. In der Kalten Küche wird es gerne für Terrinen und Galantinen verwendet.

Gemse

Die Gemse ähnelt im Aussehen der Hausziege, hat aber im Sommer ein rostbraunes, im Winter ein schwarzbraunes Fell und lebt in den Alpen. Das Fleisch von jungen Tieren bis zu drei Jahren ist wohlschmeckend, das älterer Tiere dagegen zäh und trocken. Es hat einen eigentümlichen Beigeschmack und muß vor der Weiterverwendung gebeizt werden. Schlegel und Rücken junger Tiere werden mariniert oder gebraten und für warme oder kalte Platten verwendet.

Haarwild

Zum Haarwild zählen wir den Hasen und das Wildkaninchen.

Hase

Der Hase ist ein Nager und gehört zum Ballenwild. Das männliche Tier wird als Rammler, das weibliche als Häsin bezeichnet.

Junge Hasen erkennt man an den leicht einreißbaren Ohren. Ihr Brustkorb läßt sich mühelos eindrücken, die Vorderläufe leicht brechen. Am besten schmecken 3 bis 8 Monate alte Hasen. Ihr Fleisch ist zart, hell und graurot, das alter Tiere dagegen dunkelrot und trocken. Der Rücken des Hasen wird abgezogen, gespickt und gebraten. Die Läufe werden ebenfalls abgezogen und gespickt und anschließend braun gedünstet. Brust, Hals, Vorderläufe und die Innereien Leber, Herz und Lunge werden gekocht zu Hasenjungem oder gedünstet zu Ragouts verarbeitet.

Vor der Verarbeitung soll der Hase immer einige Tage im Fell abhängen.

Wildkaninchen

Das Wildkaninchen ist mit dem Hasen verwandt und kommt vor allem in Frankreich und England vor. Es ist kleiner als der Hase und hat einen gräulichen Pelz. Das Fleisch des Wildkaninchens ist kräftig im Geschmack und etwas trocken. Es kann wie das Hasenfleisch zubereitet und verarbeitet werden. In der Kalten Küche wird es gerne für Pasteten verwendet.

Wildgeflügel – Federwild

Zum Federwild zählt man die jagdbaren heimischen Vogelarten wie Fasan, Rebhuhn, Schnepfe und Wachtel.

Im allgemeinen soll Wildgeflügel möglichst frisch verarbeitet werden. Fasan, Rebhuhn und Schnepfe sollen aber vor der Verarbeitung einige Tage im Gefieder abhängen. Diesen Vorgang, bei dem sich der typische Wildgeschmack entwickelt, nennt man „faisandieren".

Das Fleisch des Federwildes ist fettärmer als das des Hausgeflügels und leicht verdaulich.

Fasan

Der Fasan gehört zu den Wildhühnern. Männliche Tiere haben ein farbenprächtiges Gefieder, weibliche dagegen sind unscheinbar graubraun.

Junge Fasane erkennt man an den kleinen, knospenartigen Sporen und dem biegsamen Brustbein.

Am besten schmecken junge, gebratene Fasane. Ältere Tiere werden gedünstet und zu Pasteten oder Ragouts verarbeitet.

Rebhuhn

Rebhühner sind vor allem in Mittel- und Osteuropa und in Nordamerika beheimatet und etwas größer als Tauben.

Junge Tiere haben gelbe Füße, ein biegsames Brustbein und spitze Schwungfedern. Sie werden gerne gebraten. Ältere Tiere haben graue Füße und werden zu Pasteten verarbeitet.

Schnepfe

Wir unterscheiden die Waldschnepfe, die so groß wie ein Rebhuhn ist, und die etwas kleinere Sumpfschnepfe. Beide besitzen ein braungelbes Gefieder und einen langen, spitzen Schnabel.

Junge Tiere haben einen weichen, knorpeligen Brustknochen und einen schmalen, weichen Schnabel. Als besondere Delikatesse gilt die Verarbeitung der Innereien zu „Schnepfendreck".

Wachtel

Die Wachtel ist ein Zugvogel und gehört in die Familie der Wildhühner. Sie wird nur 20 Zentimeter groß und ist somit das kleinste Wildgeflügel. Die Wachtel ist braun und hat einen gelben Strich auf dem Schnabel. Junge Tiere haben hellgelbe Beine und einen spitzen Schnabel. Heute kommen Wachteln meistens aus Zuchtbetrieben.
Wachteln sind wegen ihres wohlschmeckenden Fleisches eine besondere Delikatesse und können gebraten oder gefüllt werden.

Wildente

Wildenten sind wie die normalen Hausenten Wasservögel. Bevorzugt wird wie bei allen Wildarten das Fleisch der jungen Tiere. Im ersten Jahr haben sie hellgraue Beine, einen grünlichen Schnabel mit schwarzen Flecken, und die Schwimmhäute sind leicht einreißbar. Im zweiten Jahr werden die Beine rot. Männliche Wildenten haben einen grünschillernden Hals mit einem weißen Ring. Weibliche Tiere haben ein hellbraunes Federkleid mit dunklen Flecken.
Wildenten sollte man nur frisch verwenden. Sie werden nicht gespickt, sondern auf der Brust mit Speck umhüllt und gebraten.

Brot und Gebäck

Brot wird in vielerlei Formen und Zusammensetzungen hergestellt. Mehl, Wasser, Salz und Hefe oder Sauerteig als Teiglockerungsmittel sind die wichtigsten Zutaten für unser bedeutungsvollstes Nahrungsmittel.
Es wird grundsätzlich zwischen Roggenbrot, Weizenbrot, Mischbroten, Vollkorn- oder Schrotbroten unterschieden. Mischbrote werden aus Gemischen von Roggen- und Weizenmehl hergestellt. Spezielle Brotsorten unterscheiden sich vor allem durch die Verwendung von besonders bearbeiteten Mahlerzeugnissen, besonderen Zutaten, die Anwendung spezifischer Herstellungsverfahren oder durch ihre spezielle Eignung für besondere Ernährungsbedürfnisse bzw. Verwendungszwecke.
Kleingebäck wie Semmeln, Weckerln, Salzstangerln, Mohnstriezerln usw. werden aus Teigen mit Weizenmehl und Hefe als Lockerungsmittel hergestellt.
Für Wachauer Laibchen, Bierweckerln usw. werden auch kleine Mengen von Roggenmehl oder Weizenbrotmehl zur Teigherstellung verwendet. Gelockert werden diese Gebäcke mit Hefe und teilweise auch mit Sauerteig. Durch Zusätze von Mohn, Sesam, Leinsamen, Sonnenblumenkernen, Nüssen, Weizenkeimen, Speisekleie, Rosinen und Gewürzen können die Kleingebäcke geschmacklich verbessert werden.
Bei längerer **Lagerung** erleiden Brot und Gebäck durch Austrocknung Volumseinbußen bis über fünf Prozent. Ebenso können durch Veränderung der Inhaltsstoffe nachteilige geschmackliche Einbußen bei Backwaren auftreten. Das Verpacken mit Wachspapier oder Klarsichtfolie bietet einen guten Aroma- und Verdunstungsschutz und verzögert so das Altbackenwerden. Brot läßt sich an jedem trockenen, gut belüfteten Ort bei Zimmertemperatur, z. B. in einem Brotkasten, aufbewahren. Brot muß atmen können, es würde in einem dicht verschlossenen Behälter schneller altern und an Geschmack verlieren. Man kann das Brot aber auch mit der Schnittfläche nach unten auf ein Holzbrett stellen und mit einem Tuch abdecken. Schnittbrote sollte man in der Verpackung belassen und diese nach jedem Gebrauch wieder sorgfältig verschließen. Der Kühlschrank oder ungeheizte Räume im

Winter sind für die Brotlagerung nicht geeignet. Verschimmelte Backwaren sind gesundheitsschädlich, dürfen nicht gegessen und müssen vernichtet werden. Wichtigste Vorbeugungsmaßnahme gegen Schimmelbefall ist Sauberkeit, das heißt, alte Brotreste rechtzeitig entfernen und alle ein bis zwei Wochen den Brotbehälter mit einer Essiglösung reinigen und anschließend gut austrocknen. Die Mindesthaltbarkeit für Schwarz- und Weißbrot beträgt drei Tage. Schwarzbrot hält sich bei guten Lagerbedingungen bis zu acht Tage. Roggenbrot bleibt länger frisch als Weizenbrot. Bei verpackten Broten ist die empfohlene Aufbrauchsfrist angegeben. Weizenkleingebäcke verlieren bereits nach drei bis fünf Stunden ihre Frische.

Durch Einfrieren können Brot und Gebäck länger vorrätig und frisch gehalten werden. Die Backwaren müssen aber immer ofenfrisch eingefroren werden. Brot wird bei Raumtemperatur am besten über Nacht aufgetaut. Will man eine besonders resche Kruste, kann es im Rohr nochmals aufgebacken werden. Tiefgekühltes Kleingebäck wird durch Nachbacken im Ofen (vier bis fünf Minuten bei 200 Grad Celsius) frisch und knusprig gemacht.

Geräte und Werkzeuge

Für das Gelingen von guten Speisen und Gerichten sind eine Reihe von Voraussetzungen zu erfüllen. Allen voran ist dazu ein guter und phantasievoller Koch oder eine ebensolche Köchin notwendig. Wichtig aber sind auch frische Lebensmittel von hoher Qualität. Mindestens ebenso wichtig sind aber auch die richtigen Geräte und Werkzeuge. Schon bei den Vorbereitungen können zum Beispiel fehlende oder falsche Messer wesentlich zum Mißlingen eines Gerichtes beitragen. Von den verschiedenen falschen oder nicht vorhandenen Formen bei der Herstellung von Pasteten oder Terrinen soll hier gar nicht erst die Rede sein. Entscheidend ist immer, daß nur Produkte aus erstklassigem Material verwendet werden. Eine – zugegeben – nicht billige Investition, die aber viel Ärger erspart und sich sehr bald lohnt. Im Folgenden kann nur eine Auswahl von Messern, Geräten und Formen beschrieben werden, die auf den Seiten 103 und 104 abgebildet sind.

Messer und Küchenwerkzeuge

1) **Gemüse- und Garnierausstecher:** Zum Ausstechen von Aspik, Gemüse, Trüffeln und Käse.
2) **Ausstechersatz:** Die glatten oder gezackten Formen werden zum Ausstechen von Pasteten, Broten, rohen Teigen, gebackenen Massen, Früchten und zur Dekorherstellung verwendet.
3) **Austernöffner, Austernbrecher:** Die Spitze der kurzen, starken und stumpfkantigen Klinge wird in den Schließmuskel (Scharnier) gesteckt, hin und her bewegt und dann die flache Schale nach oben abgebrochen.
4) **Officemesser, Rüstmesser:** Zum Putzen und Schneiden von Gemüse, Pilzen und Früchten.
5) **Orangenschäler:** Zum Schälen von Südfrüchten und anderen dickschaligen Früchten.
6) **Kleine Fleischgabel, Schinkengabel:** Zum Aufspießen von Schinkenscheiben, Wurst und Bratenfleischscheiben.
7) **Sparschäler:** Zum dünnen Schälen von Gemüse und Obst. Die kleine Rückenflosse wird zum Ausstechen und Ausbohren schadhafter Teile verwendet.
8) **Spargelschäler:** Mit verstellbarer Klinge.
9) **Ausbeinmesser:** Die schmale, feste Klinge ermöglicht ein leichteres Entbeinen von Schlachtfleischstücken.
10) **Lachsmesser:** Die dünne, biegsame Klinge ermöglicht das Schneiden von hauchdünnen Lachsscheiben.

11) **Schinkenmesser:** Die Vertiefungen in der Klinge verhindern das Ankleben der Schinkenscheiben.
12) **Zestenreißer:** Die kleinen, scharfkantigen Löcher dienen zum Abschneiden feinster Streifchen von Orangen- und Zitronenschalen, ohne die bittere weiße Haut abzuschälen.
13) **Kanneliermesser:** Zum Verzieren von Zitronen, Orangen, Gurken und ähnlichem Obst und Gemüse durch Einschneiden von Rillen.
14) **Dekormesser:** Zum sternförmigen Ausstechen von Früchten (Zitronen, Orangen, Melonen etc.).
15) **Grapefruitmesser:** Die gebogene, auf beiden Seiten mit Wellenschliff versehene Klinge mit stumpfer Spitze ermöglicht das Herausschneiden des Fruchtfleisches, ohne dabei die Schale zu durchstechen.
16) **Käseschneider, Drahtschneider mit zwei Spitzen:** Zum Schneiden von Hartkäse. Mit dem gegabelten Ende können die Käsescheiben aufgespießt und angerichtet werden.
17) **Käsemesser:** Zum Schneiden von Schnitt- und Weichkäse.
18) **Käsestecher, Parmesanstecher:** Zum Brechen von Hartkäse in kleine Stücke.
19) **Streichmesser:** Zum Aufstreichen von Butter, Aufstrichen und Cremen.
20)/21) **Ovalausstecher, gerippt und glatt:** Für dekoratives Ausstechen von Gemüse und Obst.
22) **Parisienne-Ausstecher:** Mit der scharfkantigen Halbkugel werden Kugeln von Kartoffeln, Karotten, Gurken, Avocados und Melonen ausgebohrt. Der kleinere Ausstecher kann auch zum Entfernen von Kerngehäusen und zum Aushöhlen von Gemüsen und Früchten verwendet werden.
23) **Kugelausstecher:** Zum Ausstechen von Gemüseperlen, in verschiedenen Größen erhältlich.
24) **Tourniermesser:** Die leicht gebogene Klinge ermöglicht das Formen von Gemüsen und Kartoffeln.
25) **Flache Spicknadel:** Magere Fleischstücke werden mit Hilfe der Spicknadel mit dünnen Speckstreifen gespickt. Spicknadeln gibt es auch in runder Ausführung.
26) **Dressiernadel:** Zum Bridieren von Geflügel, Fisch und anderen Fleischstücken.
27) **Spiralschneider:** Zum Herstellen von dekorativen Spiralen aus Kartoffeln, Karotten, Rettich und ähnlichem Gemüse.
28) **Bratenthermometer:** Stechthermometer mit Skalenbereich von 0 bis 120 °C. Das Thermometer wird so eingestochen, daß das Ende genau im Kern des Fleisches steckt.
29) **Pastetenkneifer, Teigkneifer:** Zum Verzieren von Teigoberflächen und zum Zusammenkneifen der Teigränder von Krustenpasteten.

Formen

1) **Pastetenform, oval, gerippt:** Diese klassische französische Pastetenform besteht aus zwei zerlegbaren Seitenteilen und einer Bodenplatte. Die gebackenen Pasteten lassen sich dadurch leicht herauslösen.
2) **Pastetenform, quadratisch:** Für abgedeckte Pasteten, Aspikbomben, Sulzen und Parfaits.
3) **Terrinenform, rund:** Besonders geeignet zum Pochieren von Terrinen und zum Einfüllen von Aufstrichen.
4) **Terrinenform, oval:** Zur Darbietung von klassischen Terrinen.
5) **Steingutform mit Deckel, glasiert:** Zur Herstellung und Darbietung von Haus- und Landterrinen. Die rechteckige Form erlaubt ein gleichmäßiges Portionieren.
6) **Muschelformen, Coquilles:** Diese Steingutformen werden im allgemeinen für gratinierte warme Vorspeisen verwendet. Kalte Vorspeisen und Salate kommen bei dieser Anrichteart besonders zur Geltung.
7) **Darioleform – Puddingform:** Für Timbales, Aspikgerichte, Mousses und zum Pochieren von Puddings. Die konische Form erleichtert das Stürzen dieser Gerichte.
8) **Eisziegelform:** Zum Einsetzen von Eisschnitten und für Mousses. Die Rillen am Deckel erleichtern das Einteilen der Portionen.

9) **Dachrinnenform, offen:** Die halbrunde Form wird gerne für Mousses und Sulzen verwendet. Die Form läßt sich besonders leicht chemisieren, und die Gerichte können leicht portioniert werden. Sie kann auch als Backform verwendet werden. Zum Garen von Farcen werden Dachrinnenformen mit Deckel verwendet.

10) **Feuerfeste Backformen – Cassolettes:** Zum Pochieren von Terrinen und zum Backen von Aufläufen.

11) **Tartelettenförmchen:** Zum Auslegen mit Pasteten-, Blätter- oder Mürbteig. Zur Herstellung von gesulzten Cremen und Käsetörtchen.

12) **Tartelettenförmchen, oval, gezackt:** Besonders für Garnituren geeignet.

13) **Tartelettenförmchen, oval, glatt:** Für portionierte Aspikgerichte und Mousses.

14)–18) **Verschiedene Backförmchen:** Für Mundbissen, Garnituren, zum Auslegen mit Pasteten-, Blätter- oder Mürbteig, für kleine Sulzgerichte, kleine kalte Vorspeisen und Desserts.

19) **Schiffchenform – Barquettes:** Zum Auslegen mit Pasteten-, Blätter- oder Mürbteig. Für Mundbissen, Garnituren und Desserts.

20) **Kolonnenausstecher, glatt:** Die konische Form ermöglicht ein rasches und sauberes Ausstechen, die Ausstechreste werden in der Form gesammelt.

Vorbereiten des Rohmaterials

Enthäuten von Aal

Mit einem scharfen Messer wird von der Bauchseite her knapp hinter den Seitenflossen das Rückgrat durchtrennt, ohne dabei die Haut zu verletzen. Mit Messern und Fingern wird die Haut unter dem Kopf gelöst. Mit der linken Hand den Kopf, mit der rechten Hand und einem Tuch das enthäutete Kopfende halten und die Haut abziehen. Etwa zwei fingerbreit hinter den Seitenflossen sitzt die Galle, die auf keinen Fall verletzt werden darf. Sie ist giftig und bitter und würde den ganzen Fisch verderben.

Filetieren von Seeteufel

Den Fisch mit der Bauchseite nach unten hinlegen. Die Rückenflosse einschneiden, die Haut ganz abziehen und den Schwanz abschneiden. Mit einem scharfen Messer beidseitig entlang des Rückgrats die Filets herunterschneiden. Die noch vorhandenen feinen Häutchen abziehen.

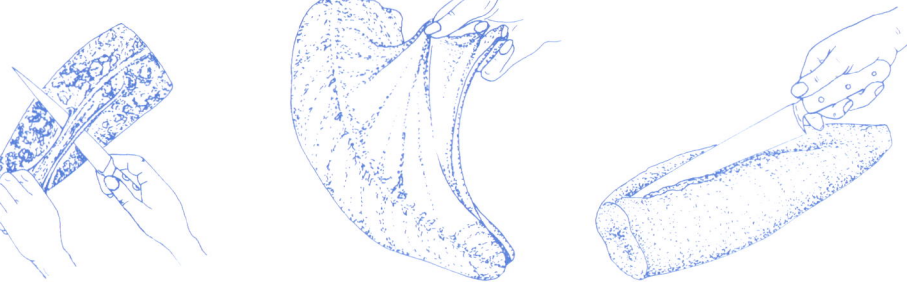

Enthäuten einer Seezunge

Den Fisch mit der dunklen Seite nach oben hinlegen. Am Schwanz mit einem scharfen Messer die Haut quer einschneiden und soweit lösen, daß sie fest angefaßt werden kann (kurz in heißes Wasser getaucht, löst sich die Haut leichter). Mit einem Tuch den Schwanz festhalten und die Haut zum Kopf hin abziehen. Den Fisch wenden und auf die gleiche Weise die Haut an der Rückseite abziehen.

Rotzungen werden vom Kopf zum Schwanz hin enthäutet.

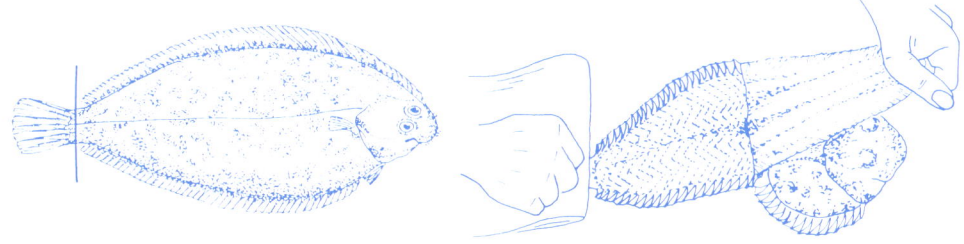

Filetieren von kleinen Plattfischen

Den Fisch am Rückgrat entlang einschneiden. Am Kopfende das Messer flach zwischen Filet und Gräten ansetzen, das Filet anheben und losschneiden. Dann am Schwanzende abschneiden und das Filet von den Gräten lösen. Die drei anderen Filets ebenso ablösen und die Reste für Fischfond verwenden. Die fertigen Filets parieren.

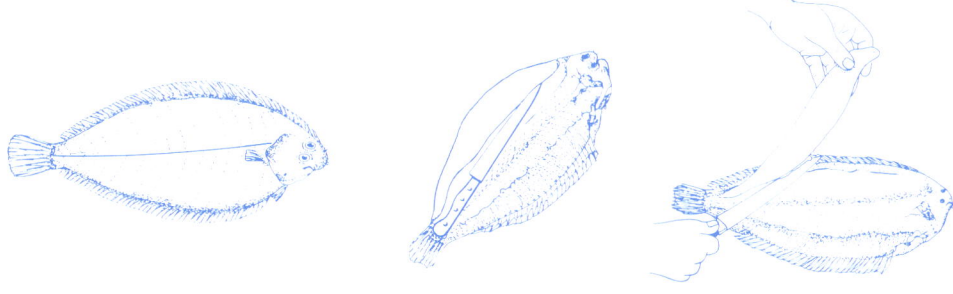
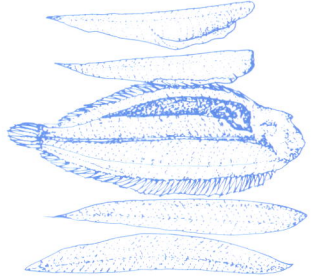

Filetieren von Steinbutt

Den Fisch vom Kopf zur Mitte hin entlang der Mittelgräte einschneiden. Dann entlang der Rückenflosse vom Kopf zum Schwanz einschneiden. Mit einem biegsamen Messer zwischen Filet und Gräten einschneiden und das Filet abheben. Die Haut der Filets ablösen, indem man das Messer flach unter das Fleisch führt und so das Filet von der Haut trennt.

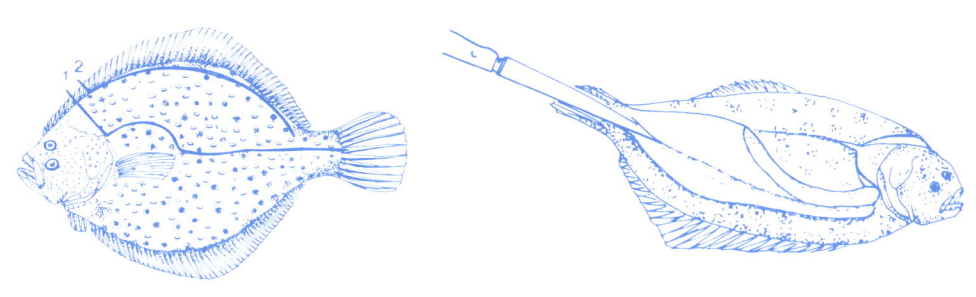

Vorbereiten von Rundfischen zum Füllen

Den Fisch entlang des Rückgrats beidseitig einschneiden. Das Rückgrat an Kopf und Schwanz durchtrennen. Die Gräten mit den Eingeweiden entfernen und den Fisch von Blutresten und Häutchen reinigen.

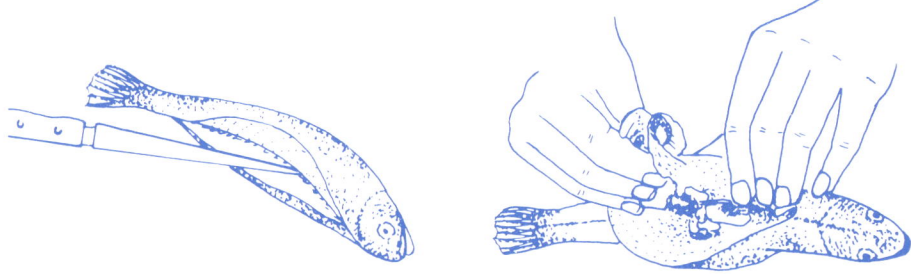

Filetieren von kleinen Rundfischen

Den gesäuberten Fisch am Rückgrat entlang vom Kopf zum Schwanz hin einschneiden. Das obere Filet hinter den Kiemen bis zum Rückgrat quer einschneiden und vom Kopf lösen. Das Filet parallel zu den Brustgräten mit kurzen Schnitten vollständig lösen. Den Fisch am Rückgrat festhalten und das untere Filet von den Brustgräten lösen. Noch übrige Gräten mit einer Pinzette entfernen. Die Filets enthäuten, indem man das Messer unter das Fleisch führt und so das Filet von der Haut trennt.

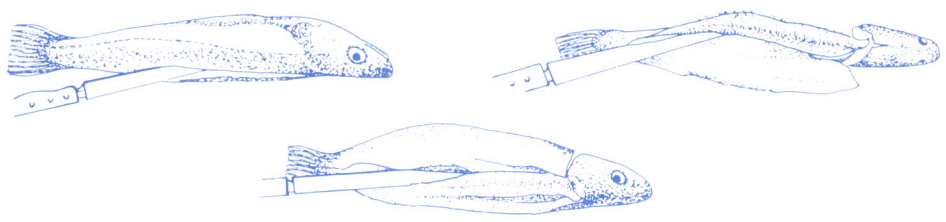

Filetieren von großen Rundfischen

Den Kopf des Fisches abtrennen. Entlang dem Rückgrat von vorne nach hinten einschneiden. Dann vorsichtig mit dem Messer zwischen Gräten und Filet einschneiden und das obere Filet abheben. Mit der anderen Seite genauso verfahren, sodaß nur noch die Schwanzflosse und das Rückgrat samt Gräten übrigbleiben. Von den Filets die restlichen Gräten und blutigen Teile entfernen, die Bauchflossen abschneiden und die Filets enthäuten.

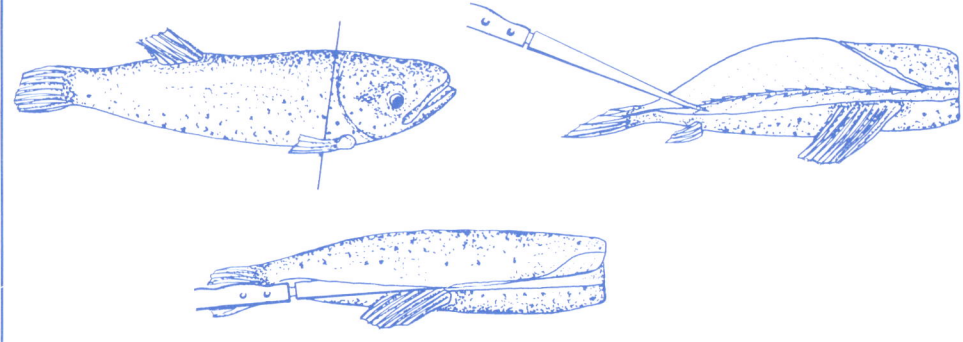

Zerlegen von Kalmaren

Die Mantelhöhle des Kalmars soweit zurückziehen, daß die Spitze des durchsichtigen, locker sitzenden Kalkblattes herausschaut. Das Kalkblatt an der Spitze herausziehen. Den Kopf hinter den Augen festhalten und ihn vorsichtig aus der Mantelhöhle herausdrehen. Die Eingeweide bleiben dabei samt Tintenbeutel am Kopf hängen. Die Tentakel dicht über den Augen so abschneiden, daß sie durch einen schmalen Fleischstreifen verbunden bleiben. Die am Kopfende der Tentakel sitzenden Kiefer mit den Fingern auslösen. Die durchsichtige Haut der Mantelhöhle vorsichtig mit den Fingern entfernen, die Dreiecksflossen ablösen und die Mantelhöhle auswaschen.

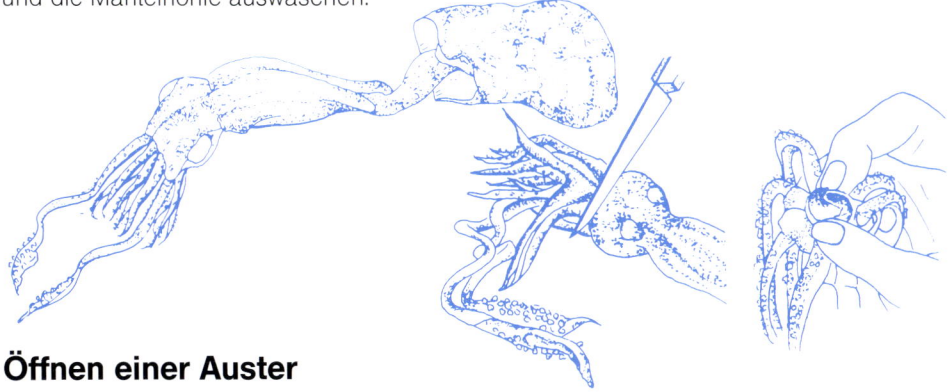

Öffnen einer Auster

Die Auster mit dem flachen Schalenteil nach oben mit einer Serviette festhalten. Mit der Spitze des Austernöffners in die kleine Öffnung am Gelenk einstechen und mit einer drehenden Bewegung die Schalen aufbrechen. Mit der Schneide des Austernöffners entlang der Innenseite der oberen Schalenhälfte den Schließmuskel durchtrennen, die Schalenhälfte abheben und eventuelle Splitter entfernen. Entlang der Innenwand der unteren Schalenhälfte den Muskel auch unten durchtrennen.

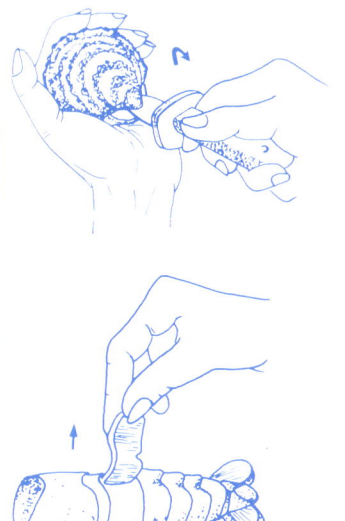

Auslösen von Riesengarnelen

Die Schwänze der Garnelen an der gefurchten Unterseite aufbrechen. Den fächerförmigen Schwanz nicht abtrennen.
Den Darm entfernen, indem man die Rückenmitte der Länge nach etwas einschneidet und den dunklen Darm herauszieht.

Zerlegen von Hummer und Languste für eine Kalte Platte

Der frische Hummer wird mit ausgestrecktem Schwanz auf ein Brettchen gebunden, damit er sich beim Kochen nicht krümmen kann. Diese Methode wird auch für Langusten angewendet. Zum Kochen werden auch die langen Fühler der Languste senkrecht oder waagrecht festgebunden.
Mit der linken Hand den Brustpanzer des gekochten Hummers festhalten und mit der anderen Hand den Schwanzteil abdrehen. Mit der Hummerschere die Unterseite des Schwanzteiles links und rechts einschneiden, das Fleisch im ganzen vorsichtig auslösen und in gleichmäßige Medaillons teilen. Mit der Hummergabel den Brustpanzer auslösen.
Für Kalte Platten werden Hummer und Langusten wieder in Originalform zusammengesetzt.

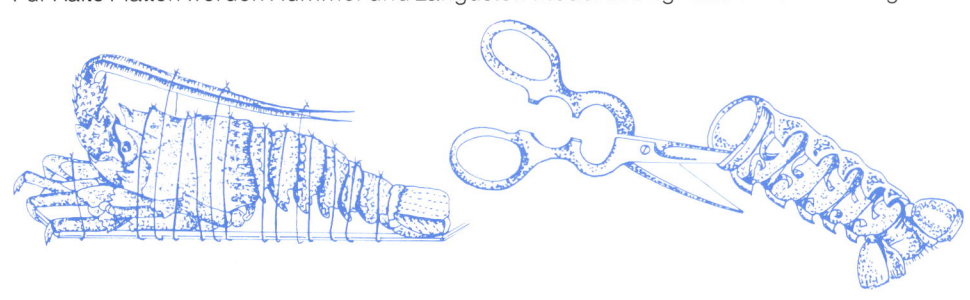

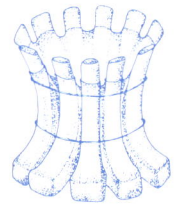

Lamm-Krone

Das Lammkarree von Sehnen und Fett befreien, die einzelnen Rippenknochen putzen und zwischen den Rippen auf der Rückseite einhacken. Danach das Karree zu einer Krone binden. Vor dem Braten werden die einzelnen Knochen mit Alufolie abgedeckt, um ein Braunwerden zu verhindern.

Tranchieren von Rehrücken für Kalte Platten

Das Fleisch des gebratenen Rehrückens mit einem scharfen Messer von den Knochen lösen.

Eine Seite des gelösten Rückenfleisches auf das Tranchierbrett legen und von links nach rechts gleichmäßig schräge Tranchen schneiden.

Die zweite Seite des Rückenfleisches wird nun auf die gleiche Weise, aber spiegelverkehrt von rechts nach links in Tranchen geschnitten.

Nach dem Tranchieren die beiden geschnittenen Rückenfleischteile wieder so auf ihren ursprünglichen Platz bringen, daß die einzelnen Tranchen spiegelverkehrt liegen.

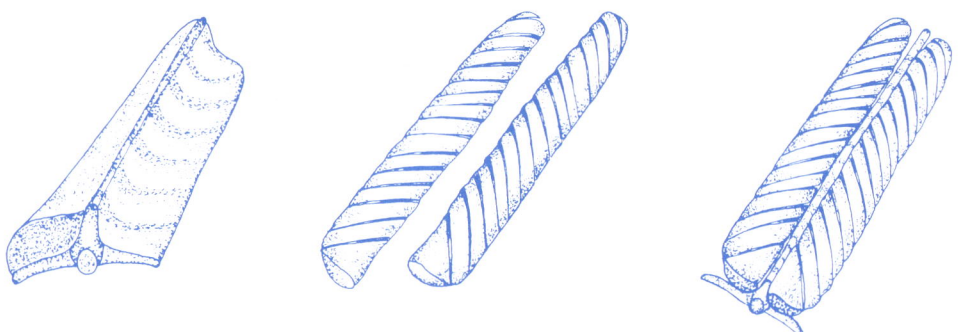

Entbeinen von Geflügel für Galantinen

Nach Möglichkeit wird diese Methode für noch nicht geöffnetes und unausgenommenes Geflügel verwendet.

Zuerst werden die Flügel oberhalb des ersten Gelenks und die Beine kurz vor den Gelenken abgetrennt. Mit einem kleinen, scharfen Messer wird nun die Haut und das Fleisch, beim Halsansatz beginnend, am Rücken entlang bis einige Zentimeter vor dem Schwanzende bis zu den Knochen durchtrennt. Anschließend wird die Fleischhülle vorsichtig von der Karkasse gelöst und die Keulen- und oberen Flügelknochen entfernt. Die Keulen- und Flügelansätze werden nach innen gestülpt, ihr Fleisch wird abgelöst und an den dünneren Stellen der Hülle wieder aufgelegt. Die kleinen Brustfilets werden abgelöst und für die Einlage verwendet.

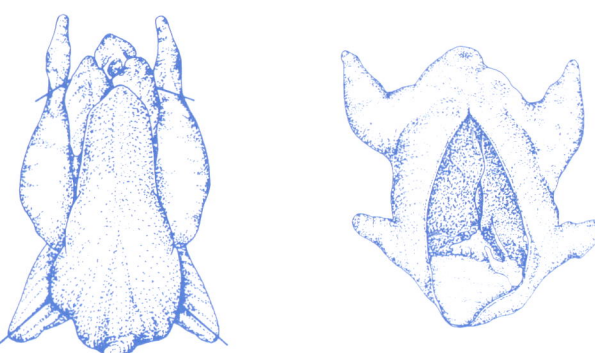

Binden (Bridieren) von Geflügel

Die Bridiernadel mit dem Küchengarn unterhalb des Keulengelenks in den Körper stecken und schräg zur gegenüberliegenden Seite durch das Keulengelenk ziehen.
Dann das Geflügel umdrehen, die Halshaut zurückklappen, die Flügel andrücken und die Nadel durch Flügel, Halshaut und Rückgrat ziehen, so daß alles am Rückgrat gehalten wird. Das Garn durch das Keulengelenk wieder schräg auf die gegenüberliegende Seite ziehen, die beiden Fadenenden zusammenziehen und verknoten.

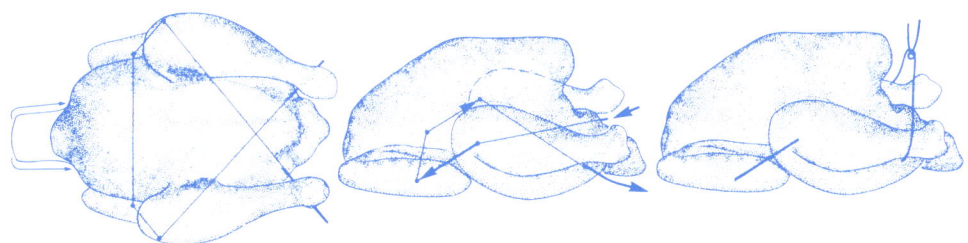

Bardieren von Wildgeflügel

Um das Austrocknen während des Bratens zu verhindern, wird Wildgeflügel bardiert.
Ein größeres, rechteckiges Speckstück in etwa zwei Millimeter dicke Scheiben schneiden und kleine Einschnitte anbringen (fördert die Bräunung). Die Speckscheiben auf die Brust legen und mit Küchengarn festbinden. Während des Bratens wird das Geflügel mit dem auslaufenden Speckfett begossen.

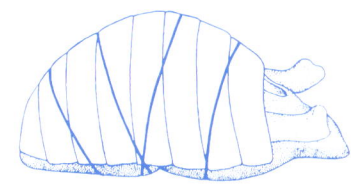

Grundzubereitungsarten

Backen – cuire au four

Garen im geschlossenen Backrohr bei trockener Hitze. Das Backgut liegt dabei auf dem Blech oder in Formen auf dem Gitterrost.
Im Heißluftherd (Konvektomat) wird in strömender Heißluft gegart. Ventilatoren verteilen die Hitze gleichmäßig. Dadurch ist ein Backen oder Braten auf mehreren Ebenen möglich. Der Temperaturbedarf ist dabei im Unterschied zu normalen Backöfen geringer.

Blanchieren – blanchir

Kurzes Überkochen in wallender Flüssigkeit. Je nach Rohmaterial wird das Kochgut kalt oder heiß zugestellt. Enzyme, die sonst Vitamine, Mineralstoffe und Farbe zerstören würden, werden stillgelegt. Gemüse werden, um sie möglichst wenig auszulaugen, mit kochendem Wasser aufgesetzt. Bei Gemüsen bleibt das Blattgrün (die frische Farbe) erhalten, Geruchs-, Trub- und Bitterstoffe verschwinden. Zerkleinerte Apfel- oder Selleriestücke bleiben „weiß". Die Haut von Tomaten läßt sich leicht lösen.
Knochen werden dadurch gereinigt, Suppen und Fonds werden klarer.
Bries wird durch mehrmaliges Aufsetzen mit kaltem Wasser blanchiert. Es wird vorgegart und „weiß" gemacht. Die Haut läßt sich leichter abziehen.
Nach dem Blanchieren das Kochgut sofort mit kaltem Waser abfrischen, um dadurch den Garprozeß zu stoppen.

Braisieren – braiser (Braundünsten oder Schmoren)

Das Kochgut in heißem Fett anbraten und in wenig Flüssigkeit oder im eigenen Saft durch Dünsten fertiggaren. Fertiggegart wird zugedeckt im Rohr oder auf dem Herd. Außer den Vitaminen bleiben alle Nährstoffe weitgehend erhalten. Geeignet vor allem für dunkles Fleisch wie Schmor- oder Rindsbraten, Wildbraten, Portionsstücke und Ragouts.

Braten

Zum Braten dürfen nur wasser- und eiweißfreie, das heißt hitzebeständige Fette verwendet werden. Butter verbrennt und kann daher nur bei niedrigeren Temperaturen zum Nachbraten, Schwenken von Gemüse oder Vollenden des Saftes oder der Sauce verwendet werden.

Braten am Spieß – rôtir à la broche
Garen bei etwas höheren Temperaturen durch trockene Hitzestrahlung.
Die Fleischstücke werden am Spieß fixiert und unter ständigem Drehen öfter mit Fett oder Marinade bestrichen. Für größere Fleischstücke und Geflügel gut geeignet.

Braten auf dem Herd – sauter
Schnelles Garen (Kurzbraten) in wenig heißem Fett. Die Portionsstücke von Fleisch, Fisch oder kleingeschnittene Stücke in der Pfanne (Sauteuse) rasch anbraten. Durch Schwingen oder Wenden bewegen und bei reduzierter Hitze am Herdrand oder im Rohr bis zum gewünschten Grad fertiggaren.
Das Fett abgießen, mit passender Flüssigkeit ablöschen (deglacieren) und für den Saft oder die Sauce verwenden.

Sautieren
Das sehr schnelle Anbraten kleiner Fleischstücke durch Schwenken in der Sauteuse. Nur geringe Mengen auf einmal sautieren. Die Temperatur bleibt dadurch hoch, das Fleisch kann nicht Saft lassen und austrocknen. Sautés von Leber, Lungenbratenstreifen, Geschnetzeltem oder Stücken von jungen Hühnern läßt man im fertigen Saft oder der Sauce ziehen. Das Fleisch darf nicht kochen beziehungsweise dünsten. Auch Fruchtgemüse wie Melanzane und Zucchini oder vorgekochte und in Scheiben geschnittene Kartoffeln werden schwingend geröstet oder sautiert. Das Schwenken von Gemüse in Butter wird ebenfalls als sautieren bezeichnet.

Braten im Rohr – rôtir au four
Garen und Bräunen in wenig heißem Fett bei trockener Hitze. Bei hoher Temperatur anbraten und unter ständigem Begießen (Arrosieren) mit dem Bratenfett bei absinkender Hitze fertiggaren.
Die Bratpfanne soll der Größe des Bratens entsprechen. Dadurch wird das Verbrennen des Fleischsaftes verhindert. Mehr Saft erzielt man, wenn Knochen und Parüren derselben Fleischsorte mitgebraten werden. Braten im Rohr eignet sich für ganze Fleischteile von jungen Schlachttieren, zarte Fleischteile, Wild, Geflügel und Fische.

Braten in Alufolie
Schonendes Garen bei hoher Temperatur im Rohr. Das Bratgut bildet keine Kruste. Es ist kein Fett erforderlich, der Saft bleibt in der Folie.

Die Garstufen beim Braten
Den gewünschten Garpunkt eines Pfannengerichtes oder einer Grillade kann ein erfahrener Koch mit dem Fingerdruck bestimmen. Je elastischer sich das Fleisch anfühlt, desto roher ist es noch im Inneren.
Bei größeren Stücken wird die Nadelprobe angewendet. Dazu mit einer Dressiernadel oder mit einem Metallspieß in die Mitte des Fleischstückes stechen und zirka zehn Sekunden im Fleisch stecken lassen. Danach die Temperatur der Nadel mit Hilfe der Lippen prüfen und den austretenden Fleischsaft begutachten. Er ist je nach Garstufe dunkelrot, rötlich, rosa oder hell und klar. Die Nadel nimmt die Temperatur des Fleischinneren an. So läßt sich der Verlauf der Wärme im Braten feststellen. Je wärmer die Nadelmitte empfunden wird (lau, warm, heiß), desto höher ist die Kerntemperatur und desto mehr ist das Fleisch durchgegart. Am zuverlässigsten ist jedoch die Verwendung eines Fleischthermometers, das die Kerntemperatur eines Fleischstückes mißt.

Die Garpunkte international – französisch – englisch

Au bleu, rare: Nur für dunkles Schlachtfleisch anwenden. Das Fleisch wird in heißem Fett nur kurz angebraten und ist innen noch roh. Kerntemperatur: etwa 45°C.

Saignant, (medium) rare: Nur für dunkles Schlachtfleisch anwenden. Das Fleisch wird halbdurch (englisch) gebraten und ist im Kern blutig, rot. Kerntemperatur: etwa 50°C.

À point, medium: Dunkles Schlachtfleisch und Wild werden halb englisch gebraten, d. h. innen zart rosa gehalten. Im allgemeinen werden heute Portionsstücke „rosa gebraten". Anschließend am Herdrand, im Rohr oder in einer Sauce bis zum gewünschten Grad durchziehen lassen. Kerntemperatur: etwa 60°C, Pasteten zwischen 60 und 70°C.

Bien cuit, well done: Das Fleisch wird durchgebraten und ist innen grau, kann aber durch sachgemäßes Braten trotzdem saftig und zart gehalten werden. Der Fleischsaft ist hell und klar. Kerntemperatur: für dunkles Fleisch etwa 70°C, für Kalbfleisch etwa 75°C, für Schweinefleisch und Geflügel etwa 85°C.

Richtzeiten für das Braten im Rohr

Die Bratdauer richtet sich nach der Fleischart. Nicht nur das Gewicht, sondern auch die Stärke des Bratgutes sind maßgebende Faktoren zur Bestimmung der Bratzeit. Genaue Zeitangaben sind deshalb schwierig. Es können nur unverbindliche Richtzeiten für das Braten im Rohr angegeben werden. Ein wirklich sicheres Braten ermöglicht nur die durch Praxis erlangte Erfahrung.

Roastbeef, englisch gebraten (Beiried, 6 bis 8 cm hoch): 15 bis 20 Minuten je Kilogramm
Kalbsbraten . . . . 30 bis 45 Minuten je Kilogramm
Schweinskarree . . . . 30 bis 45 Minuten je Kilogramm
Hammelrücken . . . . 20 Minuten je Kilogramm
Lammkeule (rosa gebraten) . . . . 25 bis 30 Minuten je Kilogramm
Masthuhn mit 1,4 bis 1,8 Kilogramm . . . . 50 bis 70 Minuten per Stück
Masthuhnbrust. . . . . 8 bis 10 Minuten per Stück
Poulet mit 1 bis 1,3 Kilogramm . . . . 35 bis 40 Minuten per Stück
Ente . . . . 30 bis 40 Minuten je Kilogramm
Entenbrust . . . . anbraten und 8 bis 10 Minuten im Rohr zart rosa fertigbraten
Gans . . . . 35 bis 45 Minuten je Kilogramm
Taube. . . . . 15 bis 25 Minuten per Stück
Truthahn . . . . 30 bis 40 Minuten je Kilogramm
Fasan . . . . 20 bis 30 Minuten je nach Größe
Fasanbrust . . . . anbraten und 5 Minuten im Rohr fertigbraten
Wachtel . . . . 8 bis 10 Minuten je Stück
Hasenrücken . . . . 15 bis 20 Minuten je Stück
Rehkarree . . . . anbraten und 10 bis 15 Minuten je Stück fertigbraten
Rehrücken . . . . 20 bis 30 Minuten je Stück

Den Braten nach Beendigung der Garzeit im Rohr bei mäßiger Hitze nachziehen lassen oder in Alufolie einwickeln. Dabei wird auf schonende Art der gewünschte Garpunkt erreicht. Das Fleisch entspannt sich und läßt beim Tranchieren weniger Saft.

Dämpfen – étuver

Schonende Zubereitungsart in Wasserdampf bei strömender, feuchter Hitze. Man verwendet ein Gargefäß mit Siebeinsatz und Deckel oder einen Heißluftdämpfer. Mit solchen Geräten ist es auch möglich, variabel zu dämpfen. Zarte und leichte Speisen können bei verschiedenen Temperaturen von 40 bis über 90°Celsius besonders sorgfältig und schonend zubereitet werden.

Das Kochgut wird nicht ausgelaugt, der Nährstoffverlust wird geringer. Geschmack und Form der Lebensmittel bleiben besser erhalten.

Druckgaren

Kochen oder Dämpfen unter Druck in Naßdampf bei etwa 120 Grad Celsius im Druckkochtopf, Druckkochkessel oder in der Druckkippbratpfanne. Dämpfen unter Druck in Trockendampf im Druckkochschrank (Steamer). Die höheren Temperaturen unter Druck verkürzen die Garzeiten, die Vitamine werden geschont.

Das Fleisch von älteren Tieren kann durch Druckgaren eher „weich" gegart werden als durch einfaches Kochen oder Sieden.

Dünsten – étuver

Gedünstet wird in wenig Flüssigkeit oder im eigenen Saft. Garen der unteren Schichten in Wasser oder Wasser-Fett-Gemisch. Die oberen Schichten dünsten zugedeckt im Dampf. Schonende Garmethode für zartes Gemüse und Obst, Pilze, Fische und helles Fleisch (Kalb und Geflügel).

Bei dieser Zubereitungsart gehen nur wenig Nähr- und Wirkstoffe verloren.

Zugabe von Fett erschließt fettlösliche Vitamine und verbessert den Geschmack.

Geschmacksbildner wie Zwiebel oder Röstgemüse werden angeröstet. Das eigentliche Dünstgut wird dem Ansatz roh beigegeben. Ragouts wie Saftfleisch, Gulyas, Zwiebelfleisch werden nach dieser Methode zubereitet, ebenso derbe Gemüse wie Kraut und Kohl.

Flambieren – flamber

Übergießen und abbrennen (abflämmen) der Speisen mit Spirituosen. Der Alkohol und sein Energiewert verbrennen dabei zum größten Teil. Die zur Geschmacksverbesserung notwendigen Aromastoffe bleiben erhalten. Flambégerichte werden meist vor dem Gast vollendet und flambiert. Dazu werden mit Spiritus oder Gas betriebene Geräte (Fambierrechaud, fahrbarer Flambierwagen) benötigt.

Fleischstücke, Innereien oder Fischportionen werden in der Pfanne angebraten. Der Alkohol wird vorsichtig vom Rand der Pfanne eingegossen und durch Schräghalten zum Brennen gebracht. Dem jeweiligen Rezept entsprechend die Zutaten beifügen und die Speise fertigstellen.

Bei Süßspeisen und Obstflambés wird mit der Saucenherstellung zuerst begonnen. Erst dann die fertige Süßspeise flambieren. Beim Umgang mit Alkohol auf offener Flamme ist Vorsicht geboten.

Das Absengen von Flaumfedern und Härchen bei Geflügel über der Flamme wird ebenfalls als „Flambieren" bezeichnet.

Fritieren – frire

Schwimmend im heißen Fett backen. Nur Fette mit hoher Hitzebeständigkeit verwenden. Panierte Gerichte, Kartoffeln und Süßspeisen werden in der Fritüre gebacken. Als Fritüre bezeichnet man sowohl das Gerät, in dem die Speisen gebacken werden, als auch das Backfett und das Gebackene.

Garen mit Mikrowellen

Mikrowellen (spezielle elektromagnetische Frequenz) dringen ungehindert durch fast alle nichtmetallischen Geschirre. Die rohen, gekochten oder gefrorenen Nahrungsmittel werden durch Reibung der Moleküle erhitzt.

Mikrowellen bräunen nicht. Durch spezielles Geschirr aus Glaskeramik oder Geräte mit eingebautem Grill kann trotzdem eine Bräunung erreicht werden.

Mikrowellengeräte eignen sich sehr gut zum Wiedererwärmen von Speisen. Zarte Nahrungsmittel wie Fische, Geflügel und Gemüse können teilweise ohne Fett und Wasser rasch gegart werden. Der Garvorgang entspricht eher dem Dämpfen und ist besonders für Schonkost geeignet.

Messer und Küchenwerkzeuge *(Beschreibung Seite 92, 93)*

Formen *(Beschreibung Seite 93, 94)*

Glacieren – glacer

Überglänzen eines fertigen oder vor der Vollendung stehenden Gerichtes.
Glacieren ist keine eigene Grundzubereitungsart, sondern ein „vollendendes Kochverfahren".
Weißes Fleisch oder Geflügel anbraten und mit wenig passendem Fond ablöschen. Zugedeckt auf dem Herd oder im Rohr unter ständigem Begießen (Arrosieren) garen. Der Saft bildet eine klebrige Schicht und verleiht dem Gargut schöne Farbe und guten Geschmack.
Gemüse unter Zugabe von etwas Zucker, Butter und Flüssigkeit dünsten, sirupartig einkochen und durch Schwenken überglänzen. Karotten und Kohlrabi werden nach dieser Methode weiß glaciert. Kleine Zwiebeln und Kastanien werden durch leichtes Karamelisieren des Zuckers braun glaciert.
Mit Butter- oder legierten Rahmsaucen gereichte Speisen können im „Salamander" (Gratinierapparat) glaciert bzw. geflämmt werden. Die Gerichte erhalten dabei eine goldbraune Farbe und ein appetitliches Aussehen.
Als Glacieren wird auch das Überglänzen von kalten Gerichten mit Aspik oder Gelee bezeichnet.
Das Überziehen von Süßspeisen mit Glasuren oder Fruchtgelee wird ebenfalls als Glacieren bezeichnet.

Gratinieren – gratiner

Überkrusten oder Überbacken von Speisen im Rohr oder im Salamander (Gratinierapparat) bei sehr starker Oberhitze. Gratiniert werden fertige Speisen wie Suppen, Fisch-, Fleisch-, Gemüse- und Teigwarengerichte. Diese Zubereitungsart entspricht eher einem „vollendenden Kochverfahren".
Zum Überziehen der Speisen benötigt man eine Käsesauce, Zwiebelsauce oder Käse und Butter beziehungsweise Gemische mit Bröseln, Kräutern und Butter.
Rohe, dünne Fleischscheiben, zarte Fischfilets und Gemüse wie Tomaten oder Zucchini können auf einer niedrigeren Stufe des Gerätes dabei auch gleichzeitig gegart werden.

Grillen – griller

Garen durch intensive Strahlungshitze auf dem Rost. Das Grillgerät kann mit Holzkohle, elektrisch oder durch Infrarotstrahlung beheizt werden.
Das Grillgut mit etwas Öl bestreichen und bei starker Hitze rösten. Die Poren schließen sich rasch, der Saft bleibt im Fleisch erhalten. Grillspeisen sollen das typische Muster vom Rost haben und durch das Rösten eine aromatische Kruste bekommen.
Geeignet für Portionsstücke von zartem Fleisch, Geflügel, Innereien und Fisch sowie die verschiedensten Spießchen. Durch die Verwendung von Grillmarinaden (siehe Seite 107) wird die Grillade noch würziger und individueller im Geschmack.
Für das Erkennen der Garstufen sind die Erläuterungen über die Garstufen beim Braten (siehe Seite 100) zu beachten.

Kombiniertes Garen

Im Heißluftdämpfer, einer Kombination aus Heißluft- und Dämpfgerät, können die grundlegenden Technologien mit den Oberbegriffen Backen, Braten und Dämpfen in einem Gerät einzeln, nacheinander oder kombiniert angewendet werden. Durch die Kombination von umgewälzter Heißluft und Dampf ist ein Backen oder Braten mit automatischer Beschwadung möglich.
Es kann außerdem mit zwei oder drei Betriebsarten nacheinander während eines Garvorganges gearbeitet werden. Man kann in dem Gerät z. B. anbraten und danach braten beziehungsweise mit Heißluft und etwas Dampf fertiggaren. Ob erst gebräunt oder gedämpft wird, hängt in erster Linie vom Rohmaterial und von der Speise, die daraus hergestellt werden soll, ab.

Pochieren, Garziehen – pocher

Garziehen in Flüssigkeit oder im Wasserbad unter dem Siedepunkt. Die Flüssigkeit aufkochen lassen, das Kochgut einlegen und die Temperatur je nach Gargut kontrollieren.
Eier, Fische, zarte Farcen, Geflügel, Galantinen und Früchte für Kompott werden in entsprechender Flüssigkeit oder in einem Fond pochiert.
Terrinen läßt man im Rohr im Wasserbad gar ziehen. Buttersaucen oder Cremen mit Eiern werden im Wasserbad auf dem Herd aufgeschlagen. Speisen, die leicht gerinnen oder anbrennen können, werden auf diese Weise erwärmt.
Pochieren ist wie das Dämpfen eine sehr schonende Art des Garens. Fische für kalte Gerichte, Galantinen usw. sollen im Sud erkalten.

Poelieren, Hellbraundünsten – poêler

Gargut zugedeckt im Rohr nach Bedarf auf Röstgemüse mit Butter bei mittlerer Hitze unter zeitweiligem Begießen im eigenen Saft hellbraun dünsten. Kurz vor dem Garwerden den Deckel abnehmen und Farbe nehmen lassen.
Den Saft mit Wein ablöschen, reduzieren lassen, passieren, abfetten und abschmecken.
Diese Zubereitungsart eignet sich besonders für Fische, Geflügel und zarte Schlachtfleischstücke.

Sieden, Köcheln, Kochen – bouillir

Garen in viel siedender Flüssigkeit (um 100 °C). Gekocht wird im hohen Topf, je nach Kochgut offen oder mit geschlossenem Deckel. Das Kochgut muß immer mit Flüssigkeit bedeckt sein.
Durch richtiges Kochen werden Nahrungsmittel leichter verdaulich und schmackhaft. Die Zellgewebe werden gelockert, Nährstoffe freigelegt, Stärke verkleistert.
Wesentlich ist auch die bakterientötende Wirkung der Siedehitze. Das Ansetzen von Fleisch und Gemüse mit siedendem Wasser verhindert ein zu starkes Auslaugen. Auch Reis und Teigwaren werden so gekocht.
Hülsenfrüchte, Trockengemüse und Knochen für Suppen werden kalt aufgesetzt.
Bei Teigwaren und Produkten, die gekocht werden sollen, darf die Flüssigkeit sprudeln.
Fleisch, Suppen und Saucen sollen sieden, das heißt auf kleinem Feuer „köcheln".
Beim Kochen von Fleisch werden durch niedrigere Temperaturen die Garverluste geringer gehalten und die Saftigkeit bewahrt. Zu langes Garen macht Fleisch trocken und fasrig.
Pökel- und Räucherwaren sollen in ungesalzenem Wasser sieden. Sind Würzstoffe wie Wurzelwerk oder Kräuter erforderlich, so sind diese so beizugeben, daß sie mit dem Fleisch gleichzeitig gar werden. Erwünschte Aromastoffe bleiben dadurch erhalten.
Verschiedene gekochte Fleischstücke für die Kalte Küche läßt man im Kochsud erkalten. Dadurch trocknet das Fleisch nicht aus, und der spezielle Geschmack des Kochsudes bleibt im Fleisch erhalten.

Sonstige Bearbeitungsmethoden

Marinieren und Beizen

Unter Marinieren oder Beizen versteht man das Einlegen von Lebensmitteln in eine Marinade oder Beize. Marinaden bestehen aus Wasser mit Essig-, Sauermilch-, Buttermilch-, Wein- oder Zitronensaftzusatz und Gewürzen. Fleisch aller Art, aber auch Fische werden durch das Marinieren geschmacklich beeinflußt, sie werden würziger, das Fleisch älterer

Tiere wird mürber. Auch eine zeitlich begrenzte Konservierung wird dadurch erreicht. Tief-kühlfleisch sollte nicht mariniert werden, das Zellgefüge ist durch das Frosten weniger fest, es würde zu erhöhten Auslaugeverlusten kommen und das Fleisch bei der Zubereitung dadurch sehr trocken werden.

Mariniertes wird meist durch Braten oder Schmoren heiß weiterverarbeitet, zarte Spezialitä-ten können aber auch gleich nach dem Marinieren oder Beizen kalt gegessen werden.

Kurzmarinaden für Portionsstücke

Diese Marinaden werden zur Vorbehandlung von portioniertem Schlachtfleisch, Wild und Fischen, die anschließend gebraten, gebacken oder gegrillt werden, verwendet. Gesalzen wird immer erst vor der Zubereitung!

Marinieren mit Öl

Das portionierte Fleisch junger Tiere wird, damit es zarter wird, kurze Zeit in gutem Öl einge-legt. Zur Aromatisierung können für dunkles Fleisch gemahlener Pfeffer, für Wild zerdrückte Wacholderbeeren und zu Lammfleisch Thymian, Rosmarin, Basilikum, gehackter Knob-lauch und Zitronensaft beigegeben werden.

Grundrezept für 8 Portionen Schlachtfleischstücke oder Fischfilets

1 EL Weinessig oder Zitronensaft, 3 EL Weißwein, 8 EL Olivenöl, 1 Rosmarinzweig, 2 Salbeiblätter, 1 Thymianzweig, 1 Zwiebel, 2 Knoblauchzehen, 1 TL gemahlener Pfeffer, 1 TL Paprika

Grillmarinaden

Das sind Würzmischungen auf der Grundlage von Zitronensaft, Wein oder Essig und Öl. Mit Essig, Öl, Gewürzen, gewürfelter Zwiebel, gehackten Knoblauchzehen und Kräutern eine Marinade anrühren und die Grillade damit bestreichen. Das Fleisch sollte einige Stunden im Kühlschrank zugedeckt mariniert werden. Vor dem Grillen die Marinade abstreifen und trockentupfen. Man kann die Grillade kurz vor dem Fertigwerden mit der Marinade bepin-seln; dies macht sie würziger und läßt sie besser bräunen.

Kurzes Marinieren von Fischen

Portionierte Fische werden mit Zitronensaft und entsprechend der Weiterverarbeitung mit gehackter Zwiebel, Petersilie, Thymian und gemahlenem Pfeffer mariniert, zum Grillen wird noch Öl zugesetzt.

Marinieren für große Fleischstücke

Zähes und älteres Fleisch wird durch Marinieren geschmacklich beeinflußt und durch Säure gelockert.

Diese Methode ist vor allem für Wildschwein, Hirsch- und Schmorbraten zu empfehlen.

Grundrezept für zirka 2 bis 3 kg Fleisch

2 Zwiebeln, 2 Karotten, 50 g Sellerie, 1 Petersilienwurzel, 1 Thymianzweig, 2–3 Lorbeerblätter, 2–3 Nelken, 5 g Pfefferkörner, 2 gehackte Knoblauchzehen, 1 l Weiß- oder Rotwein, 25 cl Weinessig, 12 cl Öl

Rohmarinade

Das zu marinierende Fleisch eng in einen Topf legen. Die Zwiebel und das Wurzelgemüse in Scheiben schneiden und mit den Gewürzen über das Fleisch geben, mit Wein, Essig und Öl gut bedecken und leicht beschweren. Gekühlt aufbewahren und je nach Größe der Stücke und Art des Fleisches zwei bis zehn Tage marinieren lassen.

Für Wild gibt man noch zusätzlich Wacholderbeeren und einen Rosmarinzweig dazu, für Lammfleisch können ein Rosmarinzweig, Basilikum und Pfefferminze beigegeben werden. Durch die Verwendung eines Plastiksäckchens zum Marinieren benötigt man weniger Wein als in einem Topf und das Fleisch wird rundherum mariniert, ohne daß es gewendet werden muß.

Gekochte Marinade

Rezeptur wie bei Rohmarinade, statt Wein, Wasser mit Essig, die Zwiebel, das Wurzelwerk und die Gewürze zirka eine Viertelstunde kochen lassen und ausgekühlt über das zu beizende Fleisch gießen.

Das Öl kann kalt darübergegeben werden, oder man schwitzt zur Herstellung der Marinade darin die Zwiebel und das Wurzelwerk leicht an und gießt mit Essig und Wasser auf. Die Beizzeit beträgt zwei bis zehn Tage.

Einen Teil der Marinade und das Wurzelwerk zum Dünsten mitverwenden!

Eine mit Wasser hergestellte Marinade muß immer gekocht werden.

Marinieren mit Buttermilch, Sauermilch oder Sauerrahm

Die Fleischstücke mit saurer Milch, meist ohne Wurzeln und Gewürzen, bedecken und eher kurz (zwei bis vier Tage) gekühlt marinieren. Hasenrücken und Rinderfilets werden so mariniert, wobei Rinderfilets zu dünnen Scheiben aufgeschnitten auch „roh" gegessen werden können. Dazu wird die passierte Marinade mit Essig, Öl, Gewürzen und Kräutern zu einer Sauce verarbeitet und das Fleisch damit nappiert.

Zubereiten durch Marinieren und Beizen

Eine Methode der Zubereitung für kalte Gerichte ist das Marinieren mit Wein, saurer Milch oder Essig. Hauptsächlich Fische wie Seeteufel, Forellen, Lachs, Lachsforellen oder Meerwolf werden nach dieser Methode gebeizt.

Gebeizte Fische

500 g enthäutete Fischfilets, 2 EL Olivenöl, 1 EL weiße Pfefferkörner, 25 g Dill, Piment

20–50 g Salz, 10–40 g Zucker, Saft von ½ Zitrone

Die entgräteten Fischfilets mit Olivenöl bepinseln und mit grob gemahlenen Pfefferkörnern, gehacktem Dill und Piment bestreuen.

Salz und Zucker vermischen und die Hälfte davon in ein Geschirr geben. Die Filets mit der Hautseite nach unten einlegen und mit der restlichen Salz-Zucker-Mischung bestreuen. Mit Zitronensaft beträufeln, mit Klarsichtfolie abdecken und 24 Stunden im Kühlschrank beizen lassen (der Beizvorgang ist abgeschlossen, wenn sich die Beize verflüssigt hat).

Die Filets von den Rückständen der Beize befreien und in dünne Scheiben schneiden.

Durch Zugabe von Kerbel, Petersilie, Fenchelkraut, Kresse, gestoßenem Koriander, Senfkörnern, Wacholder und Pernod ergeben sich weitere Geschmacksvariationen beim Beizen.

Je dünner die Fischfilets, desto kürzer ist die Zeit des Beizens.

Einsalzen, Pökeln

Pökeln (Grundrezept für 5 kg Fleisch)

150 g Kochsalz, 2,5 g Salpeter oder 5 g Pökelsalz, 5 g Zucker

Zur Aromabildung je nach Bedarf Knoblauch, Kümmel, gemahlener Pfeffer, Lorbeer, Thymian, Koriander, Majoran oder Wacholder.

Das Einsalzen und Pökeln von Fleisch, Fleischwaren und Fisch schützt diese Lebensmittel nicht nur vor schnellem Verderb, sondern beeinflußt auch vorteilhaft ihre Farbe und ihren Geschmack.

Ein Nachteil ist aber der Austritt beziehungsweise die teilweise Zerstörung von Eiweißstoffen, Mineralsalzen und Vitaminen.

Unter **Einsalzen** versteht man das Zubereiten und Haltbarmachen von Lebensmitteln mit Hilfe von Kochsalz. Lebensmittel ohne starke Eigenfarbe wie Speck und Fisch oder Lebensmittel, bei denen die typische rote Pökelfarbe nicht erwünscht ist, werden dadurch haltbar gemacht.

Beim **Pökeln** werden dem Kochsalz Pökelstoffe wie Salpeter oder das sogenannte Pökelsalz (Mischung von geringen Mengen Salpeter oder Natriumnitrit mit Kochsalz) zugegeben. Diese Zusatzstoffe verbessern die konservierende Wirkung des Salzes und stabilisieren den roten Muskelfarbstoff. Das dabei entstehende Pökelrot ist hitzebeständig.

Durch die Zugabe von Zucker wird eine Umsetzung der Enzyme in Milchsäure und damit eine bessere Konservierung bewirkt. Zudem mildert der Zucker den Geschmack der Pökelstoffe und verhindert das Hartwerden des Fleisches. Die Pökeldauer ist abhängig von der Größe und dem Gewicht der Fleisch- oder Fischstücke, von der Lagertemperatur und dem angewandten Pökelverfahren. Pökelwaren werden anschließend meistens noch geräuchert. Pökelfleisch (Surfleisch) kann auch durch Kochen, Braten oder Backen weiterverarbeitet werden. Bei den folgenden Verarbeitungsvorschlägen mit Pökelsalz wird empfohlen, die Gebrauchsanweisung der im Handel angebotenen Fabrikate zu beachten.

Trockenpökelung

Grundrezepet für 5 kg Fleisch

20 g Pökelsalz, 300 g Kochsalz, Gewürze nach Bedarf

Pökelsalz, Kochsalz und Gewürze vermengen und damit das Fleisch gut einreiben. In ein sauberes Gefäß dicht einpacken und leicht beschweren oder abdecken. In temperiertem Raum (+10 bis maximal +15 °C) stehen lassen, bis es durchgepökelt ist. Die Pökeldauer ist je nach Stückgröße ein bis zwei Wochen, wobei die Fleischstücke nach einer Woche umgeschichtet werden sollen, damit auch die obere Fleischseite von der sich bildenden Eigenlake bedeckt wird. Anzuwenden für Dauerräucherwaren wie Rohschinken.

Naßpökelung – Surpökelung

Pökelsalz, Kochsalz und Gewürze vermischen, das Fleisch damit gut einreiben und in einen Surbehälter schlichten.

Nach drei Tagen aufgekochtes, wieder abgekühltes Wasser bis zirka handbreit über das Fleisch schütten. Die Raumtemperatur soll +8 bis +10 °C betragen, die Pökeldauer zwei bis drei Wochen. Anzuwenden für Selchfleisch, Surfleisch, Eisbein, Pökelzunge.

Schnellpökelung

Das Einspritzen mit 10prozentiger Pökelsalz-Wasser-Lösung bewirkt ein Pökeln von innen nach außen. Vor allem bei großen Stücken wie Beinschinken, aber auch bei Pökelzunge wird diese Methode angewendet.

Kombiniertes Pökeln

Die einzelnen Pökelverfahren können auch in Kombination, wie zum Beispiel Spritzpökeln und Naßpökeln, zu rascheren Pökelung angewendet werden.

Pökeln im Vakuumbeutel

Durch das Pökeln in der Eigenlake im Vakuumbeutel ist eine gleichmäßige Durchpökelung gewährleistet. Die Einwirkung des Sauerstoffes wird verhindert und dadurch die Pökelware vor dem Verderb geschützt.

Um eine gleichmäßige Salzverteilung, eine kräftigere Umrötung und einen mürberen Schinken zu erhalten, läßt man die gepökelten Fleischstücke ohne die Eigenlake noch einige Tage Nachbrennen oder **Durchbrennen.** Das ist die eigentliche Reife- und Aromatisierungsphase. Hier muß dafür gesorgt werden, daß die Temperatur nicht zu hoch ist (+6 bis +8 °C). Vor allen Dingen darf die relative Luftfeuchtigkeit nicht zu hoch sein, da es sonst zum Beschlagen der Oberfläche und zur Schimmelbildung kommt. Gleichzeitig soll die Rohpökelware beim Nachbrennen noch an Gewicht verlieren und die Haltbarkeit erhöht werden. Wichtig ist auch, daß die Rohpökelware während der Pökelung und vor allem während des Nachbrennens nicht zu starkem Lichteinfluß ausgesetzt wird, da es dabei zu Geschmacks- und Farbveränderungen an der Oberfläche oder im Fettanteil kommen kann. Nach der Nachbrennphase kann die Schärfe des Schinkens durch **Wässern** beeinflußt werden. Es ist immer noch üblich, Schinken nach dem Pökeln zu wässern, um den Salzgehalt der Randzonen zu verringern. Die Wässerungszeit sollte so kurz wie möglich gehalten werden, um ein Auslaugen der Pökelstoffe in den Randzonen und dadurch das Grauwerden zu verhindern. Wässern ist beim Pökeln im Vakuumbeutel nicht erforderlich.

Räuchern – Selchen

Durch die Einwirkung von Rauch werden Fisch, Fleisch und Wurstwaren und Käse konserviert. Heute wird das Räuchern eher wegen der Geschmacksverbesserung und wegen des appetitlichen Aussehens geschätzt. Räuchern wirkt durch den Holzrauch, der durch Verschwelen von naturbelassenen Hölzern und Zweigen erzeugt wird. Es ist wasserentziehend und keimhemmend. Der Geschmack der Räucherware hängt von der Art und der Beschaffenheit des Holzes ab.

Zum Räuchern werden trockene Holzscheite von Buche, Eiche oder Erle verwendet. Harzreiches Holz soll nicht verwendet werden. Ebenso können trockene Säge- oder Hobelspäne mitverwendet werden. Weitere Geschmacksnuancen können auch durch Zusatz von Wacholderzweigen oder Wacholderbeeren, Pfefferkörnern, Lorbeerblättern, Thymian oder Rosmarin erreicht werden.

Das Räuchern erfolgt in Räucherkammern, -schränken oder Kleingeräten, in denen mit kaltem oder erhitztem Rauch gearbeitet wird. Durch gedrosselte Luftzufuhr wird ein langsames, flammenloses Verbrennen des Holzes erreicht und in der Weise der Rauch erzeugt. Zum Räuchern läßt man das gepökelte Fleisch auslüften und gut abtrocknen. Während des Räucherns soll die Räucherkammer täglich gelüftet werden, damit die Räucherware immer wieder abkühlen kann. Durch zu langes Räuchern wird die Räucherware zäh und trocken.

Grundrezept für 5 kg Fleisch
25 g Pökelsalz, 300 g Kochsalz, Gewürze nach Bedarf, 2 l abgekochtes Wasser

Die Räucherzeit ist von der Rauchstärke und von der Fleischstückgröße abhängig. Mittelschwere Fleischstücke mit zirka drei bis vier Kilogramm dauern etwa eine Woche, große Schinken zwei bis drei Wochen und Wurstwaren ein bis zwei Tage. Grundsätzlich werden beim Räuchern zwei Verfahren unterschieden.

Beim **„Kalträuchern"** wird in gekühltem Rauch bei 15 bis 22 °C einige Tage bis Wochen geräuchert. Dabei wird eine weiche, zarte Räucherware mit einem feinen Rauchgeschmack und einer langen Haltbarkeit erzielt. Dieses Verfahren wird für Dauerwaren wie Rohwurst, Westfäler Schinken, Osso Collo oder für besonders zarte, fette Fische angewendet.

Das **Lufttrocknen** ist eine dem kalten Räuchern verwandte Methode. Beim Bündner Fleisch, einer Spezialität aus Graubünden, bei der Salamiherstellung und bei der Herstellung von Luftspeck und italienischem Schinken spielt das Lufttrocknen eine wichtige Rolle. Die Schinken werden dafür etwa drei bis vier Wochen im Naßverfahren gepökelt und danach gut gewässert. Anschließend müssen sie an einem luftigen Ort trocknen. Die relative Luftfeuchtigkeit sollte dabei nicht unter 80 Prozent sinken.

Um diesen Vorgang zu beschleunigen, kann von Zeit zu Zeit bewegte warme Luft mit einem Ventilator an das Fleisch herangebracht werden. Wenn keine klimatisierten Räume zur Verfügung stehen, kann das Lufttrocknen nach dem Naturverfahren am besten in den kalten Monaten (sog. R-Monaten von September bis April) durchgeführt werden. Sehr gut geeignet zum Lufttrocknen ist der Räucherschrank bei entsprechender Lüftung und Temperatur. Die Schinken benötigen etwa 1 bis 2 Monate zum Trocknen.

Die lange Lufttrocknungsperiode kann aber auch durch zwischenzeitliches Kalträuchern verkürzt werden.

„Warm- oder Heißräuchern" wird in heißem, dichtem Rauch bei Temperaturen zwischen 40 bis 90 °C durchgeführt und dauert nur einige Stunden. Dieses Verfahren wird für Halbdauerwaren wie Kochschinken, Geflügelbrüstchen, Fische usw. angewendet. Die Produkte sind mürb und saftig, der Geschmack erreicht aber nicht die Qualität wie beim Kalträuchern, außerdem haben sie nur eine kurze Haltbarkeit. Heißgeräucherte Fleischwaren eignen sich auch zum Tiefkühlen.

Die **Schwarzräucherung** mit Hilfe von harzhältigem, stark rußendem Nadelholz ist wegen des zu hohen Anfalls an Schadstoffen bei der Räucherung aus gesundheitlichen Gründen als bedenklich zu betrachten.

Fertige Selchware soll eine schöne Farbe haben, nicht rußgeschwärzt und außen trocken sein.

Wildschinken

*Pökellake für
2 bis 3 kg Fleisch*

1 EL Wacholderbeeren,
1 EL Pfefferkörner,
1 TL Gewürzkörner, 3 Lorbeerblätter,
1 Rosmarinzweig, 1 Thymianzweig,
2 Knoblauchzehen, 100 g Kochsalz,
100 g Pökelsalz, 2 EL Zucker,
2 l Wasser, 4 cl Kirschwasser

Ausgelöste Reh- oder Hirschkeule enthäuten und in etwa gleich große Stücke teilen und, wenn erforderlich, mit Spagat binden. Die Gewürze zerstoßen und mit dem Salz, Pökelsalz und Zucker vermischen und die Fleischstücke damit gut einreiben und in einen passenden Behälter schlichten. Das Wasser kurz abkochen, erkalten lassen und mit dem Kirschwasser über das Fleisch gießen, sodaß es vollkommen bedeckt ist. Im Kühlschrank zirka zwei Wochen zugedeckt stehen lassen. Beim Herausnehmen abtrocknen und 24 Stunden an einem kühlen, luftigen Ort hängen lassen. Zur geschmacklichen Vollendung wird der Schinken an drei Tagen hintereinander je eine Stunde lang kalt geräuchert. Nun soll der Schinken einige Tage gut gekühlt ruhen. Dünn aufgeschnitten wird er mit passenden Beilagen zu Wild, Obstgarnituren, pikanten Fruchtsalaten oder marinierten Pilzen serviert.

Rohschinken vom Mühlviertler Weidelamm

2 g Rosmarin, 2 g Thymian,
1 g zerdrückte Wacholderbeeren,
3 Lorbeerblätter, 2 g Senfkörner,
2 g zerdrückte Pfefferkörner, 2 blättrig
geschnittene Knoblauchzehen,
30 g Pökelsalz, 1 kg ausgelöster,
parierter Lammschlegel

Schweinsnetz

Kräuter und Gewürze mit dem Pökelsalz vermischen und den Lammschlegel damit innen und außen gut einreiben. Leicht beschweren und bei 7 bis 10 °C eine Woche beizen. Dabei öfters wenden.

Die Innenseite des Lammschlegels mit lauwarmem Wasser ausspülen, leicht einschneiden und mit den Händen gut durchmassieren. Dadurch tritt Eiweiß aus, das die Bindung nach dem Räuchern gewährleistet.

Den Lammschlegel in ein Schweinsnetz wickeln. Eineinhalb Tage bei 18 bis 20°C kalt räuchern und anschließend bei zehn bis 15°C drei Wochen reifen lassen.
Zum kalten Räuchern eignet sich am besten Fichten- oder Buchenholz. Der Gewichtsverlust vom Schlegel bis zum fertigen Schinken beträgt zirka 35 Prozent.
Rezept Peter Fischer

Geräucherte Gänse- oder Entenbrust

Zutaten für 1 kg Brustfleisch
ca. 4 Enten- oder Gänsebrüste mit Haut, 50 g Pökelsalz, 5 g Zucker, Majoran

Lake: 50 g Pökelsalz, 1 kl. Zimtrinde, 1 TL zerdrückte Pimentkörner, 1 l Wasser, Wacholderbeeren

Die ausgelösten Bruststücke mit Haut mit einer Mischung aus Pökelsalz, Zucker und Gewürzen gut einreiben und in ein passendes Gefäß einordnen. Die restlichen Zutaten mit Wasser zu einer Pökellake aufkochen und abgekühlt über das Fleisch gießen und drei bis vier Tage pökeln lassen. Danach die Brüste waschen, gut trocknen, binden, mit einer Schlaufe versehen oder zur schöneren Formgebung über Nacht beschwert aufbewahren. Anschließend werden die Brüste zirka eine Woche hindurch jeden Tag einmal kalt geräuchert, wobei bei jedem Rauchgang einige Wacholderbeeren eingestreut werden.

Räuchern von Fischen

Nur frische Fische mit einem natürlich hohen Fettgehalt sind zum Räuchern geeignet. Stark fetthaltige Fische zerfallen leicht, verderben schnell und werden rasch unanschaulich.
Fertig vorbereitete rohe Fische werden vor dem Räuchern nur schwach gesalzen, gebeizt oder in Salzlake eingelegt.
Je nach Fischart und gewünschtem Ergebnis können rohe Fische aber auch ungesalzen verwendet werden. Gebeizte oder in Salzlake eingelegte Fische werden – wenn notwendig – gewässert und mit warmer Luft vorbereitet.
Kalt geräuchert werden vorgesalzene Fische bei Temperaturen unter 30°C. Sie liegen dabei auf einem Gitterrost über dem schwelenden Holz. Der Vorgang dauert etwa 24 Stunden, bei großen Fischen auch zwei bis drei Tage. Die Räucherfische schmecken dann leicht salzig und ausgeprägt nach Rauch. Kalt geräuchert werden unter anderem Lachse.
Heiß geräuchert werden meist ungesalzene oder nur schwach gesalzene Fische in frischentwickeltem Rauch bei Temperaturen über 60°C. Dabei wird solange mit größerer Hitze gearbeitet, bis der Fisch eine Kerntemperatur von 60°C hat. Dadurch werden die notwendige Gare und die Abtötung eventueller Parasiten erreicht. Anschließend wird die Temperatur unter 60°C gesenkt und der Fisch bis zur gewünschten Färbung im Räucherofen belassen. Portionsfische wie Forellen, Weißfische, Ranken oder Aale brauchen dazu 15 bis 20 Minuten, größere Fische bis zu zwei Stunden.

Räuchern von Lachs

Der Lachs wird filetiert, dabei werden die feinen Häute und alle Gräten restlos entfernt. Die feinsten Gräten werden am besten mit einer Flachzange oder Pinzette einzeln aus dem Fischfleisch gezogen.
Die so vorbereiteten Lachsseiten werden mit einer Mischung aus Salz, Zucker, Zitronensaft, geschroteten Pfefferkörnern und nach Geschmack auch mit zerdrückten Wacholderbeeren und blättrig geschnittenem Wurzelgemüse acht bis zwölf Stunden gebeizt (siehe Fischbeize Seite 108).
Zum Räuchern wird das Lachsfilet kurz gewässert, abgetrocknet und auf einen geölten Gitterrost gelegt. Der Räucherofen wird mit einer Pfanne mit Eisblöcken beschickt. Das Räuchermaterial kann so schonend erhitzt und mit Glut durchgesetzt werden. Das Räuchern kann beginnen, wenn ein gleichmäßiger, heller Rauch entsteht. Dieser Vorgang sollte öfters erneuert sowie die Eiswanne gewechselt werden. Der Räuchervorgang ist nach zwei bis drei Tagen beendet.
Das Fischfilet gibt beim Fingerdruck schwer nach. Der fertige Räucherlachs kann nach einigen Stunden Kühlung in dünne Scheiben aufgeschnitten werden.

Räuchern von Forellen

Die Forellen werden sauber ausgenommen und zum Entschleimen mit Salz abgerieben, sie werden dann mit einer Mischung aus 50 g Salz, 50 g Zucker, 1 TL gemahlenem Pfeffer eingerieben und mit dem Saft einer Zitrone beträufelt. Die Körperhöhle wird mit einem Lorbeerblatt und frischer Dille gefüllt. Diese Salz-Zucker-Mischung reicht für zwei bis drei Forellen. Die Fische werden nun mit Folie abgedeckt und ein bis sechs Stunden zum Beizen kühl gestellt (siehe Grundrezept für gebeizte Fische, Seite 108). Danach werden die gebeizten Fische auf geölte Roste gelegt und zirka 20 Minuten **heiß geräuchert.** Je nach Größe der Fische kann bei einer maximalen Temperatur von 60°C die Räucherzeit bis zu zwei Stunden dauern. Wenn die Haut eine schöne goldgelbe Farbe hat und das Fischfleisch sich elastisch anfühlt, kann der Räuchervorgang beendet werden.

Konservieren mit Alkohol

Diese Konservierungsart wird vorwiegend bei Früchten angewendet. Alkohol durchdringt die Früchte, ersetzt ihre natürliche Flüssigkeit und wirkt hemmend auf das Bakterienwachstum. Verwendet wird hochprozentiger Alkohol wie Weinbrand, Cognac, Rum, der eigene Geist des jeweiligen Obstes oder Wein und eine entsprechende Zuckermenge zum Ansetzen.

Zum Einlegen in Alkohol sollen nur vollkommen gesunde, reife, aber nicht überreife, und saubere Früchte verarbeitet werden. Beerenfrüchte werden roh verarbeitet, feste Früchte werden in Zuckerwasser kurz überkocht. Eine schnellere Konservierung wird erreicht, indem man die kleineren Früchte ansticht und die größeren in kleinere Stücke zerteilt. Das Obst wird in Steinguttöpfe oder Gläser eingelegt, mit Zucker bestreut oder mit Läuterzucker übergossen. Dann wird der Alkohol darübergeleert, wobei die Früchte stets mit Flüssigkeit bedeckt sein müssen.

Die Früchte brauchen einige Monate, bis sie völlig mit Alkohol durchtränkt sind. Sie sollen trocken und kühl aufbewahrt werden.

Einkochen

Einkochen oder Einsieden heißt, in Gläsern oder Flaschen abgefüllte Lebensmittel in zubereiteter Form oder als fertige Speise durch Erhitzen in einem Wasserbad oder im Einkochtopf haltbar machen.

Die Hitze tötet die Fäulnisbakterien und läßt ein teilweises Vakuum entstehen, das die Behälter verschließt und so ein Verderben verhindert. Die Größe der Behälter, die Temperatur des abgefüllten Einmachgutes, der Säuregehalt und natürlich die Sorte und Beschaffenheit des Produktes sind Faktoren, die die Einkochzeit (20 bis 60 Minuten) und Temperatur (70 bis 90°C) bestimmen.

Kühlen und Tiefkühlen

Durch Anwendung niederer Temperaturen und entsprechender Lagerung werden Lebensmittel durch Kühlen oder Gefrieren beschränkt haltbar gemacht. Niedere Temperaturen hemmen die Entwicklung der Mikroorganismen.

Kühlen

Das Gekühltlagern in Kühlräumen, -zellen oder -schränken soll möglichst bei Temperaturen von 0 bis plus 2°C erfolgen, jedenfalls aber bei Temperaturen bis etwa plus 4°C. In bestimmten Ausnahmefällen, wie bei Obst, Gemüse, Schinken, Pasteten und Würsten kann bis plus 6°C gelagert werden.

Für gewerbliche Betriebe ist die getrennte Lagerung von Fleisch und anderen Lebensmitteln vorgeschrieben. Leicht verderbliche Lebensmittel, wie fertig zubereitete Speisen, Fleisch und Fleischwaren, Salate usw., sind auch bei einwandfreier Kühlung nur einige Tage haltbar. Aromaempfindliche Lebensmittel und Speisen oder solche mit starken Gerüchen sollen zugedeckt aufbewahrt werden. Sie werden dadurch auch vor dem Austrocknen geschützt. Gegartes Fleisch kann in Folie oder im eigenen Fond aufbewahrt werden. Gekühlt wird aber nicht nur, um dem Verderben entgegenzuwirken, sondern auch, um Speisen und Getränke mit der richtigen Temperatur abzugeben.

Zum Kühlen bzw. zum Anrichten von Salaten verwendet man einen Kühltisch mit eingelassener Kühlwanne und mehreren Einsätzen, die abgedeckt werden können. Im Bankettbereich empfiehlt sich ein Kühlschrank mit einfahrbaren Regalwagen. Aus wirtschaftlichen und ernährungsphysiologischen Gründen müssen die Haltbarkeitsdauer und Lagerbedingungen für Lebensmittel eingehalten werden. Möglichst kurze Lagerzeiten sind anzustreben.

Die Temperatur der Kühlgeräte soll jederzeit ablesbar sein, am besten von außen. Kühlschränke mit mehreren Türen halten den Temperaturverlust beim Öffnen geringer, außerdem hat man die Möglichkeit einer getrennten Lagerung und damit eine Geruchstrennung.

Richtlinien für die Haltbarkeitsdauer kühl gelagerter Lebensmittel

	Lagerdauer in Tagen	Lagertemperatur
Frischfleisch *Frischfleisch, vakuumverpackt*	2 bis 5 7 bis 10	+2 bis +4 °C
Faschiertes	1	+2 bis +4 °C
Geflügel	7	0 °C
Innereien	3	+1 °C
Blutwurst, ganz	4	+6 °C
Kochschinken, aufgeschnitten *Kochschinken, verpackt*	4 7	+6 °C
Lachsschinken	12	+12 °C
Osso Collo, aufgeschnitten	15	+12 °C
Preßwurst, ganz	8	+6 °C
Pastete, ganz	6 bis 8	+6 °C
Rohschinken	14 bis 28	+12 °C
Salami, ganz *Salami, aufgeschnitten*	28 16	+12 °C
Selchfleisch, ganz	14 bis 20	+6 °C
Selchspeck	6 bis 18	+6 °C
Sulze	6	+6 °C
Fisch, frisch	1 bis 3	−1 bis +2 °C
Fischmarinaden, offen	3 bis 6	+6 °C
Gegarte Speisen	1 bis 4	+2 bis 6 °C
Eier	10 bis 14	+1 bis 3 °C
Butter	6 bis 14	+2 bis 6 °C
Milch, Obers, Rahm	2 bis 5	+2 bis 4 °C
Käse	4 bis 14	+4 bis 7 °C
Obst, Gemüse – je nach Art	1 bis 14	+4 bis 8 °C
Salate	1 bis 2	+6 °C

Tiefkühlen

Das Tiefkühlen ist für die meisten Lebensmittel die schonendste Konservierungsart. Tiefgekühlt werden küchenfertige Rohwaren, halbfertige Gerichte, Fertiggerichte und Speiseeis. Tiefkühlung besteht nicht nur aus der Lagerung gekaufter Produkte, sondern in der Verbindung von Schockfrosten und Lagerung. Nur durch Schockfrosten ist ein hygienische und qualitative Tiefkühlung möglich. Durch diese schlagartige Kälteeinwirkung von minus 30 °C bis minus 40 °C bei starker Luftumwälzung bilden sich aus der Zellflüssigkeit nur winzige Kristalle, die die Zellwände nicht zerstören. Die Einfriergeschwindigkeit soll allgemein einen Zentimeter pro Stunde betragen. So bleibt beim Auftauen die Konsistenz der Ware weitgehendst unverändert. Für das Gewerbe werden Geräte angeboten, in denen durch Umschaltung Schnellkühlung, Schockfrosten, Kühllagerung bei plus 3 °C sowie Tiefkühllagerung bei minus 18 °C bis minus 24 °C in einem Gerät durchgeführt werden können. Durch die Schnellkühlung können kochwarme Speisen rasch abgekühlt werden. Für die Qualität und Haltbarkeit entscheidend ist auch eine luft- und wasserdampfdichte Verpackung. Es werden spezielle Folien, Plastikbehälter oder Kunststoffsäcke verwendet. Zum luftdichten Verschließen empfiehlt sich ein Folienschweißgerät oder ein Vakuumgerät. Von den Rohprodukten werden am häufigsten Gemüse und Früchte sowie frisches Schlachtfleisch, Geflügel, Wild und Fische tiefgekühlt. Es darf nur erstklassige, frische Ware tiefgekühlt werden. Werden halbfertige Gerichte oder Fertiggerichte in Eigenerzeugung zum Tiefkühlen hergestellt, so ist auf eine besonders hygienisch einwandfreie Bearbeitung der Produkte zu achten.

Vorarbeiten zum Tiefgefrieren

Fleisch darf nur dann tiefgefroren werden, wenn es keinerlei Anzeichen von Verderb aufweist. Es soll in nicht zu große Stücke zerteilt werden. Knochen werden ausgelöst, bei Fleischstücken mit Knochen wird dieser mit Alufolie abgedeckt, um ein Zerreißen der Verpackung zu verhindern. Will man Portionen einzeln entnehmen, so müssen sie vor dem Verpacken schockgefroren oder mit dazwischengelegter Folie tiefgefroren werden.

Rohes Faschiertes darf nur durch Schockfrieren tiefgekühlt werden. Bratfertiges Frischgeflügel oder Geflügelteile werden nur innerhalb 24 Stunden nach der Schlachtung eingefroren.

Fische werden ganz, filetiert bzw. portioniert tiefgefroren, wobei sie oft nach dem Anfrieren durch kurzes Eintauchen in kaltes Wasser glasiert werden.

Die meisten Gemüse werden blanchiert, beim Obst nur wenige Ausnahmen. Die Blanchierzeit beträgt je nach Gemüse- oder Obstart 2 bis 5 Minuten. Das Blanchieren in Verbindung mit raschem Abkühlen reduziert die Keime und inaktiviert die nahrungseigenen Enzyme. Es verhindert das Verfärben, Vitaminverluste, Geruchs-, Geschmacks- und Konsistenzveränderungen. Empfindliche Nahrungsmittel, wie Beeren, werden roh auf Bleche ausgebreitet vorgefroren und dann erst abgefüllt, oft aber auch durch Beigabe von Zucker länger haltbar gemacht.

Sehr gut eignen sich auch Küchenkräuter zum Einfrieren, sie werden nicht blanchiert, sondern im ganzen, gehackt und manchmal bereits als Kräutermischung gefroren.

Auftauen ist für Gemüse und Obst meist nicht erforderlich. Gemüse wird in wenig Wasser gedünstet, wobei durch das Blanchieren eine verkürzte Garzeit zu beachten ist.

Ganze Eier, gekochte Eier, Emulsionen, wie Mayonnaise, und Milch sind zum Tiefkühlen nicht geeignet.

Die Waren zum Einfrieren flach verpacken, möglichst vakuumverschweißen und auseinanderlegen, erst nach dem Durchfrieren stapeln. Beim Selbsteinfrieren wird mit wasserfesten Stiften das Einfrierdatum, der Inhalt und die Mengenangabe auf jeder Packung vermerkt.

Tiefkühllagerung

Bei einer Lagertemperatur von minus 18 °C bis minus 22 °C treten zwar keine bakteriellen Verderbnisprozesse auf, das Fett wird jedoch durch den Luftsauerstoff langsam zersetzt und ranzig.

Qualitätsveränderungen bewirken aber auch Enzyme durch Abbauvorgänge bei roh eingefrorenen Lebensmitteln.

Bei der Tiefkühllagerung darf es zu keiner Luftbewegung mehr kommen, denn diese führt ebenso wie unsachgemäße Verpackung und zu lange Lagerung zu Gefrierbrand. Verdunstungen an der Oberfläche der Lebensmittel trocknen die Zellflüssigkeit aus, und es entstehen weiße oder rötliche Flecken.

Bei einem größeren Vorrat von Tiefkühlprodukten ist eine Lagerkartei von Vorteil.
Zur ständigen Kontrollmöglichkeit der Tiefkühltemperatur gehört an ein Tiefkühlgerät ein
Thermometer bzw. muß die Temperatur von außen ablesbar sein.
Eine Unterbrechung der Kühlkette ist zu vermeiden. Ein Stromausfall von mehreren Stunden bei geschlossenem Gerät gefährdet die Ware noch nicht. Ein- bis zweimal jährlich abtauen, da durch eine zu dicke Eisschichte mehr Energie benötigt wird und die Lagertemperatur oft nicht mehr stimmt.

Aufbereiten – Auftauen

Manche Tiefkühlwaren wie Gemüse und Fisch werden gefroren oder angetaut weiterverarbeitet. Muß aufgetaut werden, so geschieht dies am schonendsten im Kühlschrank, was natürlich ein längere Zeit in Anspruch nimmt als bei Raumtemperatur. Der Mikrowellenherd eignet sich besonders für ein rasches Auftauen und Erwärmen von Fertiggerichten. Kleingebäck kann direkt im Backofen aufgetaut werden (siehe Seite 92). Aufgetaute oder angetaute Lebensmittel müssen sofort verbraucht werden und dürfen nicht nochmals eingefroren werden. Bei über plus 4 °C kommt es zu einer starken Keimvermehrung. Diese Keime bleiben bei unverarbeiteter Tiefkühlware, die wieder eingefroren wurde, erhalten, wodurch es zu einem raschen Verderb nach dem Wiederauftauen kommt.

Konservieren in Essig und Öl

Essig konserviert das Gemüse, indem er es durchdringt und die natürliche Flüssigkeit ersetzt. Dem Gemüse wird durch kurzes Einsalzen oder Trocknenlassen Eigenflüssigkeit entzogen, die den Essig verdünnen würde. Weiters kann Gemüse durch Blanchieren vorbereitet werden, indem man es in Gläser legt und mit kaltem oder heißem Essig übergießt. Erkalten lassen, eventuell mit Öl abisolieren und luftdicht verschließen. Der Essig wird, je nach Gemüseart, mit Zwiebeln, Knoblauch, Gewürzen und Kräutern aromatisiert. Auf diese Art werden Essiggurkerl, Perlzwiebel, Pfefferoni, Paprika, Mixed Pickles (Rezept Seite 167) und Senfgurken konserviert.
Süßsaure Früchte werden durch Essig- und Zuckerlösungen hergestellt. Sie werden gerne zu kalten Fleischspeisen gereicht.

Trocknen

Die einfachste und unkomplizierteste Art, Kräuter und Pilze zu konservieren, ist das Trocknen an einem schattigen Platz, nicht in der Sonne!

Kräuter

Am besten eignen sich Bohnenkraut, Majoran, Oregano, Rosmarin, Salbei, Basilikum, Liebstöckel, Pfefferminze, Thymian und Zitronenmelisse zum Trocknen. Die frischen, nicht gewaschenen und trockenen Kräuter bündeln und mit den Stielen nach oben an einem luftigen Ort aufhängen, bis sie sich ganz trocken anfühlen (1 bis 2 Wochen). Nun können die Blätter abgerebelt werden. Die holzigen Stiele (Stengeln) können zum Aromatisieren von Suppen oder von Essig verwendet werden.
Die Kräuter können weiter zwischen zwei Handflächen oder in einer Pfeffermühle zerrieben werden. Will man sie noch feiner, kann man sie mixen und durch ein feinmaschiges Sieb sieben. In luftdichten Behältern an einem trockenen Ort und vor Sonnenlicht geschützt aufbewahren.

Pilze

Am besten eignen sich Steinpilze zum Trocknen. Die Pilze müssen frisch, fest und möglichst trocken sein. Die geputzten Pilze werden in dünne Scheiben geschnitten und auf einer luftdurchlässigen Unterlage (Küchenkrepp, flaches Sieb) ausgebreitet, so daß die Pilze einander nicht berühren. An der Luft und Sonne trocknen, öfters wenden, und wenn sie „raschelnd" trocken sind, in luftdicht schließenden Gläsern aufbewahren.

Vakuumverpacken

Vakuumverpacken wird zum portionsgerechten und hygienischen Frischlagern oder Tiefkühlen von Lebensmitteln angewendet. Die Haltbarkeit wird verlängert, beim Tiefkühlen wird der Gefrierbrand vermieden. Bei der Lagerung werden Oberflächenverderb und Gewichtsverlust durch Austrocknen verhindert. Durch Beschriftung der Verpackung wird eine bessere Übersicht geschaffen.

Vakuumverpackte Lebensmittel sind nicht als konservenähnliche Produkte aufzufassen, da die Haltbarkeit des Inhalts durch das Vakuum nicht wesentlich verlängert wird.

Das Vakuumverpacken stellt an die Hygiene beim Verpacken besonders hohe Ansprüche. Die Lebensmittel werden in Klarsichtbeuteln verpackt. Mit Hilfe eines Vakuumgerätes wird die Luft abgesaugt, wobei sich die Folie an das Lebensmittel preßt. Nach diesem Vorgang erfolgt das automatische Verschweißen des VAC-Beutels. VAC-Beutel müssen gefrierfest, kochfest und mirkowellenfest sein. Das Vakuumverpacken wird für Fleisch, Fleischwaren, Fische, Obst, Gemüse, Fertiggerichte, Tiefkühlwaren u. a. angewendet.

Bei Fleisch ist die Frische der Ware maßgebend. Temperaturschwankungen sollten vermieden werden, und der Zeitraum zwischen Zerlegen des Fleisches und dem Vakuumieren soll so kurz wie möglich sein. Dadurch bleiben die Fleischstücke vor Bakterienbefall geschützt. Es entstehen keine Verluste durch Parieren, es kann rentabler gearbeitet werden und es ergibt sich eine gute Lagerübersicht. Fleisch wird außerdem durch Vakuumverpacken mürber.

Die Lagerdauer bei normaler Kühlraumtemperatur von plus 1 bis plus 3 °C kann bei Rindfleisch auf 20 Tage und bei Kalbfleisch auf 10 Tage verlängert werden. Fetthaltiges Schweinefleisch eignet sich weniger gut zum Vakuumlagern. Vor Gebrauch soll das Fleisch rechtzeitig ausgepackt werden, damit es durch die Einwirkung des Luftsauerstoffes die natürliche Fleischfarbe wieder erlangt.

Fische werden ganz oder filetiert vakuumverpackt und müssen dann gleich tiefgefroren werden. Dadurch wird eine sehr gute Haltbarkeit erzielt und nichts an Qualität eingebüßt. Einen besonderen Stellenwert nimmt das Vakuumverpacken für Fertiggerichte ein. Sie können im Beutel pasteurisiert, leicht in kaltem Wasser abgekühlt und im VAC-Beutel auch regeneriert werden.

Eine weitere Einsatzmöglichkeit ist das Marinieren im Vakuumbeutel, dabei ist zu beachten, daß weniger Marinade und eine wesentlich kürzere Zeit zum Marinieren erforderlich sind. Bei Geräten mit Begasung können weiche Waren, ohne sie zu zerdrücken, vakuumiert werden.

Verpacken mit Frischhaltefolie und Alufolie

Im Küchenbereich werden die selbsthaftenden, atmungsaktiven, lebensmittelechten Frischhaltefolien zum Vorverpacken, Abdecken und Frischhalten von Lebensmitteln verwendet.

Besondere Erleichterung bringt diese Verpackungsmethode beim Vorbereiten von kalten Platten. Werden diese mit Folien abgedeckt, verhindert die Folie durch ihre hervorragenden Eigenschaften (Aromadichte, Geschmacks- und Geruchslosigkeit, Fettdichte, Wasserunempfindlichkeit, hohe Gasdurchlässigkeit, Sauerstoffaustauscheffekt) sowohl das Abtrocknen und das Unansehnlichwerden der vorbereiteten Produkte über mehrere Stunden (3 bis 6 Stunden ohne Kühlung, 12 bis 23 Stunden mit Kühlung).

Durch diese kurzfristige Lagerung ist es möglich, die verschiedensten Produkte zeitunabhängig vorzubereiten und mit oder ohne Kühlung optimal frischzuhalten.

Alufolie: Da sie nicht gasdurchlässig ist, ist sie kaum für die Frischhaltung geeignet. Durch ihre gute Warmhalteeigenschaft eignet sie sich aber gut zum Braten und Backen. Die glänzende Seite muß, da sie leicht oxidiert, unbedingt außen sein.

Rezepte

Amuse-gueules

Amuse-bouches, wie diese kleinen Mundbissen auch genannt werden, sollen ein festliches Menü einleiten. Sie können kalt, aber auch warm serviert werden. Durch ihr reizvolles Aussehen üben sie auf den Gast eine appetitanregende Wirkung aus und überbrücken die Wartezeit auf den ersten Gang.

Ein kreativer und geschickter Koch verwendet für diese Gerichte vorwiegend Nebenprodukte, sodaß geringe Materialkosten entstehen. Ob auf einer Silberplatte angerichtet und vorgelegt, auf Vorspeisentellern serviert oder in anderer Form präsentiert, bleibt jedem selbst überlassen. Amuse-gueules werden in der Regel mit den Worten „Eine kleine Aufmerksamkeit der Küche" serviert. Der psychologische Wert dieser netten Geste sollte nicht unterschätzt werden.

Carpaccio vom Reh

Das parierte und gut gekühlte Rehrückenfilet in hauchdünne Scheiben schneiden. Die rohen Champignons in dünne Scheiben schneiden. Champignons und Friséesalat mit Himbeerdressing (siehe Seite 128) marinieren.

Das Carpaccio darauf anrichten, mit etwas Marinade beträufeln und mit blanchierten Preiselbeeren bestreuen.

Carpaccio vom Rind

Foto Seite 121

Das parierte und gut gekühlte Rindsfilet in hauchdünne Scheiben schneiden. Auf Tellern anrichten, mit Olivenöl bepinseln und mit Salz und Pfeffer bestreuen.

Den Brokkoli kochen und in Röschen teilen. Brokkoli und Chicorée mit einer einfachen Salatmarinade (siehe Seite 128) marinieren und das Carpaccio damit garnieren.

Carpaccio von Lachsforelle und Seeteufel

Die gut gekühlten Filets von Lachsforelle und Seeteufel in hauchdünne Scheiben schneiden. Die Scheiben auf Tellern anrichten und mit Vinaigrette (siehe Seite 130) beträufeln. Anstelle von Lachsforelle und Seeteufel können auch Steinbutt und Saibling verwendet werden.

Frische Austern im Salatblatt

Foto Seite 121

Die Häuptelsalatherzen mit einer einfachen Salatmarinade (siehe Seite 128) beträufeln und mit frisch ausgelösten Austern belegen. Die Austern mit Zitronensaft beträufeln und mit Dillzweigen dekorieren.

Gänseleber auf Beerensauce

Holunderbeeren, Preiselbeeren und Johannisbeeren passieren und mit Sirup und Salz abschmecken. Die Beerensauce auf Teller gießen, die Gänseleberscheiben darauf anrichten und mit Meersalz und Pfeffer würzen. Mit gekochten Linsen oder Sojakeimlingen und Karottenstreifen bestreuen und mit Kerbelblättern garnieren.

Haxerlsulze auf Friséesalat

Foto Seite 121

Die in einen Kunstwurstdarm gefüllte Haxerlsulze (siehe Seite 222) in dünne Scheiben schneiden. Mit Vinaigrette (siehe Seite 130) marinieren und mit Tomatenscheiben und Friséesalat garnieren.

In den Sommermonaten ist dieses Amuse-gueule besonders erfrischend.

Mariniertes Gemüse mit Pesto

Karotten, Karfiol, Jungzwiebeln und Erbsenschoten auf den Punkt kochen und auskühlen lassen.
Mit Olivenöl, Essig, Salz und Pfeffer marinieren und mit Pesto servieren.
Ein vitaminreicher Appetitanreger, der auch schnell zubereitet ist.

Mariniertes Rindsfilet mit Gemüsepürees

Aus Karotten und Sellerie zwei Gemüsepürees zubereiten und auf Teller gießen. Das parierte und gut gekühlte Rindsfilet in hauchdünne Scheiben schneiden, auf den Tellern anrichten und mit Olivenöl, Salz und Pfeffer marinieren.
Mit Kresse und gekochten Wachteleiern garnieren.

Pilzsalat mit Jungzwiebeln

Steinpilze, Champignons, Eierschwammerln und Austernpilze in dünne Scheiben schneiden. Die Pilze mit den in Scheiben geschnittenen Jungzwiebeln vermischen und mit einfacher Salatmarinade (siehe Seite 128) marinieren.
Den Pilzsalat auf Radicchioblättern anrichten.

Foto Seite 121

Räucherforellenmousse mit Kaviar

Die Räucherforellenmousse (siehe Mousse von geräuchertem Bachsaibling, Seite 216) mit einem Spritzsack auf die Teller dressieren, mit Kaviar belegen und mit Kerbelblättern dekorieren.
Mit einem Löffel ausgestochen oder in Scheiben geschnitten, kann jede Mousse für dieses Amuse-gueule verwendet werden.

Foto Seite 121

Räucherlachsrose auf Salatherz

Den Räucherlachs in hauchdünne Scheiben schneiden und zu Rosen formen.
Die Salatherzen mit einfacher Salatmarinade (siehe Seite 128) marinieren und die Räucherlachsrosen darauf anrichten.
Mit Krauspetersilie garnieren.

Foto Seite 121

Roh marinierte Gänsestopfleber auf Eichblattsalat

Die Gänsestopfleber parieren, in dünne Scheiben schneiden und mit Himbeerdressing (siehe Seite 128) marinieren.
Den Eichblattsalat ebenfalls marinieren und die Gänseleberscheiben darauf anrichten.

Foto Seite 121

Shrimps auf Dillkefir

Die gekochten Shrimps mit Zitronensaft, Salz und weißem Pfeffer marinieren. Den Kefir mit gehacktem Dill, Salz und weißem Pfeffer vermischen und die Shrimps darauf anrichten.
Mit Vogerlsalat garnieren.

Foto Seite 121

Tafelspitzsulze mit Steinpilzen

Die in kleine Förmchen gefüllte Tafelspitzsulze (siehe Seite 224) stürzen und auf Tellern anrichten.
Die Steinpilze in Scheiben schneiden, mit Himbeerdressing (siehe Seite 128) marinieren und neben der Sulze fächerartig auflegen.
Mit blanchierten Sellerie- und Karottenstreifen, schwarzen Oliven und Kresse garnieren.

Tintenfischsulze in Aceto balsamico

Die in einen Kunstwurstdarm gefüllte Tintenfischsulze (siehe Seite 224) in dünne Scheiben schneiden. Die Scheiben auf Teller blütenförmig auflegen und mit Aceto balsamico beträufeln. Mit Petersilzweigen und einer Vinaigrette (siehe Seite 130) anrichten.

Foto Seite 122

Variation von Geflügel

Taubenbrüstchen auf Gemüsejulienne

Die Taubenbrüstchen auslösen und parieren. Mit Salz, Pfeffer und Rosmarin würzen und rosa braten. Erkalten lassen und in Scheiben schneiden.
Karotten, Sellerie und Lauch en julienne schneiden und blanchieren. Erkalten lassen und mit Sherrydressing (siehe Seite 130) marinieren. Die Taubenbrusttranchen auf dem Gemüse anrichten.

Gefüllte Wachtelkeulchen auf Selleriesalat

Die Gänsestopfleber mit Salz und Cognac marinieren.
Die Wachtelkeulchen auslösen, parieren und mit der Gänsestopfleber füllen. Die Hautlappen einschlagen. Die Wachtelkeulchen in Alufolie wickeln und pochieren. Erkalten lassen und mit Wachtelglace (siehe Seite 281) überglänzen.
Den Sellerie en julienne schneiden, blanchieren und mit einfacher Salatmarinade (siehe Seite 128) und Zitronensaft marinieren. Die Wachtelkeulchen auf dem Salat anrichten.

Wachtelgalantine mit Gänsestopfleber

Die Wachteln auslösen, parieren und mit Salz und Pfeffer würzen.
Die Gänsestopfleber mit Cognac marinieren und die Wachteln damit belegen. Einrollen, in Alufolie wickeln und pochieren. Erkalten lassen und in Scheiben schneiden.
Taubenbrüstchen, Wachtelkeulchen und Wachtelgalantine auf Tellern anrichten und mit würfelig geschnittenem Birnengelee (siehe Seite 282) servieren.

Foto Seite 122

Variation von Mousses

Räucherforellenmousse

Die Mousse (siehe Mousse von geräuchertem Bachsaibling, Seite 216) in kleine, chemisierte Terrinenformen füllen und in Scheiben schneiden.

Schinkenmousse

Die Mousse (siehe Seite 217) mit einem Spritzsack auf Teller dressieren.

Wildentenmousse

Die Mousse (siehe Seite 218) mit einem Löffel ausstechen.
Die Mousses mit mariniertem Vogerlsalat und pürierten Preiselbeeren anrichten.

Foto Seite 122

Variation von Sulzen

Gemüsesulze

Die Gemüse (Karotten, Erbsen, Kohlrabi, Kohlblätter, Karfiol) kochen und auskühlen lassen. Mit stark gelierendem Gemüsefond vermengen und in kleine Förmchen füllen. Erstarren lassen und stürzen.

Sulze von gepökelter Rindszunge

Die Sulze (siehe Seite 224) in Scheiben schneiden.

Kaninchensulze

Die Sulze (siehe Seite 222) in einen Kunstwurstdarm füllen und erstarren lassen. In dünne Scheiben schneiden und auf Tellern blütenförmig anrichten.
Mit Tomatenrosen und Petersilie dekorieren.
Die drei Sulzen auf Tellern anrichten und mit einer einfachen Salatmarinade (siehe Seite 128) servieren.

Amuse gueules *Räucherlachsrose auf Salatherz, Räucherforellenmousse mit Kaviar, Haxerlsulze auf Friséesalat, Roh marinierte Gänsestopfleber auf Eichblattsalat, Pilzsalat mit Jungzwiebeln, Shrimps auf Dillkefir, Carpaccio vom Rind, Frische Auster im Salatbett*

Vorspeisenvariationen *Gemüsesulze, Sulze von gepökelter Rindszunge, Kaninchensulze, Gefülltes Wachtelkeulchen auf Selleriesalat, Wachtelgalantine mit Gänsestopfleber, Taubenbrüstchen auf Gemüsejulienne, Räucherforellenmousse, Schinkenmousse, Wildentenmousse*

Kaltschalen

In der internationalen Küche werden die Kaltschalen leider sehr vernachlässigt. Dabei sind sie appetitanregende, erfrischende und nur wenig sättigende Gerichte, die, besonders im Sommer, ein Menü hervorragend einleiten können. Die Ernährungslehre weist sogar auf ihre verdauungsfördernde Wirkung hin.

In der Regel handelt es sich um rohe oder gekochte Fruchtpürees, die mit Wein und Mineralwasser verdünnt werden. Als Einlage gibt man kleinwürfelig geschnittene Biskuitcroûtons oder Fruchtstücke.

Das folgende Kapitel enthält sowohl die schon erwähnten Fruchtkaltschalen als auch Milchkaltschalen und Kaltschalen aus Gemüsen und Kräutern.

Apfelkaltschale

Für 4 Personen

Die Äpfel schälen, blättrig schneiden und mit Zitronensaft beträufeln. Mit dem Weißwein weich dünsten. Die Äpfel mit Crème fraîche und Honig pürieren und mit Apfelsaft und Mineralwasser aufgießen.

Den Apfel schälen, würfelig schneiden und in Zitronenwasser mit etwas Zucker blanchieren. Die Apfelwürfel in die Suppe geben und mit Mandeln und Zimt bestreuen.

400 g Äpfel, Saft von 1 Zitrone, 12 cl Weißwein, 2 EL Crème fraîche, 1 KL Honig, 25 cl Apfelsaft, 25 cl Mineralwasser
1 Apfel, Zitronensaft, Zucker
1 EL geriebene Mandeln, Zimt

Avocadosuppe mit Wachtelei

Für 4 Personen

Die Avocados aufschneiden und die Kerne entfernen. Das Fruchtfleisch herauslösen und mit Zitronensaft beträufeln. Mit der Crème fraîche, dem Geflügelfond und dem Weißwein im Mixer pürieren. Mit Salz, Pfeffer, Muskat und Worcestershiresauce abschmecken.

Die Wachteleier zirka zweieinhalb Minuten weich kochen. Die Tomaten enthäuten und das Fleisch in kleine Würfel schneiden.

Die Suppe in Tassen füllen und mit dem Schnittlauch, den Tomatenwürfeln und den Wachteleiern anrichten.

2 reife Avocados, Saft von ½ Zitrone, 12 cl Crème fraîche, 35 cl entfetteter heller Geflügelfond (siehe Seite 279), 2 cl trockener Weißwein, Salz, Pfeffer, Muskat, Worcestershiresauce
4 Wachteleier, 2 Tomaten, 1 EL geschnittener Schnittlauch

Basilikumsuppe mit Ei und Tomaten

Für 4 Personen

Die Rindsuppe aufkochen. Das Stärkemehl mit dem Wein verrühren. In die köchelnde Suppe einrühren und die Basilikumstengel dazugeben. Die Suppe vom Herd nehmen und durch ein Sieb passieren. Kurz überkühlen lassen und mit der Crème fraîche mixen. Drei Viertel der Basilikumblätter fein hacken und in die Suppe geben. Mit Salz, Pfeffer und Zitronensaft abschmecken.

Die Eier fein hacken. Die Tomate enthäuten und in dünne Streifen schneiden. Die Basilikumsuppe mit den Eiern und den Tomatenstreifen bestreuen und mit den restlichen Basilikumblättern dekorieren.

75 cl entfettete Rindsuppe, 2 KL Stärkemehl, 12 cl trockener Weißwein, 40 g frisches Basilikum, 12 cl Crème fraîche, Salz, Pfeffer, Saft von ½ Zitrone
2 gekochte Eier, 1 große Tomate

Dattelkaltschale

Für 4 Personen

Einen Teil der Datteln in Streifen und die Bananen in Scheiben schneiden. Mit dem Joghurt übergießen.

Eidotter, Honig und Mandeln verrühren und unter das Obst mischen. Mit Apfelsaft aufgießen und mit den restlichen, in Streifen geschnittenen Datteln garnieren.

12 frische Datteln, 2 Bananen, 6 cl Joghurt
1 Eidotter, 1 EL Honig, 1 EL geriebene Mandeln
50 cl Apfelsaft

Dialog der Gemüsepürees

200 g junge Karotten, 200 g Kohlrabi, 200 g Erbsen

300 g geschälte mehlige Kartoffeln, 75 cl Gemüsefond (siehe Seite 280), 35 cl Obers, 90 g Butter, Salz, weißer Pfeffer, Muskat

Foto Seite 139

Für 5 Personen

Die einzelnen Gemüsesorten mit je einem Drittel der Kartoffeln, des Gemüsefonds und des Obers weich kochen. Sortengetrennt mit der Butter pürieren und durch ein Sieb streichen. Mit Salz, Pfeffer und Muskat abschmecken und kalt stellen.

Die Gemüsepürees nebeneinander in Suppentassen geben und mit einem Löffelrücken vorsichtig verrühren.

Diese Kaltschale kann aus jedem beliebigen Gemüse hergestellt werden. Wichtig ist, daß die Konsistenz der Gemüsepürees gleich ist.

Erdbeerkaltschale mit Ingwer

400 g Erdbeeren, 2 EL Staubzucker, 25 cl Rahm, 12 cl Obers, Saft von 1 Zitrone, 12 cl Weißwein

4 EL Joghurt, 20 g Pistazien, frischer Ingwer

Für 4 Personen

Zwei Drittel der Erdbeeren passieren und mit dem Staubzucker im Mixer pürieren. Rahm und Obers dazugeben und mit Zitronensaft und Weißwein abschmecken.

Die restlichen Erdbeeren blättrig schneiden und in die Suppe mischen. Die Erdbeerkaltschale in gekühlten Schalen anrichten. Mit Joghurt, gehackten Pistazien und geriebenem Ingwer garnieren.

Kirschen-Nektarinen-Kaltschale

200 g entsteinte Kirschen, 50 cl Wasser, 50 g Zucker, Zimtrinde, Zitronenschale, 2 Nelken, 25 cl Rahm, 2 KL Stärkemehl, 12 cl Weißwein, Saft von 1 Zitrone

4 Nektarinen

Zitronenmelissenblätter

Für 4 Personen

Die Kirschen mit Wasser, Zucker, Zimtrinde, Zitronenschale und Nelken kurz aufkochen. Den Rahm mit dem Stärkemehl vermengen und in die Kirschensuppe einrühren. Weißwein und Zitronensaft dazugeben und das Ganze kurz aufkochen lassen.

Die Nektarinen halbieren und entkernen. Die Hälfte der Fruchtmenge im Mixer pürieren und in die Suppe einrühren. Zimtrinde, Zitronenschale und Nelken entfernen und die Suppe anschließend kalt stellen.

Die Kirschen-Nektarinen-Kaltschale in gekühlten Schalen anrichten und mit Nektarinenspalten und Zitronenmelissenblättern garnieren.

Kräuterkaltschale

2 Äpfel, 4 EL Milch, 125 g Topfen, 1 EL geschnittener Schittlauch, 1 EL gehackte Kräuter (Petersilie, Kerbel, Estragon, Zitronenmelisse), Salz, 50 cl Milch

1 Scheibe Pumpernickel

Für 4 Personen

Die Äpfel mit der Schale reiben und mit der Milch und dem Topfen mixen. Schnittlauch, Kräuter, Salz und Milch dazugeben und das Ganze gut verrühren.

Den Pumpernickel würfelig schneiden und in die Kaltschale geben.

Melonenkaltschale

½ Wassermelone, ½ Honigmelone, ½ Zuckermelone, 50 cl Buttermilch, 2 EL Honig, Saft von 1 Zitrone, Zimt, 6 cl Sherry

8 Minzblätter

Für 4 Personen

Wassermelone, Honigmelone und Zuckermelone schälen und entkernen. Die Wassermelone mit der Buttermilch und dem Honig im Mixer pürieren. Mit Zitronensaft, Zimt und Sherry abschmecken. Das restliche Melonenfleisch in Würfel schneiden oder Kugeln ausstechen und in die Suppe geben. Gut ziehen lassen und kalt stellen.

Die Melonensuppe in gekühlten Schalen anrichten und mit Minzblättern dekorieren.

Melonensuppe mit Langusten

2 Langusten, à 250–300 g, Salz

500 g Langustenschalen, 50 g Schalotten, 30 g Karotten,

Für 4 Personen

Die Langusten in kochendes Salzwasser geben und sieben Minuten ziehen lassen. In Eiswasser abschrecken und die Schwänze ausbrechen.

Die Langustenschalen zerstoßen. Schalotten, Karotten und Sellerie würfelig schneiden. Mit den Langustenschalen in Olivenöl hell anrösten. Mit Armagnac flambieren und die Tomates concassées darunterrühren. Mit Portwein und Weißwein ablöschen und mit Fischfond aufgießen. Zerdrückte Pfefferkörner und Fenchel dazugeben und zirka 15 Minuten köcheln lassen. Durch ein Sieb passieren und das Obers dazugeben. Auf ein Drittel der Menge reduzieren lassen und mit Salz und Cayennepfeffer abschmecken.

Die Melonen mit einem feuchten Tuch abreiben, halbieren und mit einem Löffel die Kerne herausnehmen. Das Fruchtfleisch aus den Melonenhälften lösen, ein Drittel davon in Stücke schneiden und als Einlage für die Suppe reservieren. Das restliche Fruchtfleisch pürieren und anschließend passieren.

Die ausgekühlte Suppe nach Bedarf entfetten, mit dem Melonenpüree verrühren und mit Salz und Cayennepfeffer abschmecken.

Die Melonenhälften auf gestoßenem Eis anrichten und die Melonenstücke und das Langustenfleisch hineingeben. Mit Suppe aufgießen und mit Minze dekorieren.

Diese Kaltschale kann auch von Shrimps, Hummer oder Bachkrebsen zubereitet werden.

20 g Staudensellerie, 3 EL Olivenöl, 2 cl Armagnac, 1 EL Tomates concassées, 5 cl Portwein, 10 cl Weißwein, 20 cl Fischfond (siehe Seite 279), 6 weiße Pfefferkörner, gehackter Fenchel, 20 cl Obers, Salz, Cayennepfeffer

2 Honigmelonen, Salz, Cayennepfeffer

frische Minze

Milchkaltschale

Für 4 Personen

Zwei Drittel der Milch mit dem Zucker und der Vanillestange erhitzen. Die Eidotter mit der restlichen Milch verschlagen und in die kochende Milch einrühren. Die Milch darf nicht mehr aufkochen, da sonst die Eidotter stocken. Das Ganze anschließend passieren und erkalten lassen.

Schokolade oder Krokant daruntermischen und die Milchkaltschale in Suppenteller gießen. Den Reis kochen, erkalten lassen und als Einlage in die Milchkaltschale geben.

Anstelle von Schokolade oder Krokant können auch mit etwas Milch pürierte Nüsse oder Pistazien in die Kaltschale eingerührt werden.

50 cl Milch, 50 g Zucker, 1 Vanillestange, 3 Eidotter, 40 g Schokolade oder Krokant

40 g Reis

Muskatkürbissuppe mit Kalbskopfjulienne

Für 4 Personen

Die Zwiebeln hacken und in Butter anschwitzen. Den Kürbis würfelig schneiden und mitrösten. Mit Weißwein ablöschen und mit Wasser aufgießen. Zirka eine halbe Stunde köcheln lassen. Mit Knoblauch, Liebstöckel, Thymian, Salz, Pfefferkörnern, Kümmel und Salbei würzen. Im Mixer pürieren und die Crème fraîche darunterziehen. Die Suppe in Suppenteller gießen und erkalten lassen.

Den Kalbskopf weich kochen und mit Majoran, Salz, en julienne geschnittener Kresse, Essig und Olivenöl marinieren. In Form pressen und erkalten lassen. Den Kalbskopf en julienne schneiden, in die Suppe geben und Tomates concassées und Basilikumblätter darüberstreuen.

Rezept Eduard Krammer

2 Zwiebeln, 50 g Butter, 300 g Muskatkürbis, 25 cl Weißwein, Knoblauch, Liebstöckel, Thymian, Salz, zerstoßene grüne Pfefferkörner, gemahlener Kümmel, Salbei, 25 cl Crème fraîche

50 g Kalbskopf, Majoran, Salz, Kresse, 3 EL Estragonessig, 6 cl Olivenöl, 50 g Tomates concassées, Basilikumblätter

Pfirsichkaltschale

Für 4 Personen

Die Pfirsiche kurz in kochendes Wasser tauchen, schälen und die Kerne entfernen. Das Fruchtfleisch mit Weißwein, Läuterzucker und Maraschino im Mixer pürieren und anschließend kalt stellen.

Die Kaltschale vor dem Servieren je nach Geschmack mit Mineralwasser aufspritzen, in gekühlte Gläser füllen und mit Minzblättern belegen.

400 g reife Pfirsiche, 25 cl trockener Weißwein, 4 cl Läuterzucker, 4 cl Maraschino

Mineralwasser, 4 Minzblätter

Rhabarberkaltschale mit Joghurtsorbet

Für 4 Personen

Den Rhabarber von den groben Fäden befreien und in Stücke schneiden. In Rotwein mit Zucker, Zimt, Nelken und Zitronensaft auf den Punkt kochen.

Den Rhabarber aus dem Fond nehmen und die Hälfte für die Einlage reservieren.

Den restlichen Rhabarber durch ein Sieb drücken und unter den Fond mischen.

160 g Rhabarber, 50 cl Rotwein, 80 g Zucker, Zimt, Nelkenpulver, Saft von ½ Zitrone

1 EL Maizena

25 cl Joghurt, 1 Eiklar, Saft von
½ Zitrone, 1 EL Zucker

Basilikumblätter

Foto Seite 139

Kurz aufkochen, mit Maizena binden und kalt stellen.

Joghurt, leicht geschlagenes Eiklar, Zitronensaft und Zucker vermischen. Die Masse in die Sorbetiere geben und zu einem Sorbet verrühren.

Die Rhabarberkaltschale in Glasschüsseln füllen und die Rhabarberstücke einlegen. Aus dem Joghurtsorbet Nockerln ausstechen und in die Kaltschale geben. Mit Basilikumblättern garnieren.

Spanische Gemüsekaltschale

Für 5 Personen

50 cl Tomatensaft, 50 cl heller
Geflügelfond (siehe Seite 279),
3 EL Weinessig, 10 cl Olivenöl, Salz,
1 EL Staubzucker, 1 Knoblauchzehe,
200 g Gurken

60 g Weißbrotwürfel, 2 EL Olivenöl,
4 gekochte Eier

2 EL geschnittener Schnittlauch,
1 grüner Paprika

Den Tomatensaft mit dem Geflügelfond verrühren. Essig und Olivenöl dazugeben und mit Salz, Zucker und zerdrückter Knoblauchzehe würzen. Die Gurken schälen, würfelig schneiden und dazugeben.

Die Weißbrotwürfel in Olivenöl anrösten. Die Eier fein hacken. Die Gemüsekaltschale mit den Weißbrotwürfeln und den gehackten Eiern bestreuen.

Mit Schnittlauch und Paprikastreifen garnieren.

Dazu wird ein Gefäß mit Eiswürfeln eingestellt, damit sich jeder Gast die entsprechende Menge nehmen kann.

Rezept Eduard Novy

Spargelkaltschale mit Räucherlachs

Für 4 Personen

400 g Spargel, 40 g Butter, Zucker,
Salz

50 g Butter, 20 g Mehl,
50 cl Spargelfond, 25 cl Obers,
4 EL Weißwein

Salz, Saft von ½ Zitrone

4 Scheiben Räucherlachs, à 20 g,
4 Kerbelzweige

Foto Seite 189

Die Spargel schälen und die Schalen mit Wasser, Butter, Zucker und Salz aufkochen. Den Fond abseihen und die Spargelstücke darin weich kochen.

Das Mehl in Butter anschwitzen und mit Spargelfond aufgießen. Gekochten Spargel, Obers und Weißwein dazugeben. Das Ganze aufkochen und zehn Minuten köcheln lassen. Im Mixer pürieren und durch ein Sieb streichen.

Mit Salz und Zitronensaft abschmecken, kurz mixen und kalt stellen. Mit Räucherlachsscheiben und Kerbelzweigen garnieren.

Tomatenkaltschale

Für 4 Personen

400 g Tomaten, 12 cl Hühnersuppe,
4 cl Portwein, 2 EL Tomatenketchup,
25 cl Joghurt, 1 EL Zucker, Saft von
½ Zitrone, Salz, Pfeffer,
Worcestershiresauce

2 EL geschlagenes Obers, Basilikumblätter

Die Tomaten enthäuten und mit Hühnersuppe, Portwein, Tomatenketchup, Joghurt, Zucker und Zitronensaft im Mixer pürieren. Mit Salz, Pfeffer und Worcestershiresauce abschmecken. Das Ganze durch ein Sieb passieren und zugedeckt kalt stellen.

In gekühlten Schalen anrichten und mit dem Obers und den Basilikumblättern garnieren.

Weißbierkaltschale mit Weintrauben

Für 4 Personen

2 Äpfel, 25 cl Wasser, 80 g Zucker,
Saft von 2 Zitronen

16 blaue Weintrauben

50 cl Weißbier

Die Äpfel schälen und in kleine Würfel schneiden. Wasser und Zucker aufkochen. Die Apfelwürfel darin nicht zu weich kochen. Den Zitronensaft dazugeben und das Ganze auskühlen lassen.

Die Weintrauben schälen, halbieren und entkernen.

Kurz vor dem Servieren die Kaltschale mit Weißbier auffüllen. Die halbierten Weintrauben als Einlage geben.

Rezept Franz Zodl

Salate

Dressings

Gleichbedeutende Ausdrücke für Dressing sind Salatmarinade, Salatsauce und Vinaigrette. Eine Salatzubereitung „nur" mit Essig und Öl ist heute zu wenig. Man verwendet Essigsorten, die vom Weinessig über Sherryessig bis zum italienischen Aceto balsamico, und Ölsorten, die vom Sonnenblumenöl und Olivenöl bis zum Walnußöl reichen. Dadurch ergeben sich in geschmacklicher Hinsicht viele Variationsmöglichkeiten.

Darüber hinaus werden für Dressings auch Joghurt, Rahm und Käse als Grundbestandteil verarbeitet.

Klare Dressings sind Salatmarinaden, die aus Essig und Öl bestehen und eine eher flüssige Konsistenz aufweisen.

Gebundene Dressings haben eine dickflüssige, cremige Konsistenz, die durch die Beigabe von Öl und Eidottern oder Rahm, Joghurt, Topfen, Roquefort etc. erreicht wird.

Egal, ob klares oder gebundenes Dressing, es soll am Gemüse und am Salat haften bleiben, und zwar so, daß der Salat im Teller nicht „schwimmt".

Man rechnet mit 20 bis 25 Gramm (2 EL) Dressing pro Portion Salat.

Vorspeisensalate in Verbindung mit Fleisch, aber auch zarte Blattsalate werden oft erst im letzten Moment entsprechend gewürzt und mit besonderen Essig- und Ölsorten beträufelt.

Amerikanisches Dressing – American Dressing

Für 4 Personen

Das Senfpulver mit Zitronensaft und Zucker verrühren. Mit der Mayonnaise vermischen und das Obers darunterziehen.

Englisches Senfpulver, Saft von ½ Zitrone, Zucker, 80 g Mayonnaise, 4 EL Obers

Eierdressing

Für 4 Personen

Die Eidotter mit Essig, Senf, Salz und Pfeffer gut verrühren. Mit Öl aufschlagen und mit Wasser oder Fond verdünnen. Für Spargel- oder Karfiolsalat kann der jeweilige Kochsud zum Verdünnen verwendet werden.

Das gehackte Eiklar unter das Dressing mischen oder in Streifen schneiden und den Salat damit bestreuen.

2 passierte gekochte Eidotter, 2 EL Weißweinessig, 1 KL Senf, Salz, Pfeffer, 4 EL Öl, 2 EL Wasser oder Fond

Französische Salatsauce – French Dressing

Für 6 Personen

Die Hälfte des Essigs mit Senf, Salz, Pfeffer, Zucker und zerdrücktem Knoblauch verrühren oder mixen.

Das Öl unter starkem Rühren dazugeben oder bei hoher Tourenzahl mixen. Mit dem restlichen Essig, Zitronensaft und Wasser zu einer sämigen Sauce aufschlagen.

3 EL Weinessig, 1 KL französischer Senf, Salz, weißer Pfeffer, Zucker, Knoblauch, 6 EL Öl, 1 EL Zitronensaft, 2 EL Wasser

Gebundenes Dressing

Für 6 Personen

Den gekochten Eidotter passieren. Rohen Eidotter, Senf, Weinessig, Salz, Pfeffer und Zucker dazugeben und mit einem Schneebesen gut verrühren. Das Öl nach und nach einschlagen. Mit Sherryessig und Weißwein zu einer sämigen Sauce verrühren.

Größere Mengen im Mixer zubereiten.

Sherryessig erhält man durch Mischen von Naturessig mit Sherry.

1 gekochter Eidotter, 1 Eidotter, 1 KL Senf, 2 EL Weinessig, 1 KL Salz, weißer Pfeffer, Zucker, 5 EL Öl, 2 EL Sherryessig, 2 EL Weißwein

Himbeerdressing

Für 4 bis 6 Personen

3 EL Himbeeressig, 4 EL Haselnuß- oder Walnußöl, Salz, Pfeffer

Essig und Öl gut verrühren und mit Salz und Pfeffer abschmecken. Vor Gebrauch muß das Himbeerdressing gut aufgerührt werden.

Gebratene Wildfilets und Gänseleberscheiben, die zu kalten Vorspeisen verarbeitet werden, werden zum Marinieren gerne mit Himbeerdressing beträufelt.

Italienische Salatsauce – Italian Dressing

Für 6 Personen

2 EL Rotweinessig, Salz, Pfeffer, Knoblauch, Oregano, Thymian, 10 cl Olivenöl, 2 EL Rotwein, 20 g gehackte rote Paprika, gehackte Petersilie, Basilikum

Essig mit Salz, Pfeffer, zerdrücktem Knoblauch, Oregano und Thymian verrühren. Das Öl nach und nach einschlagen und mit Rotwein verdünnen. Das Dressing mit Paprika, Petersilie und Basilikum vollenden.

Joghurtdressing

Für 6 Personen

10 cl Joghurt, Saft von ½ Zitrone, Salz, weißer Pfeffer, 1 EL Öl

Joghurt, Zitronensaft, Salz und Pfeffer glattrühren und das Öl einschlagen. Das Joghurtdressing wird gerne zum Marinieren von Blattsalaten verwendet und oft mit geschnittenem Schnittlauch und anderen gehackten Kräutern verfeinert.

Das Dressing wird cremiger, wenn man das Joghurt mit 50 Gramm Topfen schaumig rührt.

Kerbeldressing

Für 4 Personen

Gehackter Kerbel, 4 EL Wasser, 4 EL Weinessig, Salz, Pfeffer, 4 EL Olivenöl

Den Kerbel im Wasser kurz dämpfen. Essig mit Salz und Pfeffer vermischen und mit dem Öl aufschlagen.

Die Salatsauce mit Kerbel und Kerbelfond vollenden.

Kernölrahmdressing

Für 12 Personen

2 Eidotter, 4 EL Estragonessig, Salz, Dijon-Senf, 12 cl Kernöl, 4 EL Wasser, 12 cl Obers, 1 KL rosa Pfefferkörner, Kerbel

Eidotter, Essig, Salz und Senf mixen. Mit dem Kernöl aufschlagen und mit Wasser und Obers verrühren.

Die gehackten Pfefferkörner und den Kerbel dazugeben.

Klares Dressing – einfache Salatmarinade (Essig-Öl-Marinade)

Für 4 Personen

2 EL Wein-, Obst- oder Kräuteressig (5prozentig), Salz, weißer Pfeffer, Zucker, 4 EL Öl, 2 EL Wasser

Essig, Salz, Pfeffer und Zucker verrühren. Das Öl mit dem Schneebesen einschlagen, bis sich eine Emulsion bildet.

Zum Verdünnen temperiertes Wasser nach und nach beigeben, damit die Emulsion beständig bleibt.

Korianderdressing

Für 4 Personen

1 EL Estragonessig, Saft von ½ Zitrone, zerdrückte Korianderkörner, Salz, Pfeffer, Zucker, 4 EL Olivenöl, 2 EL Wasser

Essig mit Zitronensaft, Koriander, Salz, Pfeffer und Zucker verrühren. Mit Öl aufschlagen und mit Wasser verdünnen.

Das Dressing sollte einige Zeit bei Raumtemperatur stehen, damit sich der Koriander geschmacklich entfalten kann.

Kräuterdressing

Für 6 Personen

Dem klaren oder gebundenen Dressing Schalotten, Estragon, Kerbel, Petersilie und Schnittlauch beigeben und das Ganze gut verrühren.

10 cl klares oder gebundenes Dressing (siehe Seiten 127, 128), 1 EL gehackte Schalotten, 1 KL gehackter Estragon, 1 KL gehackter Kerbel, 1 KL gehackte Petersilie, 1 KL geschnittener Schnittlauch

Mayonnaisedressing

Für 8 Personen

Eidotter, Senf, Salz, Pfeffer, Essig und Worcestershiresauce verrühren und mit dem Öl aufschlagen. Die Mayonnaise mit halbfest geschlagenem Obers, Rahm oder Joghurt glattrühren. Je nach Bedarf mit Zitronen- oder Orangensaft verdünnen und mit Salz, Pfeffer und Zucker abschmecken.

1 Eidotter, Senf, Salz, weißer Pfeffer, 1 EL Essig, Worcestershiresauce, 10 cl Öl

5 EL Obers oder 10 cl Rahm oder Joghurt, Zitronen- oder Orangensaft, Salz, Pfeffer, Zucker

Provenzalisches Dressing

Für 6 Personen

Das French Dressing mit den in Wasser kurz aufgekochten Rosmarinnadeln vermischen. Die Weißbrotwürfel in Olivenöl anrösten und etwas zerdrückten Knoblauch dazugeben. Den Blattsalat mit dem Dressing marinieren und mit den Weißbrotkrusten bestreuen.

10 cl French Dressing (siehe Seite 127), 2 EL Wasser, gehackter Rosmarin, 30 g würfelig geschnittenes Weißbrot, 1 EL Olivenöl, Knoblauch

Rahmdressing – Cream Dressing

Für 6 Personen

Rahm, Weinessig oder Zitronensaft, Salz, Pfeffer und Zucker vermischen und die gehackten Kräuter (zum Beispiel zu Gurkensalat Dill) beimengen. Das Dressing wird sämiger, wenn man den Rahm mit einem Eßlöffel Crème fraîche verrührt.

10 cl Rahm, 3 EL Weinessig oder 2 EL Zitronensaft, Salz, weißer Pfeffer, Zucker, 1 EL gehackte Kräuter

Roquefortdressing

Für 4 Personen

Den Roquefort mit Obers, Essig oder Zitronensaft glattrühren und mit dem Öl aufschlagen. Mit Pfeffer würzen, Salz ist meist nicht erforderlich.
Dieses Dressing kann auch mit French Dressing hergestellt werden. Dazu werden 10 cl French Dressing mit 20 g Roquefort und 2 EL Crème fraîche im Mixer sämig aufgeschlagen.

20 g passierter Roquefort, 2 EL Obers, 2 EL Weinessig oder Saft von ½ Zitrone, 4 EL Öl, gemahlener Pfeffer

Russian Dressing – russische Salatsauce

Für 4 Personen

Die Mayonnaise mit Rahm und Rotweinessig verdünnen. Mit den roten Rüben, den Zwiebeln, dem Schnittlauch und der Petersilie vermengen. Mit Pfeffer abschmecken und den Kaviar darunterrühren.

80 g Mayonnaise, 3 EL Rahm, 1 EL Rotweinessig, 20 g gekochte, gehackte rote Rüben, 1 EL gehackte Zwiebeln, geschnittener Schnittlauch, gehackte Petersilie, Pfeffer, Kaviar

Senfrahmdressing

Für 4 Personen

Rahm oder Crème fraîche mit Senf und Zitronensaft glattrühren und mit Salz, Pfeffer und Zucker abschmecken. Mit Wasser oder Fond verdünnen.
Für Selleriesalat kann der Kochsud zum Verdünnen verwendet werden.

4 EL Rahm oder Crème fraîche, 1 EL Estragonsenf, Saft von ½ Zitrone, weißer Pfeffer, Zucker, 2 EL Wasser oder Fond

Sherrydressing

Für 4 Personen

3 EL Sherryessig, 2 EL Wasser, 3 EL Walnußöl, Salz, Pfeffer

Essig, Wasser und Öl gut verrühren und mit Salz und Pfeffer abschmecken. Vor Gebrauch das Dressing gut aufschlagen.

Speckmarinade

Für 4 Personen

80 g geräucherter Karree- oder Brustspeck, 2 EL Essig, 2 EL Weißwein, Salz, Pfeffer

Den Speck in Streifen oder kleinwürfelig schneiden und anrösten. Speck und Fett unter den Salat mischen. Den Bratensatz mit Essig und Wein ablöschen und über den Salat gießen. Mit Salz und Pfeffer abschmecken.

Swiss Dressing

Für 10 Personen

5 EL Weißweinessig, 1 EL Senf, Salz, Pfeffer, Speisewürze, Worcestershiresauce, Tabascosauce, 12 cl Rapsöl, 3 EL Bouillon, 40 g gehackte Zwiebeln, Knoblauch

Essig, Senf, Salz, Pfeffer, Speisewürze und Würzsaucen vermischen. Das Öl nach und nach einschlagen, mit Bouillon verdünnen und Zwiebeln und zerdrückten Knoblauch beifügen.

Thousand Islands Dressing

Für 6 Personen

10 cl American Dressing (siehe Seite 127), 30 g gehackte grüne und rote Paprika, 1 EL gehackte Jungzwiebeln, 1 EL Tomatenketchup, Chilisauce

Das Dressing mit den Paprika und den Zwiebeln vermischen und mit Tomatenketchup und Chilisauce abschmecken.

Tomatendressing

Für 6 Personen

80 g Mayonnaise, 3 EL Obers, 4 EL Tomatenketchup oder Tomatenpüree, Salz, Pfeffer, Zucker, Saft von ½ Zitrone, Chilisauce

Die Mayonnaise mit Obers, Tomatenketchup oder frischem Tomatenpüree glattrühren. Mit Salz, Pfeffer, Zucker, Zitronensaft und Chilisauce abschmecken.

Topfendressing mit Kräutern

Für 6 Personen

60 g passierter Topfen, 12 cl Joghurt, Saft von ½ Zitrone, Salz, weißer Pfeffer, gehackte Kräuter (Estragon, Petersilie, Zitronenmelisse), geschnittener Schnittlauch

Topfen und Joghurt glattrühren und mit Zitronensaft, Salz und Pfeffer abschmecken. Die Kräuter und den Schnittlauch darunterrühren.

Vinaigrette – Essigkräutersauce

Für 4 Personen

2 EL Weinessig, Salz, Pfeffer, Zucker, 4 EL Olivenöl, 2 EL Weißwein, 1 EL gehackte Schalotten, 2 gehackte Kapern, 1 EL gehackte Kräuter (Estragon, Kerbel, Petersilie), geschnittener Schnittlauch

Den Weinessig mit Salz, Pfeffer und Zucker vermischen. Das Öl nach und nach einschlagen und mit dem Wein verdünnen. Schalotten, Kapern und Kräuter einrühren. Zur besseren Bindung die Salatsauce mixen.

Die Vinaigrette kann je nach Bedarf durch Zugabe von verschiedenen Zutaten verändert werden: zum Beispiel durch gekochte, gehackte Eier, gehackte Essiggurkerln, Sardellen oder rote Zwiebeln, Avocado-, Lauch- oder Tomatenwürfel, geriebenen Apfel oder Kren, Champignons, grüne Pfefferkörner oder gehackte Oliven, Trüffeljus.

Walnußöldressing

Für 4 Personen

Essig, Salz, Pfeffer und Zucker gut verrühren. Mit dem Walnußöl aufschlagen und mit Rotwein verdünnen. Abschließend die gerösteten Walnüsse unter das Dressing rühren.

2 EL Aceto balsamico, Salz, Pfeffer, Zucker, 3 EL Walnußöl, 2 EL Rotwein, 1 EL gehackte geröstete Walnüsse

Zitronendressing

Für 4 Personen

Olivenöl, Distelöl, Zitronensaft, Salz, Pfeffer, Zucker und Wasser mixen. Das Dressing abschmecken und mit Zitronenmelisse vollenden.

2 EL Olivenöl, 4 EL Distelöl, Saft von 1 Zitrone oder Limette, Salz, Pfeffer, Zucker, 2 EL Wasser, gehackte Zitronenmelisse

Einfache Salate

Unter einfachen Salaten versteht man Beilagensalate, die sowohl zu warmen als auch zu kalten Speisen gereicht werden. Alle Arten von Blattsalaten sowie rohe und gekochte Gemüsesorten lassen sich zu einfachen Salaten verarbeiten.

Besonders beliebt sind die zusammengesetzten oder kombinierten Salate. Das sind verschiedene farblich aufeinander abgestimmte, einfache Salate, die jeder für sich zubereitet und bukettartig angerichtet werden.

Eine andere Variante sind die Mischsalate. Die entsprechend vorbereiteten Blattsalate und Gemüsesorten werden miteinander vermischt und mit einem passenden Dressing abgeschmeckt.

Blattsalate

Chicorée

Die Triebe der Chicorée sehr gut waschen, um den in den Blattachseln sitzenden Sand zu entfernen.

Den kleinen, bitteren Keil am Triebansatz entfernen und die Blätter im ganzen oder in drei bis vier Zentimeter große Stücke geschnitten in gezuckertes Zitronenwasser legen. Die Bitterstoffe der Blätter werden dabei vermindert.

Der Kenner schätzt aber den leicht bitteren Geschmack der Chicorée. Deshalb kann auch auf ein Einlegen in Zitronenwasser verzichtet werden.

Die abgetropften Blätter mit Mayonnaisedressing (siehe Seite 129), Rahmdressing (siehe Seite 129) oder Kräuterdressing (siehe Seite129) vermischen.

Eissalat

Die knackigen Blätter in Stücke teilen, kurz waschen und abtropfen lassen. Mit French Dressing (siehe Seite 127), Senfrahmdressing (siehe Seite 129) oder Mayonnaisedressing (siehe Seite 129) anrichten.

Endiviensalat

Die hellen Innenblätter in Streifen schneiden und eventuell kurz in Zitronenwasser ziehen lassen. Die Bitterstoffe werden dabei weitgehend ausgelaugt, und der Salat wird geschmeidiger.

Wird der leicht bittere Geschmack der Endivie gewünscht, kann auf ein Einlegen in Zitronen-wasser verzichtet werden.

Den Endiviensalat mit French Dressing (siehe Seite 127) oder provenzalischem Dressing (siehe Seite 129) zubereiten.

Grüner Salat

Die Blätter vom Salatkopf lösen, große Blätter zerteilen und vorsichtig waschen. Die Salat-blätter nicht drücken, da sie rasch welk werden. Die abgetropften Blätter mit einer einfachen Salatmarinade (siehe Seite 128), einem Eierdressing (siehe Seite 127) oder Rahmdressing (siehe Seite 129) vermengen.

Kressesalat

Man verwendet Garten- oder Brunnenkresse, die gründlich gewaschen meist mit anderen Blattsalaten oder Kartoffeln vermischt wird.

Löwenzahnsalat

Die jungen, zarten, hellen Blätter vorsichtig, aber gründlich waschen und mit einer einfachen Salatmarinade (siehe Seite 128) oder Speckmarinade (siehe Seite 130) servieren. Löwen-zahnblätter werden gerne mit anderen Blattsalaten vermischt.

Radicchiosalat

Der angenehm bittere Radicchio wird wie Endiviensalat vorbereitet und die festen Blätter in kleine Stücke zerteilt. Mit French Dressing (siehe Seite 127) oder Rahmdressing (siehe Seite 129) servieren.

Wegen seiner roten Farbe wird er gerne mit anderen Blattsalaten vermischt.

Spinatsalat

Junge Spinatblätter waschen, im ganzen lassen oder in Streifen schneiden. Mit einer ein-fachen Salatmarinade (siehe Seite 128) mit Zwiebeln und Knoblauch servieren. Eventuell auch mit gebratenen Speckstreifen belegen.

Vor der Zubereitung können die Spinatblätter auch kurz blanchiert werden.

Vogerlsalat

Den Vogerlsalat putzen, unter fließendem kaltem Wasser waschen und abtrocknen. Mit einer einfachen Salatmarinade (siehe Seite 128) oder Speckmarinade (siehe Seite 130) erst kurz vor dem Servieren marinieren.

Wird vorwiegend mit anderen Salaten gemischt oder zum Garnieren verwendet.

Salate von rohen Gemüsen

Champignonsalat

Die Champignons putzen, waschen und in Scheiben schneiden. Mit Zitronensaft beträufeln und mit Salz und Pfeffer würzen. Mit gehackter Petersilie und Weinessig vermischen. Mit Olivenöl vollenden.

Champignons werden gerne mit Rahmdressing (siehe Seite 129), Joghurtdressing (siehe Seite 128) oder Mayonnaisedressing (siehe Seite 129) serviert. Champignons können auch in Öl und etwas Zitronensaft kurz gedünstet und anschließend mariniert werden.

Fenchelsalat

Die geputzten Knollen in Stücke oder Streifen schneiden und mit einer Marinade aus Rotweinessig, Zucker, Salz, Olivenöl, frisch gemahlenem Pfeffer und Knoblauch servieren.

Gurkensalat

Frische Gartengurken schälen. Treibhausgurken werden auch gerne ungeschält verarbeitet. Bittere Stellen und eventuell auch die Kerne entfernen. Die Gurken in dünne Scheiben schneiden und mit einer einfachen Salatmarinade (siehe Seite 128) und etwas Knoblauch marinieren.
Den Salat vor dem Anrichten mit Paprika oder Pfeffer bestreuen.
Gurken werden besonders gerne mit einem Rahmdressing (siehe Seite 129) mit gehackten Kräutern (Dill, Borretsch, Schnittlauch, Kerbel), einem Topfendressing (siehe Seite 130) oder Joghurtdressing (siehe Seite 128) serviert.

Karottensalat

Die Karotten putzen und fein reiben. Mit Zitronensaft und Zucker abschmecken. Bei Bedarf mit Salz, Öl oder Rahm ergänzen.

Krautsalat

Das Weißkraut von den äußeren Blättern befreien und den Strunk entfernen. Der Strunk wird gerne geraspelt und für Rohkostsalate mit anderen Gemüsen gemischt.
Zartes, junges Kraut in feine Streifen schneiden und mit einer Marinade aus Salz, Kümmel, Essig und wenig Öl vermischen.
Festes Kraut heiß waschen oder mit kochender Marinade übergießen und ziehen lassen. Dadurch wird es weicher. Erst ausgekühlt mit Öl vollenden.

Paprikasalat

Die Paprika der Länge nach halbieren, waschen und entkernen. Paprikahälften und Zwiebeln en julienne schneiden und mit Salz, gemahlenem Pfeffer, Essig, Öl und gehackter Petersilie vermischen.

Radieschensalat

Die Radieschen waschen und in Scheiben schneiden. Kurz vor dem Servieren mit einer einfachen Salatmarinade (siehe Seite 128) vermischen. Den Radieschensalat mit geschnittenem Schnittlauch bestreuen.

Rotkrautsalat

Das in feine Streifen geschnittene Rotkraut mit geriebenen Äpfeln, geriebenem Kren und Zitronensaft vermischen. Rotwein- oder Apfelessig mit Kümmel, Salz und Zucker aufkochen, über das Rotkraut gießen und auskühlen lassen. Etwas Öl dazugeben. Zur leichteren Verdauung soll der Rotkrautsalat einige Stunden vor dem Servieren fertiggestellt werden.

Sauerkrautsalat

Das gewaschene rohe Sauerkraut abtropfen lassen und grob hacken. Mit feingeschnittenen Zwiebeln, etwas Knoblauch, Salz, weißem Pfeffer, Essig und Öl vermischen. Daneben können auch in feine Streifen oder Würfel geschnittene Äpfel dazugegeben werden. Sauerkrautsalat wird gelegentlich auch mit einem Rahmdressing (siehe Seite 129) serviert.

Selleriesalat

Die Sellerieknollen putzen, en julienne schneiden und eventuell blanchieren. Salz, Pfeffer und Zitronensaft dazugeben und mit en julienne geschnittenen Äpfeln vermischen.
Den Selleriesalat mit einem Mayonnaisedressing (siehe Seite 129) oder Rahmdressing (siehe Seite 129) servieren.

Stangenselleriesalat

Den Stangensellerie putzen, in feine Streifen schneiden und mit einer Marinade aus englischem Senf, Obers, Zitronensaft, Salz, Pfeffer und gehackten Kräutern (Estragon, Schnittlauch, Petersilie) servieren.

Tomatensalat

Die Tomaten waschen und eventuell schälen. In Scheiben oder Spalten schneiden und in eine Schüssel geben. Mit feingehackten Zwiebeln bestreuen, mit einer einfachen Salatmarinade (siehe Seite 128) übergießen und mit gehackter Petersilie oder geschnittenem Schnittlauch bestreuen.

Salate von gekochten Gemüsen

Artischockensalat

Die gekochten oder gedünsteten Artischockenböden in Scheiben oder Viertel schneiden und mit einer Essigkräutersauce (siehe Seite 130), einem French Dressing (siehe Seite 127) oder Eierdressing (siehe Seite 127) marinieren.

Bohnensalat (weiß)

Die am Vortag eingeweichten weißen Bohnen mit Thymian und Lorbeerblättern in Salzwasser weich kochen und abtropfen lassen. Mit einer einfachen Salatmarinade (siehe Seite 128) marinieren und mit gehackten Zwiebeln ergänzen. Mit gehackten Kräutern (Bohnenkraut, Petersilie) oder würfelig geschnittenen roten und grünen Paprika bestreuen.

Fenchelsalat

Die geputzten, halbierten Fenchelknollen blanchieren und in Scheiben schneiden. Mit Weißwein, Öl, Knoblauch und Streifen von grünem Paprika dünsten. Erkalten lassen und mit Essig, Salz und Pfeffer abschmecken. Mit Tomates concassées ergänzen.

Fisolensalat

Die geputzten Fisolen in Salzwasser knackig kochen und abschrecken. Noch warm mit einer einfachen Salatmarinade (siehe Seite 128) marinieren und auskühlen lassen.
Vor dem Servieren mit feingeschnittenen Zwiebeln, gehackter Petersilie, Kerbel und geschnittenem Schnittlauch oder Bohnenkraut bestreuen.

Karfiolsalat

Den geputzten und gewaschenen Karfiol in Röschen teilen, kurz in Salzwasser mit Zitronensaft kochen und auskühlen lassen. Mit Zitronensaft, Salz, weißem Pfeffer und Öl marinieren.
Vor dem Servieren mit einer Essigkräutersauce (siehe Seite 130) oder einem Eierdressing (siehe Seite 127) übergießen.

Karottensalat

Geputzte junge Karotten in Salzwasser mit etwas Zucker kochen. In Scheiben schneiden und mit einer einfachen Salatmarinade (siehe Seite 128) marinieren. Mit gehackter Petersilie und geschnittenem Schnittlauch bestreuen.

Man kann die rohen Karotten aber auch en julienne schneiden, blanchieren und anschließend marinieren.

Kartoffelsalat

Für Kartoffelsalat eignen sich nur stärkearme, speckige Kartoffeln wie Sieglinde, Kipfler oder Hansa.

Die Kartoffeln mit der Schale kochen, schälen und noch heiß in Scheiben schneiden. In einer Marinade aus heißer Bouillon, Essig, Öl, Salz, Pfeffer, Senf und feingehackten Zwiebeln schwenken und mit gehackter Petersilie und geschnittenem Schnittlauch bestreuen.

Kartoffelsalat wird auch gerne mit einem Mayonnaisedressing (siehe Seite 129) oder Senfrahmdressing (siehe Seite 129) serviert.

Linsensalat

Die am Vortag eingeweichten Linsen mit etwas Salz, Knoblauch und Bouquet garni kochen und anschließend abtropfen lassen.

Mit einfacher Salatmarinade (siehe Seite 128) marinieren und mit gehackten Zwiebeln, Petersilie oder Kerbel ergänzen.

Rote-Rüben-Salat

Die gekochten Rüben schälen und in dünne Scheiben schneiden. Verdünnten Weinessig mit Zucker, Salz und Kümmel aufkochen und über die Rüben gießen. Geriebenen Kren und etwas Öl dazugeben und den Salat ziehen lassen.

Die gekochten Rüben können auch en julienne geschnitten und mit Mayonnaisedressing (siehe Seite 129) oder Rahmdressing (siehe Seite 129) zubereitet werden.

Selleriesalat

Geschälte rohe Sellerieknollen feinblättrig oder en julienne schneiden, mit Zitronensaft, Salz, Zucker, weißem Pfeffer und Wasser weich dünsten und auskühlen lassen. Den Salat mit Essig und Öl fertigstellen.

Daneben können die gekochten und beliebig geschnittenen Sellerieknollen auch mit einem Senfrahmdressing (siehe Seite 129), Rahmdressing (siehe Seite 129) oder Mayonnaisedressing (siehe Seite 129) zubereitet werden.

Spargelsalat

Den Spargel schälen und in drei bis vier Zentimeter lange Stücke schneiden. In Salzwasser sieben bis acht Minuten kochen. Die ausgekühlten Spargelstücke mit einer Essigkräutersauce (siehe Seite 130), einem Kräuterdressing (siehe Seite 129) oder Mayonnaisedressing (siehe Seite 129) marinieren.

Beim Anrichten die Spargelspitzen obenauf legen.

Warmer Speckkrautsalat

Das en julienne geschnittene Weißkraut blanchieren. Mit einer kochenden Marinade aus Essig, Wasser, Salz, Zucker, Kümmel und Pfeffer übergießen und kurz aufkochen.

Den würfelig geschnittenen, gerösteten Räucherspeck mit dem Fett über den Krautsalat geben und heiß servieren.

Rohkost

Rohkostsalate sind durch ihren hohen Gehalt an Vitaminen, Mineralstoffen und Ballaststoffen ein wesentlicher Bestandteil gesunder Ernährung.

Die Blattsalate und Gemüsesorten möglichst frisch verwenden und erst kurz vor dem Servieren marinieren.

Die Gemüse nach dem Zerkleinern mit Pflanzenölen, Zitronensaft, Kräutern sowie Zucker oder Honig oder mit entsprechenden Dressings vermischen. Geschmackliche Variationen ergeben sich durch die Beigabe von Obst, Zwiebeln, Knoblauch, gehackten Nüssen und Kräutern. Besonders beliebt sind **Rohkostplatten.** Darunter versteht man verschiedene Rohkostsalate, die farblich aufeinander abgestimmt, einzeln und bukettartig oder miteinander kombiniert angerichtet werden.

Karottenrohkost mit Orangen und Äpfeln

Für 4 Personen

240 g Karotten, 120 g Äpfel, 2 Orangen

Saft von ½ Zitrone, Saft von ½ Orange, 1 KL Staubzucker oder Honig

4 Chicoréeblätter, 1 EL gehackte Walnüsse

Die Karotten schälen und raspeln. Die Äpfel schälen und in Streifen schneiden. Die Orangen filetieren.

Karotten, Äpfel und Orangenfilets mit Zitronensaft, Orangensaft und Staubzucker oder Honig marinieren.

Den Rohkostsalat auf den Chicoréeblättern anrichten und mit gehackten Walnüssen bestreuen.

Lauchrohkost mit Äpfeln

Für 4 Personen

200 g Lauch, 2 säuerliche Äpfel, Saft von ½ Zitrone

12 cl Rahmdressing (siehe Seite 129), 1 EL gehackte Petersilie

Das zarte Mittelstück vom Lauch in dünne Scheiben schneiden und waschen. Die Äpfel schälen, en julienne schneiden und mit Zitronensaft beträufeln.

Äpfel und Lauch mit dem Rahmdressing vermischen und mit Petersilie bestreuen.

Rohkost von Fenchel, Stangensellerie und Äpfeln

Für 4 Personen

2 Fenchelknollen, 2 Stangen Sellerie, 2 Äpfel

Saft von 1 Zitrone, Salz, Pfeffer

4 EL Joghurt, 1 EL geschnittener Schnittlauch

Die Fenchelknollen und den Sellerie putzen.

Fenchel, Sellerie und die ungeschälten Äpfel in Scheiben schneiden. Mit Zitronensaft, Salz und Pfeffer abschmecken. Den Rohkostsalat auf Tellern anrichten und mit Joghurt und Schnittlauch garnieren.

Rote-Rüben-Rohkost mit Rettich und Vogerlsalat

Für 4 Personen

2 EL Apfelessig, 2 EL Distelöl, Honig, Salz

320 g rote Rüben, 1 EL geriebener Kren, 100 g Rettich, Salz

40 g Vogerlsalat, 2 EL einfache Salatmarinade (siehe Seite 128)

Apfelessig, Distelöl, Honig und Salz verrühren.

Rote Rüben fein raspeln und marinieren. Den Kren daruntermischen und den Salat in der Mitte der Teller anrichten. Den Rettich grob raspeln, leicht einsalzen und darüberstreuen. Mit dem Vogerlsalat umkränzen und mit der Salatmarinade bepinseln.

Rotkrautrohkost mit rosa Grapefruit

Für 4 Personen

320 g Rotkraut

12 cl Himbeerdressing (siehe Seite 128), Birnensirup

1 rosa Grapefruit

Das Rotkraut en julienne schneiden und waschen. Mit Himbeerdressing marinieren und mit Birnensirup abschmecken.

Die Grapefruit filetieren, die Filets halbieren und unter den Salat mischen.

Sauerkraut-Apfel-Rohkost

Für 4 Personen

Das Sauerkraut mit kaltem Wasser abspülen, grob hacken und auflockern. Die Äpfel schälen, entkernen und fein raspeln. Die Zwiebel fein hacken und die Essiggurkerln grob hacken. Sauerkraut, Äpfel, Zwiebel und Essiggurkerln vermischen.
Den Rohkostsalat mit Öl, Zitronensaft, Weißweinessig, Zucker und Pfeffer marinieren.
Statt der Äpfel und Essiggurkerln können auch Paprika und Tomaten verwendet werden.

320 g Sauerkraut, 2 säuerliche Äpfel, 1 kleine Zwiebel, 2 Essiggurkerln

3 EL Öl, Saft von ½ Zitrone, 2 EL Weißweinessig, 1 KL Zucker, Pfeffer

Sauerkrautrohkost auf Ananasscheibe

Für 4 Personen

Das Sauerkraut waschen, grob hacken und mit Zitronensaft, Salz und Pfeffer abschmecken.
Das Sauerkraut auf den Ananasscheiben anrichten.
Mit einem Eßlöffel Rahm und einem Melissenblatt garnieren.

320 g Sauerkraut, Saft von ½ Zitrone, Salz, Pfeffer

4 frische Scheiben Ananas, 4 EL Rahm, 4 Melissenblätter

Schwarzwurzelrohkost mit Tomaten

Für 4 Personen

Die Tomaten in Scheiben schneiden und auf den Tellern kreisförmig auflegen. Mit Salz, Pfeffer und Schalotten bestreuen.
Das Joghurtdressing mit den Kräutern vermischen. Die geschälten Schwarzwurzeln in das Dressing raspeln und sofort vermischen.
Die Schwarzwurzelrohkost in der Mitte der Teller anrichten und mit Dillzweigen dekorieren.

4 Tomaten, Meersalz, Pfeffer aus der Mühle, 2 EL gehackte Schalotten

12 cl Joghurtdressing (siehe Seite 128), 1 EL gehackte Kräuter (Basilikum, Estragon), 320 g Schwarzwurzeln

4 Dillzweige

Weißkrautrohkost mit Karotten und Champignons

Für 4 Personen

Das Weißkraut fein hobeln und waschen. Die Karotten schälen und raspeln. Die Champignons waschen und in dünne Scheiben schneiden. Joghurt, Zitronensaft, Senf, Salz und Pfeffer vermischen. Die Rosinen unter die Rohkost mischen und mit der Marinade vermengen. Vor dem Servieren den Salat zugedeckt gut kühlen.

240 g Weißkraut, 100 g Karotten, 100 g Champignons

12 cl Joghurt, Saft von 1 Zitrone, 1 EL Senf, Salz, weißer Pfeffer

50 g Rosinen

Zuckermaisrohkost mit Paprika und Gurken

Für 4 Personen

Die Gurken in Scheiben schneiden und auf den Tellern kreisförmig auflegen. Mit Salz und Pfeffer würzen und mit dem Rahmdressing überziehen.
Den Paprika würfelig schneiden und mit den Zuckermaiskörnern vermischen. Mit der italienischen Salatsauce marinieren und den Salat in der Mitte der Teller anrichten. Mit Krauspetersilie dekorieren.

200 g Gurken, Salz, Pfeffer aus der Mühle, 2 EL Rahmdressing (siehe Seite 129)

1 grüner Paprika, 200 g Zuckermaiskörner, 4 EL italienische Salatsauce (siehe Seite 128)

Krauspetersilie

Vorspeisensalate

Als Vorspeise kann natürlich jede Art von Salat gegeben werden. Angefangen von den einfachen Salaten, über die Rohkostsalate bis zu jenen Salatvariationen, die in diesem Kapitel behandelt werden. Es handelt sich dabei um Kombinationen von Blattsalaten, rohen und gekochten Gemüsen mit Eiern, Fleisch, Geflügel, Fischen, Krustentieren, Pilzen, Käse und Früchten, die mit einem entsprechenden Dressing vermischt werden.

Blattsalate mit Champignons

Für 4 Personen

Eichblattsalat, Häuptelsalat, Vogerlsalat, Radicchio und Kresse waschen. Die Blattsalate und die Kresse auf Tellern bukettartig anrichten.

Die Champignons putzen und vierteln. Die Schalotten in Olivenöl anschwitzen und die Champignons dazugeben. Mit Weißwein und Weißweinessig ablöschen. Kurz aufwallen lassen und mit Salz, Pfeffer, zerdrückter Knoblauchzehe, Zucker, Fenchel und Thymian würzen.

Die Champignons kurz überkühlen lassen und auf den Blattsalaten anrichten. Die Blattsalate mit der restlichen Marinade beträufeln.

40 g Eichblattsalat, 4 halbe Häuptelsalatherzen, 40 g Vogerlsalat, 80 g Radicchio, 20 g Brunnenkresse

200 g Champignons, 40 g gehackte Schalotten, 6 cl Olivenöl, 4 EL herber Weißwein, 4 EL Weißweinessig, Salz, Pfeffer, ½ Knoblauchzehe, Zucker, gestoßener Fenchel, Thymian

Bunter Nudelsalat mit Krevetten auf Kräuterjoghurt

Für 4 Personen

Die Nudeln kochen und sortengetrennt mit Essig, Öl und Salz marinieren.

Joghurt, Rahm, Zitronensaft und Kräuter gut verrühren und auf Teller gießen.

Die Nudeln darauf anrichten. Die Krevetten mit Salz und Zitronensaft marinieren und auf die Nudeln geben.

Mit Kerbelzweigen dekorieren.

100 g Roggennudeln, 100 g weiße Nudeln, 100 g Rotweinnudeln, 100 g Kräuternudeln, 6 cl Essig, 4 cl Olivenöl, Salz

25 cl Joghurt, 25 cl Rahm, Saft von ½ Zitrone, 4 EL gehackte Kräuter (Kerbel, Basilikum, Petersilie)

80 g gekochte, ausgelöste Krevetten, Salz, Zitronensaft

Kerbelzweige

Foto Seite 140

Eiersalat

Für 4 Personen

Die Eier in Scheiben schneiden. Radicchio, Endivie, Schinken und Essiggurkerln in Streifen schneiden. Radicchio und Endivie auf Tellern anrichten. Eischeiben, Schinken und Essiggurkerln darauf geben und mit dem Senfrahmdressing überziehen.

Den Eiersalat mit Zwiebelringen und Schnittlauch garnieren.

4 gekochte Eier, 40 g Radicchio, 40 g Endiviensalat, 80 g Schinken, 40 g Essiggurkerln

10 cl Senfrahmdressing (siehe Seite 129)

20 g Zwiebelringe, 1 EL geschnittener Schnittlauch

Entensalat auf Mango

Für 4 Personen

Die parierte Entenbrust mit Salz, Pfeffer und Thymian würzen. In Öl anbraten und im Rohr rosa braten. Die Entenbrust erkalten lassen und in dünne Tranchen schneiden. Auf Tellern im Halbkreis fächerartig auflegen. Die Mango schälen, entkernen und in Spalten schneiden. Die Spalten ebenfalls fächerartig auf die Teller legen.

Friséesalat und Radicchio mit der Vinaigrette marinieren und neben den Entenbrusttranchen anrichten.

Mit grünen Pfefferkörnern bestreuen.

320 g Entenbrust, Salz, Pfeffer, Thymian, 2 EL Öl

1 Mango

Friséesalat, Radicchio, 10 cl Vinaigrette (siehe Seite 130) mit roten Zwiebeln

1 EL grüne Pfefferkörner

Kaltschalen *Rhabarberkaltschale mit Joghurtsorbet, Dialog der Gemüsepürees, Spargelkaltschale mit Räucherlachs*

Kalte Vorspeisen *Das Beste vom Kaninchen mit Wiesenkräutersträußchen, Bunter Nudelsalat mit Krevetten auf Kräuterjoghurt, Roh marinierte Gänsestopfleber auf Friséesalat*

Feigensalat

Für 4 Personen

Die Feigen waschen, eventuell schälen, halbieren und mit Himbeeressig und Pfeffer marinieren.

Die Chicoréeblätter mit Himbeeressig beträufeln und sternförmig auf Teller legen. Die Feigen in der Mitte anrichten.

Mayonnaise und Orangensaft verrühren und das halbfest geschlagene Obers darunterheben. Die Feigen damit überziehen und mit Kresse dekorieren.

8 frische Feigen, 2 EL Himbeeressig, grüner Pfeffer aus der Mühle
Chicorée, 1 EL Himbeeressig
50 g Mayonnaise, 1 EL Orangensaft, 3 EL Obers
Kresse

Fischstreifensalat mit Kaviarsauce

Für 4 Personen

Das Steinbutt- und das Lachsfilet mit Butter und Weißwein im Rohr pochieren.

Beide Filets und das Aalfleisch anschließend in Streifen schneiden. Die Erbsen und Erbsenschoten in Salzwasser knackig kochen. Die Paprika enthäuten und ebenfalls in Streifen schneiden. Die Schalotten fein hacken. Essig, Senf, Zucker, Schalotten, Salz und Pfeffer verrühren. Das Olivenöl nach und nach dazugeben und zum Schluß den Kaviar daruntermengen.

Friséesalat auf Teller geben und die Gemüse darauf verteilen. Die Fischstreifen sternförmig anrichten und mit der Kaviarsauce überziehen.

100 g Steinbuttfilet, 100 g Lachsfilet, 30 g Butter, 4 cl Weißwein
100 g geräucherter Aal
50 g Erbsen, 50 g Erbsenschoten, Salz
1 roter Paprika, 1 gelber Paprika
2 Schalotten, 2 EL milder Weinessig, 1 KL Senf, 1 KL Staubzucker, Salz, Pfeffer, 5 EL Olivenöl, 30 g Kaviar
Friséesalat

Gebratene Putenleber auf Brokkolisalat

Für 4 Personen

Die Putenleber parieren und in Öl anbraten. Mit Cognac flambieren und im Rohr gar ziehen lassen.

Brokkoli und Karfiol kochen und in Röschen teilen. Die Röschen mit den grob geteilten Salaten vermischen und mit der Vinaigrette marinieren.

Die Putenleber in Tranchen schneiden, mit Salz und Pfeffer würzen und fächerartig auf den Gemüsen anrichten.

Den Bratenrückstand reduzieren, den Aceto balsamico dazugeben und die Putenlebertranchen damit bepinseln.

320 g Putenleber, 3 EL Öl, 1 cl Cognac
100 g Brokkoli, 100 g Karfiol, 30 g Lollo rosso, 10 g Chicorée, 10 cl Vinaigrette (siehe Seite 130)
Salz, Pfeffer aus der Mühle
2 EL Aceto balsamico

Geflügelsalat

Für 4 Personen

Die Hühnerbrust mit Salz und Pfeffer würzen, in Öl anbraten und im Rohr gar ziehen lassen. Mit Zitronensaft, Worcestershiresauce und Cognac marinieren und erkalten lassen.

Die Spargelspitzen schälen und in Salzwasser mit Zucker und Butter kochen.

Den Friséesalat auf die Teller legen.

Die Äpfel schälen, blättrig schneiden und mit den würfelig geschnittenen Ananas und den Spargelspitzen vermengen.

Das Ganze auf dem Friséesalat anrichten und mit dem Dressing überziehen. Die Hühnerbrust in Scheiben schneiden und darauf legen.

320 g Hühnerbrust, Salz, Pfeffer, 3 EL Öl, Saft von ½ Zitrone, Worcestershiresauce, 2 cl Cognac
100 g Spargelspitzen, Salz, Zucker, Butter
Friséesalat
100 g säuerliche Äpfel, 50 g frische Ananas
10 cl Thousand Islands Dressing (siehe Seite 130)

Griechischer Bauernsalat

Für 4 Personen

Die Tomaten enthäuten und in Spalten schneiden. Die Gurken in Scheiben schneiden und die Scheiben halbieren. Die Paprika en julienne schneiden. Endiviensalat, Friséesalat und Radicchio grob teilen und vermischen. Tomaten, Gurken und Paprika daruntermischen und mit dem Dressing marinieren.

4 Tomaten, 150 g Gurken, 100 g grüne Paprika, 50 g Endiviensalat, 50 g Friséesalat, 50 g Radicchio, 10 cl italienische Salatsauce (siehe Seite 128)

60 g Schafkäse, 4 Kapern,
50 g gehackte rote Zwiebeln,
8 schwarze Oliven, 1 EL
geschnittener Schnittlauch

Den Salat mit würfelig geschnittenem Schafkäse, Kapern, Zwiebeln und Oliven garnieren und mit Schnittlauch bestreuen.

Heringssalat mit Dill

Für 4 Personen

250 g Bismarckheringe, 1 Zwiebel,
150 g Gurken, 100 g gekochte
Kartoffeln, 1 Apfel

1 KL Senf, 2 EL trockener Weißwein,
Saft von ½ Zitrone, 4 EL Olivenöl,
Staubzucker, Pfeffer, Muskat,
1 EL gehackter Dill

Dillzweige

Die Heringe abtropfen lassen und in zwei Zentimeter dicke Streifen schneiden. Die Zwiebel in Scheiben, die Gurken, die gekochten Kartoffeln und den Apfel würfelig schneiden und mit den Heringsstreifen vermengen.
Senf, Wein und Zitronensaft vermischen und mit Öl aufschlagen. Mit Staubzucker, Salz, Pfeffer, Muskat und Dill abschmecken.
Die Sauce über den Salat gießen und das Ganze gut vermischen. Den Salat in einer Glasschüssel anrichten und mit Dillzweigen dekorieren.

Hummersalat mit Erbsenschoten und Avocadopüree

Für 4 Personen

1 Avocado, 2 EL Crème fraîche, Saft
von ½ Zitrone, ½ Knoblauchzehe,
1 EL Mayonnaise, Salz, Pfeffer aus
der Mühle, Cayennepfeffer

2 gekochte Hummer, 20 blanchierte
Erbsenschoten, 1 KL geschroteter
Koriander, 6 EL Vinaigrette
(siehe Seite 130)

Das Fruchtfleisch der Avocado herauslösen und mit den restlichen Zutaten pürieren.
Das ausgelöste Hummerfleisch und die Erbsenschoten in Stücke schneiden, den geschroteten Koriander darüberstreuen und mit der Vinaigrette marinieren.
Die Hummer- und Erbsenstücke auf marinierten Blattsalaten anrichten, Avocadopüree-Nockerln dazugeben. Mit Dill und blanchierten Erbsenschotenstreifen garnieren.
Rezept Ernst Huber

Kalbshirnsalat in Vinaigrette

Für 2 Personen

200 g Kalbshirn, Saft von 1 Zitrone,
Salz, Pfeffer

2 Schalotten, 1 Essiggurkerl,
1 gekochtes Ei, 1 KL geschnittener
Schnittlauch, Estragon, Thymian,
1 KL gehackte Petersilie,
3 EL Sherryessig, 4 EL Olivenöl, Salz,
Pfeffer

Krauspetersilie

Das Kalbshirn wässern und enthäuten. Mit etwas Wasser, Zitronensaft, Salz und Pfeffer aufkochen und 15 bis 20 Minuten ziehen lassen. Im Fond erkalten lassen.
Schalotten, Essiggurkerl und Ei hacken. Schnittlauch, Estragon, Thymian und Petersilie dazugeben und mit Sherryessig und Olivenöl gut verrühren. Mit Salz und Pfeffer abschmecken.
Das Kalbshirn in zirka einen Zentimeter große Würfel schneiden, auf Tellern anrichten und mit der Vinaigrette überziehen.
Mit Krauspetersilie garnieren.

Kaninchensalat mit Dörrzwetschken in Sherryessig

Für 4 Personen

2 ausgelöste Kaninchenrücken,
à 120 g, Salz, Pfeffer, 80 g Butter

4 Dörrzwetschken,
50 g Gänsestopfleber, 40 g Butter,
10 cl Crème fraîche

2 Schalotten, 1 EL Aceto balsamico,
2 cl trockener Sherry,
1 KL Staubzucker, Salz, Pfeffer,
4 EL Olivenöl

2 Häuptelsalatherzen, 2 Chicorée,
25 g Pinienkerne

Die Kaninchenrücken mit Salz und Pfeffer würzen, in Butter anbraten und im Rohr gar ziehen lassen.
Die Dörrzwetschken einweichen, entkernen und mit Gänseleber füllen. Butter, Crème fraîche und die gefüllten Zwetschken in eine Pfanne geben und im Rohr kurz schmoren lassen.
Die Schalotten fein hacken. Essig, Sherry, Zucker, Schalotten, Salz, Pfeffer und Olivenöl mixen.
Häuptelsalat und Chicorée waschen und in der Mitte der Teller anordnen. Die Kaninchenrücken in dünne Tranchen schneiden und auf den Salaten anrichten.
Mit den Zwetschken und den Pinienkernen garnieren und mit dem Dressing überziehen.

Kressesalat mit Riesengarnelen

Für 4 Personen

300 g Brunnenkresse, 4 gekochte
Kartoffeln, 2 gekochte, ausgelöste
Riesengarnelen

Die Kresse waschen und die Kartoffeln in dünne Scheiben schneiden. Die Garnelen der Länge nach halbieren. Weinessig, Traubenkernöl, Salz und Pfeffer verrühren.

Kresse und Kartoffeln vermischen und das Dressing darunterziehen. Den Kressesalat mit den halbierten Garnelen belegen und mit dem Dressing beträufeln.

2 EL Weinessig, 4 EL Traubenkernöl, Salz, Pfeffer

Kürbissalat

Für 6 Personen

Den Kürbis schälen, von den Kernen befreien und auswaschen. Das Fruchtfleisch in Stücke teilen, leicht tournieren und in Salzwasser blanchieren.
Weißwein, Salz, Pfeffer und Lorbeerblatt aufkochen lassen und Weinessig und zerdrückte Knoblauchzehen dazugeben.
Die Tomaten enthäuten und würfelig schneiden. Tomaten, Maiskörner, Bohnen und Kürbisstücke in der Marinade ziehen lassen.
Die Paprika würfelig schneiden. Die Zwiebeln in Scheiben schneiden.
Den Salat in eine ausgehöhlte Kürbishälfte füllen und mit Paprikawürfeln, Zwiebelringen und Schnittlauch garnieren.

1 Speisekürbis mit 1,5 bis 2 kg, Salz

25 cl Weißwein, Salz, Pfeffer, 1 Lorbeerblatt, 2 EL Weinessig, 2 Knoblauchzehen

250 g Tomaten, 100 g gekochte Maiskörner, 100 g gekochte weiße Bohnen

50 g grüne Paprika, 50 g rote Zwiebeln, 3 EL geschnittener Schnittlauch

Lachssalat mit Ingwersauce

Für 4 Personen

Das Lachsfilet mit Meersalz einreiben und zirka 24 Stunden marinieren lassen.
Die Erbsenschoten in hauchdünne Streifen schneiden und blanchieren. Die Paprika blanchieren, schälen und das Fruchtfleisch in kleine Rhomben schneiden.
Rahm, Ingwer, Wasser und Essig vermischen. Mit Salz, Pfeffer und Zucker abschmecken und mit einem Schneebesen schaumig schlagen.
Die Sauce auf Teller geben und die Erbsenschotenstreifen darauf verteilen.
Das Lachsfilet in nicht zu dünne Streifen schneiden und auf der Sauce anrichten. Die Paprika-Rhomben darüberstreuen. Die Radicchioblätter en julienne schneiden und den Lachssalat damit garnieren.

300 g frisches Lachsfilet, 1 EL Meersalz

120 g Erbsenschoten

½ roter Paprika, ½ grüner Paprika, ½ gelber Paprika

15 cl Rahm, frischer geriebener Ingwer, 2 EL Wasser, 1 KL Champagneressig, Salz, Pfeffer, Zucker

Radicchioblätter

Meeresfrüchtesalat

Für 4 Personen

Den Tintenfisch in Streifen schneiden, mit Öl, Zitronensaft, Salz, Pfeffer und Weißwein dünsten und kalt stellen. Tintenfischstreifen, Scampi, Shrimps, Miesmuscheln und Venusmuscheln vermischen.
Essig und Fischfond verrühren. Mit dem Olivenöl aufschlagen und Basilikum, Salz und Pfeffer dazugeben.
Die Meeresfrüchte mit dem Dressing vermischen, noch einmal abschmecken und kalt stellen. Mit Friséesalat, Paprikawürfeln und Tomates concassées garnieren.

50 g Tintenfisch, Öl, Zitronensaft, Salz, Pfeffer, Weißwein

4 gekochte, ausgelöste Scampi, 80 g gekochte Shrimps, 50 g gekochtes Miesmuschelfleisch, 50 g gekochtes Venusmuschelfleisch

2 EL Aceto balsamico, 2 EL Fischfond (siehe Seite 279), 3 EL Olivenöl, Basilikum, Salz, Pfeffer

Friséesalat, 40 g Paprikawürfel, 40 g Tomates concassées

Muschelsalat in Vinaigrette

Für 4 Personen

Die Muscheln sortengetrennt in der Court-bouillon gar ziehen und erkalten lassen. Weinessig, Weißwein und Olivenöl gut verrühren. Kräuter, Schalotten, Salz, Pfeffer und bei Bedarf etwas Fischfond dazugeben.
Die Muscheln abtropfen lassen und mit der Vinaigrette vermischen.

100 g Jakobsmuschelfleisch, 100 g Miesmuschelfleisch, 100 g Venusmuschelfleisch, Court-bouillon (siehe Seite 279)

8 cl Weinessig, 4 EL Weißwein, 4 EL Olivenöl, 2 EL gehackte Kräuter (Petersilie, Kerbel, Basilikum), 40 g würfelig geschnittene Schalotten, Salz, weißer Pfeffer

Foto Seite 161

Muschelsalat mit Safran

Für 4 Personen

½ weiße Porreestange, 1 Schalotte, 10 cl Fischfond (siehe Seite 279), 3 EL trockener Weißwein, 1,2 kg Muscheln in der Schale

½ Schalotte, Olivenöl, 1 KL Crème fraîche, Safran

2 Häuptelsalatherzen, Saft von ½ Zitrone, 200 g Stangensellerie, 8 Estragonblätter, 1 EL Tomates concassées

Den Porree in Streifen schneiden, die Schalotte hacken und in Fischfond und Weißwein aufkochen. Die gereinigten Muscheln dazugeben und so lange kochen, bis sie sich öffnen. Die Muscheln aus der Schale nehmen und den Fond für die Sauce reservieren.

Die Schalotte hacken. Das Olivenöl erhitzen, Schalotte, Crème fraîche, Safran und Muschelfond dazugeben und das Ganze eine Minute köcheln lassen. Die Muscheln daruntermischen und in der Sauce auskühlen lassen.

Die Salatblätter mit Zitronensaft beträufeln, auf Tellern anrichten und die Muscheln in ihrer Sauce darauf verteilen.

Den Sellerie en julienne schneiden und den Estragon grob hacken. Den Muschelsalat damit bestreuen und mit Tomates concassées garnieren.

Nizza-Salat

Für 4 Personen

80 g Fisolen, Salz, 40 g grüne Paprika, 2 Tomaten, 200 g gekochte Kartoffeln, 10 cl French Dressing (siehe Seite 127)

80 g Thunfisch, 2 gekochte Eier, 40 g rote Zwiebelringe, 4 grüne Oliven, 4 schwarze Oliven, Vogerlsalat

Die Fisolen in Salzwasser kochen, abschrecken und erkalten lassen. Die Paprika in Streifen oder Ringe schneiden. Die Tomaten schälen und in Spalten schneiden. Die gekochten Kartoffeln schälen und in Scheiben schneiden. Fisolen, Paprika, Tomaten und Kartoffeln mit dem Dressing marinieren und sortengetrennt oder vermischt anrichten.

Den Salat mit Thunfischstücken, Eierspalten, Zwiebelringen, Oliven und Vogerlsalat garnieren.

Nudel-Steinpilz-Salat

Für 4 Personen

40 g Spaghetti, 40 g Spinatnudeln, 40 g Tomatennudeln, Salz, 12 cl Crème fraîche, 1 KL gehackte Kräuter (Thymian, Oregano, Petersilie), Salz, Pfeffer

120 g Steinpilze, 1 EL Olivenöl, 10 cl Weißwein, Saft von ½ Zitrone, Salz, Pfeffer

80 g Salami, 80 g Tomates concassées

Kresse

Spaghetti, Spinatnudeln und Tomatennudeln in Salzwasser kochen und kurz abschrecken. Die Teigwaren mit Crème fraîche, gehackten Kräutern, Salz und Pfeffer vermischen.

Die Steinpilze putzen und in Segmente schneiden. In Olivenöl und Weißwein kurz dünsten. Mit Zitronensaft, Salz und Pfeffer würzen und erkalten lassen.

Die in Streifen geschnittene Salami, die Tomates concassées und die erkalteten Steinpilze unter die Teigwaren mischen.

Den Salat auf Tellern anrichten und mit Kresse dekorieren.

Pikanter Käsesalat

Für 4 Personen

300 g Emmentaler oder Edamer, 1 Banane, 2 Essiggurkerln, 1 säuerlicher Apfel, 1 roter Paprika, 1 gelber Paprika

2 EL Mayonnaise, 12 cl Rahm, Saft von 1 Zitrone, Salz, weißer Pfeffer, 2 EL geschnittener Schnittlauch, 1 KL gehackte Petersilie

Krauspetersilie

Käse, Banane und Essiggurkerln in Streifen schneiden. Den geschälten Apfel und die Paprika entkernen, ebenfalls in Streifen schneiden und alle Zutaten vermischen.

Mayonnaise, Rahm, Zitronensaft, Salz, Pfeffer, Schnittlauch und Petersilie verrühren und die Sauce unter die Salatzutaten mischen. Kurz ziehen lassen und mit Krauspetersilie garnieren.

Rezept Martin Wiegele

Pilzsalat

Für 4 Personen

100 g Eierschwammerln, 100 g Steinpilze, 100 g braune Champignons, 40 g gehackte Schalotten, 4 EL Olivenöl, 2 EL Rotweinessig, Knoblauch, Rosmarin

Vogerlsalat, 4 EL Zitronendressing (siehe Seite 131), Pfeffer aus der Mühle

Die Pilze waschen und in Scheiben schneiden. Die Schalotten in Olivenöl anschwitzen und die Pilze dazugeben. Mit Rotweinessig ablöschen, Knoblauch und Rosmarin dazugeben und kurz dünsten.

Den Vogerlsalat mit dem Zitronendressing marinieren und auf Teller legen. Den Pilzsalat in der Mitte der Teller anrichten, mit dem Zitronendressing beträufeln und mit Pfeffer bestreuen.

Reissalat mit Melone

Für 4 Personen

Den Reis in Salzwasser körnig kochen und abschrecken.

Das Fruchtfleisch der Melone würfelig schneiden und mit den Weintrauben unter den Reis mischen. Mit Salz, Zitronensaft und Ingwer abschmecken.

Chicorée und Friséesalat auf Tellern auflegen, den Reissalat darauf anrichten und mit dem Dressing überziehen.

160 g Reis, Salz

120 g Zuckermelone, 80 g halbierte, entkernte Weintrauben, Salz, 1 EL Zitronensaft, frischer Ingwer

Chicorée, Friséesalat, 10 cl amerikanisches Dressing (siehe Seite 127)

Rindfleischsalat mit Pilzen

Für 4 Personen

Das Rindfleisch in Streifen oder Würfel schneiden. Die Pilze putzen, blättrig schneiden und mit Zitronensaft beträufeln. Die Karotten in Salzwasser kochen und in Streifen oder Würfel schneiden.

Mayonnaise, Rindsuppe, Tomatenketchup, Schnittlauch und Zwiebeln gut verrühren und mit Salz und Pfeffer abschmecken.

Rindfleisch, Karotten und Pilze mit dem Dressing vermischen und auf Häuptelsalatblättern anrichten.

320 g gekochtes mageres Rindfleisch, 150 g frische Eierschwammerln oder Champignons, Saft von ½ Zitrone, 150 g Karotten, Salz

4 EL Mayonnaise, 4 EL Rindsuppe, 2 EL Tomatenketchup, 2 EL geschnittener Schnittlauch, 3 EL gehackte Zwiebeln, Salz, Pfeffer

1 kleiner Häuptelsalat

Salatkomposition mit Schinken, Käse und Walnüssen

Für 4 Personen

Die Chicoréeblätter waschen und sternförmig auf einem großen Teller auflegen. Maiskeimöl, Zitronensaft, Meersalz und Weißwein vermischen und die Chicoréeblätter damit beträufeln.

Den Vogerlsalat waschen, zwischen den Chicoréeblättern anrichten und ebenfalls marinieren.

Die Tomaten enthäuten und in Streifen schneiden. Die Grapefruit filetieren.

Den Schinken en julienne schneiden. Die halbierten Apfelscheiben in der Mitte der Teller kreisförmig auflegen.

Tomaten, Grapefruitfilets und Schinken darauf anrichten, mit dem in Scheiben geschnittenen Mozzarella belegen und mit den Walnüssen bestreuen.

2 Chicorée, 8 cl Maiskeimöl, Saft von 1 Zitrone, Meersalz, 2 EL Weißwein, 40 g Vogerlsalat

2 Tomaten, 1 Grapefruit, 100 g gekochter Schinken, 8 Apfelscheiben, 100 g Mozzarella

40 g gehackte Walnüsse

Salat vom Rehfilet mit Stockschwammerln

Für 4 Personen

Das Rehfilet enthäuten und mit Salz, Pfeffer, zerdrückten Wacholderbeeren und Rosmarin würzen.

Die Schalotten in Öl anschwitzen und die geputzten Stockschwammerln und das Rehfilet anbraten. Das Filet anschließend im Rohr rosa braten und erkalten lassen. In dünne Tranchen schneiden und auf Tellern kreisförmig auflegen.

Das Sherrydressing mit den Preiselbeeren vermischen und die Tranchen damit überziehen. Den Eichblattsalat waschen und zwischen den Filets anrichten. Die Stockschwammerln in die Mitte der Teller geben. Eichblattsalat und Stockschwammerln mit der Essigkräutersauce beträufeln.

Die restliche Marinade mit einem Pinsel über den angerichteten Salat verteilen und mit Walnüssen bestreuen.

320 g Rehfilet, Salz, Pfeffer, Wacholderbeeren, gemahlener Rosmarin, 10 g gehackte Schalotten, 2 EL Öl, 40 g Stockschwammerln

4 EL Sherrydressing (siehe Seite 130) mit Walnüssen, 1 EL Preiselbeeren

Eichblattsalat, 2 EL Essigkräutersauce (siehe Seite 130), 2 EL gehackte Walnüsse

Salat von Flußkrebsen mit gebratener Wachtel

Für 4 Personen

12 Flußkrebse, 1 l Court-bouillon (siehe Seite 279)

2 EL Sherryessig, 4 bis 6 EL Nußöl, Salz, Pfeffer aus der Mühle

4 Wachteln, Salz, Pfeffer, 20 g geklärte Butter

Friséesalat

Die Flußkrebse in die siedende Court-bouillon geben und zwei Minuten kochen lassen. Aus dem Fond nehmen und auslösen. Das Krebsenfleisch mit der Marinade bepinseln.
Die Wachteln mit Salz und Pfeffer würzen und in der geklärten Butter anbraten. Im Rohr bei 220 °C weitere zwei bis drei Minuten braten. Die Wachteln anschließend zerlegen und das Fleisch von den Knochen lösen. Das Wachtelfleisch ebenfalls mit der Marinade bepinseln. Das Krebsenfleisch und das Wachtelfleisch auf mariniertem Friséesalat anrichten.
Rezept Siegfried Hasil

Salat von Kutteln mit schwarzen Oliven

Für 4 Personen

320 g gekochte Kutteln, Saft von 1 Zitrone

1 kleine Zwiebel, 1 EL gehackte Petersilie, frischer Majoran, Salz, Pfeffer, 3 EL Weißweinessig, 6 cl Olivenöl

100 g Stangensellerie, 1 Chicorée, 2 Tomaten, 8 schwarze Oliven, 8 grüne Oliven

1 EL gehackte Petersilie

Die gekochten Kutteln in Streifen schneiden und mit Zitronensaft beträufeln. Zirka eine halbe Stunde ziehen lassen.
Die Zwiebel hacken. Mit Petersilie, Majoran, Salz, Pfeffer, Weißweinessig und Olivenöl vermischen.
Den Stangensellerie putzen, die Chicorée waschen und die Tomaten enthäuten. Stangensellerie, Chicorée und Tomaten in feine Streifen schneiden. Den Salat mit den Oliven und dem Dressing vermischen. Die Kutteln dazugeben und das Ganze gut durchmischen. Mit Petersilie bestreuen.
Zu diesem Salat passen auch Streifen von roten und grünen Paprika und gekochte, würfelig geschnittene Kartoffeln.

Shrimps-Reis-Salat

Für 4 Personen

100 g Langkornreis, 75 cl Fischfond (siehe Seite 279)

50 g Karotten, 100 g Gurken, 2 Tomaten, 160 g gekochte, ausgelöste Shrimps, Saft von ½ Zitrone, Salz, Cayennepfeffer

1 kleiner Häuptelsalat

2 EL Traubenkernöl, Dillzweige

Den Reis im Fischfond kochen, abgießen und auskühlen lassen.
Die Karotten in kleine Würfel schneiden und kochen. Die Gurken schälen und in kleine Würfel schneiden. Die Tomaten schälen und in Spalten schneiden.
Reis, Karotten, Gurken, Tomaten und Shrimps vorsichtig vermischen und mit Zitronensaft, Salz und Cayennepfeffer abschmecken.
Die Salatblätter waschen und den Shrimps-Reis-Salat darauf anrichten. Mit Traubenkernöl beträufeln und mit Dillzweigen dekorieren.

Waldorfsalat

Für 4 Personen

200 g Sellerie, 2 Äpfel, Saft von ½ Zitrone

10 cl Mayonnaisedressing (siehe Seite 129) mit Obers, Häuptelsalat

2 EL gehackte Walnüsse

Sellerie und Äpfel schälen, in feine Streifen schneiden und mit Zitronensaft beträufeln.
Das Mayonnaisedressing daruntermischen und den Salat auf Häuptelsalatblättern anrichten.
Mit gehackten Walnüssen bestreuen.

Ziegenkäse aus dem Ofen mit kleinem Salat

Für 4 Personen

Den Ziegenkäse mit Obers und Weißwein im Rohr anschmelzen und an der Oberseite bräunen lassen. Herausnehmen und warm stellen. Obers und Weißwein reduzieren lassen und mit Salz und Pfeffer abschmecken.

Den Ziegenkäse mit der Sauce auf Tellern anrichten. Mit den marinierten Blattsalaten garnieren und mit den rund ausgestochenen, getoasteten Schwarzbrotscheiben servieren.

Rezept Manfred Buchinger

2 halbierte Ziegenkäse, 12 cl Obers, 12 cl Weißwein, Salz, Pfeffer

100 g gemischte Blattsalate, 1 EL Apfelessig, 2 EL Nußöl, Salz, Zucker, weißer Pfeffer

4 Schwarzbrotscheiben

Kalte Vorspeisen

Vorspeisencocktails

Die Vorspeisencocktails stammen ursprünglich aus der amerikanischen Küche und gewinnen immer mehr an Beliebtheit, da sie rasch und leicht zubereitet werden können, gut aussehen und appetitanregend sind.

Vorspeisencocktails sind Kombinationen von Früchten, Gemüsen, Pilzen, Fischen, Krustentieren und Geflügel, die mit einer Cocktailsauce überzogen und je nach Zusammensetzung in Cocktailgläsern, Schalen oder Kelchen gut gekühlt angerichtet und serviert werden. Fruchtcocktails werden gerne in den ausgehöhlten Fruchtschalen von Grapefruits, Orangen oder Melonen serviert.

Wichtig ist, sowohl bei pikanten Cocktails als auch bei Fruchtcocktails, daß die Zutaten in Geschmack und Farbe harmonisch aufeinander abgestimmt und sehr kalt serviert werden.

Aalcocktail

Für 4 Personen

Rückgrat und Haut des Räucheraals entfernen. Das Aalfleisch und die Eier in kleine Würfel schneiden.

Die Champignons putzen und in Scheiben schneiden. Mit Zitronensaft beträufeln. Alle Zutaten gut vermengen und die Maiskörner daruntermischen.

Öl, Estragonessig, Weißwein und Cognac verrühren. Zwiebel und Oliven würfelig schneiden. Essiggurkerln und Kapern fein hacken. Mit Salz, Senf, Cayennepfeffer und Paprikapulver würzen und alle Zutaten gut verrühren.

Die Sauce über das Aalgemisch gießen und zugedeckt einige Zeit ziehen lassen.

Mit Olivenscheiben, Maiskörnern, Räucheraalscheiben und Krauspetersilie garnieren.

200 g geräucherter Aal, 2 gekochte Eier, 100 g Champignons, 1 EL Zitronensaft, 50 g Maiskörner

3 EL Öl, 2 EL Estragonessig, 2 EL Weißwein, 2 cl Cognac, 1 Zwiebel, 5 schwarze Oliven, 40 g Essiggurkerln, 1 KL Kapern, Salz, 1 KL scharfer Senf, Cayennepfeffer, Paprikapulver

Krauspetersilie

Artischockencocktail

Für 4 Personen

Die Artischockenherzen halbieren oder vierteln. Die Tomaten enthäuten, halbieren, entkernen und in dünne Streifen schneiden.

Öl, Weinessig, Cognac, Zucker, Salz und Tabascosauce verrühren. Die Sauce über Artischocken und Tomatenstreifen gießen und das Ganze mindestens zwei Stunden im Kühlschrank ziehen lassen.

Den Cocktail in Gläsern anrichten und mit Eierachteln und blanchierten Artischockenblättern garnieren.

400 g Artischockenherzen, 2 feste Tomaten

3 EL kaltgepreßtes Olivenöl, 2 EL Weinessig, 2 cl Cognac, Zucker, Salz, Tabascosauce

2 gekochte Eier, Artischockenblätter

Austerncocktail

Für 4 Personen

Die Austern mit den Spargelspitzen vermengen. Die Avocados schälen und das Fruchtfleisch würfelig schneiden. Die Champignons putzen und in Stäbchen schneiden. Mit Zitronensaft beträufeln und eventuell blanchieren.
Austern, Spargelspitzen, Avocados und Champignons vermischen und in Gläser füllen.
Mayonnaise, Joghurt, Cayennepfeffer, Salz und Kräuter verrühren und den Cocktail damit nappieren.
Kalt stellen und mit Kresse garnieren.

150 g geräucherte Austern,
80 g gekochte weiße Spargelspitzen,
2 Avocados, 50 g Champignons,
1 EL Zitronensaft

80 g Mayonnaise, 3 EL Joghurt,
Cayennepfeffer, Salz, 1 EL gehackte
Kräuter (Dill, Zitronenmelisse)

Kresse

Avocadococktail

Für 4 Personen

Die Avocados schälen, die Kerne entfernen und das Fruchtfleisch in Würfel schneiden.
Olivenöl, Weinessig, Salz und Tabascosauce vermischen. Die Avocadowürfel darin eine halbe Stunde ziehen lassen.
Tomatensaft, Tomatenketchup, Senf, Schalotten, Petersilie, Kren, Dill und Salz verrühren und die Avocadowürfel mit der Marinade dazugeben.
Die Wachteleier wachsweich kochen.
Kleine Gläser mit Salatblättern auslegen, den Cocktail darauf anrichten und mit Dillspitzen und Wachteleiern dekorieren.

2 Avocados, 1 EL Olivenöl,
1 EL Weinessig, Salz, Tabascosauce

3 EL Tomatensaft,
1 EL Tomatenketchup, 1 KL scharfer
Senf, 1 EL gehackte Schalotten,
1 EL gehackte Petersilie,
1 KL geriebener Kren, 1 KL gehackter
Dill, Salz

4 Wachteleier, Vogerlsalat, Dillspitzen

Camembertcocktail

Für 4 Personen

Den Camembert in Segmente schneiden. Die Zwiebel in Scheiben schneiden. Die Mixed Pickles zerkleinern.
Camembert, Zwiebelringe und Mixed Pickles vermengen und in Kelchgläser füllen.
Estragonessig, Zitronensaft, Zucker, Salz, Chilisauce, Öl und Petersilie vermischen. Den Cocktail damit nappieren und 30 Minuten ziehen lassen.
Den Cocktail mit Zwiebelringen und Krauspetersilie dekorieren.

160 g Camembert, 1 Zwiebel,
100 g Mixed Pickles

2 EL Estragonessig, Saft von
1 Zitrone, Zucker, Salz, Chilisauce,
5 EL Öl, 1 EL gehackte Petersilie

Krauspetersilie

Cocktail mit Garnelen

Für 4 Personen

Die Gurke entkernen, en julienne schneiden und salzen. Die gekochten roten Rüben schälen und mit dem Schinken en julienne schneiden.
Das Ganze mit Rahm und Obers vermengen. Mit Dill, Schnittlauch, Salz und Zucker abschmecken und kalt stellen.
Den Salat in Cocktailschalen anrichten.
Mit den ausgelösten Garnelen belegen und mit halbierten Wachteleiern und Dillsträußchen garnieren.
Rezept Otto Kimmelmann

150 g Gurke, Salz, 50 g gekochte
rote Rüben, 150 g Preßschinken,
10 cl Rahm, 2 cl Obers, gehackter
Dill, geschnittener Schnittlauch, Salz,
Zucker

100 g gekochte, ausgelöste
Garnelen, gekochte Wachteleier, Dill

Cocktail von Langostinos

Für 4 Personen

Die Tomaten enthäuten, halbieren, die Kerne entfernen und in Streifen schneiden. Die Ananasscheiben in Stücke schneiden. Mit den halbierten Oliven und den Tomaten vermengen. Die Langostinos der Länge nach halbieren.
Öl, Essig, Zitronensaft, Salz, Pfeffer und Zucker vermischen. Die Marinade über die Zutaten gießen und ziehen lassen. Die Salatherzen zerteilen und unter den Cocktail heben. Mit Kerbelblättern und Langostinos garnieren.

2 Tomaten, 2 Scheiben Ananas,
8 gefüllte Oliven, 320 g gekochte,
ausgelöste Langostinos

3 EL Olivenöl, 1 EL Weinessig, Saft
von ½ Zitrone, Salz, weißer Pfeffer,
Zucker

4 Salatherzen

Kerbelblätter

Vorspeisencocktails *Fruchtcocktail, Gemüsecocktail, Melonencocktail mit Krustentieren*

Kalte Vorspeisen

Carpaccio vom Kalb und Rind mit Brunnenkresse, Lachstatar mit grünem Spargel, Gefüllte Weintrauben mit Gänsestopfleber, Hummer auf Corailsauce, Wachtelpralinen mit Gänsestopfleber

Delikateßvorspeisen *Gänselebervariation, Weißer und grüner Spargel mit Tomatenvinaigrette, Gefüllte Artischocken mit Haselnüssen und Eiervinaigrette*

Cocktail von Riesengarnelen

Für 4 Personen

Die Riesengarnelen in der Court-bouillon kochen. Erkalten lassen und in kleine Medaillons schneiden.

Die Champignons putzen, halbieren und blanchieren. Die Artischockenherzen vierteln. Den Spargel in zwei Zentimeter lange Stücke und die Palmenherzen in kleine rhombenförmige Stücke schneiden.

Die Zutaten in ein Glas füllen.

Mit einem Dressing aus Mayonnaise, Obers, Rahm, Tomatenketchup, Cognac, Gewürzen, Kren und Dill den Cocktail nappieren.

Mit Medaillons von Riesengarnelen belegen und mit Friséesalat garnieren.

240 g ausgelöste Riesengarnelen, 25 cl Court-bouillon (siehe Seite 279)

100 g Champignons, 4 gekochte Artischockenherzen, 8 Stangen grüner Spargel, 100 g Palmenherzen

80 g Mayonnaise, 2 EL Obers, 2 EL Rahm, 1 EL Tomatenketchup, 2 cl Cognac, Salz, Cayennepfeffer, Worcestershiresauce, 1 KL geriebener Kren, gehackter Dill

Friséesalat

Eiercocktail mit Shrimps

Für 4 Personen

Die Karotten putzen und raspeln. Die Paprika würfelig schneiden. Erbsen, Karotten, Paprika und Tomates concassées vermischen. Einen Teil der Shrimps dazugeben und mit Salz abschmecken.

Topfen und Öl schaumig rühren. Essig, Sojasauce und Gewürze dazugeben und die Gemüse mit dem Dressing vermischen.

Die Eier achteln und in Gläser geben. Die marinierten Gemüse darauf verteilen und mit Shrimps und Vogerlsalat garnieren.

60 g Karotten, 60 g grüne Paprika, 60 g gekochte Erbsen, 60 g Tomates concassées, 80 g gekochte Shrimps, Salz

2 EL Topfen, 3 EL Öl, 2 EL Essig, Sojasauce, Salz, Paprikapulver, Curry, Cayennepfeffer

4 gekochte Eier, Vogerlsalat

Fruchtcocktail

Für 4 Personen

Die Grapefruits filetieren. Die Erdbeeren vierteln. Die Kiwi schälen und in Scheiben schneiden. Die Papayas schälen und in Spalten schneiden. Die Mangos in kleine Stücke schneiden. Alle Früchte mit den Melonenkugeln vermischen.

Fruchtsirup, Grand Marnier, Cognac und Orangen- oder Grapefruitsaft vermischen und über die Früchte gießen.

Die Ananasblätter waschen und die Cocktails damit dekorieren.

100 g Grapefruits, 4 Erdbeeren, 1 Kiwi, 100 g Papayas, 100 g Mangos, 100 g Honigmelonenkugeln

12 cl Fruchtsirup, 2 cl Grand Marnier, 2 cl Cognac, 12 cl Orangen- oder Grapefruitsaft

frische Ananasblätter

Foto Seite 149

Geflügelcocktail

Für 4 Personen

Das Hühnerfleisch in kleine Stücke schneiden. Die Melone halbieren, die Kerne entfernen und aus dem Fruchtfleisch Kugeln ausstechen. Die Tomaten enthäuten, achteln und die Kerne entfernen. Die Champignons putzen, blättrig schneiden und mit Zitronensaft beträufeln.

Hühnerfleisch, Melonenkugeln, Tomatenspalten und Champignonscheiben locker vermischen.

Joghurt, Kräuter, Salz, Pfeffer, Zitronensaft, Selleriesalz und Paprikapulver zu einer Sauce aufschlagen und den Cocktail damit überziehen.

Mit Kresse oder Kerbel garnieren.

320 g gebratene oder pochierte Hühnerbrust, 1 kleine Zuckermelone, 2 Tomaten, 100 g Champignons, 1 EL Zitronensaft

12 cl Joghurt, 1 EL gehackte Kräuter (Estragon, Petersilie), Salz, Pfeffer, 1 EL Zitronensaft, Selleriesalz, Paprikapulver

Kresse oder Kerbel

Geflügelcocktail mit Früchten

Für 4 Personen

Die Hühnerbrust in Scheiben schneiden. Die Avocado schälen, entkernen und das Fruchtfleisch würfelig schneiden. Aus der Honigmelone Kugeln ausstechen. Die Orange und die Grapefruit filetieren.

320 g pochierte Hühnerbrust, 1 Avocado, ½ Honigmelone, 1 Orange, 1 Grapefruit, 1 Chicorée

20 g grüne Paprika,
100 g Mayonnaise, 4 EL Rahm,
4 cl Weißwein, 1 cl Curaçao, Salz,
Cayennepfeffer, Curry,
Worcestershiresauce

Zitronenmelisse

Cocktailgläser mit Chicoréeblättern auslegen und die vorbereiteten Zutaten sortengetrennt in die Gläser schichten.

Die Paprika in kleine Würfel schneiden. Mayonnaise, Rahm und Weißwein verrühren. Mit Curaçao, Salz, Cayennepfeffer, Curry und Worcestershiresauce abschmecken und mit den Paprikawürfeln ergänzen.

Den Cocktail mit dem Dressing nappieren und mit einem Teil der Früchte und mit Zitronenmelisse garnieren.

Gemüsecocktail

Für 4 Personen

100 g junge Karotten,
50 g Stangensellerie, 50 g Karfiol,
50 g Kohlrabi, 50 g Brokkoli,
50 g Zucchini, Salz, gemahlener
Pfeffer, 1 EL geschnittener
Schnittlauch

10 cl Joghurtdressing (siehe
Seite 128)

Wasserkresse, Brunnenkresse,
4 kleine Tomaten, 4 Radieschen,
4 junge Karotten

Foto Seite 149

Die geschnittenen und tournierten Gemüse entsprechend garen. Mit Salz, Pfeffer und etwas Schnittlauch abschmecken.

Das Joghurtdressing mit dem restlichen Schnittlauch verrühren. Das Dressing in ein Glas geben und die Gemüse darauf verteilen. Die Cocktails mit Wasserkresse, Brunnenkresse, Tomatenrosen, Radieschenscheiben und jungen Karotten garnieren.

Grapefruitcocktail

Für 4 Personen

2 Grapefruits, 2 rosa Grapefruits,
12 cl Läuterzucker,
12 cl Grapefruitsaft, 1 cl Curaçao,
2 cl Cognac

4 Minzblätter, Staubzucker

Die Grapefruits schälen und filetieren. Die Filets halbieren und mit Läuterzucker und Grapefruitsaft vermischen. Mit Curaçao und Cognac abschmecken, gestoßenes Eis dazugeben und kalt stellen.

Die Cocktails in Schalen füllen und mit angezuckerten Minzblättern dekorieren.

Hummercocktail

Für 4 Personen

100 g Staudensellerie, 1 gekochter
Hummer mit 800 g, 2 Orangen,
4 gekochte Artischockenherzen,
1 EL Zitronensaft, Salz, 2 cl Cognac

Kopfsalat oder Chicorée

80 g Mayonnaise, 2 EL Obers,
Selleriesalz, Cayennepfeffer,
1 Dillzweig, 4 Pfefferminzblätter

1 Orange, 4 Scheiben schwarze
Trüffel

Den Sellerie waschen und in Scheiben schneiden. Einige Minuten blanchieren und erkalten lassen. Das Hummerfleisch auslösen und in kleine Stücke teilen.

Die Orangen schälen und die Spalten in kleine Stücke schneiden.

Selleriescheiben, Hummerfleisch, Orangenstücke und Artischockenherzen mit Zitronensaft, Salz und Cognac vermischen und zugedeckt 30 Minuten ziehen lassen.

Das Ganze abtropfen lassen und in mit Salatblättern ausgelegte Cocktailschalen geben. Mayonnaise, Obers, Selleriesalz, Cayennepfeffer und gehackte Kräuter mit der abgetropften Hummerflüssigkeit verrühren und den Cocktail damit nappieren. Mit Orangen- und Trüffelscheiben garnieren.

Matjescocktail

Für 4 Personen

4 Matjesfilets, 12 cl Mineralwasser,
2 EL Weinessig, 1 säuerlicher Apfel,
150 g Tomates concassées

12 cl Obers, 2 EL geraffelter Sellerie,
Cayennepfeffer, Salz, Zucker,
1 EL Zitronensaft

Friséesalat oder Lollo rosso,
1 Matjesfilet

Die Matjesfilets in einer Mischung aus Mineralwasser und Weinessig 20 Minuten marinieren lassen.

Den Apfel schälen und in Würfel schneiden. Die Matjesfilets ebenfalls in kleine Würfel schneiden und das Ganze mit den Tomates concassées vermischen.

Das Obers steif schlagen und Sellerie, Cayennepfeffer, Salz, Zucker und Zitronensaft daruntermischen.

Die Cocktailzutaten mit der Sauce vermischen. In hohe Gläser füllen und mit Salatblättern und dem Matjesfilet garnieren.

Melonencocktail

Für 4 Personen

Die Zuckermelone halbieren, die Kerne entfernen und aus dem Fruchtfleisch Kugeln ausstechen.

Die Wassermelone und die Eier in kleine Würfel schneiden. Salz, Cayennepfeffer, Paprikapulver und Eier mit dem Sekt vermischen und die Melonenkugeln und -würfel darin zugedeckt im Kühlschrank ziehen lassen.

Orangensaft, Cognac und Tomatenketchup verrühren, in Sektschalen gießen und die Melonenstücke mit der Marinade dazugeben. Mit Zitronenmelisse dekorieren.

Dieser Cocktail kann auch in einer ausgehöhlten Melonenhälfte serviert werden, deren Rand mit einem spitzen Messer gezackt wurde.

1 Zuckermelone,
200 g Wassermelone,
2 gekochte Eier

Salz, Cayennepfeffer, Paprikapulver,
12 cl Sekt, Saft von 1 Orange,
2 cl Cognac, 2 EL Tomatenketchup

Zitronenmelisse

Melonencocktail mit Krustentieren

Für 4 Personen

Die Honigmelonen aushöhlen und aus dem Fruchtfleisch Kugeln ausstechen. Den Hummerschwanz in dünne Scheiben schneiden. Den Sellerie in Stücke schneiden.

Melonenkugeln, Hummerscheiben, Sellerie und Garnelen mit Cognac und Zitronensaft marinieren und in die Melonenhälften schichten.

Mit dem Joghurtdressing vollenden und mit Trüffelscheiben und ganzen Kaisergranaten dekorieren.

2 Honigmelonen, 1 gekochter,
ausgelöster Hummerschwanz,
80 g Stangensellerie, 80 g gekochte,
ausgelöste Garnelen, 4 cl Cognac,
Saft von ½ Zitrone

4 EL Joghurtdressing (siehe
Seite 128), 8 Trüffelscheiben, 4 ganze
Kaisergranate mit Kopf und Schale

Foto Seite 149

Muschelcocktail

Für 4 Personen

Das Muschelfleisch eventuell zerkleinern. Die Artischockenherzen vierteln und die Zwiebel hacken. Das Ganze gut vermischen. Mayonnaise, Obers, Zitronensaft, Tomatenketchup und Cognac verrühren. Mit Dill, Zucker und Cayennepfeffer abschmecken.

Die Sauce über die Muschelfleischmischung gießen und kalt stellen. Den Cocktail in gekühlten Gläsern anrichten und mit Miesmuscheln und Dillspitzen garnieren.

240 g Miesmuschelfleisch,
8 gekochte Artischockenherzen,
1 kleine Zwiebel

80 g Mayonnaise, 2 EL Obers, Saft
von ½ Zitrone, 3 EL Tomatenketchup,
2 cl Cognac, 1 KL gehackter Dill,
Zucker, Cayennepfeffer

Dillspitzen

Spargelcocktail mit Räucherlachs

Für 4 Personen

Den erkalteten Spargel in zwei bis drei Zentimeter lange Stücke teilen. Den Schinken in kleine Würfel schneiden. Spargel, Schinken und Garnelen vermengen und in kleine Gläser geben.

Mayonnaise, Portwein, Cognac, Chilisauce, Ingwerpulver und Dill verrühren. Spargel, Schinken und Garnelen damit überziehen.

Den Spargelcocktail mit Räucherlachsröllchen und Dillspitzen garnieren.

250 g gekochte weiße Spargel,
100 g gekochter Schinken,
100 g gekochte, ausgelöste Garnelen

80 g Mayonnaise, 2 cl Portwein,
1 cl Cognac, Chilisauce,
Ingwerpulver, 1 KL gehackter Dill

4 Räucherlachsscheiben,
4 Dillspitzen

Steinbuttcocktail

Für 4 Personen

Die Steinbuttfilets in der Court-bouillon pochieren. Im Fond erkalten lassen und die Filets zerpflücken. Die Gurken schälen, vierteln und in Scheiben schneiden. Die Tomaten enthäuten und en julienne schneiden.

Steinbuttflocken, Gurken und drei Viertel der Tomaten vermischen. Das Mayonnaisedressing mit etwas Fischfond auf die gewünschte Konsistenz bringen und den Dill dazugeben.

320 g Steinbuttfilets, 25 cl Court-
bouillon (siehe Seite 279),
100 g Gurken, 100 g Tomaten

10 cl Mayonnaisedressing (siehe
Seite 129) mit Obers,
1 EL gehackter Dill

Friséesalat, 4 EL einfache
Salatmarinade (siehe Seite 128)

Dillspitzen

Den Friséesalat mit der Marinade beträufeln und die Gläser damit auslegen. Den Steinbutt-salat darauf anrichten und mit dem Mayonnaisedressing überziehen. Den Cocktail mit Dill-spitzen und en julienne geschnittenen Tomaten dekorieren.

Steinpilzcocktail

Für 4 Personen

400 g Steinpilze, Salz

2 Jungzwiebeln, 3 EL Distelöl, Saft von ½ Zitrone, Salz, 1 Knoblauchzehe, 2 EL gehackte Kräuter (Salbei, Thymian, Petersilie)

1 Limette, Eichblattsalat

Die Steinpilze putzen und in wenig Salzwasser zugedeckt 15 Minuten auf schwachem Feuer dünsten. Die Pilze anschließend abtropfen und erkalten lassen und in Scheiben schneiden. Die Jungzwiebeln in Scheiben schneiden.
Öl, Zitronensaft, Salz, zerdrückte Knoblauchzehe, Kräuter und Zwiebelringe verrühren. Die Marinade über die Pilze gießen und zugedeckt 15 Minuten ziehen lassen.
Den Steinpilzcocktail in Cocktailschalen anrichten.
Die Limette warm waschen, abtrocknen und aus der Mitte vier hauchdünne Scheiben schneiden. Jeden Cocktail mit einer Limettenscheibe und Eichblattsalat dekorieren.

Tomatencocktail

Für 4 Personen

400 g Tomates concassées, Salz, Pfeffer, Tabascosauce, Saft von 1 Zitrone, Staubzucker, 2 cl Gin, 2 EL Tomatenketchup oder Tomatenpüree

12 cl Obers, 1 EL geriebener Kren

4 Basilikumblätter

Die Tomates concassées mit Salz, Pfeffer, Tabascosauce, Zitronensaft, Zucker und Gin marinieren. Tomatenketchup oder Tomatenpüree daruntermischen und das Ganze kalt stellen.
Das Obers halbfest schlagen und mit dem Kren vermischen. Die Hälfte der Tomates con-cassées in Kelchschalen füllen und den Oberskren darauf geben. Den Cocktail kurz in den Gefrierschrank stellen und erst dann die restlichen Tomates concassées auf den Oberskren geben. So können die Tomaten nicht einsinken und bilden eine abgegrenzte Schichte. Die Tomatencocktails mit Basilikumblättern dekorieren.

Eiervorspeisen

Eier lassen sich auf vielfältige Weise zu Vorspeisen verarbeiten.
Viele Variationsmöglichkeiten ergeben sich durch das Füllen von gekochten und halbierten Eiern mit Dottercreme, Gervaiscreme, Mousses oder Salaten. Gefüllte, dekorierte Eier sind bei Kalten Platten ein beliebter Garniturbestandteil.
Kombiniert mit Salaten, Gemüse, Fleisch oder Fisch, gibt man sie als Vorspeise.
Auch pochierte oder wachsweiche Eier werden entweder naturbelassen oder mit einer Sauce überzogen in Verbindung mit Krustentieren, Kaviar oder Spargel als Vorspeise gereicht.
Kalte Eiergerichte können auch auf Unterlagen, wie zum Beispiel Gemüsescheiben, Arti-schockenböden oder Salaten, angerichtet werden.
Als besondere Delikatesse gelten Wachtel-, Kiebitz- und Möweneier, die sich auf Grund ihrer Größe besonders gut für Vorspeisen eignen.

Eierfüllen

Wie schon erwähnt, eignen sich zum Füllen von Eiern verschiedene Salate, Mousses und Cremes.
Im folgenden wurden die wichtigsten Eierfüllen herausgegriffen, die geschmacklich mit Sar-dellenpüree, Lachspüree, Schinkenpüree, Gänseleberpüree, Olivenpüree und gehackten Kräutern variiert werden können.

Dottercreme

Für 8 halbe Eier

Die Butter schaumig rühren. Eidotter und Weißbrot dazugeben und mit Senf, Salz, Pfeffer, Worcestershiresauce und Zitronensaft abschmecken. Statt Weißbrot kann auch Mayonnaise zur Lockerung der Creme verwendet werden.
Nach Bedarf mit Sardellenpüree ergänzen.

60 g Butter, 4 gekochte, passierte Eidotter, 20 g entrindetes, eingeweichtes, passiertes Weißbrot oder 20 g Mayonnaise, Senf, Salz, weißer Pfeffer, Worcestershiresauce, 1 EL Zitronensaft

Gervaiscreme

Für 8 halbe Eier

Die weiche Butter mit dem Gervais glattrühren und mit Salz, Pfeffer, Zitronensaft und Kren abschmecken. Mit der Crème fraîche auflockern.
Die Creme kann mit geschnittenem Schnittlauch variiert werden.

20 g Butter, 120 g Gervais, Salz, weißer Pfeffer, 1 EL Zitronensaft, geriebener Kren, 20 g Crème fraîche

Eierfülle mit Crème fraîche

Für 8 halbe Eier

Die Eidotter mit der Crème fraîche glattrühren und mit Salz, Pfeffer und Zitronensaft würzen.
Als Ergänzung gehackte Kräuter verwenden.

4 gekochte, passierte Eidotter, 80 g Crème fraîche, Salz, weißer Pfeffer, 1 EL Zitronensaft

Dänisches Ei

Für 4 Personen

Die Tomaten enthäuten und in Scheiben schneiden.
Die Gurken in Stäbchen schneiden. Tomaten, Gurken, Vogerlsalat und weiße Bohnen mit der einfachen Salatmarinade vermischen und auf Tellern anrichten. Den Heringssalat in die Mitte der Teller geben. Die Eier halbieren und darauf legen.
Mayonnaise, Rahm, Sardellenpaste, Salz und Pfeffer vermischen und die Eier damit überziehen. Mit Zwiebelringen und Pfefferkörnern dekorieren.

2 Tomaten, 40 g Gurken, 40 g Vogerlsalat, 40 g gekochte weiße Bohnen, 4 EL einfache Salatmarinade (siehe Seite 128)

200 g Heringssalat (siehe Seite 142), 4 gekochte Eier

40 g Mayonnaise, 1 EL Rahm, 1 KL Sardellenpaste, Salz, weißer Pfeffer

20 g Zwiebelringe, 1 EL grüne Pfefferkörner

Gefüllte Kaviareier in der Schale

Für 8 Personen

Die Eier zirka einen Zentimeter oberhalb ihrer dicksten Stelle mit einem Sägemesser durchschneiden. Den Inhalt der Eier in eine Schüssel gießen und mit dem Schneebesen leicht verschlagen. Die Eischalen waschen und trocknen.
Die Zwiebeln in der Butter anschwitzen. Die Eier und den Schnittlauch dazugeben und mit Salz und Pfeffer würzen.
Unter ständigem Schlagen mit dem Schneebesen sollen die Eier eine leicht cremige Konsistenz erhalten. Die Temperatur sollte 65 °C nicht übersteigen. Die Pfanne vom Feuer nehmen und die Crème fraîche daruntermischen.
Die Eischalen in Eierbecher geben und einen Kaffeelöffel der ausgekühlten Eiermasse einfüllen.
Mit Kaviar garnieren und mit Toast servieren.
Um die Eier stehend servieren zu können, verwendet man neben dem Eierbecher auch zerknüllte Alufolie oder ein Häufchen Salz als Unterlage.
Der Kaviar kann hier auch durch Lachsscheiben, Keta-Kaviar, Schnittlauch oder Räucheraal ersetzt werden.

8 Eier

50 g gehackte Zwiebeln, 40 g Butter, 2 KL geschnittener Schnittlauch, Salz, Pfeffer, 1 EL Crème fraîche

30 g Kaviar, Toast

Gefülltes Ei mit Geflügellebermousse

Für 4 Personen

4 gekochte Eier

40 g Butter, Salz, Pfeffer, Worcestershiresauce, 160 g Geflügellebermousse (siehe Seite 216), 8 gekochte Spargelspitzen, 10 g Trüffelstreifen

2 Avocados, 2 EL Estragonessig, 2 EL Haselnußöl, Salz

Die Eier der Länge nach halbieren und auf den Unterseiten etwas abflachen. Die Eidotter entfernen und die Eihälften gut auswaschen. Die Eidotter passieren und die Butter schaumig rühren.

Eidotter, Butter, Salz, Pfeffer und Worcestershiresauce verrühren und die Geflügellebermousse dazugeben.

Die Creme mit einem Dressiersack in die Eihälften füllen. Mit Spargelspitzen und Trüffelstreifen garnieren.

Die Avocados schälen, der Länge nach halbieren und die Kerne entfernen. Das Fruchtfleisch in Scheiben schneiden und fächerartig auf Teller legen. Mit Estragonessig und Haselnußöl beträufeln und etwas salzen.

Die gefüllten Eier zwischen den Avocados anrichten.

Norwegisches Ei

Für 4 Personen

80 g gekochte Garnelen, 80 g Champignons, 80 g Äpfel, 40 g gekochte Erbsen, Salz, Pfeffer, 2 cl Cognac, 2 EL Tomatenketchup

80 g Blattsalate, 4 EL French Dressing (siehe Seite 127), 1 EL gehackter Dill

4 Toastscheiben, 4 pochierte Eier

2 EL Obers, 1 EL geriebener Kren, 2 EL Mayonnaise, Saft von ½ Zitrone

Die Garnelen auslösen, die Champignons blanchieren und blättrig schneiden und die Äpfel schälen und blättrig schneiden. Garnelen, Champignons, Äpfel und Erbsen vermischen. Mit Salz und Pfeffer würzen und mit Cognac und Tomatenketchup abschmecken.

Die gewaschenen Blattsalate mit dem French Dressing vermischen und sternförmig auf Tellern anrichten.

Den Garnelensalat darauf verteilen und mit Dill dekorieren.

Die Toastscheiben oval ausstechen, die Eier darauf setzen und neben dem Salat anrichten. Obers, Kren und Mayonnaise vermischen und mit Zitronensaft abschmecken.

Die Eier mit der Oberskrenmayonnaise überziehen.

Pochierte Eier auf Artischocken

Für 6 Personen

6 Eier, 1 l Wasser, 5 EL Weinessig, 2 EL Salz, 6 Dillspitzen, 6 schwarze Trüffelscheiben, 6 enthäutete Tomatenspalten, 10 cl Aspik (siehe Seite 281)

6 Artischockenböden, Saft von ½ Zitrone, 1,5 l Wasser, 10 cl Weißwein, Saft von 2 Zitronen

300 g Schinkenmousse (siehe Seite 217)

Die Eier in Essigwasser pochieren und in kaltem Salzwasser auskühlen lassen. Die Eier parieren, auf einen Gitterrost legen und kalt stellen. Mit Dillspitzen, Trüffelscheiben und Tomatenspalten garnieren und mit Aspik überziehen.

Die Artischockenböden aushöhlen und mit Zitronensaft einreiben. In einem Fond aus Wasser, Weißwein und Zitronensaft weich kochen. In Eiswasser auskühlen und gut abtropfen lassen.

Die Schinkenmousse in die Artischockenböden füllen und kalt stellen. Anschließend die Eier aufsetzen und anrichten.

Pochierte Eier auf Artischocken werden auch gerne als Garnituren für kalte Platten verwendet.

Pochierte Eier in Portweingelee

Für 4 Personen

4 Eier, 4 cl Essig

50 cl Portweingelee (siehe Madeiragelee, Seite 283), 4 Trüffelscheiben, 50 g Schinkenstreifen, 2 Tomaten

gemischte Blattsalate, Kräutermayonnaise (siehe Seite 277)

Die Eier in Essigwasser zirka vier Minuten pochieren. Auskühlen lassen und parieren.

Vier Kaffeetassen oder kleine Förmchen mit Portweingelee ausgießen. Den Boden mit den ausgestochenen Trüffelscheiben belegen. Darauf die Schinkenstreifen und die gehackten Tomaten geben. Mit etwas Portweingelee bedecken. Die pochierten Eier darauf setzen und mit dem Gelee auffüllen.

Das Ganze im Kühlschrank stocken lassen und anschließend stürzen.

Auf marinierten Blattsalaten anrichten und mit einer Kräutermayonnaise servieren.

Rezept Rudolf Lauß

Prager Ei

Für 4 Personen

Schinken, Emmentaler, Äpfel, Tomaten und Essiggurkerln in kleine Würfel schneiden und mit Mayonnaise, Rahm, Essig und Pfeffer vermischen.

Die Radieschen in Scheiben schneiden und mit dem Vogerlsalat vermengen. Den Salat mit Salz, Essig und Walnußöl marinieren und auf Tellern anrichten.

Die Eier halbieren, mit der Schnittfläche nach oben auf den Salat setzen und auf jede Eihälfte einen Eßlöffel Schinkensalat geben.

100 g Schinken, 20 g Emmentaler, 30 g geschälte Äpfel, 30 g geschälte Tomaten, 20 g Essiggurkerln, 40 g Mayonnaise, 2 EL Rahm, 1 EL Essig, Pfeffer
160 g Radieschen, 10 g Vogerlsalat, Salz, 1 EL Rotweinessig, 2 EL Walnußöl
4 gekochte Eier

Remouladenei auf Tomatenscheiben

Für 4 Personen

Die Tomaten in acht Scheiben schneiden, mit Salz und Pfeffer würzen und auf Teller legen. Auf jede Tomatenscheibe mit der Schnittfläche nach unten ein halbiertes Ei setzen. Die Eier mit der Remouladensauce nappieren und mit Salatblättern, Essiggurkerln und Salamitüten garnieren.

2 große Tomaten, Salz, Pfeffer
4 gekochte Eier, 12 cl Remouladensauce (siehe Seite 278), 8 Häuptelsalatblätter, 4 Essiggurkerln, 40 g Salami

Russisches Ei

Für 4 Personen

Die Eier der Länge nach halbieren und die Eidotter herausnehmen.

Den Räucherlachs durch ein Sieb passieren und mit Pfeffer, Cognac und Kren abschmekken. Das Obers schlagen und unter das Püree ziehen.

Die Eihälften damit füllen und zusammensetzen.

Äpfel und Essiggurkerln in kleine Würfel schneiden. Die würfelig geschnittenen und gekochten Gemüse daruntermischen und mit Mayonnaise, Rahm, Salz, Pfeffer und Zitronensaft abschmecken.

Den Salat auf Tellern anrichten und die zusammengesetzten Eihälften darauf legen. Die Eidotter durch ein Sieb passieren, mit Rahm, Zitronensaft, Salz und Pfeffer vermischen und die Eier damit nappieren.

Die Räucherlachsscheiben zu Röllchen drehen und die Eier damit belegen. Mit Kaviar dekorieren und mit Häuptelsalatblättern garnieren.

4 gekochte Eier
80 g Räucherlachs, Pfeffer, 2 cl Cognac, 1 KL geriebener Kren, 2 EL Obers
20 g geschälte Äpfel, 20 g Essiggurkerln, 20 g gekochte Erbsen, 30 g gekochte Karotten, 30 g gekochte Kartoffeln, 30 g gekochter Sellerie, 20 g gekochte weiße Bohnen, 20 g gekochte rote Rüben, 20 g Mayonnaise, 3 EL Rahm, Salz, Pfeffer, Zitronensaft
2 EL Rahm, Saft von ½ Zitrone, Salz, Pfeffer
4 Scheiben Räucherlachs, Kaviar, Häuptelsalatblätter

Senfei mit Kresse auf Kartoffelsalat

Für 4 Personen

Die Kartoffeln schälen und in Scheiben schneiden. Mit den Zwiebeln und der einfachen Salatmarinade vermischen und auf Tellern anrichten. Mit Schnittlauch bestreuen.

Die Eier halbieren und mit den Schnittflächen nach unten zur Hälfte auf dem Kartoffelsalat anrichten. Mit dem Senfrahmdressing überziehen.

Die Kresse mit der einfachen Salatmarinade marinieren und die Senfeier damit garnieren.

300 g gekochte Kartoffeln, 40 g gehackte Zwiebeln, 5 EL einfache Salatmarinade (siehe Seite 128), 2 EL geschnittener Schnittlauch
4 gekochte Eier, 8 cl Senfrahmdressing (siehe Seite 129)
Kresse, einfache Salatmarinade (siehe Seite 128)

Wachsweiches Ei auf Blattsalaten mit Topfendressing

100 g Blattsalate (Vogerlsalat,
Friséesalat, Lollo rosso)
20 g Kresse, 10 cl Topfendressing
mit Kräutern (siehe Seite 130)

2 Tomaten, einfache Salatmarinade
(siehe Seite 128)

4 wachsweich gekochte Eier

Kerbelblätter

Für 4 Personen

Die gewaschenen Blattsalate und die Kresse auf Tellern anordnen und mit dem Topfendressing überziehen.
Die Tomaten enthäuten, vierteln und mit einfacher Salatmarinade beträufeln.
Die Eier schälen, abtrocknen und auf den Salaten anrichten.
Mit marinierten Tomatenspalten und Kerbelblättern garnieren.

Wachteleier im Kressenest mit Tomatenvinaigrette

120 g Blattsalate, 12 gekochte
Spargelspitzen, Brunnenkresse

12 gekochte Wachteleier

10 cl Tomatenvinaigrette (siehe
Vinaigrette, Seite 130)

Für 4 Personen

Die Blattsalate waschen und mit den Spargelspitzen sternförmig auf Tellern anrichten.
Die Kresse in der Mitte der Teller anordnen und die halbierten Wachteleier darauf legen. Mit der Tomatenvinaigrette überziehen.

Früchtevorspeisen

Für diese Vorspeisen werden die verschiedensten Früchte entweder mit Salat gefüllt oder mit Gemüse, Fleisch, Geflügel, Fisch und Krustentieren kombiniert.
Auf diese Weise lassen sich vielfältige Vorspeisenkombinationen mit Früchten zusammenstellen. Auf geschmackliche und auch farbliche Harmonie der Zutaten ist zu achten.

Ananas-Sellerie-Salat mit gebratener Entenbrust

4 EL Crème fraîche,
2 EL Preiselbeeren, 1 EL Honigessig,
Salz, Pfeffer, Zucker

200 g Sellerie, Saft von 1 Zitrone,
4 frische Scheiben Ananas

½ Barberie-Enten-Brust, Salz, Pfeffer,
Thymian, 2 EL Öl

Für 4 Personen

Für das Dressing Crème fraîche, Preiselbeeren und Honigessig pürieren und mit Salz, Pfeffer und Zucker abschmecken.
Den Sellerie schälen und in Würfel schneiden. In Zitronenwasser kernig kochen und auskühlen lassen. Die Ananasscheiben in Stücke schneiden. Selleriewürfel und Ananas mit dem Dressing vermischen.
Die Entenbrust mit Salz, Pfeffer und Thymian würzen. In Öl rosa braten und im Rohr ziehen lassen. Das lauwarme Entenfleisch in dünne Tranchen schneiden und auf dem Ananas-Sellerie-Salat anrichten.

Avocadomousse mit Flußkrebssalat

2 Avocados

300 g Avocadomousse
(siehe Seite 215)

12 Flußkrebse, 6 cl Weißwein, Saft
von ½ Zitrone, Dill, Salz,
1 KL Koriander

2 Tomaten, 80 g Champignons,
50 g Fenchel, 1 Apfel, Zitronensaft

4 Krebskörper, 1 Chicorée,
4 EL einfache Salatmarinade (siehe
Seite 128), Kerbelblätter, Dillspitzen

Für 4 Personen

Die Avocados der Länge nach halbieren und die Kerne entfernen. Das Fruchtfleisch bis auf einen Rand von einem halben Zentimeter herauslösen und für die Herstellung der Mousse verwenden.
Die Avocadomousse in die ausgehöhlten Avocadohälften füllen und kalt stellen.
Die Flußkrebse mit Weißwein, Zitronensaft, Dill, Salz und Koriander zwei bis drei Minuten mit Wasser gut bedeckt kochen. Im Sud erkalten lassen und das Fleisch aus den Schalen lösen. Die Tomaten schälen, entkernen und würfelig schneiden. Die Champignons putzen, pochieren und in Scheiben schneiden. Fenchel und Apfel in Streifen schneiden. Alle Zutaten gut vermischen und mit etwas Sud und Zitronensaft abschmecken. Jede der gefüllten

Fisch- und Krustentiervorspeisen *Geräucherter Lachs auf Senfrahmsauce, Shrimps auf Dillkefir mit Wachteleiern, Muschelsalat in Vinaigrette*

Tellergerichte von Galantinen und Sulzen *Gefüllte Kaninchenkeule mit mariniertem Frühlingsgemüse, Gefüllter Kaninchenrücken mit Avocados und Blattsalaten, Lauchsulze*

Avocadohälften nach dem Erstarren in drei bis vier Segmente schneiden und diese fächerförmig auf einer Glasplatte anordnen. Daneben den Krebssalat anrichten.
Mit Krebskörpern und marinierten Chicoréeblättern garnieren und mit Kerbelblättern und Dillspitzen dekorieren.

Feigen-Granatapfel-Gratin

Für 4 Personen

Die Feigen waschen, in Scheiben schneiden und auf Tellern dachziegelartig auflegen.
Die Granatäpfel auspressen. Den Saft mit Zucker aufkochen und auf ein Drittel reduzieren.
Eidotter, Sekt und Staubzucker über Dampf schaumig schlagen und den Granatapfelsaft nach und nach einrühren. Die Masse so über die Feigen gießen, daß einige Scheiben unbedeckt bleiben.
Mit Zucker bestreuen, mit Wodka beträufeln und kurz überbacken. Mit grünen Pfefferkörnern bestreuen.

8 frische Feigen, 2 Granatäpfel, 80 g Zucker, 3 Eidotter, 15 cl Sekt, 40 g Staubzucker, Zucker, 1 cl Wodka

1 KL eingelegte grüne Pfefferkörner

Frische Feigen mit Minze und Schinken

Für 4 Personen

Die Feigen schälen, am Stielansatz einschneiden und leicht auseinanderdrücken. Eng nebeneinander auf eine Platte legen und kalt stellen.
Die Minze zerreiben, mit Zitronensaft vermischen und ziehen lassen. Obers und Zitronensaft nach und nach darunterrühren und mit Salz würzen.
Den Schinken en julienne schneiden, die Hälfte davon auf die Feigen geben und das Ganze mit der Oberssauce überziehen.
Die Feigen mit den restlichen Schinkenstreifen und Minzblättern garnieren.

8 frische Feigen

12 Minzblätter, Saft von ½ Zitrone, 20 cl Obers, Saft von 1 Zitrone, Salz, 160 g Schinken

Minzblätter

Gefüllter Apfel mit Räucherforellensalat

Für 4 Personen

Die Äpfel schälen, die Deckel abschneiden und aushöhlen. Die Äpfel anschließend in Zitronenwasser mit etwas Weißwein pochieren. Aus dem Sud nehmen und erkalten lassen.
Die Forellen filetieren und entgräten. Die Filets in Würfel schneiden und die Schwanzstücke aufheben.
Die Zwiebeln fein hacken. Die Paprika in kleine Stücke schneiden. Forellenstücke, Zwiebeln und Paprika vermischen, mit geschlagenem Obers, Zitronensaft, Pfeffer und Salz abschmecken und den Salat in die ausgehöhlten Äpfel füllen.
Mit den Forellenschwanzstücken belegen und die Deckel schräg aufsetzen. Mit gemischten Blattsalaten anrichten.
Rezept Martin Wiegele

4 säuerliche Äpfel, Saft von 2 Zitronen, 6 cl Weißwein

2 geräucherte Forellen, à 250 g, 30 g Zwiebeln, 30 g rote eingelegte Paprika, 6 cl Obers, Saft von ½ Zitrone, weißer Pfeffer, Salz

Blattsalate

Gefüllte Weintrauben mit Gänsestopfleber

Für 4 Personen

Die Gänsestopfleber durch ein Sieb streichen, mit Portwein, Salz, Zucker und Pfeffer abschmecken und gut verrühren.
Die Weintrauben an beiden Enden abflachen, aushöhlen und die Gänsestopfleber mit einem Spritzsack einfüllen. Auf Tellern in Traubenform anrichten und mit einem Weinblatt dekorieren.
Geflügelfond und Wein erwärmen und die aufgelöste Gelatine dazugeben. Kurz erhitzen, die Trubstoffe abschöpfen und das Gelee auf Eis kalt rühren. Die gefüllten Trauben mit dem Gelee überziehen.

200 g Gänsestopfleber, 4 cl Portwein, Salz, Zucker, weißer Pfeffer

40 große Weintrauben, Weinblätter

30 cl heller Geflügelfond (siehe Seite 279), 30 cl Weißwein, 4 Blätter Gelatine

Foto Seite 150/151

Gervaisbirne mit Lachsschinken

Für 4 Personen

2 Birnen, Saft von ½ Zitrone, Zucker

160 g Gervais, 3 EL süßer Birnensaft, englischer Senf, 2 EL Joghurt

8 Scheiben Lachsschinken

Die Birnen schälen, der Länge nach halbieren und die Kerngehäuse ausstechen. In Zitronenwasser mit etwas Zucker kurz pochieren.
Gervais, Birnensaft, Senf und Joghurt gut verrühren und die Birnenhälften damit füllen.
Die Gervaisbirnen mit den Lachsschinkenscheiben überlappend belegen.

Nektarinen mit Gervaiscreme

Für 4 Personen

4 Nektarinen, 20 g Staubzucker, Saft von ½ Zitrone, 160 g Gervais

Nektarinenblätter

Die Nektarinen halbieren, entkernen und die Unterseiten von vier Nektarinenhälften abflachen. Aus den anderen Hälften je zwei dünne Spalten schneiden. Das restliche Nektarinenfleisch schälen und pürieren. Staubzucker und Zitronensaft dazugeben und nach und nach den Gervais einrühren.
Die Gervaiscreme in die Nektarinenhälften dressieren und mit je zwei Nektarinenspalten und Nektarinenblättern dekorieren.

Papayas mit Rohschinken

Für 4 Personen

2 Papayas

200 g Rohschinken, 1 Chicorée

Saft von 2 Limetten, 4 cl Marillenschnaps

Die Papayas schälen, der Länge nach halbieren und die Kerne herauslösen. Das Fruchtfleisch in Scheiben schneiden und kalt stellen.
Den Rohschinken in dünne Scheiben schneiden und die Chicorée waschen.
Die Papayascheiben mit Limettensaft und Marillenschnaps beträufeln und mit dem Rohschinken und den Chicoréeblättern anrichten.

Rosa Grapefruitfilets auf Minzjoghurt

Für 4 Personen

4 rosa Grapefruits

25 cl Joghurt, 10 cl Crème fraîche, 2 KL Staubzucker, 2 cl Minzlikör, Saft von 1 Orange, Saft von ½ Zitrone, frische Minze

1 Chicorée

4 Erdbeeren, Minzzweige

Die Grapefruits filetieren und die Filets auf ein Sieb legen. Den Grapefruitsaft in einer Schale auffangen.
Joghurt und Crème fraîche verrühren. Staubzucker, Minzlikör, Grapefruitsaft, Orangensaft und Zitronensaft dazugeben. Die Minze fein hacken und zur restlichen Masse geben.
Die Chicorée waschen und die Blätter sternförmig auf Tellern anrichten. Das Minzjoghurt darauf verteilen und die Grapefruitfilets sternförmig auflegen. Die Mitte mit halbierten Erdbeeren und Minzzweigen garnieren.

Zuckermelone mit Portwein

Für 4 Personen

2 Zuckermelonen

12 cl Portwein

40 g Pistazien, Zitronenmelissenblätter

Die Melonen bis in die Mitte gezackt einschneiden und auseinandernehmen. Die Kerne entfernen und aus dem Fruchtfleisch Kugeln ausstechen. Das restliche Melonenfleisch mit einem Löffel herausnehmen, würfelig schneiden und wieder in die Melonenhälften geben. Die Melonenkugeln mit Portwein marinieren und ebenfalls in die Melonenhälften füllen. Gut kühlen und anschließend mit gehackten Pistazien bestreuen. Mit Zitronenmelissenblättern dekorieren.

Gemüsevorspeisen

Fast alle rohen, gekochten oder gedünsteten Gemüse eignen sich zur Herstellung von Gemüsevorspeisen. Entscheidend bei der Verarbeitung von Gemüse ist ihre Frische und eine schonende Zubereitung.

Durch den ernährungsphysiologischen Wert und die fast ständige Verfügbarkeit gehört Gemüse zu den am meisten verwendeten Rohstoffen.

Als **Crudités** werden rohe Gemüsestücke bezeichnet, die man in Rahm- oder Mayonnaisesaucen eintaucht.

Gegarte Gemüse werden noch warm mit einer Vinaigrette oder mit Öl, Zitronensaft, Salz und Pfeffer mariniert. Gut kombinieren läßt sich Gemüse mit Fleisch, Fisch, Eiern, Teigwaren und Käse.

Artischockenböden, Tomaten, Sellerie, Gurken und Paprika eignen sich zum Füllen mit Salaten, Mousses, Reis usw.

Unter **Gemüsetimbales** versteht man beliebige Gemüsemousses, die in chemisierte und mit entsprechendem Muster oder Dekor versehene Dariolformen oder Timbales eingefüllt und anschließend gestürzt werden.

Fenchel in griechischer Marinade

Für 4 Personen

Die Fenchelknollen vierteln und kurz blanchieren.

Wasser, Olivenöl, Zitronensaft, Pfefferkörner, Salz, Koriander und Bouquet garni 20 Minuten köcheln lassen und auf 25 Zentiliter reduzieren. Fenchel und Tomates concassées dazugeben und dünsten.

Die erkaltete Marinade abseihen und mit dem Fenchel auf Tellern anrichten.

Mit gehackten Kräutern bestreuen.

400 g Fenchelknollen
50 cl Wasser, 4 EL Olivenöl, Saft von 1 Zitrone, gestoßene Pfefferkörner, Salz, Koriander, Bouquet garni
40 g Tomates concassées
1 EL gehackte Kräuter (Petersilie, Fenchelgrün)

Gefüllte Artischocken mit Haselnüssen und Eiervinaigrette

Für 4 Personen

Die Artischocken in Salzwasser mit Zitronensaft und Butter auf den Punkt kochen und in Eiswasser abschrecken. Die fleischigen Blätter kreisförmig auf die Teller legen.

Die Artischockenböden mit Zitronensaft beträufeln und in die Mitte der Teller legen.

Crème fraîche, Salz, Pfeffer und Zitronensaft verrühren und in die Artischockenböden füllen.

Mit den Haselnüssen bestreuen.

Die Eier hacken, mit der Vinaigrette vorsichtig vermischen und in die Artischockenblätter füllen.

4 Artischocken, Salz, Zitronensaft, Butter
Zitronensaft
8 cl Crème fraîche, Salz, weißer Pfeffer, Zitronensaft, 80 g geröstete, gestoßene Haselnüsse
2 gekochte Eier, 10 cl Vinaigrette (siehe Seite 130)
Foto Seite 152

Gefüllte Weinblätter

Für 4 Personen

Tomates concassées, Zwiebeln, Petersilie, Reis, Olivenöl und Zitronensaft vermischen. Die Weinblätter blanchieren, die vermischten Zutaten darauf verteilen und einrollen.

Die gefüllten Weinblätter in eine gebutterte und mit Zwiebeln ausgelegte Kasserolle schlichten. Mit Salz, Pfeffer und Zimt würzen und den Wein dazugeben. Mit Butterpapier abdecken und im Rohr bei 180°C zirka 20 Minuten dünsten.

Das Ganze erkalten lassen und je zwei Stück auf Tellern anrichten.

Rezept Rudolf Osterbauer

400 g Tomates concassées, 60 g gehackte Zwiebeln, 3 EL gehackte Petersilie, 60 g Reis, 4 EL Olivenöl, Saft von 1 Zitrone, 8 Weinblätter
40 g Butter, 40 g gehackte Zwiebeln, Salz, Pfeffer, Zimt, 50 cl Weißwein

Gefüllte Zucchini mit Spargel, Shrimps und Champignons

Für 4 Personen

Die Zucchini vorsichtig aushöhlen und kurz blanchieren. Das Zucchinifleisch nicht zu fein hacken und in Öl ansautieren. Die gewaschenen Champignons blättrig schneiden und dazugeben. Mit Salz, Pfeffer und etwas zerdrücktem Knoblauch würzen und auskühlen lassen.
Die Shrimps mit Cognac, Zitronensaft und Worcestershiresauce marinieren.
Den Spargel in Stücke schneiden und mit den Shrimps und den Tomates concassées unter die restlichen Zutaten mischen. Petersilie und Basilikum dazugeben und den Salat in die ausgehöhlten Zucchini füllen.
Mit Petersilie dekorieren.
Rezept Peter Melcher

4 kleine Zucchini

Öl, 150 g Champignons, Salz, weißer Pfeffer, Knoblauch

150 g gekochte Shrimps, 2 cl Cognac, 1 EL Zitronensaft, Worcestershiresauce

150 g gekochter Spargel, 150 g Tomates concassées, 1 EL gehackte Petersilie, Basilikum

Petersilie

Gemüseteller mit Melone und Lachsschinken

Für 4 Personen

Die Chicoréeblätter waschen und die Melonenspalten schälen. Auf einem großen Glas- oder Porzellanteller die Chicoréeblätter und die Melonenspalten sternförmig auflegen.
Die Tomatenscheiben im Kreis auflegen und auf jede Tomatenscheibe ein Lachsschinken-röllchen legen.
Joghurt, Salz, Pfeffer und Senf verrühren und das Dressing über die in Scheiben geschnittenen Radieschen geben. Den Salat in der Mitte des Tellers anrichten und mit Radieschen-rosen garnieren.

8 Chicoréeblätter, 8 Wasser-melonenspalten

8 Tomatenscheiben, 8 Scheiben Lachsschinken

4 EL Joghurt, Salz, Pfeffer, englischer Senf, 8 Radieschen

4 Radieschenrosen

Kaltes Ratatouille

Für 4 Personen

Die Zwiebeln in Spalten schneiden. Die Paprika in große Stücke teilen. Die Melanzane würfelig schneiden. Die Zucchini in dicke Scheiben schneiden. Die Tomaten enthäuten, ent-kernen und in Spalten schneiden.
Die Zwiebeln in Öl anschwitzen. Paprika, Melanzane und Zucchini dazugeben. Mit Tomaten-mark, Salz, Knoblauch, Lorbeer, Thymian, Basilikum und Cayennepfeffer würzen. Mit Weiß-wein und Rotweinessig ablöschen, kurz dünsten und die Tomatenspalten dazugeben.
Das Ratatouille erkalten lassen und mit halbierten Oliven und Petersilie garnieren.

120 g Zwiebeln, 60 g grüne und gelbe Paprika, 60 g Melanzane
120 g Zucchini, 120 g Tomaten

6 cl Öl, 20 g Tomatenmark, Salz, Knoblauch, Lorbeer, Thymian, Basilikum, Cayennepfeffer

4 EL Weißwein, 2 EL Rotweinessig

8 schwarze Oliven, 1 EL gehackte Petersilie

Karfiol in Vinaigrette mit Eiern

Für 4 Personen

Den Karfiol in Röschen teilen und in Salzwasser mit etwas Milch kochen. Noch warm in die Vinaigrette legen und gut durchziehen lassen.
Die Karfiolröschen mit der Vinaigrette auf den Blattsalaten anrichten und mit gehackten Eiern und Schnittlauch bestreuen.

400 g Karfiol, Salz, Milch, 25 cl Vinaigrette (siehe Seite 130)

Blattsalate, 2 gekochte Eier, 1 EL geschnittener Schnittlauch

Marinierte Spargelspitzen mit Artischocken

Für 4 Personen

Den Spargel in Stücke schneiden, die Artischockenböden in dünne Scheiben schneiden und abwechselnd auf Tellern kreisförmig anrichten.
Crème fraîche mit Zitronensaft, Weißwein, Mandelgrieß, Salz und Pfeffer verrühren und Spargel und Artischocken damit garnieren.

320 g gekochter Spargel, 240 g gekochte Artischockenböden

8 cl Crème fraîche, Saft von 1 Zitrone, 4 EL Weißwein, 2 EL Mandelgrieß, Salz, weißer Pfeffer

Mixed Pickles – Essiggemüse

Für 4 Personen

Weinessig, Wasser, Salz, Zucker, Senfkörner, Pfefferkörner und Lorbeerblatt aufkochen und erkalten lassen.
Karotten, Fisolen und Karfiol grob teilen und kurz blanchieren. Die Marinade über die blanchierten und restlichen, grob geteilten Gemüse gießen und gut durchziehen lassen.
Vor dem Servieren mit der Vinaigrette nappieren.
Mixed Pickles werden gerne als Beilage, aber auch als Vorspeise gereicht.

12 cl Weinessig, 12 cl Wasser, Salz, 1 EL Zucker, Senfkörner, Pfefferkörner, 1 Lorbeerblatt

120 g Karotten, 120 g Fisolen, 120 g Karfiol

60 g Cornichons, 120 g kleine Maiskolben, 60 g Perlzwiebeln, 1 roter Paprika

12 cl Vinaigrette (siehe Seite 130)

Paprika mit Reisfülle

Für 4 Personen

Die Paprika halbieren, entkernen und an der Unterseite abflachen.
Den Reis mit Erbsen und Maiskörnern vermischen.
Salz, Pfeffer, Schnittlauch, Petersilie, Kresse, Weinessig, Mayonnaise und Ketchup dazugeben und kalt stellen.
Die Paprikahälften mit der Reismasse füllen und mit Krauspetersilie dekorieren.

2 Paprika

120 g gekochter Reis, 40 g gekochte Erbsen, 40 g gekochte Maiskörner, Salz, Pfeffer, 1 KL geschnittener Schnittlauch, 1 KL gehackte Petersilie, Kresse, 1 EL Weinessig, 40 g Mayonnaise, 2 EL Ketchup

Krauspetersilie

Stangensellerie mit Tomaten-Basilikum-Sulze

Für 4 Personen

Den Stangensellerie von Fäden befreien und mit einem Parisienneausstecher aushöhlen.
Die Tomaten enthäuten und entkernen. Das Fruchtfleisch mit der Crème fraîche mixen und mit Salz, Pfeffer und Basilikum würzen. Anschließend die aufgelöste Gelatine darunterrühren.
Die Tomaten-Basilikum-Sulze im Eiswasserbad kühlen. Kurz vor dem Stocken mit einem Dressiersack in die Selleriestücke füllen und gut kühlen.
Die Sellerie in zwei Zentimeter dicke Stücke schneiden und mit marinierten Blattsalaten servieren.
Stangensellerie mit Tomaten-Basilikum-Sulze wird auch gerne für Garnituren verwendet.

400 g Stangensellerie

400 g Tomaten, 12 cl Crème fraîche, Salz, Pfeffer, 1 EL gehacktes frisches Basilikum, 4 Blätter Gelatine

gemischte Blattsalate, 20 cl einfache Salatmarinade (siehe Seite 128)

Tomaten mit Schafkäse und Basilikum

Für 4 Personen

Schafkäse und Tomaten in Scheiben schneiden und abwechselnd auf Teller kreisförmig auflegen. In die Mitte die gehackten Zwiebeln geben.
Olivenöl, Essig, gehacktes Basilikum, Salz und Pfeffer vermischen und den Schafkäse und die Tomaten damit beträufeln.
Anstelle von Olivenöl kann auch Kernöl verwendet werden.

320 g Schafkäse, 240 g Tomaten, 120 g gehackte Zwiebeln

8 cl Olivenöl, 4 EL Weinessig, 1 frischer Basilikumzweig, Salz, Pfeffer

Weißer und grüner Spargel mit Tomatenvinaigrette

Für 4 Personen

Den Spargel schälen und in Salzwasser mit Zucker und Butter auf den Punkt kochen.
Die Vinaigrette mit den Tomates concassées vermischen.
Den Spargel auf Tellern abwechselnd anrichten und noch warm mit der Tomatenvinaigrette marinieren.

500 g weißer Spargel, 500 g grüner Spargel, Salz, Zucker, Butter

20 cl Vinaigrette (siehe Seite 130), 100 g Tomates concassées

Foto Seite 152

Zwiebelschüsserl mit Gemüsespaghettisalat

Für 4 Personen

4 große Zwiebeln, Salz

1 Avocado, 12 cl Obers, Salz, Pfeffer

200 g Karotten, 200 g Zucchini, Salz

4 EL Öl, Salz, Pfeffer,
2 EL Weißweinessig

1 EL gehackte Petersilie

Die Zwiebeln schälen und einen Deckel zackig abschneiden. Vorsichtig aushöhlen, in Salzwasser blanchieren und abtropfen lassen.

Das restliche Zwiebelfleisch dämpfen. Mit dem Avocadofleisch und dem Obers pürieren. Mit Salz und Pfeffer würzen.

Einen Teil der Creme auf Teller gießen. Die Zwiebeln darauf legen, mit der restlichen Creme füllen und kalt stellen.

Die Karotten schälen und mit einem Kannelierer von Karotten und Zucchini lange, dünne Streifen abziehen. In Salzwasser blanchieren und abtropfen lassen.

Mit Öl, Salz, Pfeffer und Essig marinieren.

Die Gemüsespaghetti auf den Zwiebeln anrichten und mit Petersilie bestreuen.

Fisch-, Schal- und Krustentiervorspeisen

Für Fischvorspeisen werden kleine Portionsfische und Filets oder Medaillons von portionierten Fischen verwendet und zubereitet.

Fische werden roh gebeizt oder in Fischfond gegart und anschließend mariniert. In Verbindung mit Gemüse, Obst und Teigwaren angerichtet oder mit Saucen oder Vinaigrettes serviert. Sulzen, Terrinen und Galantinen von Fischen sind beliebte Vorspeisen.

Fische können aber auch roh als Tatar oder Carpaccio angerichtet werden. In dieser Form werden auch die aus der japanischen Küche bekannten **Sashimi** serviert. Darunter versteht man frischen rohen Fisch, der in hauchdünne Scheiben, aber auch in Würfel oder Streifen geschnitten und mit einer Sauce, meist auf Sojabasis, serviert wird.

Ebenfalls aus Japan stammen die **Sushis.** Sushis sind kleine Happen aus gesäuertem Reis, rohem Fisch, Pilzen und Gemüse, die in Seetangblättern oder dünnen Fischscheiben eingerollt werden.

Schaltiere werden häufig roh verzehrt. Als besonderer Leckerbissen werden Krustentiere an Saucen oder in Verbindung mit Gemüse serviert. Weiters werden sie zur Herstellung von Mousses und Parfaits verwendet oder in Gelee eingelegt.

Austern in grünen Mangos

Für 4 Personen

2 grüne Mangos

400 g kleine, ausgelöste Austern,
40 g gehackte Schalotten,
40 g gehackte rote und grüne
Paprika, Salz

20 g Jungzwiebeln

Die Mangos halbieren und das Fruchtfleisch bis auf einen Rand von einem Zentimeter herauslösen.

Das Fruchtfleisch klein hacken, Austern, Schalotten und Paprika daruntermischen und salzen. Das Ganze in die ausgehöhlten Mangohälften füllen und mit in Scheiben geschnittenen Jungzwiebeln garnieren.

Rezept Ernst Binder

Flußkrebse mit Spargel auf Schalottensauce

Für 4 Personen

20 cl trockener Weißwein, Bouquet garni, Salz, Pfeffer, 1 kg Flußkrebse

1 Schalotte, 1 EL trockener Weißwein,
1 EL Weinessig, 1 EL Senf, Salz,
Pfeffer, 4 EL Olivenöl, 10 cl Obers

1 Friséesalat, 500 g gekochter
Spargel, 4 Kerbelzweige

Wasser, Weißwein und Bouquet garni aufkochen. Salz und Pfeffer dazugeben. Die Krebse im Sud kurz kochen, im Sud auskühlen lassen und das Krebsfleisch auslösen.

Die Schalotte fein hacken. Schalotte, Weißwein, Weinessig, Senf, Salz und Pfeffer mixen und das Olivenöl einrühren. Anschließend kalt stellen. Das Obers steif schlagen und unter die kalte Sauce ziehen.

Den Friséesalat waschen. Spargel und Friséesalat auf der Sauce anrichten. Mit Kerbelzweigen und Flußkrebsschwänzen belegen und mit einem Krebskopf garnieren.

Gebeizte Forellenfilets mit Oberskren

Für 4 Personen

Die Forellenfilets halbieren und entgräten. In einer Marinade aus Zitronensaft, Weizenkeimöl, Salz, Staubzucker, Kräutern und Pfeffer 24 Stunden zugedeckt im Kühlschrank ziehen lassen.
Vor dem Anrichten die Haut abziehen und die Filets in dünne Scheiben schneiden.
Mit Oberskren servieren.
Statt Oberskren kann auch eine Senfsauce oder eine Dillsenfsauce gereicht werden.
Rezept Eduard Novy

4 Forellenfilets, à 80 g

Saft von 2 Zitronen,
4 EL Weizenkeimöl, 2 KL Salz,
2 KL Staubzucker, 2 KL gehackte Kräuter (Petersilie, Kerbel, Estragon, Dill), weißer Pfeffer

10 cl Oberskren (siehe Seite 278)

Gefüllte Kalmare auf roten Rüben

Für 5 Personen

Die vorbereiteten Kalmare in der Court-bouillon kurz kochen und auskühlen lassen.
Das Steinbuttfilet durch die feinste Scheibe der Faschiermaschine drehen und cuttern. Das Obers dazugeben und mit Salz, Pfeffer, Pernod und Zitronensaft würzen. Die Farce durch ein Sieb streichen, den Dill dazugeben und mit einem Spritzsack in die Kalmare dressieren.
Die Kalmare mit Salz und Pfeffer würzen, in eine mit Öl bestrichene Alufolie straff einrollen und pochieren.
Die roten Rüben kochen, erkalten lassen und in Scheiben schneiden. Mit einem ovalen Ausstecher ausstechen und mit Salz und Essig marinieren. Die erkalteten Kalmare aus der Folie nehmen, auf die roten Rüben setzen und mit Dillsträußchen und Keta-Kaviar dekorieren.
Rezept Ewald Plachutta

10 Kalmare, Court-bouillon (siehe Seite 279)

200 g Steinbuttfilet, 15 cl Obers, Salz, weißer Pfeffer, 2 cl Pernod, Zitronensaft, 2 EL gehackter Dill

Salz, weißer Pfeffer, Öl

2 rote Rüben, Salz, Essig

Dillsträußchen, Keta-Kaviar

Foto Seite 85

Geräucherter Lachs auf Senfrahmsauce

Für 4 Personen

Den Rahm mit Crème fraîche, Senf, Salz, Zitronensaft und Pfeffer vermischen und die Sauce auf Teller gießen.
Den Räucherlachs in dünne Scheiben schneiden und auf der Sauce anrichten. Mit einem kleinen Gesteck aus Gemüseblumen dekorieren.

12 cl Rahm, 12 cl Crème fraîche, 40 g Dijon-Senf, Salz, 1 EL Zitronensaft, weißer Pfeffer

240 g Räucherlachs, Gemüseblumen

Foto Seite 161

Gratinierte Miesmuscheln mit Vogerlsalat

Für 4 Personen

Weißbrot, Parmesan, Olivenöl, zerdrückten Knoblauch, Salz, Pfeffer, Petersilie, Worcestershiresauce und Zitronensaft gut vermischen.
Die Miesmuscheln ohne Saft in die Schalenhälften geben, mit der Gratiniermischung bedecken, auf ein Backblech legen und bei starker Oberhitze hellbraun gratinieren.
Die gratinierten Muscheln abwechselnd mit dem Vogerlsalat sternförmig auf Tellern anrichten.
Mit Zitronenspalten garnieren und die Muscheln lauwarm servieren.
Rezept Erik Platzer

40 g enfrindetes, geriebenes Weißbrot, 40 g geriebener Parmesan, 3 EL Olivenöl, 2 Knoblauchzehen, Salz, weißer Pfeffer, 1 EL gehackte Petersilie, Worcestershiresauce, Saft von ½ Zitrone

1 kg gekochte, geöffnete Miesmuscheln in der Schale, Vogerlsalat

1 Zitrone

Gravad lax

Für 10 Personen

Das Lachsfilet entgräten. Den Lachs mit der Gewürzmischung einreiben, mit dem Dill bestreuen und mit der Hautseite nach unten in ein Geschirr legen. Mit Folie bedecken, leicht beschweren und 24 bis 48 Stunden gekühlt marinieren lassen. Das Filet dabei zweimal am Tag in der Marinade wenden.
Vor dem Servieren die Gewürze abschaben. Das Filet mit der Hautseite nach unten auf ein Brett legen und von der Kopfseite beginnend in schräge Scheiben schneiden. Die Haut nicht mitschneiden. Auf Tellern anrichten und mit Zitronenspalten oder Dillspitzen garnieren. Mit Dillsenfsauce (siehe Seite 277) oder Senfsauce (siehe Seite 278) servieren.

1 kg Lachsfilet, 2 EL (35 g) Meersalz, 1 EL (15 g) Zucker, 1 KL grob gemahlene weiße Pfefferkörner, Zesten von ½ Zitrone, 50 g gehackter Dill

Zitronenspalten, Dillspitzen

Hummer auf Corailsauce

2 gekochte Hummer

200 g Erbsen, 12 cl Obers,
20 g Butter, Salz, Zucker,
weißer Pfeffer

12 cl Rahm, 12 cl Crème fraîche,
Salz, Saft von ½ Zitrone

Schnittlauch
Foto Seite 150/151

Für 4 Personen

Die Hummerscheren auslösen, den Corail für die Sauce und die Schwanzbeine zum Garnieren reservieren.

Die Erbsen mit Obers und Butter weich kochen, durch ein Sieb streichen und mit Salz, Zucker und Pfeffer würzen. Das Erbsenpüree in die Mitte der Teller gießen.

Den Rahm mit Crème fraîche, Salz, Zitronensaft und Corail vermischen, auf den Tellern anrichten und eine Hummerschere darauf legen.

Den Schwanz mit Panzer in Medaillons schneiden und anrichten.

Mit Hummerschwanzbeinen und Schnittlauch dekorieren.

Hummer und Avocados mit Tomatenvinaigrette

4 gekochte Hummerscheren

1 Avocado, Saft von ½ Zitrone

2 EL Champagner- oder Sherryessig,
3 EL Olivenöl, 1 EL Fischfond (siehe
Seite 279), Salz, weißer Pfeffer,
100 g Tomates concassées,
2 Basilikumblätter

Basilikumblätter

Für 4 Personen

Die Hummerscheren aufbrechen, das Fleisch waschen, abtrocknen und in schräge Scheiben schneiden.

Die Avocado schälen, halbieren und den Kern entfernen. Das Fruchtfleisch in Scheiben schneiden und mit Zitronensaft beträufeln.

Essig, Öl, Fischfond, Salz und Pfeffer gut verrühren und die Tomates concassées dazugeben. Die Basilikumblätter in Streifen schneiden und kurz vor dem Anrichten in die Vinaigrette geben.

Die Hummerscheiben abwechselnd mit den Avocadoscheiben auf Tellern anrichten und mit der Tomatenvinaigrette beträufeln.

Mit Basilikumblättern garnieren.

Rezept Martin Lercher

Kaisergranate und Jakobsmuscheln auf Friséesalat

2 EL Himbeeressig, 4 EL Olivenöl,
Salz, Pfeffer, 1 Friséesalat,
30 g Wasserkresse

8 Stangen gekochter Spargel,
8 gekochte Jakobsmuscheln,
12 gekochte Kaisergranate

Für 4 Personen

Himbeeressig, Olivenöl, Salz und Pfeffer vermischen. Den Friséesalat mit einem Teil der Marinade beträufeln und auf Teller geben. Die Wasserkresse waschen und in der Mitte der Teller anordnen.

Spargel, halbierte Jakobsmuscheln und acht ausgelöste Kaisergranate auf dem Salat anrichten und mit der restlichen Marinade beträufeln.

Mit den restlichen ganzen Kaisergranaten garnieren.

Lachsforelle in Orangenvinaigrette

2 Lachsforellen, à 300 g, 60 g Butter

2 Schalotten, 2 EL gehackte
Petersilie, 2 EL geschnittener
Schnittlauch, 1 EL gehackte,
blanchierte Orangenschalen, Salz,
Pfeffer, 1 EL Sherryessig,
1 EL Bitterorangenessig,
2 EL Olivenöl, 2 EL Haselnußöl,
4 EL Weißwein

Für 4 Personen

Die Lachsforellen filetieren, entgräten und in dünne, schräge Scheiben schneiden.

Die Teller befetten und die Lachsforellenscheiben darauf legen. Zirka drei Minuten im Salamander oder im Rohr angaren und nachziehen lassen.

Die Schalotten hacken. Mit Petersilie, Schnittlauch, Orangenschalen, Salz und Pfeffer vermischen. Sherryessig, Bitterorangenessig, Olivenöl, Haselnußöl und Weißwein dazugeben und gut verrühren.

Die Orangenvinaigrette über den Lachsforellenscheiben verteilen.

Lachstatar mit grünem Spargel

320 g frischer Lachs, Saft von
½ Zitrone, Salz, Pfeffer,
1 EL Keta-Kaviar

3 EL Crème fraîche, 3 EL Joghurt,

Für 4 Personen

Den Lachs enthäuten, entgräten und fein hacken. Mit Zitronensaft, Salz und Pfeffer würzen. Zu Laibchen formen, auf Tellern anrichten und mit Keta-Kaviar dekorieren.

Crème fraîche, Joghurt und Kerbel im Mixer aufschlagen und mit Salz und Zitronensaft abschmecken. Die Sauce anschließend rund um das Tatar gießen.

Die Enden des rohen Spargels abschneiden, den Spargel in Stücke schneiden und auf der Sauce anrichten.

Mit Kerbelzweigen garnieren.

Statt Lachs kann auch Lachsforelle, Saibling oder Kaisergranate verwendet werden.

1 EL gehackter Kerbel, Salz, Saft von ½ Zitrone
12 Stangen grüner Spargel
Kerbelzweige
Foto Seite 150/151

Marinierte Riesengarnelen auf Artischockenblättern

Für 4 Personen

Die Riesengarnelen mit Wermut, Weißwein, Zitronensaft und Salz dünsten und im Fond erkalten lassen. Die Riesengarnelen aus dem Fond nehmen. Den Fond noch einmal aufkochen und auf 12 Zentiliter reduzieren. Kurz überkühlen lassen und die Kräuter und die gehackte Schalotte dazugeben. Die Riesengarnelen in dieser Marinade zwei bis drei Stunden ziehen lassen.

Die Artischocken an den Unterseiten abflachen und die Zitronenscheiben an diesen Stellen mit einem Spagat befestigen. Zirka 20 Minuten in Salzwasser kochen und auskühlen lassen. Die Blätter ablösen und sternförmig auf Teller legen.

Die Paprika enthäuten und würfelig schneiden. Essig, Öl, Kräuter und gehackte Schalotte vermischen und die Artischockenblätter damit marinieren. Die Riesengarnelen darauf anrichten und mit den Paprikawürfeln bestreuen.

Rezept Helmut Klett

12 Riesengarnelen, 35 cl Wermut, 25 cl Weißwein, Saft von ½ Zitrone, Salz
1 EL gehackte Kräuter (Dill, Kerbel, Sauerampfer, Thymian), 1 Schalotte
4 Artischocken, 4 Zitronenscheiben, Salz
½ roter Paprika, ½ gelber Paprika
3 EL Weinessig, 4 EL Maiskeimöl, 1 KL gehackte Kräuter (Kerbel, Basilikum), ½ Schalotte

Matjesfilets auf Apfelsalat

Für 4 Personen

Die Matjesfilets wässern, abtropfen lassen und in vier Zentimeter lange Streifen schneiden.

Die Äpfel schälen, entkernen, grob reiben und mit Zitronensaft beträufeln.

Rahm und Zucker vermischen. Den Kren dazugeben und mit den Äpfeln vermischen. Mit Salz würzen.

Den Lollo rosso waschen und in die Mitte des Tellers geben. Den Apfelsalat darauf verteilen. Die Matjesstreifen rund um den Salat anrichten.

Die Tomaten schälen, entkernen und in Streifen schneiden. Den Lauch in Scheiben schneiden.

Mit Tomatenstreifen und Lauchscheiben garnieren.

400 g Matjesfilets
3 säuerliche Äpfel, Saft von ½ Zitrone, 25 cl Rahm, 1 EL Staubzucker, 20 g geriebener Kren, Salz
Lollo rosso
2 Tomaten, 1 Lauch

Räucherlachs mit Wachtelei

Für 4 Personen

Die Wachteleier zwei Minuten in Essigwasser pochieren.

Aus Sherryessig, Maiskeimöl, Salz und Zucker eine Marinade herstellen. Den Eichblattsalat mit einem Teil der Marinade beträufeln und auf Tellern anrichten. Die Räucherlachsscheiben darauf legen.

Die Radieschen in Scheiben schneiden und auf dem Salat verteilen. Kleine Kressebündel auf die Lachsscheiben geben und mit den Wachteleiern garnieren. Die Zwiebeln fein hacken und über den Salat streuen. Mit der restlichen Marinade beträufeln.

4 Wachteleier, Essig
2 EL Sherryessig, 2 EL Maiskeimöl, Salz, Zucker
Eichblattsalat, 200 g Räucherlachsscheiben, 4 Radieschen, 40 g Kresse, 2 Jungzwiebeln

Riesengarnelen in Muscheln

Für 5 Personen

Die Riesengarnelen in der Court-bouillon pochieren, erkalten lassen und die Schwänze ausbrechen.

Die Muscheln öffnen und das Muschelfleisch mit dem Zanderfilet cuttern. Das Obers dazugeben und mit Safran, Meersalz, Pfeffer und Pernod würzen.

Die Muschelhälften mit der Farce füllen, über Dampf garen und erkalten lassen.

Die Garnelen darauf anrichten und mit Dillzweigen garnieren.

Rezept Ewald Plachutta

10 Riesengarnelen, Court-bouillon (siehe Seite 279)
10 Miesmuscheln, 80 g Zanderfilet, 8 cl Obers, Safran, Meersalz, weißer Pfeffer, 1 cl Pernod
Dillzweige
Foto Seite 85

Rochenflügel mit Spargel in Limonendressing

Für 4 Personen

480 g Rochenflügel, Bouquet garni

1 Tomate

1 Schalotte, 1 EL Zitronenessig, Saft von ½ Limone, 2 KL Staubzucker, Salz, Pfeffer, 4 EL Olivenöl

250 g gekochter Spargel, 1 Radicchio

Die Haut der Rochenflügel abziehen. Den Fisch in Stücke teilen und mit dem Bouquet garni dämpfen.

Die Tomate enthäuten, entkernen und das Fruchtfleisch in feine Streifen schneiden.

Die Schalotte fein hacken. Zitronenessig, Limonensaft, Staubzucker, Salz, Pfeffer und Schalotte vermischen und das Olivenöl nach und nach einrühren.

Die Rochenflügel mit dem Spargel und einigen Radicchioblättern anrichten. Die Fischstücke mit den Tomatenstreifen garnieren und mit dem Limonendressing überziehen.

Roher Lachs auf Kräuterschaum

Für 4 Personen

400 g Lachsfilet, Saft von 2 Zitronen, 4 EL Olivenöl, Salz, Pfeffer

1 KL gehackter Dill, 1 KL gehackte Melisse, 1 KL gehacktes Basilikum, 1 EL gehackte Wasserkresse, 1 EL geschnittener Schnittlauch, 1 KL gehackter Borretsch

10 cl Crème fraîche, 10 cl Obers, Saft von ½ Zitrone, Salz, weißer Pfeffer

Kerbelzweige

4 schwarze Oliven, Zesten von 1 Zitrone

Das Lachsfilet in schräge Scheiben schneiden und nebeneinander auflegen. Mit Zitronensaft, Olivenöl, Salz und Pfeffer marinieren und 30 Minuten ziehen lassen.

Alle Kräuter in ein Tuch einschlagen und auspressen. Den Saft auffangen und mit der Crème fraîche verrühren. Das Obers schlagen und unter die Masse ziehen. Mit Zitronensaft, Salz und Pfeffer abschmecken.

Den Kräuterschaum auf Tellern verteilen und mit Kerbelzweigen umkränzen. Die marinierten Lachsscheiben rundherum auflegen.

Die Oliven in Streifen schneiden und über den Kräuterschaum streuen. Mit Zitronenzesten dekorieren.

Seezungen-Lachs-Carpaccio

Für 4 Personen

250 g Lachsfilet, 200 g Seezungenfilet, Salz, Pfeffer aus der Mühle, Limettensaft

8 EL Olivenöl, Salz, 10 grüne Pfefferkörner, Saft von 2 Limetten, gehacktes Basilikum

Das Lachsfilet zirka drei Millimeter dick schneiden. Lachsfilet und Seezungenfilet mit Salz, Pfeffer und Limettensaft marinieren und zirka 24 Stunden ziehen lassen.

Das Lachsfilet auf eine Alufolie legen. Das Seezungenfilet darauf legen und das Ganze mit Hilfe der Alufolie einrollen. Die Roulade kurz tiefkühlen.

Für das Dressing Olivenöl, Salz, zerstoßene Pfefferkörner und Limettensaft gut verrühren und das Basilikum dazugeben.

Die Roulade in dünne Scheiben schneiden und mit dem Dressing marinieren.

Anstelle der Dressing kann eine mit Kaviar vermischte Crème fraîche verwendet werden.

Rezept Werner Pusswald

Shrimps auf Dillkefir mit Wachteleiern

Für 4 Personen

10 Wachteleier

25 cl Kefir, weißer Pfeffer, Saft von ½ Zitrone, 1 EL gehackter Dill

240 g gekochte Shrimps, Saft von ½ Zitrone, Salz, 4 Dillzweige

10 Zwergtomaten

Foto Seite 161

Die Wachteleier wachsweich kochen.

Den Kefir gut verrühren und mit Salz, Pfeffer, Zitronensaft und Dill abschmecken.

Den Dillkefir auf Teller geben.

Die Shrimps mit Zitronensaft und Salz würzen und in der Mitte der Teller anrichten. Mit Dillzweigen dekorieren.

Die Zwergtomaten und die Wachteleier halbieren und abwechselnd um die Shrimps anrichten.

Variation von Fischmedaillons

Für 4 Personen

4 Seezungenfilets, à 25 g, 4 Zanderfilets, à 25 g, 4 Seeteufelmedaillons, à 25 g, Salz,

Die Seezungenfilets einrollen und mit Bindfäden oder Holzstäbchen fixieren. Seezungenröllchen, Zanderfilets und Seeteufelmedaillons mit Salz und Zitronensaft würzen. In der Court-bouillon gar ziehen lassen.

Nach dem Erkalten die Fischstücke aus dem Fond nehmen und mit Fischaspik glacieren.
Die enthäuteten Paprika und die Tomates concassées in Öl kurz dünsten. Mit Salz, Cayennepfeffer und Zitronensaft würzen und das Ganze anschließend pürieren.
Die Crème fraîche mit Rahm und den Kräutern verrühren.
Die Mayonnaise mit Obers und mit Curry abschmecken.
Anschließend die Saucen auf Teller geben und die Fischstücke dazwischen anrichten.
Mit Kresse und Tomatenrosen garnieren.
Alle drei Saucen können durch Zugabe von reduziertem, erkaltetem Fischfond auf die richtige Konsistenz gebracht werden.

Saft von 1 Zitrone, 25 cl Court-bouillon (siehe Seite 279), 6 cl Fischaspik (siehe Seite 282)

120 g rote Paprika, 80 g Tomates concassées, Öl, Salz, Cayennepfeffer, Zitronensaft

4 EL Crème fraîche, 4 EL Rahm, 1 EL gehackte Kräuter (Dill, Zitronenmelisse, Estragon)

4 EL Mayonnaise, 4 EL Obers, Curry

Kresse, 4 Tomatenrosen

Fleisch- und Fleischwarenvorspeisen

Für diese Vorspeisen werden Braten von Schlachtfleisch, Aufschnitte von Räucher- und Wurstwaren und Innereien verwendet. Rohe, hauchdünn geschnittene und marinierte Fleischscheiben von Rinds- oder Kalbsfilets bezeichnet man als Carpaccio.
Gebratene Medaillons werden an Saucen oder in Verbindung mit Gemüse serviert. Pochiertes Bries oder Hirn wird gerne in Gelee oder mit Vinaigrette angerichtet.
Natürlich gehören auch Pasteten und Terrinen zur reichhaltigen Palette der Fleischvorspeisen.
Wegen ihres oft hohen Sättigungswertes serviert man viele dieser Vorspeisen eher bei kalten Buffets oder als Imbiß.

Beef tatar – Tatarbeefsteak

Für 4 Personen

Das Rindfleisch leicht salzen, fein hacken oder faschieren und steakähnlich formen. Die Mitte eindrücken und die Eidotter in die Vertiefung geben.
Die restlichen Zutaten auf Zwiebelringen anrichten und rund um das Tatar auflegen.
Vor dem Gast die Eidotter mit den restlichen Zutaten verrühren und unter das Fleisch mischen. Mit Salz und Pfeffer würzen und wieder zu Laibchen formen.
Nach Wunsch mit Tabascosauce, Worcestershiresauce, Ketchup und Cognac abschmecken.
Beef tatar immer frisch zubereiten und vor dem Gast vermischen.

400 g fett- und sehnenfreies Rindfleisch (beste Qualität), Salz, 4 Eidotter

40 g gehackte Zwiebeln, 40 g gehackte Essiggurkerln, 10 g gehackte Kapern, 1 EL Paprika, 10 g gehackte Sardellenfilets, 1 EL gehackte Petersilie, 2 KL Senf, Zwiebelringe

Salz, Pfeffer

Blunzenstrudel auf Frühlingssalat

Für 4 Personen

Die Kartoffeln würfelig schneiden und die Pignolienkerne rösten. Die Zwiebeln in Butter anschwitzen. Blunzenbrät, Kartoffeln und Pignolienkerne dazugeben. Mit Majoran, Salz, Pfeffer und Knoblauch würzen. Die Masse in Strudelteig einschlagen, mit Ei bestreichen und im Rohr bei 190 °C 15 Minuten backen.
Den lauwarmen Strudel in dünne Scheiben schneiden und in Butter auf beiden Seiten knusprig braten.
Die Brunoise von Äpfeln in Zitronenwasser blanchieren und mit Olivenöl, Apfelessig, Weißwein, Schalotten, Salz und Zucker vermischen.
Lollo rosso, Eichblattsalat, Vogerlsalat, Radicchio, Häuptelsalat und Friséesalat mit der Apfelvinaigrette vermischen und auf Tellern anrichten. Den knusprig gebratenen Blunzenstrudel darauf legen.
Anstelle des Frühlingssalates kann auch ein Löwenzahnsalat mit Kräutervinaigrette gereicht werden.
Rezept Peter Fischer

120 g gekochte Kartoffeln, 20 g Pignolienkerne, 30 g gehackte Zwiebeln, 30 g Butter, 150 g Blunzenbrät, Majoran, Salz, Pfeffer, Knoblauch

100 g Strudelteig (siehe Seite 285), 1 Ei

30 g Butter

40 g Brunoise von Äpfeln, Saft von ½ Zitrone, 4 EL Olivenöl, 2 EL Apfelessig, 2 EL Weißwein, 10 g gehackte Schalotten, Salz, Zucker

Lollo rosso, Eichblattsalat, Vogerlsalat, Radicchio, Häuptelsalat, Friséesalat

Carpaccio vom Kalb mit Roquefortsauce

Für 4 Personen

200 g Kalbsfilet

frische, zarte Spinatblätter,
1 EL Olivenöl, Salz, Pfeffer

20 g Roquefort

20 g Roquefort, 1 EL geschnittener
Schnittlauch, 2 EL Obers,
1 EL Weinessig

Das gut gekühlte Kalbsfilet in dünne Scheiben schneiden und nebeneinander auf Teller legen.

Die Spinatblätter waschen und rund um das Fleisch anrichten. Mit Olivenöl bestreichen und mit Salz und Pfeffer bestreuen.

Den Roquefort würfelig schneiden und auf dem marinierten Fleisch verteilen.

Für die Sauce den Roquefort durch ein Sieb passieren und mit Schnittlauch, Obers und Weinessig verrühren. Die Sauce in der Mitte der Teller anrichten.

Das Fleisch läßt sich leichter schneiden, wenn es kurz in den Gefrierschrank gelegt wird. Allerdings tritt beim Aufschneiden der Fleischsaft aus und das Fleisch verliert an Qualität.

Carpaccio vom Kalb und Rind mit Brunnenkresse

Für 4 Personen

160 g Rindsfilet, 160 g Kalbsfilet

4 EL Olivenöl, Salz, Pfeffer aus der
Mühle, Saft von ½ Zitrone

80 g Brunnenkresse, 4 EL einfache
Salatmarinade (siehe Seite 128)

Foto Seite 150/151

Das gut gekühlte Rinds- und Kalbsfilet in hauchdünne Scheiben schneiden.

Die Teller mit einem Teil des Olivenöls bepinseln und mit Salz und Pfeffer bestreuen. Die Filetscheiben abwechselnd darauf legen und mit Zitronensaft und dem restlichen Olivenöl beträufeln. Mit Salz und Pfeffer würzen.

Die Brunnenkresse mit einfacher Salatmarinade marinieren und in die Mitte der Teller geben.

Carpaccio vom Rind mit Melone und Erdbeeren

Für 4 Personen

320 g Rindsfilet, Salz, Pfeffer

4 EL Rotweinessig, Saft von
½ Zitrone, 1 EL gehackte Petersilie,
2 EL gehackte Zwiebeln, Salz, Pfeffer,
4 EL Olivenöl

eingelegte grüne Pfefferkörner,
80 g Erdbeeren, 80 g Mayonnaise,
Chilisauce

4 Spalten Honigmelone,
12 Erdbeeren, 8 cl roter Portwein,
Minze

Das gut gekühlte Rindsfilet in hauchdünne Scheiben schneiden und auf einem mit Salz und Pfeffer bestreuten Teller dachziegelförmig im Halbkreis auflegen.

Rotweinessig mit Zitronensaft, Petersilie, Zwiebeln, Salz und Pfeffer vermengen und mit dem Olivenöl gut verrühren.

Die Rindsfiletscheiben mit der Vinaigrette beträufeln.

Die Pfefferkörner hacken, die Erdbeeren passieren und mit Mayonnaise und Chilisauce vermischen. Die Erdbeersauce über einen Teil der Filetscheiben gießen.

Für den Salat die Melonenspalten in Scheiben und die Erdbeeren in Viertel schneiden. Mit Portwein marinieren. Den Salat neben den Filetscheiben anrichten und mit Minze dekorieren.

Rezept Rolf Meili

Das Beste vom Kaninchen mit Wiesenkräutersträußchen

Für 4 Personen

2 ausgelöste Kaninchenrücken,
à 120 g, Salz, Pfeffer, Thymian,
Rosmarin, 120 g Kaninchenlebern,
4 Kaninchennieren,
4 Kaninchenbriese, 2 EL Öl, Salz,
weißer Pfeffer, Thymian, 4 gekochte
Kaninchenzungen

5 EL Olivenöl, 1 KL Sherryessig,
1 KL Estragonessig,
1 KL Weißweinessig, Salz, Pfeffer

Eichblattsalat, Sauerampfer, Kresse,
Kerbel, Löwenzahn, Friséesalat,
Bibernelle, Bärlauch,
Himmelschlüssel, Schafgarbe,
Schnittlauch, 4 Tomaten

Foto Seite 140

Das Kaninchenfleisch mit Salz, Pfeffer, Thymian und Rosmarin würzen und mit den Innereien in Öl kurz anbraten. Die Innereien erst nach dem Braten mit Salz, Pfeffer und Thymian würzen.

Das Kaninchenfleisch in Tranchen schneiden und mit den Innereien und den Kaninchenzungen auf den Tellern anrichten.

Das Öl mit den verschiedenen Essigsorten verrühren und mit Salz und Pfeffer abschmecken.

Die Salate und Kräuter waschen, zu einem Sträußchen stecken und mit einem Schnittlauchfaden zusammenbinden. Die Sträußchen auf Teller legen und mit der Marinade beträufeln.

Aus den Tomaten kleine Röschen formen und neben den Kräutersträußchen anrichten.

Falscher Thunfisch

Für 8 Personen

Das Kalbsfrikandeau einschneiden, jedoch nicht ganz durchschneiden, auseinander-klappen und gut klopfen.

Das Faschierte mit Salz und Pfeffer würzen und das Kalbsfrikandeau damit bestreichen. Mit gehackten Sardellenfilets und Kapern belegen und längs der Fleischfaserung einrollen. Die Roulade in Klarsicht- oder Alufolie wickeln, mit einem Tuch umhüllen und wie eine Galantine binden. Anschließend die Roulade in einem Fond aus Wasser, Weißwein, Wurzel-gemüse, Lorbeerblatt und Thymian 30 Minuten pochieren und im Fond auskühlen lassen. Die Roulade aus der Folie wickeln und in dünne Scheiben schneiden.

Mit Sardellenmayonnaise (Remouladensauce) und geschälten, in Würfel geschnittenen Zitronen anrichten. Mit Eischeiben und Krauspetersilie garnieren.

Die Sardellenmayonnaise kann mit etwas Fond auf die richtige Konsistenz gebracht werden.

Rezept Martin Wiegele

600 g Kalbsfrikandeau

80 g gemischtes Faschiertes, Salz, Pfeffer, 20 g Sardellenfilets, 30 g Kapern

6 cl Weißwein, 100 g Wurzelgemüse (Petersilie, Karotten, Sellerie), 1 Lorbeerblatt, Thymian

20 cl Sardellenmayonnaise (siehe Remouladensauce, Seite 278), 3 Zitronen, 3 hartgekochte Eier, Krauspetersilie

Gewürztes Rindsfilet

Für 10 Personen

Den Lungenbraten mit Salz einreiben. In ein Gefäß geben und mit Salz bedeckt acht Tage stehen lassen. Das Fleisch während dieser Zeit mehrmals wenden. Wasser und Rotwein vermischen und den Lungenbraten damit abwaschen. Anschließend gut abtrocknen.

Mit der Gewürzmischung aus feingehacktem Rosmarin, geschroteten Senfkörnern, grob-gemahlenen Pfefferkörnern und Ingwerpulver einreiben und 24 Stunden ziehen lassen.

Das Fleisch in den Darm geben, Luftbläschen ausstreifen und im Abstand von drei Zenti-metern mit Spagat abbinden.

Über Nacht mit einem Gewicht beschweren und zirka zwei Monate in einem gut belüfteten Raum trocknen lassen.

Zum Anrichten das Fleisch in dünne Scheiben schneiden, mit Rotweinessig und Olivenöl beträufeln und mit Pfeffer bestreuen.

Rezept Eduard Novy

1,5 kg Rindslungenbraten, 50 g grobes Salz oder Meersalz

15 cl Wasser, 15 cl Rotwein

3 EL Rosmarin, 3 EL Senfkörner, 2 EL Pfefferkörner, Ingwerpulver

½ m Rindsdarm

4 EL Rotweinessig, 4 EL Olivenöl, Pfeffer aus der Mühle

Grammeltascherln auf Vogerlsalat

Für 4 Personen

Den Speck in Würfel schneiden und auslassen, bis die Grammeln goldgelb sind. Abtropfen lassen und kalt stellen.

Die Zwiebel hacken und in etwas Grammelfett anschwitzen. Die Grammeln dazugeben und mit Salz, Pfeffer, Petersilie und zerdrücktem Knoblauch würzen.

Den Nudelteig auf einem bemehlten Brett hauchdünn ausrollen. Aus dem Teig Kreise mit einem Durchmesser von sechs Zentimetern ausstechen. Die Grammelfülle darauf verteilen. Die Ränder mit Wasser und Eiklar bestreichen. Jeweils mit einem runden Teigdeckel von sieben Zentimetern Durchmesser belegen und die Teigränder gut andrücken.

Pro Person rechnet man vier bis fünf Grammeltascherln. Die Grammeltascherln in sieden-des Salzwasser legen und zirka fünf Minuten ziehen lassen. Die Tascherln anschließend herausnehmen und abtropfen lassen.

Den Vogerlsalat waschen und mit einer einfachen Salatmarinade beträufeln. Den Vogerl-salat auf Teller geben und die Grammeltascherln darauf anrichten.

400 g grüner Speck, 1 große Zwiebel, Salz, Pfeffer, 2 EL gehackte Petersilie, 1 Knoblauchzehe

400 g Nudelteig (siehe Seite 285), Mehl, 1 Eiklar

Salz

Vogerlsalat, 6 cl einfache Salatmarinade (siehe Seite 128)

Kalbskopf in Kräutervinaigrette

Für 4 Personen

Den Kalbskopf putzen und wässern. Anschließend in einen hohen Topf mit kaltem Wasser geben und mit Wurzelgemüse, Lorbeerblatt, Pfefferkörnern, Zwiebel, Nelken und Salz zirka eine Stunde kochen.

½ Kalbskopf

200 g Wurzelgemüse (Karotten, Sellerie, Petersilie), 1 Lorbeerblatt,

10 Pfefferkörner, 1 Zwiebel, 2 Nelken, Salz

100 g Essiggurkerln, 2 Sardellenfilets, 2 Schalotten, 4 Kapern, 2 EL Rotweinessig, 1 EL gehackte Petersilie, 1 EL geschnittener Schnittlauch, Salz, Pfeffer, 4 EL Olivenöl

Ist der Kalbskopf weich, wird der Sud nachgesalzen. Der Kalbskopf soll bis zum Servieren im heißen Sud bleiben.

Essiggurkerln, Sardellenfilets, Schalotten und Kapern fein hacken. Mit Rotweinessig, Petersilie, Schnittlauch, Salz und Pfeffer vermengen und mit dem Öl aufmontieren.

Den Kalbskopf auslösen, das Fleisch in Stücke schneiden und noch warm mit der Kräutervinaigrette servieren.

Am besten schmecken dazu kleine Dampferdäpfel oder gemischte Blattsalate.

Kaninchenrückenfilet im Kräutermantel mit Avocadostreifen

Für 4 Personen

2 ausgelöste Kaninchenrückenfilets, à 100–120 g, Salz, Pfeffer, 30 g Butter

100 g Blattspinat, Salz

Schweinsnetz

100 g Kaninchenfleisch, 30 g grüner Speck, 15 cl Obers, 1 KL geschnittener Schnittlauch, 1 KL gehackte Kräuter (Petersilie, Kerbel), 10 g gehackte Pistazien, Salz, Pfeffer, 1 cl Cognac

2 EL Öl

1 Avocado, Saft von ½ Zitrone

Die Filets parieren, mit Salz und Pfeffer würzen und in Butter anbraten. Den Spinat in Salzwasser blanchieren, gut abtropfen lassen, flach auseinanderlegen und trockentupfen. Das Schweinsnetz wässern.

Das Kaninchenfleisch zweimal durch die feinste Scheibe der Faschiermaschine drehen. Den Speck einmal faschieren.

Fleisch und Speck gut kühlen, miteinander vermischen und das Obers auf Eis langsam einarbeiten. Schnittlauch, Petersilie, Kerbel und Pistazien dazugeben und mit Salz, Pfeffer und Cognac abschmecken. Die Farce zirka 20 Minuten kühlen.

Die ausgekühlten Kaninchenfilets mit den Spinatblättern umwickeln.

Das Schweinsnetz aus dem Wasser nehmen, gut ausdrücken und ausbreiten. Einen schmalen Streifen Farce auftragen, das umwickelte Filet darauf legen und mit Farce bestreichen. Das Schweinsnetz darüberschlagen und zweimal einrollen. Diesen Vorgang mit dem zweiten Filet wiederholen.

Beide Filets in Öl anbraten und im vorgeheizten Rohr bei 170 bis 180°C fertig garen.

Die Avocado vierteln, schälen und fächerförmig schneiden. Mit Zitronensaft beträufeln.

Die ausgekühlten Rouladen in Scheiben schneiden und mit den Avocadofächern anrichten.

Rezept Friedrich Schöber

Lammrückenfilet mit frischem Thymian und Pilzsalat

Für 4 Personen

300 g fettfreies Lammrückenfilet, 2 EL Kürbiskernöl, Saft von ½ Zitrone, frischer Thymian, Salz, Pfeffer

200 g Champignons, 100 g Steinpilze, 6 cl Weißwein, 8 Schalotten, 2 EL Weißweinessig, 2 EL Kürbiskernöl, Salz, Pfeffer

Thymianblätter

Das gut gekühlte Lammrückenfilet in hauchdünne Scheiben schneiden. Mit Kürbiskernöl, Zitronensaft, Thymian, Salz und Pfeffer marinieren und kalt stellen.

Champignons und Steinpilze putzen, in Weißwein dämpfen und grob teilen. Die Schalotten blanchieren und hacken. Pilze und Schalotten vermischen und mit etwas Pilzfond, Weißweinessig, Kürbiskernöl, Salz und Pfeffer marinieren.

Den Pilzsalat in der Mitte der Teller anrichten und mit Thymianblättern bestreuen. Die Filetscheiben rund um den Salat anrichten.

Marinierte Kalbsnußscheiben mit Limettensaft

Für 4 Personen

Saft von ½ Limette, 2 EL Olivenöl, Salz, Pfeffer aus der Mühle

240 g Kalbsnuß

1 Schalotte, 1 EL geschnittener Schnittlauch, 1 EL kleinwürfelig geschnittene Weißbrotcroûtons

100 g Keniabohnen, 4 Champignons, 1 EL Zitronensaft, Friséesalat, Lollo rosso, 4 EL klares oder gebundenes Dressing (siehe Seiten 127, 128), Kerbel

Limettensaft, Olivenöl, Salz und Pfeffer verrühren und einen Teil dieser Marinade auf flache Teller pinseln. Die gut gekühlte Kalbsnuß dünn aufschneiden, die Scheiben nebeneinander auf Teller legen und mit der restlichen Marinade beträufeln.

Die feingehackte Schalotte, den Schnittlauch und die Weißbrotcroûtons darüberstreuen.

Für den kleinen Salat die Bohnen putzen, blanchieren und abschrecken. Die geputzten Champignons in Stäbchen schneiden und mit Zitronensaft marinieren. Bohnen, Champignons und Salatblätter vermischen und mit dem Dressing beträufeln. Mit Kerbel belegen und den kleinen Salat in der Mitte der Teller anrichten.

Dieses Gericht kann auch mit frisch gehobelten weißen Trüffeln garniert werden.

Medaillons vom Schwein mit Rotkrautsalat

Für 4 Personen

Das Rotkraut fein hobeln und mit Salz, Pfeffer, Kümmel und Nelkenpulver würzen. Den Salat beschweren und ziehen lassen. Mit Preiselbeeren, Essig und Öl vermischen und auf Tellern anrichten.

Die Birnen schälen, entkernen und in Scheiben schneiden. Mit Zitronensaft und Birnenschnaps beträufeln und auf den Rotkrautsalat legen. Mit Pignolienkernen bestreuen.

Den Lungenbraten in acht gleichmäßige Scheiben schneiden. Leicht klopfen, mit Salz und Paprika würzen und mit Salbeiblättern belegen. Die Fleischscheiben in Speck einwickeln und mit Holzspießchen befestigen. In Olivenöl langsam braten.

Das erkaltete Fleisch um den Rotkrautsalat anrichten.

Rezept Ernst Faseth

300 g Rotkraut, Salz, Pfeffer, Kümmel, Nelkenpulver, 30 g Preiselbeeren, 2 EL Rotweinessig, 3 EL Olivenöl
200 g Birnen, Saft von ½ Zitrone, 2 cl Birnenschnaps, 20 g Pignolienkerne
300 g parierter Schweinslungenbraten, Salz, Paprika, frische Salbeiblätter, 8 dünne Scheiben Frühstücksspeck, Olivenöl

Pfefferfilet mit Ratatouille

Für 4 Personen

Das Rindsfilet mit dem Pökelsalz einreiben und 30 Stunden beizen. Rotweinessig und Cayennepfeffer verrühren und das Filet öfters damit bepinseln. Zirka 25 Tage an der Luft trocknen lassen. Die Kruste entfernen und das Filet in dünne Scheiben schneiden. Die Tomaten enthäuten, entkernen und in Würfel schneiden.

In Olivenöl sautieren und mit zerdrückter Knoblauchzehe, Salz und Pfeffer würzen.

Die Paprika und Zucchini in Würfel schneiden und mit den Tomaten kurz dünsten.

Das Ratatouille auskühlen lassen und mit den Filetscheiben anrichten.

400 g pariertes Rindsfilet, 35 g Pökelsalz, 2 EL Rotweinessig, Cayennepfeffer
4 Tomaten, 2 EL Olivenöl, 1 Knoblauchzehe, Salz, Pfeffer, 80 g rote Paprika, 80 g grüne Paprika, 80 g Zucchini

Roastbeefröllchen mit Kräutergervais auf Artischockenböden

Für 10 Personen

Das Fleisch mit Salz, Pfeffer, Senf und Rosmarin würzen und von allen Seiten scharf anbraten. Im vorgeheizten Rohr bei 200 bis 220 °C englisch braten.

Den Gervais mit Kräutern, Salz, Pfeffer und Zitronensaft vermischen.

Die Tomaten enthäuten und in Spalten schneiden. Die Champignonköpfe waschen, tournieren und in Weißwein pochieren. Den Spargel kochen.

Das erkaltete Roastbeef in Scheiben schneiden, mit dem Kräutergervais bestreichen und einrollen. Auf jeden Artischockenboden zwei Roastbeefröllchen legen.

Tomatenspalten, Champignons und Spargel mit der Vinaigrette beträufeln, neben den Roastbeefröllchen anrichten und mit Kresse garnieren.

500 g parierte niedere Beiried, Salz, Pfeffer, Senf, gemahlener Rosmarin, Öl
200 g Gervais, 1 EL gehackte Kräuter (Petersilie, Kerbel, Estragon), Salz, weißer Pfeffer, Saft von ½ Zitrone
3 Tomaten, 10 Champignonköpfe, 12 cl Weißwein, 10 Stangen grüner Spargel
10 gekochte Artischockenböden
12 cl Vinaigrette (siehe Seite 130), Kresse

Rohschinken mit Melone

Für 4 Personen

Die Melone in vier Spalten schneiden. Kerne und Fasern entfernen. Mit einem Rundschnitt das Fruchtfleisch von der Schale lösen, aber nicht vollständig durchtrennen. Die Melonenspalten kalt stellen.

Den Rohschinken in dünne Scheiben schneiden und mit den Melonenspalten auf Tellern anrichten.

Mit Pfeffer bestreuen und mit Kresse garnieren.

½ Netzmelone
200 g Rohschinken
Pfeffer aus der Mühle, Kresse

Rohschinken vom Mühlviertler Weidelamm mit Spargel

Für 4 Personen

Den Rohschinken dünn aufschneiden und dachziegelartig auf Tellern auflegen. Den Spargel sternförmig anrichten.

160 g Rohschinken vom Mühlviertler Weidelamm (siehe Seite 110)

160 g gekochter grüner Spargel

Häuptelsalat, Vogerlsalat, Friséesalat,
Radicchio, Eichblattsalat,
5 EL Vinaigrette (siehe Seite 130)

8 Zwergtomaten, Kerbel

Häuptelsalat, Vogerlsalat, Friséesalat, Radicchio und Eichblattsalat vermischen und mit der Vinaigrette marinieren.
Den kleinen Salat mit halbierten Zwergtomaten und Kerbel garnieren.
Rezept Peter Fischer

Schweinsfilet an Dillsenfsauce

Für 4 Personen

Das Schweinsfilet parieren und in eine Marinade aus Olivenöl, Senf, Kerbel, zerdrücktem Knoblauch, Rosmarin und Majoran legen. Darin zirka zwei Stunden ziehen lassen. Mit Salz und Pfeffer würzen. Bei 180 bis 200°C braten und auskühlen lassen.
Die Zucchini in Stäbchen schneiden und mit der Tomatenvinaigrette vermischen.
Das Filet in Tranchen schneiden und auf Tellern fächerartig anrichten. Mit der Dillsenfsauce teilweise nappieren, mit Dillsträußchen garnieren und mit den Zucchini anrichten.

400 g Schweinsfilet, Olivenöl,
1 KL Senf, gehackter Kerbel,
Knoblauch, Rosmarin, Majoran

Salz, weißer Pfeffer, Öl

200 g Zucchini,
10 cl Tomatenvinaigrette (siehe
Vinaigrette, Seite 130)

25 cl Dillsenfsauce (siehe Seite 277),
frischer Dill

Geflügel- und Wildvorspeisen

Kalte Geflügel- und Wildgerichte bringen nicht nur Abwechslung in das Vorspeisenangebot, sie sind auch bekömmlicher und, bis auf einige Ausnahmen, fettärmer als andere Fleischspeisen. Gebratene Geflügelbrüste von Huhn, Ente oder Fasan werden noch lauwarm auf Salaten angerichtet. Besonders beliebt sind geräucherte Geflügelteile, wie die geräucherte Gänsebrust. Wachteln, Tauben und Kücken sowie gefüllte Geflügelteile eignen sich besonders gut für Vorspeisen. Vom Wild werden vor allem Hasenrückenfilets oder Rehfilets roh und mariniert oder rosa gebraten in Verbindung mit Salaten und Obst serviert. Geflügelgalantinen, Geflügel- und Wildpasteten sowie Mousses und Sulzen von Geflügel und Wild werden ebenfalls gerne als Vorspeisen gegeben.

Entenwurst

Für 2 Personen

Das Entenfleisch und die Leber durch die feinste Scheibe der Faschiermaschine drehen. Das eingeweichte Weißbrot, den Eidotter und den zerdrückten Knoblauch dazugeben und mit Salz, Pfeffer und Majoran würzen.
Die Masse in den Rindsdarm füllen und gut abbinden. Die Entenwurst in der Rindssuppe 20 Minuten ziehen lassen.
Aus der Suppe nehmen, mit Parmesan bestreuen, mit Olivenöl beträufeln und lauwarm servieren.
Rezept Sissy Sonnleitner

200 g Entenfleisch (Keulen und
Haut), 1 Entenleber, 20 g in Milch
eingeweichtes Weißbrot, 1 Eidotter,
Knoblauch, Salz, weißer Pfeffer,
Majoran

Rindsdarm, Rindssuppe

2 EL geriebener Parmesan,
2 EL Olivenöl

Flugentenbrust auf Blattsalaten mit Himbeerdressing

Für 3 Personen

Die Entenbrust mit Salz, Pfeffer und Thymian würzen. Mit der Hautseite nach unten zirka zehn Minuten im Rohr bei 180°C englisch braten. Anschließend kalt stellen.
Die Himbeeren mit Himbeeressig, Salz, Pfeffer, Zucker und Walnußöl vermischen.
Die Blattsalate und die Wasserkresse waschen und mit dem Himbeerdressing marinieren.
Die Salate und die Kresse bouquetartig auf großen Tellern anrichten.
Die Entenbrust der Länge nach in dünne Scheiben schneiden und auf den Blattsalaten anrichten.

1 Flugentenbrust mit 380 g, Salz,
Pfeffer, Thymian, 2 EL Öl

5 frische Himbeeren,
5 EL Himbeeressig, Salz, Pfeffer,
1 KL Zucker, 5 EL Walnußöl

60 g Chicorée, 60 g Radicchio,
60 g Eichblattsalat, 30 g Vogerlsalat,
30 g Wasserkresse

Tellergerichte von Mousses *Mousse von geräuchertem Bachsaibling mit Wiesenkräutersalat, Wildentenmousse mit Birnengelee, Spargelmousse mit Räucherlachs*

Sulzen *Gesulzter Gemüsesalat mit Schnittlauch, Tintenfischsulze, Haxerlsulze*

Gänselebervariation

Für 4 Personen

Eichblattsalat, Friséesalat, Lollo rosso und in Scheiben geschnittene Champignons mit einem Teil des Himbeerdressings marinieren und in der Mitte der Teller anrichten.
Die rohe Gänseleber in Scheiben schneiden, mit dem restlichen Dressing beträufeln und auf dem Salat anrichten.
Das Gänseleberparfait in Scheiben schneiden und mit in Streifen geschnittenen Trüffeln garnieren.
Die Gänseleberterrine in Scheiben schneiden und mit dem Parfait auf Tellern anrichten.

Eichblattsalat, Friséesalat, Lollo rosso, 40 g in Scheiben geschnittene Champignons, 10 cl Himbeerdressing (siehe Seite 128)

120 g Gänsestopfleber

160 g Gänseleberparfait (siehe Seite 218), 40 g schwarze Trüffeln

160 g Gänseleberterrine (siehe Seite 209)

Foto Seite 152

Gefüllte Fasanenbrust mit Madeiragelee

Für 4 Personen

Die Fasanenbrüste einschneiden, auseinanderklappen und leicht plattieren. Die Lebern zweimal durch die feinste Scheibe der Faschiermaschine drehen und kühlen.
Auf Eis Madeira, Weißbrot und Obers einarbeiten und mit Pastetengewürz, Salz, Pfeffer und Ingwer abschmecken.
Die Fasanenbrüste mit der Farce bestreichen, einrollen und salzen. Mit Speckscheiben umwickeln und bei 180 bis 200 °C im Rohr braten. Kurz vor dem Fertigstellen den Speck entfernen und das Fleisch nachbräunen lassen.
Das Madeiragelee erkalten lassen und in kleine Würfel schneiden.
Die erkalteten Fasanenbrüste in Scheiben schneiden und mit den Madeirageleewürfeln anrichten.

2 Fasanenbrüste

150 g Geflügellebern, 2 cl Madeira, 50 g in Milch eingeweichtes, passiertes Weißbrot, 10 cl Obers, Pastetengewürz, Salz, weißer Pfeffer, Ingwer

Salz, 200 g grüner Speck, Öl

25 cl Madeiragelee (siehe Seite 283)

Gegrillte Masthuhnbrüstchen auf Blattsalaten

Für 4 Personen

Die Masthuhnbrüstchen mit Salz, Pfeffer, Rosmarin und Olivenöl marinieren und grillen.
Radicchio, Eichblattsalat, Vogerlsalat, Chicorée und Kresse waschen, entsprechend zerkleinern und miteinander vermischen. Mit French Dressing zubereiten und auf Tellern anrichten.
Die gegrillten Masthuhnbrüstchen in schräge Scheiben schneiden und auf den Blattsalaten anrichten.
Rezept Günter Walder

2 Masthuhnbrüstchen, Salz, weißer Pfeffer, gemahlener Rosmarin, Olivenöl

100 g Radicchio, 100 g Eichblattsalat, 100 g Vogerlsalat, 100 g Chicorée, Kresse, 10 cl French Dressing (siehe Seite 127)

Hühnerbrustroulade auf Mischblattsalat

Für 4 Personen

Das Hühnerfleisch zweimal durch die feinste Scheibe der Faschiermaschine drehen und kühlen. Auf Eis das Obers langsam einarbeiten.
Pfefferkörner und Paprikawürfel dazugeben und mit Salz, Pfeffer und Noilly Prat abschmecken. Die Farce zirka 20 Minuten kühlen.
Die Hühnerbrüste einschneiden, auseinanderklappen und leicht plattieren. Mit Salz und Pfeffer würzen, mit Farce bestreichen und einrollen.
Alufolie mit Butter bestreichen und die Hühnerbrustrouladen darin einwickeln. Die Enden der Folie fest zudrehen und die Rouladen in den leicht köchelnden Geflügelfond geben. Zirka zehn Minuten ziehen lassen.
Vogerlsalat, Friséesalat und Eichblattsalat waschen, mit Sherryessig, Maiskeimöl, Salz und Zucker marinieren und auf Tellern anrichten.
Die ausgekühlten Hühnerbrustrouladen aus der Folie wickeln, in Scheiben schneiden und auf dem Salat anrichten.
Rezept Friedrich Schöber

100 g Hühnerfleisch, 15 cl Obers, 5 g grüne Pfefferkörner, 30 g würfelig geschnittene rote Paprika, Salz, weißer Pfeffer, 1 cl Noilly Prat

2 Hühnerbrüste, Salz, weißer Pfeffer, Butter, 1 l heller Geflügelfond (siehe Seite 279)

40 g Vogerlsalat, 40 g Friséesalat, 40 g Eichblattsalat, 4 EL Sherryessig, 2 EL Maiskeimöl, Salz, Zucker

Marinierte Hühnerlebern und -herzen auf Vogerlsalat

400 g Hühnerlebern,
20 g Hühnerherzen, 1 cl Portwein,
1 cl Madeira, 1 cl Cognac,
2 l Rotwein, 1 Thymianzweig,
1 Rosmarinzweig

Salz, weißer Pfeffer aus der Mühle,
200 g Butter

Weißweinessig, Sonnenblumenöl,
60 g gehackte Zwiebeln

120 g Vogerlsalat,
4 EL Weißweinessig, 2 EL Kernöl,
Salz, 50 g Speckstreifen, 2 gekochte
Kartoffeln

Kerbelblätter

Für 4 Personen
Die Lebern und Herzen parieren, mit Portwein, Madeira, Cognac, Rotwein, Thymian und Rosmarin marinieren und zwei Stunden zugedeckt ziehen lassen. Gut abtropfen lassen und mit Salz und Pfeffer würzen.
Die Butter klären, auf zirka 75 Grad erhitzen und Lebern und Herzen sechs bis acht Minuten darin ziehen lassen.
Lebern und Herzen aus der Butter nehmen, abtropfen lassen und mit Essig, Sonnenblumenöl und gehackten Zwiebeln vermischen.
Den Vogerlsalat mit Essig, Kernöl und Salz abschmecken. Die Speckstreifen kurz anrösten. Die noch warmen Kartoffeln würfelig schneiden und mit den Speckstreifen und dem Vogerlsalat auf Tellern anrichten.
Die marinierten und noch lauwarmen Lebern und Herzen um den Salat anrichten und mit Kerbelblättern belegen.
Die zum Marinieren der Lebern und Herzen verwendeten Kräuter können als Geschmacksverbesserung der geklärten Butter beigegeben werden.
Rezept Willibald Haider

Mariniertes Rehfilet mit Steinpilzen

300 g Rehfilet

250 g Steinpilze, Salz, Pfeffer

2 EL Himbeeressig, 4 cl Portwein,
2 EL Traubenkernöl, Salz, Pfeffer

4 Heidelbeerzweige

Für 4 Personen
Das parierte und gut gekühlte Rehfilet in hauchdünne Scheiben schneiden. Die Steinpilze putzen und in dünne Scheiben schneiden. Mit Salz und Pfeffer würzen.
Aus Himbeeressig, Portwein und Traubenkernöl eine Marinade mixen und mit Salz und Pfeffer abschmecken.
Die Heidelbeerzweige in die Mitte der Teller legen und die Rehfiletscheiben auf der einen Tellerhälfte dachziegelförmig auflegen.
Die Steinpilze marinieren und anrichten. Die Rehfiletscheiben mit der restlichen Marinade beträufeln.

Rehrückenschnitte auf Apfelscheibe mit Gänseleberparfait

250 g ausgelöster Rehrücken, Salz,
geriebener Wacholder, Öl

10 ausgestochene Apfelscheiben,
Zitronensaft

150 g Gänseleberparfait (siehe
Seite 218)

10 Trüffelscheiben, Lauchstreifen

Foto Seite 85

Für 5 Personen
Das ausgelöste Rehrückenfilet mit Salz und Wacholder würzen und in Öl kurz anbraten. Im Rohr auf den Punkt braten und auskühlen lassen.
Die ausgestochenen Apfelscheiben in Zitronenwasser kurz pochieren und erkalten lassen. Das Filet tranchieren und auf die Apfelscheiben legen.
Aus dem Gänseleberparfait Nockerln ausstechen und auf den Rehrückenscheiben anrichten.
Mit Trüffelscheiben und Lauchstreifen garnieren.
Rezept Ewald Plachutta

Roh marinierte Gänsestopfleber auf Friséesalat

240 g Gänsestopfleber

1 Friséesalat, 10 cl Himbeerdressing
(siehe Seite 128)

6 gekochte Wachteleier, 40 g in
Scheiben geschnittene
Champignons, Vogerlsalat

Foto Seite 140

Für 4 Personen
Die Gänsestopfleber parieren und in dünne Scheiben schneiden.
Den Friséesalat mit einem Teil des Himbeerdressings marinieren und auf Tellern anrichten. Die Gänsestopfleber vorsichtig auf den Salat legen und mit dem restlichen Dressing beträufeln.
Mit halbierten Wachteleiern, in Scheiben geschnittenen Champignons und Vogerlsalat garnieren.

Roh marinierter Hirschkalbrücken

Für 4 Personen

Eidotter und Senf verrühren und nach und nach das Olivenöl einrühren. Den Dolce latte passieren und daruntermischen. Mit Salz und Pfeffer würzen.

Die Tomaten enthäuten, halbieren und aushöhlen. Die Sauce einfüllen und kalt stellen.

Das gut gekühlte Hirschkalbrückenfilet in sehr dünne, schräge Scheiben schneiden und auf Tellern anrichten.

Olivenöl, Zitronensaft, Salz, Pfeffer und Petersilie vermischen und das Fleisch damit beträufeln.

Den Vogerlsalat waschen und mit Essig, Olivenöl, Salz und Pfeffer marinieren. Auf den Tellern anrichten.

In die Mitte die gefüllten Tomatenhälften geben. Zwischen den Fleischtranchen die Mandarinenfilets auflegen.

2 Eidotter, 1 KL französischer Senf, 6 cl Olivenöl, 80 g Dolce latte, Salz, Pfeffer
2 Tomaten
300 g ausgelöster, parierter Hirschkalbrücken
4 EL Olivenöl, Saft von 1 Zitrone, Salz, Pfeffer, 1 KL gehackte Petersilie
100 g Vogerlsalat, 2 EL Essig, 2 EL Olivenöl, Salz, Pfeffer
Mandarinenfilets

Rosa gebratene Hasenrückenfilets mit Linsensalat

Für 4 Personen

Den Speck würfelig schneiden und anrösten. Die Zwiebel hacken und mit Apfelessig und Olivenöl vermischen. Den Speck dazugeben. Die Marinade unter die noch warmen Linsen mischen. Mit Salz und Pfeffer würzen und eine Stunde ziehen lassen. Anschließend den Linsensalat gut abtropfen lassen.

Die Hasenrückenfilets mit Salz und Pfeffer würzen und scharf anbraten. Nach zwei Minuten vom Feuer nehmen und zirka fünf Minuten nachziehen lassen. Die Filets kalt stellen. Anschließend der Länge nach in dünne Tranchen schneiden.

Vogerlsalat und Friséesalat waschen. Mit einer einfachen Salatmarinade und etwas Thymian marinieren.

Die Mango filetieren.

Blattsalate und Linsensalat auf Tellern anrichten. Die Hasenrückenfilets abwechselnd mit den Mangofilets blütenförmig auflegen.

60 g Hamburger Speck, 1 kleine Zwiebel, 4 EL Apfelessig, 4 EL Olivenöl, 200 g gekochte Linsen, Salz, Pfeffer
2 Hasenrückenfilets, à 180 g, Salz, Pfeffer, 2 EL Öl
4 Büschel Vogerlsalat, 4 Friséesalatblätter, 4 EL einfache Salatmarinade (siehe Seite 128), Thymian
½ Mango

Überbackene Entenbrust auf Rotkrautsalat

Für 4 Personen

Das Rotkraut fein schneiden und mit dem geriebenen Apfel vermischen. Mit Rotwein, Orangen- und Zitronensaft, Zimt, Salz, Zucker und Nelken marinieren und zwölf Stunden ziehen lassen.

Champignons, Steinpilze und Morcheln waschen und kleinwürfelig schneiden. Kurz anbraten und mit Salz und Pfeffer würzen. Die parierte Gänseleber in kleine Würfel schneiden und mit den Pilzen kurz anbraten.

Eidotter und Butter schaumig rühren. Pilze und Gänseleber vorsichtig daruntermischen und Fleischglace und Weißbrot dazugeben.

Die Entenbrüste mit Salz, Pfeffer und Thymian würzen und rosa braten.

Das Fleisch mit der Gänseleber-Pilz-Mischung bestreichen und gratinieren. Die Kruste soll dabei eine goldgelbe Farbe annehmen. Das Fleisch anschließend drei Minuten rasten lassen.

Die Entenbrüste halbieren und mit dem Rotkrautsalat anrichten.

Rezept Josef Schneider

160 g Rotkraut, 1 säuerlicher Apfel, 12 cl Rotwein, Saft von 2 Orangen, Saft von 2 Zitronen, Zimt, Salz, Zucker, gemahlene Nelken
30 g Champignons, 20 g Steinpilze, 20 g Morcheln, Öl, Salz, Pfeffer, 100 g Gänsestopfleber
2 Eidotter, 50 g Butter, 2 EL Fleischglace (siehe Seite 281), 50 g entrindetes, geriebenes Weißbrot
2 Entenbrüste, Salz, Pfeffer, Thymian, Öl

Wachtelpralinen mit Gänsestopfleber

Für 4 Personen

Die Gänsestopfleber parieren und in acht Stücke teilen. Mit Salz, Zucker und Armagnac marinieren und zwei Stunden ziehen lassen.

Von den Wachteln die Brüste so auslösen, daß sie noch zusammenhängen und mit Salz und Pfeffer würzen. Mit Gänsestopfleber belegen und die Brustfilets einschlagen. Zu Kugeln

200 g Gänsestopfleber, Salz, Zucker, 1 cl Armagnac
8 Wachteln, Salz, Pfeffer, Butter, heller Geflügelfond (siehe Seite 279)

25 cl Wachtelglace, 8 Blätter Gelatine

100 g Preiselbeeren,
50 g Walderdbeeren, Vogerlsalat

Foto Seite 150/151

formen und in mit Butter bestrichene Alufolie wickeln. Im Geflügelfond zirka fünf Minuten köcheln und erkalten lassen.

Die Wachtelglace mit Gelatine versetzen. Die Wachtelpralinen auf Spießchen stecken und so oft in die Wachtelglace tauchen, bis der Überzug einen halben Zentimeter dick ist. Anschließend zirka eine Stunde kühlen.

Die Wachtelpralinen mit einem in heißes Wasser getauchtes Messer durchschneiden und mit pürierten Preiselbeeren, Walderdbeeren und Vogerlsalat garnieren.

Snacks — Cocktailbissen

Das Wort „Snacks" ist die englische Bezeichnung für kleine Imbisse. Diese pikanten Näschereien – oft gerade einen Bissen groß – werden in ihren vielen Variationen zu Aperitifs und Cocktails, zum 5-Uhr-Tee, bei Empfängen und Tagungen, bei Parties und anderen Gelegenheiten gereicht. Bestehen sie aus besonderen Delikatessen, werden sie Gourmandises genannt. Eine gemischte Auswahl davon, auf einer Platte angerichtet, werden als **Frivolités** bezeichnet.

Scheiben von Brot oder anderen Gebäcken, in verschiedensten Formen geschnitten, dienen meist als Unterlage. Es können aber auch Artischockenböden, Champignonköpfe, Gurkenstücke, Apfelscheiben, Schnittkäse oder ähnliches verwendet werden. Kleine Braten- oder Pastetenstückchen, Schinkenwürfel, Räucherfisch, Käse, Gemüse oder Wurst werden zusammen mit der Unterlage auf Spießchen gesteckt und so serviert.

Feine Gebäcke wie Brioches, Brandteigkrapferln, Salzbiskuits, Torteletten und Schiffchen aus ungezuckertem Mürbteig oder auch Eier und Gemüse können mit pikanten Cremen, Mousses, Salaten oder Salpikons gefüllt und als Imbiß gereicht werden.

Cocktailbissen werden auch ohne Unterlage zubereitet. Um ein Melonenstück gewickelter Rohschinken, eine mit Räucherlachs umhüllte Gurkenspalte, ein mit Rindercarpaccio umwickelter, marinierter Champignonkopf oder eine in ein Sardellenfilet eingerollte Olive ergibt – jeweils mit einem Holzspießchen zusammengehalten – ausgezeichnete Snacks.

Zum Eintunken von kleinen Fleischbällchen, Bratenstückchen, Krebsen, Würstchen oder zarten Gemüsen können kalte, dickflüssige Saußen, sogenannte Dips, angeboten werden.

Je nach Anlaß und Getränkeangebot werden auch herzhaftere Snacks wie kleine Pizze, Toasts, Zwiebelkuchen oder kalte und warme Würzbissen **(Savories)** gereicht.

Snacks werden auf Platten mit Spitzenpapier präsentiert. Ob sortenweise oder gemischt, in Reihen angerichtet oder in kleinen Gruppen zusammengefaßt, ist vom persönlichen Geschmack abhängig.

Sie können auch mit Spießchen auf großen Gemüsen oder Obst wie Krautköpfen, Gurken, Melonen, Grapefruits und ähnlichem befestigt werden.

Pro Person werden vier bis acht Stück gerechnet.

Apfelscheiben mit Gänseleber und Mangos

Für 4 Stück

12 cl Wasser, 12 cl trockener
Weißwein, 30 g Zucker, Safran

1 säuerlicher Apfel

80 g Gänseleber, Salz, Pfeffer, Öl

1 EL Zucker, Sherryessig,
1 EL Fleischglace (siehe Seite 281)

Mangostücke

Wasser, Weißwein, Zucker und Safran aufkochen.

Das Kerngehäuse des Apfels ausstechen und den Apfel in vier Scheiben schneiden. Die Scheiben mit einem Ausstecher (5 cm Durchmesser) ausstechen, im Fond kurz kochen und erkalten lassen.

Die Gänseleber in acht Scheiben schneiden und mit Salz und Pfeffer würzen. In Öl kurz braten und kalt stellen.

Den Zucker hell karamelisieren, mit Essig ablöschen und mit der Fleischglace verkochen. Die Gänseleberscheiben damit bestreichen und auf die Apfelscheiben legen. Mit Mangostücken belegen.

Austern im Lachs

Für 4 Stück

Den Lachs in vier Scheiben schneiden und mit Zitronensaft beträufeln. Die Austern ebenfalls mit Zitronensaft beträufeln und in die Lachsscheiben wickeln.
Joghurt, Rahm, Schnittlauch, Dill, Salz, Pfeffer und Zitronensaft verrühren. Die Lachsröllchen auf der Marinade anrichten.

100 g gebeizter Lachs,
1 EL Zitronensaft,
4 geräucherte Austern,
1 EL Zitronensaft

1 EL Joghurt, 1 EL Rahm, geschnittener Schnittlauch, gehackter Dill, Salz, weißer Pfeffer, Zitronensaft

Champignonköpfe mit Gemüsesugo

Für 4 Stück

Die Champignonköpfe mit Zitronensaft beträufeln.
Mit Salz und Pfeffer würzen, in Öl kurz sautieren und abtropfen lassen.
Die Zwiebeln in Öl anschwitzen. Tomates concassées, Karottenwürfel und Selleriewürfel dazugeben. Mit Sherry ablöschen und mit Salz und Pfeffer würzen. Kurz dünsten und Salbei und Basilikum dazugeben.
Das Gemüsesugo erkalten lassen, in die Champignonköpfe füllen und mit Krauspetersilie dekorieren.

4 Champignonköpfe,
1 EL Zitronensaft, Salz, weißer Pfeffer, Olivenöl

20 g gehackte Zwiebeln,
20 g Tomates concassées,
20 g Karottenwürfel,
20 g Selleriewürfel, 1 cl Sherry, Salz, weißer Pfeffer, Salbei, Basilikum

Krauspetersilie

Cocktailwürstchen in Blätterteig

Für 4 Stück

Den Blätterteig dünn ausrollen und in acht Streifen schneiden (2 cm breit, 15 cm lang).
Die Würstchen in die Teigstreifen einrollen, mit Eidotter bestreichen und im Rohr bei 200 °C zirka zwölf Minuten backen.

150 g Blätterteig (siehe Seite 284)

4 kleine Schweinswürstchen, à 40 g, Eidotter

Entenstopfleber auf Ochsenmark

Für 4 Stück

Die Karottenscheiben kernig kochen und erkalten lassen.
Die Ochsenmarkscheiben erwärmen, mit Salz und Pfeffer würzen und auf die Karottenscheiben legen.
Die Entenstopfleber in acht Scheiben schneiden und mit Salz und Pfeffer würzen. In Öl kurz anbraten und erkalten lassen.
Die Leberscheiben auf die Markscheiben legen und mit Sherryessig beträufeln.

4 Karottenscheiben

4 Ochsenmarkscheiben, Salz, weißer Pfeffer

80 g Entenstopfleber, Salz, Pfeffer, Öl

Sherryessig

Fischtatar auf Toastschnitten

Für 8 Stück

Ei, Sardellen, Petersilie, Kapern, Öl, Worcestershiresauce, Tabascosauce, Zitronensaft, Pfeffer und Cognac mit einer Gabel gut verrühren.
Seeteufel- und Lachsfilet fein hacken und mit der Marinade vermischen. Die Toastscheiben in acht Teile schneiden.
Das Fischtatar darauf anrichten und mit Dillspitzen dekorieren.

1 Ei, 2 zerdrückte Sardellenfilets, gehackte Petersilie, gehackte Kapern, 1 EL Olivenöl, Worcestershiresauce, Tabascosauce, Saft von ½ Zitrone, grüner Pfeffer, 1 cl Cognac

80 g Seeteufelfilet, 80 g Lachsfilet

2 Scheiben Toastbrot, 8 Dillspitzen

Frivolités

Für 7 Personen

240 g Geflügelleberparfait (siehe Seite 219), 30 g schwarze Trüffeln

6 Artischockenböden, 2 EL einfache Salatmarinade (siehe Seite 128), 120 g Selleriemousse (siehe Seite 217), 6 gekochte Hummermedaillons, 6 Trüffelscheiben

240 g Hühnergalantine (siehe Seite 213), 20 g Pistazien, Aspik (siehe Seite 281)

300 g Gänseleberparfait (siehe Seite 218), 400 g Madeiragelee (siehe Seite 283)

400 g Entenmousse (siehe Wildentenmousse, Seite 218), 40 g Pistazien

3 gekochte Eier, 120 g Lachsmousse (siehe Seite 216), 30 g Räucherlachs, 20 g Beluga-Kaviar

6 Rehmedaillons, à 60 g, Salz, Pfeffer, 2 EL Öl, 40 cl Fleischglace (siehe Seite 281), 30 g Pilzpüree (siehe Pilzpüree auf Orangenscheiben, Seite 269)

Aspik (siehe Seite 281)

Foto Seite 241

Das Geflügelleberparfait zu Kugeln formen und in gehackten Trüffeln wälzen.

Die gekochten Artischockenböden mit der Marinade beträufeln und mit Selleriemousse füllen. Mit Hummermedaillons belegen und mit einer Trüffelscheibe garnieren.

Die Hühnergalantine in Scheiben schneiden, vierteln und je zwei Stücke gefächert übereinanderlegen. Mit würfelig geschnittenen Pistazien belegen und mit Aspik überziehen.

Das Gänseleberparfait in Scheiben schneiden und mit einem Ausstecher mit vier Zentimetern Durchmesser ausstechen. Die Scheiben in eine chemisierte Form legen und mit Madeiragelee zugießen. Die chemisierten Gänseleberparfaitscheiben wieder zu Scheiben ausstechen, sodaß ein Geleerand von zirka zwei Millimetern erhalten bleibt.

Die Entenmousse ausstechen, zu Kugeln formen und in gehackten Pistazien wälzen.

Die Eier der Breite nach halbieren, die Eidotter entfernen und die Eihälften auswaschen. Mit Lachsmousse füllen, mit ausgestochenen Räucherlachsscheiben belegen und mit Beluga-Kaviar dekorieren.

Die Rehmedaillons mit Salz und Pfeffer würzen und in Öl englisch braten. Erkalten lassen und mit Fleischglace überziehen. Die Medaillons liegend zu zwei Drittel einschneiden und mit ausgestochenem Pilzpüree füllen.

Je sechs Stück der Frivolités auf einer chemisierten Platte anrichten.

Geflügellebermousse auf Artischockenböden

Für 8 Stück

400 g Geflügellebermousse (siehe Seite 216), 8 gekochte Artischockenböden

8 gekochte Spargelspitzen, 1 Kirschtomate

Die Geflügellebermousse mit einem Spritzsack auf die Artischockenböden dressieren.

Mit Spargelspitzen und geviertelter Kirschtomate garnieren.

Gefülltes Kalbsröllchen mit Ananas

Für 4 Stück

100 g Kalbsschnitzel, Salz, Pfeffer, 1 Scheibe Schinken, 1 Scheibe Emmentaler, 2 EL Duxelles

2 EL Öl

Ananasstücke, 4 entsteinte helle Kirschen

Das Kalbsschnitzel plattieren und mit Salz und Pfeffer würzen.

Mit Schinken und Emmentaler belegen und das Duxelles darauf verteilen.

Das Schnitzel einrollen, in vier Stücke schneiden und hintereinander auf einen Spieß stecken. Zirka vier Minuten braten und erkalten lassen.

Die Kalbsröllchen vom Spieß nehmen und mit Ananasstücken und Kirschen garnieren.

Gefüllte Miesmuscheln

Für 8 Stück

8 Miesmuscheln, Salz

30 g Zwiebeln, 20 g Pinienkerne, 10 g Korinthen, Olivenöl, 30 g Reis, 10 cl Fischfond (siehe Seite 279), Safran, Salz, Pfeffer, Zucker

1 EL gehackte Petersilie, Knoblauch

Die Muscheln putzen, in Salzwasser kochen und das Fleisch aus den Schalen lösen.

Zwiebeln, Pinienkerne und Korinthen fein hacken und in Olivenöl anschwitzen.

Den Reis dazugeben und mit Fischfond aufgießen.

Mit Safran, Salz, Pfeffer und Zucker würzen und den Reis weich dünsten.

Die Muschelhälften damit füllen und das Muschelfleisch darauf legen.

Mit Petersilie und feingehacktem Knoblauch bestreuen.

186

Gefüllte Salamitüte auf Pumpernickel

Für 4 Stück

Den Pumpernickel in vier Teile schneiden.

Topfen, Schnittlauch, Petersilie, Salz und Pfeffer vermischen und die Pumpernickelstücke damit bestreichen.

Emmentaler und Paprika in kleine Würfel schneiden. Mit Mayonnaise, Zwiebeln, Salz, Pfeffer und Zitronensaft vermischen.

Die Salami zu Tüten drehen, mit dem Käsesalat füllen und auf die Brotstücke setzen.

1 Scheibe Pumpernickel
20 g Topfen, geschnittener Schnittlauch, gehackte Petersilie, Salz, Pfeffer
40 g Emmentaler, 30 g Paprika (rote, gelbe, grüne), 1 EL Mayonnaise, 10 g gehackte Zwiebeln, Salz, Pfeffer, Zitronensaft
4 Salamischeiben

Kalbsbriesstrudel

Für 8 Stück

Das gut gewässerte Kalbsbries in Salzwasser mit dem Lorbeerblatt fünf bis zehn Minuten blanchieren.

Das Bries leicht pressen und in Scheiben schneiden. Die Kalbsbriesscheiben in Butter kurz anbraten, mit Essig ablöschen und kalt stellen.

Den Reis dämpfen. Die Schalotten in Butter anschwitzen, mit Obers aufgießen und einkochen lassen. Kerbel, Schnittlauch und Reis dazugeben und mit Salz und Pfeffer würzen.

Die erkalteten Kalbsbriesscheiben und den cremigen Reis in Strudelteig einrollen, acht Rollen formen, mit Ei bestreichen und im Rohr sieben bis zehn Minuten bei 250°C backen.

Rezept Eduard Mitsche

300 g Kalbsbries, Salz, 1 Lorbeerblatt, 25 g Butter, Essig
40 g wilder Reis, 10 g gehackte Schalotten, Butter, 1 EL Obers, gehackter Kerbel, geschnittener Schnittlauch, Salz, weißer Pfeffer
200 g Strudelteig (siehe Seite 285), 1 Ei

Münsterländer Zwiebel

Für 4 Stück

Die Zwiebeln schälen und in Salzwasser blanchieren.

Die Zwiebeln aushöhlen. Das Innere fein hacken und in Öl anschwitzen. Das Faschierte mit dem Ei vermischen, dazugeben und anrösten.

Die Tomate schälen, entkernen, fein hacken und zum Faschierten geben. Mit Salz, Pfeffer, Majoran, Rosmarin und Petersilie würzen.

Das Faschierte in die ausgehöhlten Zwiebeln füllen, mit Käse überbacken und kalt servieren.

4 kleine Zwiebeln, Salz
2 EL Öl, 80 g Faschiertes, 1 Ei
1 Tomate, Salz, Pfeffer, Majoran, gemahlener Rosmarin, 1 KL gehackte Petersilie
4 Scheiben Schmelzkäse

Schafkäse in Strudelteig

Für 8 Stück

Den Schafkäse mit Basilikum, zerdrückter Knoblauchzehe und Oregano würzen. In acht gleiche Stücke schneiden.

Den Strudelteig hauchdünn ausziehen und mit Olivenöl beträufeln. Die einzelnen Käsestückchen in den Teig einrollen. Die Enden gut andrücken.

Im Rohr bei 180°C zirka 15 Minuten backen.

400 g Schafkäse, 1 EL gehacktes Basilikum, 1 Knoblauchzehe, Oregano
200 g Strudelteig (siehe Seite 285), 5 EL Olivenöl

Schnecken in Germteig

Für 8 Stück

Die Butter schaumig rühren, die Knoblauchzehe zerdrücken und die Schalotte fein hacken. Knoblauch, Schalotte, Petersilie, Salz und Pfeffer mit der Butter gut verrühren und kalt stellen.

Den Germteig in acht Stücke teilen und ausrollen. Mit den Weinbergschnecken und der Knoblauchbutter belegen. Die Ränder mit einem Teil des Eidotters bestreichen, einschlagen und die Enden andrücken. Die Germteigtascherln mit dem restlichen Eidotter bestreichen und im Rohr bei 180°C zirka zwölf Minuten backen.

100 g Butter, 1 Knoblauchzehe, 1 Schalotte, 1 EL gehackte Petersilie, Salz, Pfeffer
160 g Germteig (siehe Seite 284), 8 gekochte Weinbergschnecken, 1 Eidotter

Waldpilze im Strudeltascherl

Für 8 Stück

100 g Waldpilze, 100 g gekochter Schinken, 100 g Gänsestopfleber, 2 EL Öl

50 g Butter, 1 EL Mehl, 25 cl Milch, Salz, weißer Pfeffer, Muskat, 1 EL gehackte Petersilie

200 g Strudelteig (siehe Seite 285), 50 g Butter, Schnittlauch, Öl

Pilze, Schinken und Gänsestopfleber würfelig schneiden und in Öl rasch sautieren.
Die Butter zergehen lassen, das Mehl dazugeben und mit Milch ablöschen. Zirka 20 Minuten köcheln lassen und mit Salz, Pfeffer und Muskat würzen. Pilze, Schinken, Gänseleber und Petersilie dazugeben und erkalten lassen.
Den Strudelteig mit zerlassener Butter bestreichen und Quadrate (10×10 cm) ausschneiden. Auf jedes Quadrat einen Eßlöffel Pilzmasse geben, den Teig zu einem Säckchen formen und mit einem Schnittlauchfaden binden. In Öl goldbraun backen.
Statt Gänsestopfleber kann auch Entenleber oder Hühnerleber verwendet werden.
Rezept Eduard Mitsche

Canapés

Die Übersetzung des französischen Wortes Canapé bedeutet belegte, geröstete Brotschnitte. Hinter dieser scheinbar simplen Bezeichnung verbirgt sehr oft kulinarische Kleinkunst. Diese kleinen gerösteten oder getoasteten Brotscheiben können – mit Phantasie hergestellt – zu wirklichen Leckerbissen werden. Sie stellen einen festlichen Imbiß dar und werden gerne zu Aperitifs, zu Cocktails, als Vorspeise oder bei kalten Buffets und bei Empfängen gereicht.
Ihre Benennung leitet sich immer von ihrem Belag und der Garnitur ab. Außer dem üblichen Weißbrot kann zur Abwechslung auch Vollkornbrot, Schwarzbrot oder Pumpernickel als Grundlage verwendet werden.
Für Canapés wird Kasten- oder Toastbrot in sehr dünne (etwa ein halber Zentimeter) Scheiben geschnitten.
Damit sie aromatischer und knuspriger schmecken, werden sie vor dem Belegen kurz in Butter geröstet und getoastet. Sollen die Canapés erst einige Zeit nach der Zubereitung serviert werden, kann man auf das Toasten verzichten, weil das Brot sonst zäh würde.
Für die weitere Vorgangsweise gibt es zwei Methoden.
Muß eine größere Anzahl von Canapés hergestellt werden, bestreicht man die ganzen Brotscheiben mit Butter oder Buttermischungen und belegt sie. Dann werden mit einem Ausstecher runde, ovale oder andere Formen ausgestochen oder mit dem Messer Quadrate, Rechtecke, Dreiecke oder Rauten geschnitten. Für kleinere Mengen werden die Brotscheiben zuerst ausgestochen oder geschnitten und erst dann bestrichen und belegt. Bei dieser Methode muß sehr exakt gearbeitet werden. Belag und Garnitur dürfen nicht über den Brotrand ragen. Die Brotscheiben müssen immer mit Butter, Buttermischungen, Mayonnaise oder ähnlichem bestrichen werden, weil verschiedene Beläge oft Saft lassen, was die Brote aufweichen würde.
Damit die Canapés vor Austrocknen geschützt sind, werden sie zum Schluß mit passendem Aspik leicht glaciert.
Um schöne und appetitanregende Platten gestalten zu können, werden Canapés nur zart dekoriert und immer reihenweise oder in Gruppen angerichtet. Pro Person werden drei bis vier Canapés gerechnet.

Canapé mit Artischocken und Hühnerlebermousse

Für 4 Stück

2 Scheiben Toastbrot, 20 g Butter

2 gekochte Artischockenherzen, 40 g Hühnerlebermousse (siehe Geflügellebermousse, Seite 216), 1 EL gehackte Pistazien

Die Toastscheiben mit Butter bestreichen und rund ausstechen. Mit den halbierten Artischocken belegen. Die Hühnerlebermousse auf die Artischockenherzen dressieren und mit Pistazien bestreuen.

188

Canapé mit Beef tatar

Für 4 Stück

Die Toastscheiben in Butter rösten und mit Senfbutter bestreichen. Das Beef tatar auftragen, mit einer Palette glattstreichen und Quadrate ausschneiden oder ausstechen.
Mit Schnittlauch bestreuen.

2 Scheiben Toastbrot, 10 g Butter, 20 g Senfbutter (siehe Seite 274)

60 g Beef tatar (siehe Seite 173)

1 EL geschnittener Schnittlauch
Foto Seite 271

Canapé mit geräucherter Forelle

Für 4 Stück

Die Toastscheiben mit Würzbutter bestreichen und Rauten ausschneiden. Das Räucherforellenfilet in Stücke schneiden, auf das Brot legen und nachschneiden.
Mit Oberskren und Kresse garnieren.

2 Scheiben Toastbrot, 20 g Würzbutter (siehe Seite 274)

1 Räucherforellenfilet

Oberskren (siehe Seite 278), Kresse
Foto Seite 271

Canapé mit Hühnerbrust

Für 4 Stück

Die Toastscheiben mit Butter bestreichen und oval ausstechen. Mit kleinwürfelig geschnittenem Waldorfsalat bestreichen und mit halbierten Kiwischeiben belegen.
Die Hühnerbrust in dünne Tranchen schneiden und darauf legen. Mit Madeiraaspik chemisieren.

2 Scheiben Toastbrot, 20 g Butter

40 g kleinwürfelig geschnittener Waldorfsalat (siehe Seite 147), 2 Kiwischeiben, 80 g gebratene Hühnerbrust

Madeiraaspik (siehe Seite 282)

Canapé mit Keta-Kaviar

Für 4 Stück

Die Toastscheiben mit Dillbutter bestreichen und rund ausstechen. In den Ausstecher den Kaviar füllen und Oberflächen und Ränder nachstreichen.

2 Scheiben Toastbrot, 20 g Dillbutter (siehe Seite 273)

40 g Keta-Kaviar
Foto Seite 271

Canapé mit Lachsschinken

Für 4 Stück

Die Toastscheiben mit Butter bestreichen und rund ausstechen. Mit Lachsschinken belegen und mit Cornichonfächer dekorieren.

2 Scheiben Toastbrot, 20 g Butter

40 g Lachsschinken, 2 Cornichons
Foto Seite 271

Canapé mit Matjesfilet

Für 4 Stück

Die Toastscheiben mit Butter bestreichen.
Apfel- und Gurkenwürfel mit der Crème fraîche vermischen und auf die Toastscheiben streichen.
Rauten ausschneiden und das in Stücke geschnittene Matjesfilet darauf legen.
Mit Dill dekorieren.

2 Scheiben Toastbrot, 20 g Butter

20 g Apfelwürfel, 20 g Gurkenwürfel, 1 EL Crème fraîche

80 g Matjesfilet

1 EL gehackter Dill

Canapé mit Räucherlachs

Für 4 Stück

2 Scheiben Toastbrot,
20 g Butter

80 g Räucherlachs

Forellenmousse (siehe Seite 216)

Foto Seite 271

Die Toastscheiben mit Butter bestreichen.
Mit Räucherlachs belegen, leicht andrücken und Dreiecke ausschneiden.
Aus den Räucherlachsabschnitten kleine Röschen formen.
Die Forellenmousse mit einem Spritzsack auf das Canapé dressieren und mit den Räucherlachsrosen dekorieren.

Canapé mit Rehfilet

Für 4 Stück

2 Scheiben Toastbrot, 20 g Butter

80 g gebratenes Rehrückenfilet,
Moosbeerenkompott

Minze, Madeiraaspik (siehe
Seite 282)

Die Toastscheiben mit Butter bestreichen.
Mit dem in dünne Tranchen geschnittenen Rehfilet belegen. Die Moosbeeren abtropfen lassen und darauf legen.
Mit Minze dekorieren und mit Madeiraaspik glacieren.

Canapé mit Salami

Für 4 Stück

2 Scheiben Toastbrot,
20 g Würzbutter (siehe Seite 274),
4 Scheiben Salami

4 Perlzwiebeln

Foto Seite 271

Die Toastscheiben mit Würzbutter bestreichen, mit Salami belegen und rund ausstechen.
Die Perlzwiebeln an den Unterseiten abflachen und auf die Canapés setzen.

Canapé mit Sevruga-Kaviar

Für 4 Stück

2 Scheiben Toastbrot, 20 g Butter

20 g Sevruga-Kaviar

Foto Seite 271

Die Toastscheiben mit Butter bestreichen und rund ausstechen. In die Ausstecher den Kaviar füllen, den Ausstecher wegnehmen und Oberfläche und Rand jedes Canapés nachstreichen.

Canapé mit Shrimps

Für 4 Stück

2 Scheiben Toastbrot, 10 g Butter,
20 g Dillbutter (siehe Seite 273)

80 g blanchierte Shrimps,
Saiblingskaviar

Foto Seite 271

Die Toastscheiben in Butter rösten und mit Dillbutter bestreichen. Mit den Shrimps belegen und mit Saiblingskaviar dekorieren.

Canapé mit Spargel

Für 4 Stück

2 Scheiben Toastbrot,
20 g Würzbutter (siehe Seite 274)

4 gekochte Spargelspitzen

1 Zwergtomate, gekochte
Brokkoliröschen, Salz, Pfeffer, Aspik
(siehe Seite 281)

Foto Seite 271

Die Toastscheiben mit Würzbutter bestreichen und Trapeze ausschneiden.
Die Spargelspitzen der Länge nach halbieren und auf das Brot legen. Mit Tomatenspalten und Brokkoliröschen garnieren und mit Salz und Pfeffer würzen. Mit Aspik überziehen.

Belegte Brote

Belegte Brote werden regional verschieden hergestellt und bezeichnet.
Die Auswahl der Bestandteile des Belages ist fast unbegrenzt. Sie reicht von Wurst, Schinken oder Speck über Fleisch- und Bratenstücke, Fisch, Eier oder Käse bis zu rohem oder gegartem Gemüse.

Als Grundlage können eigentlich alle Brotsorten verwendet werden. Die einzelnen Scheiben werden etwa acht Millimeter dick geschnitten. Belegte Brote werden zuerst immer mit Butter oder Buttermischungen bestrichen. Es kann auch Mayonnaise verwendet werden, wenn sie zum gewünschten Belag paßt. Sie hat aber den Nachteil, daß sie ins Brot einsickert und es durchnäßt. Wenn für den Belag mit Mayonnaise vermischte Lebensmittel oder etwas Mariniertes verwendet wird, legt man ein Salatblatt, eine Gurkenscheibe oder ähnliches auf das Brot, um das Aufweichen zu verhindern.

Sogenannte **Appetit- oder Restaurationsbrote** sind Brote mit einem Belag aus verschiedenen feinen Bestandteilen, die mit pikanten Beigaben aufwendiger garniert werden. Belegte Brote sollten möglichst erst kurz vor dem Servieren zubereitet werden, weil sie – je nach Belag – leicht austrocknen oder durchnäßt werden.

Smørrebrød sind dänische belegte Brote. Dünne Scheiben von Weiß-, Vollkorn- oder Roggenbrot werden mit frischer Butter bestrichen, üppig mit Fisch, Fleischwaren, Gemüse oder Käse belegt und reichlich garniert. Diese dänische Spezialität wird in sehr vielen Variationen hergestellt, wobei jedes Brot eine typische Bezeichnung führt.

Für **vegetarische Brötchen** verwendet man mit Butter bestrichenes Vollkornbrot, bedeckt es mit einem Salatblatt, belegt es mit Rohkostgemüse oder gekochtem Gemüse und garniert mit Kräutern. Diese Brötchen können auch mit Topfenaufstrich, Käse oder Ei kombiniert werden.

Sandwiches sind eine Erfindung eines gleichnamigen englischen Grafen, des Earl of Sandwich, der im 18. Jahrhundert lebte. Er ließ sich sein Bratenfleisch zwischen zwei Scheiben Brot servieren, damit er durch das Essen nicht in seiner Spielleidenschaft gestört wurde. Heute sind diese „Doppelbrote" international bekannt, haben sich zu teilweise raffinierten Imbissen weiterentwickelt und sind, weil sie ohne Besteck einfach aus der Hand verzehrt werden können, als kleine Zwischenmahlzeit sehr beliebt.
Die Art des verwendeten Brotes hängt vom gewünschten Belag und von der Üppigkeit des Sandwiches ab. Meist wird entrindetes Kastenbrot, das in dünne Scheiben geschnitten und mit Butter oder Buttermischungen bestrichen wird, verwendet. Die Reihe der als Belag verwendeten Zutaten reicht von dünnen Scheiben kaltem Braten, Schinken oder Wurst über Lachs, geräucherten Fisch, Eier, Käse und Gemüse bis zu verschiedenen Aufstrichen. Die Brote werden nicht dekoriert, weil sie ja mit einer zweiten Brotscheibe bedeckt werden. Der Belag kann auch dünn mit Senf, Mayonnaise oder anderen pikanten kalten Saucen bestrichen oder einfach mit Salatblättern, Tomaten- oder Gurkenscheiben belegt werden. Die fertigen Sandwiches werden in Dreiecke oder Rechtecke, je nach Bedarf verschieden groß, geschnitten.
Größere Mengen werden übereinandergelegt, mit Papier oder Folie abgedeckt und leicht beschwert und gekühlt aufbewahrt.
Man richtet sie auf einer Serviette mit Kresse oder Krauspetersilie an oder wickelt sie zur Hälfte in eine Serviette ein.

Nur mit einer Scheibe Weißbrot hergestellte belegte und dekorierte Brote werden als **„offene Sandwiches"** bezeichnet.

Beinschinken auf Graubrot

Für 1 Person

Das Brot mit Butter bestreichen und mit dem Salatblatt belegen. Den Beinschinken darauf anrichten und mit Eierspalte, gefächertem Essiggurkerl und Radieschen garnieren.

1 Scheibe Graubrot, 10 g Butter,
1 Häuptelsalatblatt

80 g Beinschinken

1 Eierspalte, 1 Essiggurkerl,
1 Radieschen

Foto Seite 272

Belegtes Brot mit geräuchertem Forellenfilet und Matjesfilet

Für 1 Person

Das Brot mit Kräuterbutter bestreichen und mit dem Vogerlsalat belegen. Forellenfilet und Matjesfilet in Stücke schneiden und auf dem Brot anrichten.
Mit ungeschälten Gurkenscheiben und Zwiebelringen garnieren.

1 Scheibe Vollkornbrot,
10 g Kräuterbutter (siehe Seite 273),
Vogerlsalat

80 g geräuchertes Forellenfilet,
60 g Matjesfilet

4 Gurkenscheiben, Zwiebelringe

Foto Seite 272

Belegtes Brot mit Lachsschinken und Schinkenspeck

Für 1 Person

Das Brot mit Butter bestreichen.
Den in dünne Scheiben geschnittenen Schinkenspeck und Lachsschinken darauf legen.
Mit halbierten Pfefferoni und Maiskolben garnieren.

1 Scheibe Vollkornbrot, 10 g Butter

50 g Schinkenspeck,
30 g Lachsschinken

1 frischer grüner Pfefferoni,
1 kleiner eingelegter Maiskolben

Foto Seite 272

Gemischter Käse auf Pumpernickel

Für 1 Person

Das Brot mit Butter bestreichen und mit den verschiedenen Käsesorten belegen. Den Liptauer mit einem Spritzsack aufdressieren.
Mit Radieschenscheiben, Zwiebelringen und Weintrauben garnieren.

1 Scheibe Pumpernickel, 10 g Butter,
20 g Camembert, 20 g Emmentaler,
20 g Gorgonzola, 20 g Butterkäse,
15 g Liptauer (siehe Seite 275)

1 Radieschen, 1 Jungzwiebel,
1 blaue Weintraube, 1 weiße
Weintraube

Foto Seite 272

Gemüsebrot

Für 1 Person

Das Brot mit Butter bestreichen und mit dem Salatblatt belegen.
Das Ei in Streifen schneiden. Die Zucchini in Streifen schneiden und blanchieren. Das Radieschen en julienne schneiden. Ei, Zucchini und Radieschen mit Mayonnaise, Salz, Pfeffer und Worcestershiresauce vermischen und auf dem Salatblatt anrichten.
Karotten und Sellerie en julienne schneiden und mit den Prinzeßbohnen und der Tomatenspalte auf dem Brot anordnen.
Mit Wasserkresse garnieren.

1 Scheibe Vollkornbrot, 10 g Butter,
1 Häuptelsalatblatt

1 gekochtes Ei, 10 g Zucchini,
1 Radieschen, 1 EL Mayonnaise,
Salz, weißer Pfeffer,
Worcestershiresauce

20 g Karotten, 20 g Sellerie,
20 g gekochte Prinzeßbohnen,
1 enthäutete Tomatenspalte

Wasserkresse

Foto Seite 272

Hühnerbrust auf Vollkornbrot

Für 1 Person

Das Brot mit Butter bestreichen und mit Chicoréeblättern belegen.
Die Hühnerbrust in dünne Scheiben schneiden und fächerartig darauf legen.
Mit geschälten Kiwischeiben und einer halbierten Erdbeere garnieren.

1 Scheibe Vollkornbrot, 10 g Butter, 3 Chicoréeblätter
100 g gebratene Hühnerbrust
2 Kiwischeiben, 1 Erdbeere
Foto Seite 272

Mosaikbrot – Jägerwecken

Dafür wird ein nicht zu dicker Sandwichwecken ausgehöhlt. Kleingeschnittene Bratenreste, Schinken, Zunge, Essiggurkerln, gekochte Eier und gehackte Kräuter mit schaumig gerührter und gewürzter Butter oder mit Gervais vermischen.
Die Sandwichwecken damit füllen, in Folie einwickeln, gut kühlen und in Scheiben schneiden.

Ochsenzunge und Osso collo auf Vollkornbrot

Für 1 Person

Das Brot mit Butter bestreichen und mit dem Radicchioblatt belegen.
Die Ochsenzunge in dünne Scheiben schneiden und zwei Drittel des Brotes damit belegen.
Den Osso collo zu Tüten drehen und neben der Ochsenzunge anrichten. Mit Melonenstücken, würfelig geschnittenem Madeiragelee und Wasserkresse garnieren.

1 Scheibe Vollkornbrot, 10 g Butter, 1 Radicchioblatt
70 g gepökelte Ochsenzunge, 20 g Osso collo
50 g Honigmelone, 10 g Madeiragelee (siehe Seite 283), Wasserkresse
Foto Seite 272

Räucherlachs auf Dreikornbrot

Für 1 Person

Das Brot mit Butter bestreichen. Die Salatblätter waschen und die Hälfte des Brotes damit belegen.
Den Lachs dünn aufschneiden und fächerartig auf das Brot legen. Den Oberskren mit einem Spritzsack rosettenförmig aufdressieren.
Mit Zitronenscheiben und Dillspitzen garnieren.

1 Scheibe Dreikornbrot, 10 g Butter, 2 Häuptelsalatblätter
80 g geräucherter Lachs, Oberskren (siehe Seite 278)
2 geschälte Zitronenscheiben, Dillspitzen
Foto Seite 272

Schweinskarree und Salami auf Roggenbrot

Für 1 Person

Das Brot mit Butter bestreichen und mit den Zwiebelspitzen belegen.
Den Schweinsbraten dünn aufschneiden und fächerartig anrichten. Die Salami in feine Scheiben schneiden, zu Tüten drehen und auf das Brot geben.
Mit Pfefferoni, Cornichon und Jungzwiebelstücken garnieren.

1 Scheibe Roggenvollkornbrot, 10 g Butter, 20 g Jungzwiebeln
50 g Schweinsbraten, 20 g Salami
10 g rote Pfefferoni, 1 Cornichon
Foto Seite 272

Pasteten

Im Gegensatz zu den vergangenen Jahren erfahren Pasteten heute eine nie geahnte Renaissance. Es steht fest, daß schon die alten Griechen und Römer verschiedenste Fleisch-, Fisch- und Gemüsesorten in einen „Teigmantel" hüllten. Heute lernen wir das Pastetenbacken von den französischen Köchen, die diese Kunst mit viel Geschick und Präzision beherrschen.

Die klassischen Pasteten werden in einer Teighülle in ovalen, rechteckigen oder runden Pastetenformen gebacken.

Die Herstellung von Pasteten gehört zu den heikelsten, schwierigsten und aufwendigsten Arbeiten in der Kalten Küche.

Voraussetzung für das Gelingen der Pasteten ist die erlesene Qualität der zu verarbeitenden Produkte, die natürlichen Ursprungs sein sollen.

Die Behandlung der Rohmaterialien, die Herstellung der verschiedenen Pastetenfarcen, die Zusammenstellung der Pastetengewürze, die Bereitung des Pastetenteiges sowie die Ausfertigung einer Pastete setzen eine langjährige Erfahrung voraus.

Pasteten werden aus Schlachtfleisch, Geflügel, Wild, Wildgeflügel und Fischen hergestellt. Sie sind eine wertvolle Bereicherung des Kalten Buffets.

Der wichtigste Teil einer Pastete ist die **Farce,** die Fülle.

Die klassische Fleischfarce besteht aus drei Teilen, und zwar einem Teil Geschmacksträger, einem Teil magerem Schweinefleisch und einem Teil frischem Speck. Der Speck kann teilweise auch durch Obers ersetzt werden.

Der Geschmacksträger ist der Grundbestandteil der Farce, der der Pastete den dominierenden Geschmack verleiht. Er wird auf der Basis von Kalb-, Geflügel-, Wildfleisch etc. hergestellt.

Neben dieser klassischen Zusammensetzung gibt es noch eine Reihe anderer Mischungsverhältnisse.

Für einfache Pasteten, Terrinen und Galantinen

$2/3$ mageres Fleisch, $1/3$ grüner Speck oder
$2/5$ Geschmacksträger, $1/5$ mageres Schweinefleisch, $2/5$ grüner Speck oder
$1/3$ Geschmacksträger, $1/3$ mageres Schweinefleisch, $1/3$ grüner Speck.

Für Galantinen

$1/4$ Geschmacksträger, $1/4$ mageres Schweinefleisch, $2/4$ grüner Speck oder
$1/5$ Geschmacksträger, $1/5$ Kalbfleisch, $1/5$ mageres Schweinefleisch, $2/5$ grüner Speck.

Grundrezept für Fleischfarce:
250 g Schlachtfleisch, Wild,
Wildgeflügel oder Geflügel,
250 g Schweinsschulter,
-schlegel oder -rücken,
500 g Rückenspeck, 20 g Salz,
Pastetengewürz

Als Lockerungsmittel werden Panaden aus Weißbrot, Obers, Eier oder zerlassene Butter verwendet. Gewürzt wird mit Cognac, Madeira oder Portwein, Salz, Pastetengewürz, Kräutern etc.

Zubereiten der Farce

Pariertes, sehnenfreies Fleisch in Streifen oder Würfel schneiden und mit den Gewürzen und Aromastoffen im Kühlschrank mit Folie bedeckt bis zu 24 Stunden marinieren lassen. Zuerst das Fleisch und dann den Speck zweimal durch die feinste Scheibe der Faschiermaschine drehen. Das Faschierte abermals kalt stellen. Anschließend das Fleisch im Cutter kurz mischen, nach und nach die restlichen Zutaten und zuletzt den Speck dazugeben. Das Ganze zu einer feinen, glatten Masse cuttern.

Steht kein Cutter zur Verfügung, wird das Faschierte durch ein Haarsieb gestrichen und in einer eisgekühlten Schüssel mit den restlichen Zutaten verrührt.

Zwischen den einzelnen Arbeitsgängen die Zutaten und nach Möglichkeit auch die Geräte immer wieder gut kühlen.

Die Farce darf nicht warm werden, da sie sonst ihre Bindung verliert.

Die Farce kann mit verschiedenen Einlagen vermischt werden. Würfelig geschnittener Speck, Schinken oder Pökelzunge sowie Pistazien werden gerne verwendet. Speziell vorbehandelte Einlagen, wie angebratene Filets oder Lebern, werden schichtweise beim Einfüllen der Farce in die Pastetenform eingebettet.

Für Pasteten und Galantinen aus Fisch

Die Zwiebeln in Scheiben schneiden, in Butter anschwitzen und kalt stellen. Das Weißbrot entrinden, in Scheiben schneiden und in Obers und Eiklar einweichen. Das Fischfleisch in Streifen schneiden und kalt stellen. Anschließend werden die vorbereiteten Zutaten mit Salz, Pfeffer und Muskat gewürzt und durch die feinste Scheibe der Faschiermaschine gedreht. Alles durch ein Haarsieb passieren oder cuttern.

Auf Eis das halbfest geschlagene Obers nach und nach unter die Masse heben. Die Farce nach der Fertigstellung zirka eine halbe Stunde kühl stellen.

Zu feste und trockene Farcen können durch Beigabe von Flüssigkeiten (z.B. Obers) gelockert werden. Geronnene oder abgesetzte Farcen können „gerettet" werden, indem man sie einer erneut angesetzten Grundfarce nach und nach beigibt.

Grundrezept für Fischfarce:
100 g Zwiebeln, 50 g Butter
100 g Weißbrot, 10 cl Obers, 3 Eiklar
500 g entgrätetes Zander- oder Hechtfleisch
10 g Salz, weißer Pfeffer, Muskat
50 cl Obers

Ausfertigen der Pastete

Den Pastetenteig drei bis fünf Millimeter dick ausrollen. Mit Hilfe der Pastetenform die Ausmaße auf dem Teig markieren. Den übrigen Teig für den Deckel und den Dekor in Folie wickeln und bis zur weiteren Verarbeitung im Kühlschrank aufbewahren.

Den Teig zusammenklappen und in die befettete Form einlegen (1). Den Teig darin auseinandertalten, sodaß er die Formränder überlappt, und fest in die Form drücken. In den Formecken muß der Teig gut verschlossen sein.

Anschließend wird die Form mit zirka zwei Millimeter dicken Speckscheiben ausgelegt. Dafür nur grünen Speck verwenden. Den Speck dabei vier Zentimeter aus der Form hängen lassen (2). Er soll beim Zusammenklappen die Form genau abdecken. Durch das zusätzliche Auslegen der Pastetenform mit Speck wird der Teig von der feuchten Farce getrennt, und der Teig wird beim Backen knuspriger.

Die Farce zirka zwei Zentimeter hoch einfüllen. Mit einer Palette gut verstreichen, sodaß keine Hohlräume entstehen. An den Seiten die Farce etwas höher ziehen und die Einlagen in diese Rinne betten. Die Einlagen mit Farce bedecken. Diesen Vorgang so oft wiederholen, bis die Form bis knapp unter den Rand gefüllt ist. Die Form auf ein nasses Tuch klopfen, um eventuelle Hohlräume zu schließen.

Die Farce mit den überhängenden Speckscheiben abdecken und die Teigränder nach innen klappen. Den Zwischenraum mit einem passenden Teigstreifen belegen (3). Die Oberfläche mit Ei bestreichen und mit einer dünnen Teigplatte abdecken. Den überstehenden Teig abschneiden und die Teigplatte mit einer Palette andrücken. Die Teigränder mit einem Messerrücken zwischen der Formwand an den Pastetenmantel gut andrücken.

Damit beim Backen der Dampf entweichen kann, wird je nach Länge der Pastete ein oder zwei zirka zwei Zentimeter große Löcher in den Pastetendeckel gestochen. Röhrchen aus Alufolie in die Öffnungen kaminartig einsetzen (4). Dadurch wird verhindert, daß der austretende Fleischsaft die Oberfläche unansehnlich macht.

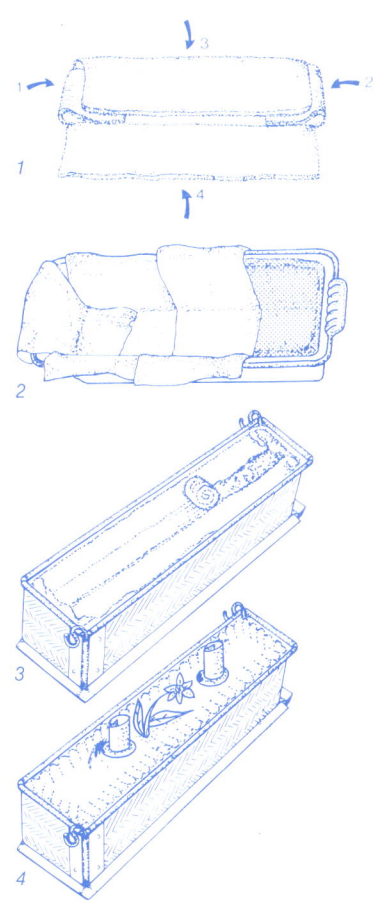

Mit einem Pastetenkneifer die Teigränder nochmals zusammendrücken, wobei sich gleichzeitig ein schönes Muster ergibt.

Den Pastetendeckel mit Eidotter bestreichen, die Kamine mit ausgestochenen Teigringen umlegen und die Pastete mit Hilfe einer Gabel, des Pastetenkneifers oder eines kleinen Messers verzieren. Aus dem restlichen Teig können Ornamente zum Dekorieren der Pastete hergestellt werden.

Die Pastete wird bei 220°C angebacken und bei 180°C je nach Größe der Form 40 bis 80 Minuten fertiggebacken. Wird die Oberfläche der Pastete zu braun, so deckt man sie mit Folie ab.

Die Pastete ist gar, wenn der Fleischsaft im Kamin klar ist, die Nadel bei der Nadelprobe nach dem Einstechen in der Mitte nicht mehr kalt ist und das Fleischthermometer im Kern der Pastete 60 bis 70°C anzeigt.

Die erkaltete Pastete durch den Kamin mit dem passenden, temperierten Gelee auffüllen und kalt stellen.

Zum Stürzen wird die Form kurz ins warme Wasserbad gestellt. Die Pastete läßt sich anschließend leichter aus der Form lösen.

Bei zerlegbaren Pastetenformen wird die erkaltete Pastete aus der Form genommen.

Ein Riß in der Teighülle, durch den das Gelee ausfließt, kann mit Butter abgedeckt werden. Nach dem Einfüllen wird die Butter wieder entfernt.

Gänseleber in Brioche

Für 10 Personen

600 g Gänsestopfleber, 1 KL Salz, 1 KL Zucker, weißer Pfeffer, 2 cl Armagnac

150 g grüner Speck

700 g Briocheteig (siehe Seite 284)

Butter

1 Eidotter

12 cl Portweinaspik (siehe Madeiraaspik, Seite 282)

Foto Seite 205

Die Gänsestopfleber vorsichtig parieren und in Stücke brechen. Mit Salz, Zucker, Pfeffer und Armagnac marinieren und einige Stunden kalt stellen.

Eine kleine Terrinenform mit Speckscheiben auslegen und die marinierten Leberstücke fest in die Form drücken. Mit Speckscheiben abdecken und drei Stunden gut kühlen.

Den Briocheteig zirka 20 Minuten gehen lassen und einen Zentimeter dick ausrollen.

Eine Pastetenform befetten und mit dem Briocheteig so auslegen, daß er über den Rand der Form hinaussteht. Die gekühlte Gänsestopfleber einlegen, den Briocheteig einschlagen und gut zusammendrücken. Mit Eidotter bestreichen und zwei Abzugsöffnungen für die Kamine ausstechen.

Den Brioche noch einmal 20 Minuten gehen lassen. Im vorgeheizten Rohr bei 200°C anbacken und bei 180°C zirka 40 Minuten backen.

Die erkaltete Pastete mit Portweinaspik auffüllen und das Aspik stocken lassen. Die Pastete mit einem Sägemesser in Tranchen schneiden.

Anstelle von Portweinaspik kann auch Birnengelee zum Auffüllen der Pastete verwendet werden.

Geflügelleberpastete

Für 12 Personen

250 g Geflügellebern, 3 EL Öl

100 g mageres Schweinefleisch, 100 g grüner Speck, 25 g entrindetes Weißbrot, 5 cl Obers, 1 Eiklar

50 g gehackte Zwiebeln, 50 g Butter, 2 cl Portwein

Salz, Pfeffer, 1 Knoblauchzehe, Majoran

250 g Geflügellebern, 3 EL Öl, 2 cl Cognac

Pastetengewürz

100 g Selchfleisch, 100 g Pökelzunge, 20 g Trüffeln, 150 g blanchierte Speckwürfel

Die Geflügellebern in Öl kurz sautieren. Schweinefleisch und Speck in große Würfel schneiden und mit den Lebern auf ein Blech geben. Das Weißbrot in Scheiben schneiden und mit Obers und Eiklar über das Fleisch geben.

Die Zwiebeln in Butter anrösten, mit Portwein ablöschen und über das Fleisch geben. Mit Salz, Pfeffer, zerdrückter Knoblauchzehe und Majoran würzen und einige Stunden zugedeckt marinieren lassen.

Für die Einlage die Geflügellebern in Öl sautieren, mit Cognac ablöschen und kalt stellen. Die Fleisch-Leber-Mischung und das Weißbrot zweimal durch die feinste Scheibe der Faschiermaschine drehen. Den Speck separat faschieren und im Cutter gut vermischen. Eventuell mit Pastetengewürz abschmecken. Selchfleisch, Pökelzunge und Trüffeln würfelig schneiden und mit den Speckwürfeln unter die Farce mischen.

Eine Pastetenform befetten und mit Pastetenteig und Speckscheiben auslegen.

Die Hälfte der Farce einfüllen, die Geflügellebern einlegen und mit der restlichen Farce auffüllen.

Die Speckenden darüberklappen und mit Speckscheibe und Pastetenteig abdecken. Die Teigränder mit einem Pastetenkneifer zusammenzwicken und die Oberfläche mit Eidotter bestreichen.

Abzugsöffnungen ausstechen und die Kamine einsetzen.

Die Pastete bei 200 °C anbacken und bei 170 °C zirka 40 bis 50 Minuten backen. Die Kerntemperatur soll 65 °C nicht übersteigen. Die Pastete erkalten lassen und mit flüssigem Madeiraaspik auffüllen.

Die Pastete stürzen und in Scheiben schneiden.

Mit Sauce Cumberland und einem kleinen Salat servieren.

Butter, 500 g Pastetenteig (siehe Seite 285) mit Schmalz, 200 g grüner Speck
1 Eidotter
15 cl Madeiraaspik (siehe Seite 282)
Foto Seite 205

Hasenpastete

Für 10 Personen

Das Hasenfleisch und den Speck durch die feinste Scheibe der Faschiermaschine drehen und cuttern. Mit den Eiern vermischen und mit Salz, Pfeffer, Pastetengewürz, Cognac und Portwein abschmecken. Auf Eis das halbfest geschlagene Obers darunterziehen. Die Trüffeln würfelig schneiden und mit den Pistazien unter die Farce mischen.

Die Dörrzwetschken in Cognac einlegen.

Die Hasenrückenfilets einschneiden, plattieren und mit Salz und Pfeffer würzen. Mit den Dörrzwetschken belegen und die Filets einrollen. In Butter kurz anbraten und erkalten lassen.

Eine Pastetenform befetten und mit Pastetenteig und Speckscheiben auslegen. Die Hälfte der Farce einfüllen, die Hasenfilets einlegen und die restliche Farce darauf verstreichen. Die Speckenden einschlagen und mit Speck und Pastetenteig abdecken.

Die Teigränder mit einem Pastetenkneifer zusammenzwicken, die Pastete mit Teigornamenten verzieren und mit Eidotter bestreichen.

Abzugsöffnungen ausstechen und die Kamine einsetzen.

Die Pastete bei 220 °C anbacken und bei 180 °C zirka 55 Minuten backen. Die Pastete erkalten lassen und mit Madeiraaspik auffüllen. Stürzen und in Scheiben schneiden.

450 g Hasenfleisch, 150 g grüner Speck, 2 Eier, Salz, Pfeffer, Pastetengewürz, 2 cl Cognac, 2 cl Portwein, 20 cl Obers
40 g Trüffeln, 50 g Pistazien
100 g Dörrzwetschken, 6 cl Cognac
400 g Hasenrückenfilets, Salz, Pfeffer, Butter
Butter, 700 g Pastetenteig (siehe Seite 285), 200 g grüner Speck
1 Eidotter
12 cl Madeiraaspik (siehe Seite 282)

Hechtpastete mit Lachsforelle

Für 10 Personen

Die Hechtfilets zweimal durch die feinste Scheibe der Faschiermaschine drehen und durch ein Haarsieb streichen. Mit Eiklar, Pernod und der Hälfte des Obers cuttern und mit Salz, Pfeffer, Muskat und Zitronensaft abschmecken. Auf Eis das restliche geschlagene Obers darunterziehen und die Farce kalt stellen.

Die Lachsforellenfilets in Würfel schneiden, mit Salz, Pfeffer und Zitronensaft würzen und in Butter kurz dünsten. Erkalten lassen und mit den Spinatblättern umwickeln. Eine Pastetenform befetten und mit Pastetenteig auslegen. Die Hälfte der Farce in die Form füllen und die Lachsforellenstücke einlegen. Die restliche Farce darauf verstreichen und mit Pastetenteig abdecken. Abzugsöffnungen ausstechen und die Kamine einsetzen. Die Pastete mit Teigornamenten dekorieren und mit Eidotter bestreichen.

Die Pastete bei 200 °C anbacken und bei 170 °C zirka 50 Minuten backen.

Die erkaltete Pastete mit Fischaspik ausgießen und kalt stellen. Stürzen, in Scheiben schneiden und mit einer Dillsenfsauce als Vorspeise servieren.

600 g enthäutete Hechtfilets, 1 Eiklar, 1 cl Pernod, 20 cl Obers, Salz, weißer Pfeffer, Muskat, Saft von ½ Zitrone
200 g Lachsforellenfilets, Salz, weißer Pfeffer, Saft von ½ Zitrone, Butter, 100 g blanchierter Blattspinat
Butter, 700 g Pastetenteig (siehe Seite 285)
1 Eidotter
12 cl Fischaspik (siehe Seite 282)

Jungschweinspastete mit Lammrückenfilet

Für 15 Personen

Schweinefleisch und Schweinsrückenspeck in große Würfel schneiden. Schalotten und Knoblauchzehen in Weißwein weich kochen und unter das Fleisch mischen. Mit Kümmel, Salz, Pfeffer, Thymian und Pastetengewürz würzen und kalt stellen.

Das Ganze zweimal durch die feinste Scheibe der Faschiermaschine drehen und cuttern. Auf Eis das Obers darunterziehen und die Farce kalt stellen.

500 g Jungschweinsschlegel, 200 g Schweinsrückenspeck, 5 Schalotten, 2 Knoblauchzehen, 4 EL trockener Weißwein,

gemahlener Kümmel, Salz, Pfeffer,
Thymian, 2 KL Pastetengewürz

50 cl Obers

1 Lammrückenfilet mit 400 g,
2 Schweinsfilets, à 200 g, Salz,
Pfeffer, Thymian, Öl

100 g Speckwürfel, 50 g Pistazien,
30 g rosa und grüne Pfefferkörner

Butter, 700 g Pastetenteig (siehe
Seite 285) mit Schmalz,
200 g Schweinsrückenspeck

1 Eidotter

15 cl Madeiraaspik (siehe Seite 282)

Foto Seite 205

Das Lammrückenfilet und die Schweinsfilets mit Salz, Pfeffer und Thymian würzen, in Öl kurz anbraten und kalt stellen. Die Schweinsfilets der Länge nach vierteln.

Speckwürfel, Pistazien und Pfefferkörner unter die Farce mischen.

Eine Pastetenform befetten und mit Pastetenteig und Speckscheiben auslegen. Einen Teil der Farce in die Form füllen und zwei geviertelte Schweinsfilets einlegen. Etwas Farce darauf verstreichen und das Lammrückenfilet in die Mitte legen. Mit etwas Farce bedecken und die restlichen Schweinsfilets einlegen. Mit der restlichen Farce auffüllen, die Speckenden darüberklappen und mit Speckscheibe und Pastetenteig abdecken. Mit Ornamenten aus Pastetenteig verzieren und mit Eidotter bestreichen.

Abzugsöffnungen ausstechen und die Kamine einsetzen.

Die Pastete bei 200 °C anbacken und bei 180 °C zirka 70 Minuten backen.

Die Pastete erkalten lassen und mit Madeiraaspik auffüllen. Die Pastete stürzen und in Scheiben schneiden.

Kalbsleberpastete

Für 10 Personen

Fleisch, Lebern und Zwiebeln in große Würfel schneiden und mit dem zerdrückten Knoblauch im stark erhitzten Schweineschmalz kurz sautieren. Mit Cognac flambieren und erkalten lassen.

450 g Kalbfleisch, 300 g Kalbslebern,
100 g Zwiebeln, 2 Knoblauchzehen,
70 g Schweineschmalz, 6 cl Cognac

6 cl Madeira, Saft von ½ Zitrone,
Pökelsalz, Staubzucker,
2 KL Pastetengewürz

100 g entrindetes, eingeweichtes
Weißbrot, 250 g grüner Speck,
2 Eidotter, 10 cl Obers

Butter, 700 g Pastetenteig (siehe
Seite 285), 200 g grüner Speck

1 Eidotter

12 cl Aspik (siehe Seite 281)

Mit Madeira, Zitronensaft, Pökelsalz, Zucker und Pastetengewürz marinieren und zwölf Stunden kalt stellen.

Die Fleischmischung mit dem eingeweichten Weißbrot und dem Speck durch die feinste Scheibe der Faschiermaschine drehen und cuttern. Mit dem Eidotter vermengen und auf Eis das halbfest geschlagene Obers darunterziehen.

Eine Pastetenform befetten und mit Pastetenteig und Speckscheiben auslegen. Die Farce einfüllen und gut verstreichen. Die Speckenden darüberklappen und mit Speckscheiben und Pastetenteig abdecken.

Die Teigränder mit einem Pastetenkneifer zusammenzwicken und die Oberfläche mit Eidotter bestreichen.

Abzugsöffnungen ausstechen und die Kamine einsetzen.

Die Pastete bei 200 °C anbacken und bei 160 °C zirka 90 Minuten backen.

In der Form auskühlen lassen und das Aspik durch den Kamin in die Pastete einfüllen. Erkalten lassen und in Scheiben schneiden.

Rezept Eduard Novy

Kräuterpastete mit Lachsschinken und Bries

Für 10 Personen

Kalbfleisch und Schweinsschlegel in Würfel schneiden. Die Schalotten in Butter dünsten, die Petersilie dazugeben und überkühlen lassen. Unter das Fleisch mischen und zweimal fein faschieren. Mit Salz, Pfeffer, Pastetengewürz und Cognac abschmecken. Den passierten Spinat und die Kräuter einarbeiten und auf Eis das halbfest geschlagene Obers darunterziehen.

450 g Kalbfleisch, 150 g Schweinsschlegel, 40 g gehackte Schalotten,
140 g Butter, 1 EL gehackte
Petersilie, Salz, Pfeffer,
1 KL Pastetengewürz, 2 cl Cognac

50 g passierter Spinat, 4 EL gehackte
Kräuter (Estragon, Zitronenmelisse,
Petersilie, Thymian, Majoran,
Liebstöckel), 20 cl Obers

300 g Kalbsbries, Salz, Saft von
½ Zitrone

300 g Lachsschinken, 50 g Trüffeln,
40 g Pistazien

Butter, 700 g Pastetenteig (siehe
Seite 285), 200 g grüner Speck

1 Eidotter

12 cl Kräutergelee (siehe Seite 283)

Foto Seite 205

Das Kalbsbries in Salzwasser mit etwas Zitronensaft 15 Minuten pochieren. Unter leichtem Pressen erkalten lassen und in kleine Röschen teilen.

Den Lachsschinken und die Trüffeln würfelig schneiden. Kalbsbries, Lachsschinken, Trüffeln und Pistazien unter die Farce mischen.

Eine Pastetenform befetten und mit Pastetenteig und Speckscheiben auslegen. Die Farce einfüllen und gut verstreichen. Die Speckenden einschlagen und mit Speck und Pastetenteig abdecken. Die Teigränder mit einem Pastetenkneifer zusammenzwicken und die Pastete mit Eidotter bestreichen.

Zwei Abzugsöffnungen für die Kamine ausstechen.

Die Pastete bei 200 °C anbacken und bei 180 °C zirka 65 Minuten backen.

In der Form auskühlen lassen und mit Kräutergelee auffüllen.

Die Pastete nach dem Festwerden des Gelees stürzen und in Scheiben schneiden.

Lachsfilet in Blätterteig

Für 10 Personen

Die Steinbuttfilets zweimal durch die feinste Scheibe der Faschiermaschine drehen und durch ein Sieb streichen. Mit Salz und Zitronensaft abschmecken und auf Eis das halbfest geschlagene Obers darunterziehen.

Aus den Lachsfilets auf dieselbe Art eine Farce herstellen und kalt stellen.

Für die Einlage die Lachsfilets mit Salz, Pfeffer und Zitronensaft würzen.

Den Blätterteig zirka einen halben Zentimeter dick ausrollen. Mit Lachsfarce und Steinbuttfarce bestreichen, die Lachsfilets einlegen und mit Steinbuttfarce und Lachsfarce umhüllen. Den Blätterteig einschlagen, formen und mit Eidotter bestreichen.

Das Ganze zirka drei bis vier Stunden im Kühlschrank rasten lassen und im Rohr bei 200 °C zirka 20 Minuten backen.

Die Pastete erkalten lassen und in Scheiben schneiden.

Mit Räucherfischen, Keta-Kaviar und Blattsalaten als Vorspeise anrichten.

Rezept Eduard Mitsche

200 g Steinbuttfilets, Salz, Saft von ½ Zitrone, 25 cl Obers
200 g Lachsfilets, Salz, Saft von ½ Zitrone, 25 cl Obers
600 g Lachsfilets, Salz, weißer Pfeffer, Saft von 1 Zitrone
300 g Blätterteig (siehe Seite 284)
2 Eidotter
Foto Seite 252

Lammpastete

Für 10 Personen

Lammfleisch und Speck in große Würfel schneiden.

Lammfleisch, Speck und Lammfilets mit Pastetengewürz, Salbei, Rosmarin, Oregano, Cognac und Madeira marinieren und kalt stellen.

Für die Farce Lammfleisch und Speck separat faschieren. Das Fleisch mit der Marinade cuttern und Ei und Salz dazugeben. Zuerst das gut gekühlte Obers und dann den Speck kurz mitcuttern.

Die Lammfilets in Öl anbraten und erkalten lassen. Schinken, Speck und Trüffeln würfelig schneiden und den Speck blanchieren. Die Austernpilze in Öl sautieren.

Die Champignons fein hacken und mit der Petersilie unter zirka 150 Gramm Lammfarce mischen. Die Lammfilets damit bestreichen, in blanchierte Spinatblätter und Speckscheiben einrollen und halbfest tiefkühlen.

Eine Pastetenform befetten und mit Pastetenteig und Speckscheiben auslegen.

Die restliche Farce mit Schinken, Speck und Trüffeln vermischen und einen Teil davon in die Form geben. Die Austernpilze einlegen und mit Farce verstreichen. Die Lammfilets in die Mitte legen und mit der restlichen Farce auffüllen. Die Speckenden darüberklappen und mit Speckscheibe und Pastetenteig abdecken. Die Teigränder mit einem Pastetenkneifer zusammenzwicken und die Oberfläche mit Eidotter bestreichen.

Abzugsöffnungen ausstechen und die Kamine einsetzen.

Die Pastete bei 200 °C anbacken und bei 180 °C 70 Minuten backen. Die Kerntemperatur soll 70 °C betragen.

Die Pastete erkalten lassen und mit flüssigem Madeiraaspik auffüllen. Die Pastete stürzen und in Scheiben schneiden.

450 g Lammfleisch, 150 g grüner Speck, 400 g Lammfilets, Pastetengewürz, Salbei, Rosmarin, Oregano, 2 cl Cognac, 4 cl Madeira
1 Ei, Salz, 20 cl Obers
2 EL Öl
100 g Schinken, 100 g grüner Speck, 20 g Trüffeln, 100 g Austernpilze, 1 EL Öl
100 g Champignons, 2 EL gehackte Petersilie, 50 g blanchierter Blattspinat, 100 g grüner Speck
Butter, 700 g Pastetenteig (siehe Seite 285), 200 g grüner Speck
1 Eidotter
10 cl Madeiraaspik (siehe Seite 282)
Foto Seite 205

Rehpastete

Für 10 Personen

Rehfleisch, Schweinefleisch und Speck in große Würfel schneiden. Mit Pastetengewürz, Thymian, Rosmarin, Majoran und Portwein marinieren und kalt stellen.

Das Fleisch mit der Marinade und dem Speck zweimal fein faschieren und eventuell durch ein Haarsieb streichen. Auf Eis das halbfest geschlagene Obers darunterziehen.

Trüffeln und Schinken würfelig schneiden und mit den Pistazien unter die Farce mischen.

Rehrückenfilets und Kalbsfilets mit Salz und Pfeffer würzen, in Öl kurz anbraten und erkalten lassen. Die Filets in Speckscheiben einwickeln und kalt stellen.

Eine Pastetenform befetten und mit Pastetenteig und Speckscheiben auslegen. Einen Teil der Farce einfüllen und die Rehfilets einlegen. Etwas Farce darauf verteilen, die Kalbsfilets einlegen und die restliche Farce verstreichen. Die Speckenden einschlagen und mit Speck

100 g Rehfleisch, 300 g Schweinefleisch, 200 g grüner Speck, Pastetengewürz, Thymian, Rosmarin, Majoran, 4 cl Portwein
50 cl Obers
50 g Trüffeln, 100 g gekochter Schinken, 50 g Pistazien
400 g Rehrückenfilets, 200 g Kalbsfilets, Salz, Pfeffer, Öl, 150 g grüner Speck

Butter, 700 g Pastetenteig (siehe Seite 285) mit Schmalz, 200 g grüner Speck

1 Eidotter

12 cl Portweinaspik (siehe Madeiraaspik, Seite 282)

Foto Seite 205

200 g ausgelöster Rehschlegel, 150 g Hühnerbrust, 150 g Kalbfleisch, Pastetengewürz, Salz, Pfeffer, 2 cl Cognac, 2 cl Portwein, 20 cl Obers, 100 g grüner Speck

100 g Morcheln, 50 g geröstete Pinienkerne

500 g Rehfilet, Salz, Pfeffer, Öl

Butter, 500 g Pastetenteig (siehe Seite 285), 200 g grüner Speck

1 Eidotter

25 cl Madeiraaspik (siehe Seite 282)

Foto Seite 85

und Pastetenteig abdecken. Die Teigränder mit einem Pastetenkneifer zusammenzwicken, die Pastete mit Teigornamenten verzieren und mit Eidotter bestreichen. Je nach Länge der Pastete zwei bis drei Abzugsöffnungen ausstechen und die Kamine einsetzen.
Die Pastete bei 200 °C anbacken und bei zirka 210 °C Unterhitze und 180 °C Oberhitze 55 Minuten backen.
Die erkaltete Pastete mit Portweinaspik ausgießen.

Rehrückenfiletpastete mit Morcheln

Für 10 Personen
Rehfleisch, Hühnerbrust und Kalbfleisch zweimal fein faschieren und cuttern. Mit Pastetengewürz, Salz, Pfeffer, Cognac und Portwein abschmecken. Das gekühlte Obers und den Speck kurz mitcuttern.
Die Morcheln einweichen und mit den Pinienkernen unter die Farce mischen.
Das Rehfilet mit Salz und Pfeffer würzen, in Öl rasch anbraten und erkalten lassen.
Eine halbrunde Pastetenform befetten und mit Pastetenteig und Speckscheiben auslegen. Die Hälfte der Farce einfüllen, das Rehrückenfilet einlegen und die restliche Farce darauf verstreichen.
Die Speckenden darüberklappen und mit Speck und Pastetenteig abdecken. Die Oberfläche mit Eidotter bestreichen und die Kamine ausstechen.
Die Pastete bei 200 °C anbacken und bei 180 °C 35 bis 40 Minuten backen.
Die überkühlte Pastete mit Madeiraaspik ausgießen. Nach dem Festwerden des Aspiks die Pastete stürzen, in Tranchen schneiden und mit würfelig geschnittenem Madeiraaspik servieren.
Rezept Ewald Plachutta

Terrinen

Terrinen sind Farcen, die im Gegensatz zu den Pasteten nicht in einer Teigkruste gebacken, sondern in feuerfesten Schüsseln (Terrinen) im Wasserbad im Rohr pochiert werden. Terrinen mit gröberen Farcen können auch direkt im Rohr gegart werden.

Ausfertigen einer Terrine

Bei der klassischen Terrine werden die ovalen, rechteckigen oder halbrunden Formen (Steingut- oder Gußeisenformen) mit dünnen Speckstreifen überlappend ausgelegt. Die Speckscheiben müssen über den Rand der Form hinausragen.
Die Farce in die Terrine füllen und gut verstreichen. Die Form einige Male auf ein nasses Tuch klopfen, um eventuelle Hohlräume zu verschließen. Die überhängenden Speckenden nach innen klappen und gut andrücken. Die Terrine mit einer entsprechend großen Speckscheibe abdecken und mit Gewürzen und Kräutern wie Wacholderbeeren, Lorbeerblättern und Thymianzweigen belegen.
Anstelle von Speckscheiben können die Formen auch mit befetteter Folie, blanchierten Lauch-, Spinat- oder anderen Gemüseblättern, Teigblättern oder mit Schweinsnetz ausgekleidet werden.
Den Deckel der Terrine aufsetzen und im Wasserbad im Rohr pochieren. Besonders schonend kann die Terrine in einem Bain-marie mit Thermostat oder in einem Heißluft-Dämpfer gegart werden.

Die Terrine ist gar, wenn beim Anstechen der austretende Saft an der Oberfläche klar ist oder die entsprechende Kerntemperatur erreicht wurde.

Die Terrine beschweren und erkalten lassen. Nach dem Erkalten mit einer Fettschicht, einem Aspikspiegel oder einer Chaud-froid-Sauce abschließen und dekorieren.

Zum besseren Portionieren werden die Terrinen heute in länglichen, glatten Formen hergestellt, gestürzt und in Tranchen geschnitten.

Eierschwammerlterrine

Für 10 Personen

Das Geflügelfleisch würfelig schneiden, faschieren und cuttern. Durch ein Haarsieb streichen und mit den Eiklar vermischen. Mit Pastetengewürz, Salz, Pfeffer und Cognac abschmecken und auf Eis das halbfest geschlagene Obers darunterziehen.

| 150 g Geflügelfleisch, 2 Eiklar, Pastetengewürz, Salz, weißer Pfeffer, 2 cl Cognac, 25 cl Obers |

Die Eierschwammerln waschen und putzen. Die Schalotten in Butter anschwitzen und die Schwammerln darin sautieren. Mit zerdrückter Knoblauchzehe, Petersilie, Basilikum, Zitronenthymian, Salz und Pfeffer abschmecken. Die Eierschwammerln abtropfen lassen und kalt stellen.

| 1 kg Eierschwammerln, 200 g gehackte Schalotten, 100 g Butter, 1 Knoblauchzehe, 2 EL gehackte Petersilie, Basilikum, Zitronenthymian, Salz, Pfeffer |

Die Pökelzunge würfelig schneiden und mit den Eierschwammerln unter die Farce mischen. Eine Terrinenform mit Speckscheiben auslegen und die Farce einfüllen. Die Speckenden einschlagen und mit einer Speckscheibe abdecken. Im Rohr bei 80 °C Wassertemperatur zirka 90 Minuten pochieren.

| 200 g Pökelzunge |
| 200 g grüner Speck |

Die Terrine beschweren und erkalten lassen. Anschließend stürzen und in Scheiben schneiden.

Als Vorspeise kann die Terrine mit einer Kräutermayonnaise oder Schnittlauchsauce serviert werden.

Rezept Johann Parzer

Forellenterrine

Für 10 Personen

Die Forellenfilets mit Hilfe einer Klarsichtfolie plattieren und kalt stellen.

| 800 g Forellenfilets |

Die Schollenfilets zweimal durch die feinste Scheibe der Faschiermaschine drehen und durch ein Haarsieb streichen. Mit Weißwein, Salz, Pfeffer und Zitronensaft abschmecken. Auf Eis das halbfest geschlagene Obers darunterziehen und die Farce kalt stellen.

| 500 g enthäutete Schollenfilets, 6 cl Weißwein, Salz, weißer Pfeffer, Saft von 1 Zitrone, 25 cl Obers |

Eine Dachrinnenform mit befetteter Alufolie und den Forellenfilets auslegen und kalt stellen.

| Butter |

Die Trüffeln würfelig schneiden und mit den Fisolen unter die Farce mischen.

| 30 g Trüffeln, 40 g gekochte Fisolen |

Die Forellenfilets in Stücke schneiden und mit Salz und Zitronensaft marinieren. Die Hälfte der Farce in die Form füllen, die Forellenstücke, die Riesengarnelen und die Karotten einlegen und die restliche Farce darauf verstreichen.

| 100 g enthäutete Forellenfilets, Salz, Zitronensaft |
| 150 g blanchierte, ausgelöste Riesengarnelen, 100 g blanchierte kleine Karotten |

Die Forellenfilets einschlagen, mit Folie abdecken und im Rohr bei 80 °C Wassertemperatur zirka 40 Minuten pochieren. Die Terrine erkalten lassen, aus der Folie nehmen und je nach Bedarf mit Aspik glacieren oder in Tranchen schneiden.

| Foto Seite 206/207 |

Gemüseterrine

Für 10 Personen

Das Hühnerfleisch in grobe Stücke teilen, mit Cognac, Sherry, Pfeffer und Muskat marinieren und einige Stunden ziehen lassen.

| 400 g Hühnerbrust, 2 cl Cognac, 2 cl Sherry, weißer Pfeffer, Muskat |

Das Weißbrot würfelig schneiden und mit den Eiklar und der Hälfte des Obers einweichen. Das Hühnerfleisch mit dem Weißbrot durch die feinste Scheibe der Faschiermaschine drehen und passieren.

| 50 g entrindetes Weißbrot, 2 Eiklar, 20 cl Obers, Salz |

Mit Salz würzen und auf Eis das restliche, halbfest geschlagene Obers darunterziehen.

Den Lauch und die Zucchini der Länge nach durchschneiden und blanchieren. Die Karotten schälen, in Salzwasser mit etwas Zucker knackig dünsten und der Länge nach durchschneiden. Die Kohlsprossen kernig kochen, gut abfrischen und halbieren. Die Champignons mit Zitronensaft und Öl kurz dämpfen. Die Gemüse gut abtropfen lassen und kalt stellen.

| 2 Stangen Lauch, 300 g kleine Zucchini, 300 g kleine Karotten, Salz, Zucker, 200 g Kohlsprossen, 200 g Champignonköpfe, 2 EL Zitronensaft, 1 EL Olivenöl |
| 200 g grüner Speck |
| Foto Seite 206/207 |

Eine Terrinenform mit Speckscheiben und Lauchstreifen auslegen und mit etwas Farce dünn ausstreichen.

Die Gemüse schichtweise in die Form legen und zwischen jeder Schichte etwas Farce einfüllen.

Die Terrine zwischendurch auf ein nasses Tuch klopfen, damit keine Hohlräume entstehen.

Die Terrine mit Lauchstreifen belegen, die Speckenden einschlagen und mit einer Speckscheibe verschließen.

Im Rohr bei 80 °C Wassertemperatur eine Stunde pochieren. Die Terrine beschweren und erkalten lassen. Stürzen und in Scheiben schneiden.

Bei Bedarf die Terrine mit Aspik glacieren und mit Brokkoli garnieren oder die Tranchen mit einem Joghurtdressing mit Kräutern und Blattsalaten servieren.

Kalbfleischterrine

Für 15 Personen

Aus dem Naturteil zwölf Schnitzel schneiden und auf die Breite der Terrinenform zurechtschneiden.

Für die Farce zirka 300 Gramm Fleischabschnitte mit Salz, Pfeffer, Thymian, Pastetengewürz, Paprika und Cognac marinieren und kalt stellen.

Die Toastscheiben entrinden und mit einem Teil des Obers einweichen.

Das Fleisch durch die feinste Scheibe des Fleischwolfes drehen und mit den eingeweichten Toastscheiben und den Eiern cuttern. Durch ein Haarsieb streichen und auf Eis das restliche, halbfest geschlagene Obers darunterziehen.

Eine Terrinenform mit Klarsichtfolie auslegen.

Die Kalbsschnitzel mit Salz und Pfeffer würzen. Die Form abwechselnd mit Schnitzeln und Farce auffüllen und mit Klarsichtfolie abdecken.

Im Rohr bei 80 °C Wassertemperatur zirka 45 Minuten pochieren. In Eiswasser abkühlen und leicht beschweren.

Die Terrine stürzen, in Scheiben schneiden und mit Vogerlsalat oder Champignonsalat anrichten.

Rezept Hermann Feinwickl

Lachsterrine mit Seezungeneinlage

Für 10 Personen

Die Lachsfilets durch die feinste Scheibe der Faschiermaschine drehen und durch ein Haarsieb streichen. Mit Salz, Pfeffer und Zitronensaft würzen und mit einem Drittel der Obersmenge cuttern. Auf Eis das restliche, halbfest geschlagene Obers darunterziehen und die Farce kalt stellen.

Die Zanderfilets durch die feinste Scheibe der Faschiermaschine drehen und durch ein Haarsieb streichen. Mit Salz, Pfeffer, Zitronensaft und Dill abschmecken und auf Eis das halbfest geschlagene Obers darunterziehen.

Die Seezungenfilets mit der Hautseite nach oben auflegen, mit Salz, Pfeffer und Zitronensaft würzen und mit den Lauchstreifen belegen.

Mit der Zanderfarce dünn bestreichen und die Filets einrollen.

Eine Terrinenform mit Öl befetten und mit Folie auslegen. Die Lachsfarce bis zur Hälfte in die Form füllen, die Seezungenröllchen einsetzen und mit der restlichen Farce bedecken. Mit Folie abdecken und im Rohr bei 80 °C Wassertemperatur zirka 50 Minuten pochieren. Die Terrine beschweren und erkalten lassen, stürzen und in Scheiben schneiden. Mit einer Dillsauce als Vorspeise servieren.

Für diese Terrine können zum Auslegen der Form auch Lasagneblätter verwendet werden.

Rezept Ewald Plachutta

1,5 kg Naturteil (Kalb)

Salz, weißer Pfeffer, 1 KL Thymian,
1 KL Pastetengewürz, 1 KL Paprika,
4 cl Cognac

4 Scheiben Toastbrot, 50 cl Obers

4 Eier

Salz, weißer Pfeffer

---

600 g enthäutete Lachsfilets, Salz,
weißer Pfeffer, Saft von 1 Zitrone,
35 cl Obers

150 g enthäutete Zanderfilets, Salz,
weißer Pfeffer, Zitronensaft,
1 EL gehackter Dill, 10 cl Obers

500 g Seezungenfilets, Salz, weißer
Pfeffer, Saft von ½ Zitrone,
70 g blanchierter Lauch

Öl

Foto Seite 85

Landterrine

Für 10 Personen

Schweinefleisch, Lebern und Speck würfelig schneiden und mit Cognac, Weißwein, Kräutern und Gewürzen marinieren. Die Zwiebeln in Butter anschwitzen, überkühlen lassen und über das Fleisch geben. Mit Folie abdecken und einige Stunden kalt stellen.

Für die Einlage die Kaninchenleber, die Nieren und die Kaninchenfilets sautieren und erkalten lassen. Den Speck würfelig schneiden und blanchieren. Die Pistazien grob hacken. Die Fleisch-Leber-Speck-Mischung mit der Marinade und den Zwiebeln zweimal grob faschieren. Mit dem Ei vermischen und mit Salz abschmecken. Eine ovale Terrinenform mit dem gut gewässerten Schweinsnetz auslegen und die Form kalt stellen.

Die Speckwürfel und die Pistazien unter die Farce mischen und die Hälfte davon in die Form füllen. Kaninchenleber, Nieren, Kaninchenfilets und Zunge einlegen und die restliche Farce darauf verstreichen.

Mit dem überhängenden Schweinsnetz abdecken und im Rohr bei 80 °C Wassertemperatur zirka 60 Minuten pochieren. Die Kerntemperatur der Terrine soll 70 °C erreichen. Die Terrine beschweren und erkalten lassen.

Bei Bedarf mit Madeiraaspik auffüllen oder stürzen und in Tranchen schneiden.

200 g mageres Schweinefleisch, 200 g Schweins- oder Geflügellebern, 150 g grüner Speck, 2 cl Cognac, 2 EL Weißwein, Thymian, Majoran, Basilikum, Pfeffer, Muskat, Piment, Paprikapulver, 2 zerdrückte Knoblauchzehen

50 g gehackte Zwiebeln, 50 g Butter

1 Kaninchenleber, 2 Kaninchennieren, 2 Kaninchenfilets, 2 EL Öl

100 g grüner Speck, 30 g Pistazien

1 Ei, Salz

Schweinsnetz

1 gepökelte, gekochte Schweinszunge

Foto Seite 206/207

Meeresfrüchteterrine

Für 10 Personen

Die Hechtfilets durch die feinste Scheibe der Faschiermaschine drehen, im Cutter mit der Panade vermischen und mit Salz, Pfeffer, Muskat, Zitronensaft und Cognac abschmecken. Auf Eis das Obers nach und nach darunterziehen und die Farce kalt stellen.

Für die Einlage das Lachsfilet in Würfel schneiden (ca. 2 cm) und mit Salz, Pfeffer und Zitronensaft würzen.

Die Jakobsmuscheln je nach Größe halbieren und ebenfalls mit Salz, Pfeffer und Zitronensaft marinieren.

Den Blattspinat en julienne schneiden. Shrimps, Kalmare und Miesmuscheln mit Salz und Zitronensaft marinieren und mit den Lachsfiletstücken, den Jakobsmuscheln und dem Blattspinat unter die Farce heben.

Eine dreieckige Terrinenform mit Butter bestreichen, mit Alufolie auslegen, noch einmal mit Butter bestreichen und die Farce einfüllen.

Mit Folie abdecken und im Rohr bei 80 °C Wassertemperatur zirka eine Stunde pochieren. Die Innentemperatur der Terrine soll 65 °C nicht übersteigen. Die Terrine nach dem Pochieren beschweren und erkalten lassen. Stürzen, aus der Folie wickeln, einen Teil in Scheiben schneiden und das Hauptstück mit gekochten, marinierten Shrimps garnieren.

500 g Hechtfilets, 30 g Weißbrotpanade, Salz, weißer Pfeffer, Muskat, Saft von ½ Zitrone, 2 cl Cognac, 50 cl Obers

100 g Lachsfilet, Salz, weißer Pfeffer, Zitronensaft

50 g Jakobsmuschelfleisch, Salz, weißer Pfeffer, Zitronensaft

20 g blanchierter Blattspinat, 50 g gekochte Shrimps, 50 g gekochte Kalmare, 50 g gekochtes Miesmuschelfleisch, Salz, Zitronensaft

Butter

Foto Seite 206/207

Räucheraalterrine

Für 8 Personen

Die Schalotten würfelig schneiden, in Butter anschwitzen und erkalten lassen.

Das Weißbrot entrinden, würfelig schneiden und mit dem Obers übergießen.

Das Hechtfilet in Streifen schneiden und mit den Schalotten und dem eingeweichten Weißbrot faschieren. Durch ein Haarsieb streichen und das Eiklar dazugeben. Mit Salz, Pfeffer und Pernod abschmecken und auf Eis das geschlagene Obers darunterziehen.

Eine Terrinenform befetten, mit Alufolie auslegen, und die Folie befetten. Die Form mit einem Drittel der Farce gleichmäßig ausstreichen. Das zweite Drittel der Farce mit den Gemüsewürfeln und dem Dill vermischen und einen Teil davon in die Form streichen.

Den Räucheraal filetieren. Die Räucheraalfilets in die Mitte einlegen, mit Gemüsefarce bedecken und die restliche Hechtfarce darauf verstreichen.

Mit Alufolie abdecken und im Rohr bei 90 °C Wassertemperatur zirka 40 Minuten pochieren. Die Terrine leicht pressen, erkalten lassen, stürzen und in Scheiben schneiden.

Rezept Kurt Sablatnig

2 Schalotten, 20 g Butter

80 g Weißbrot, 25 cl Obers

400 g Hechtfilet, 1 Eiklar, Salz, weißer Pfeffer, 2 cl Pernod, 25 cl Obers

Butter

100 g Gemüsewürfel (Karotten, Sellerie), 1 KL gehackter Dill

800 g Räucheraal

Rehbockterrine mit Gänsestopfleber

Für 15 Personen

25 cl Rotwein, 10 cl Cognac,
10 cl Portwein, 10 cl Madeira,
10 cl Sherry, 8 Lorbeerblätter,
Thymian, Rosmarin,
1 Knoblauchzehe, Salz, Pfeffer

600 g Rehfleisch, 100 g Kalbfleisch,
400 g fettes Schweinefleisch,
100 g Geflügellebern,
100 g Gänselebern

25 cl Crème fraîche, 2 Eier,
15 cl Obers

250 g Rehfilet, 4 EL Öl

100 g Gänsestopfleber, 50 g Trüffeln,
50 g grüner Speck, 20 g Pistazien

200 g grüner Speck

Rotwein, Cognac, Portwein, Madeira, Sherry, Lorbeerblätter, Thymian, Rosmarin, zerdrückte Knoblauchzehe, Salz und Pfeffer vermischen. Das Fleisch und die Lebern parieren, würfelig schneiden und in der Marinade 24 Stunden ziehen lassen.

Fleisch und Lebern zweimal durch die feinste Scheibe der Faschiermaschine drehen und cuttern. Crème fraîche und Eier dazugeben und auf Eis das halbfest geschlagene Obers darunterziehen.

Das Rehfilet würfelig schneiden, in Öl anbraten und erkalten lassen. Gänsestopfleber, Trüffeln und Speck würfelig schneiden und mit den Pistazien und dem Rehfilet unter die Farce mischen.

Eine Terrinenform mit Speckscheiben auslegen und die Farce einfüllen. Die Speckenden einschlagen und mit einer Speckscheibe abdecken.

Im Rohr bei 80 °C Wassertemperatur zirka 90 Minuten pochieren. Die Innentemperatur soll 65 °C nicht übersteigen.

Die Terrine nach dem Pochieren beschweren und erkalten lassen.

Die Terrine in Scheiben schneiden und mit Sauce Cumberland und Toast als Vorspeise servieren.

Terrine vom jungen Weidelamm

Für 8 Personen

2 Schalotten, 30 g Butter

400 g Lammfleisch (Schulter,
Schlegel), 300 g Schweinefleisch
(Schulter)

60 g Schwarzbrotbrösel, 1 Eiklar,
12 cl Obers

Salz, Pfeffer, 2 zerdrückte
Wacholderbeeren, Thymian,
Knoblauch, Rosmarin, 1 EL grüne
Pfefferkörner

200 g grüner Speck

Die Schalotten hacken, in Butter anschwitzen und erkalten lassen. Das Lammfleisch und das Schweinefleisch parieren und würfelig schneiden. Fleisch und Schalotten getrennt faschieren und kalt stellen.

Die Schwarzbrotbrösel mit dem Eiklar und dem Obers vermischen.

Auf Eis Lammfleisch und Schweinefleisch vermengen. Die Schwarzbrotbröselmischung und die Schalotten dazugeben und mit Salz, Pfeffer, Wacholder, Thymian, Knoblauch und Rosmarin würzen.

Die Pfefferkörner unter die Farce mischen und kalt stellen.

Eine Terrinenform mit Speckscheiben auslegen und die Farce einfüllen. Die Speckenden einschlagen und mit einer Speckscheibe abdecken.

Im Rohr bei 80 °C Wassertemperatur 55 bis 60 Minuten pochieren. Die Terrine leicht beschweren, erkalten lassen und in Scheiben schneiden.

Rezept Friedrich Schöber

Terrine vom Perlhuhn mit Kalbsbries und Baummorcheln

Für 15 Personen

450 g Perlhuhnfleisch

80 g entrindetes Weißbrot, 1 Eiklar,
25 cl Obers, 4 cl Cognac, Salz,
weißer Pfeffer, Basilikum, Rosmarin

50 cl Obers

Salz, weißer Pfeffer, 4 EL Öl

200 g Gänsestopfleber, Salz,
1 KL Zucker, 2 cl Cognac

200 g Kalbsbries, Bouquet garni,
Salz, Pfeffer

30 g getrocknete Baummorcheln

200 g grüner Speck

Foto Seite 206/207

Das Perlhuhnfleisch enthäuten und ein Drittel davon für die Einlage reservieren.

Das restliche Fleisch und das Weißbrot in kleine Würfel schneiden. Mit Eiklar, Obers, Cognac, Salz, Pfeffer, Basilikum und Rosmarin vermischen und zirka eine Stunde kalt stellen.

Das Ganze zweimal durch die feinste Scheibe der Faschiermaschine drehen und durch ein Haarsieb streichen. Auf Eis das halbfest geschlagene Obers darunterziehen und die Farce kalt stellen.

Für die Einlage das Perlhuhnfleisch mit Salz und Pfeffer würzen, in Öl rasch anbraten und erkalten lassen.

Die Gänseleber parieren, würfelig schneiden und mit Salz, Zucker und Cognac marinieren.

Das gut gewässerte Kalbsbries in einem Fond aus Wasser, Bouquet garni, Salz und Pfeffer blanchieren und erkalten lassen. In Stücke teilen und von den Häuten befreien.

Die Baummorcheln in Wasser einweichen.

Das gebratene Perlhuhnfleisch, die Gänseleber, das Kalbsbries und die Baummorcheln vorsichtig unter die Farce mischen.

(→ Seite 209)

Pasteten *Geflügelleberpastete, Lammpastete, Jungschweinspastete mit Lammrückenfilet, Rehpastete, Gänseleber in Brioche, Kräuterpastete mit Lachsschinken und Bries*

Terrinen und Parfaits

Meeresfrüchteterrine, Terrine von Steinbutt, Hummer und Lachs, Wildtaubenterrine, Terrine von der Gänsestopfleber, Landterrine, Terrine vom Perlhuhn mit Kalbsbries und Baummorcheln, Forellenterrine, Gemüseterrine, Lachsparfait

Galantinen *Gefüllter Schweinsfuß – Zampone, Forellengalantine, Hühnergalantine, Wildentengalantine, Wildentengalantine mit Chaud-froid-Sauce, Gefüllter Gänsehals*

Eine Terrinenform mit Speckscheiben auslegen, die Farce einfüllen und die Speckenden einschlagen. Mit einer Speckscheibe abdecken und im Rohr bei 80 °C Wassertemperatur zirka eine Stunde pochieren. Die Innentemperatur soll 65 °C nicht übersteigen.

Die Terrine nach dem Pochieren beschweren und erkalten lassen.

Einen Teil davon in Tranchen schneiden, das Hauptstück mit Aspik glacieren und mit frischen Feigen, Datteln und Pistazien dekorieren.

Terrine von der Gänsestopfleber

Für 10 Personen

Die Gänsestopfleber vorsichtig parieren und in nußgroße Stücke brechen. Mit Salz, Zucker, Pfeffer und Armagnac marinieren und zwölf Stunden kalt stellen.

Zirka 100 Gramm Gänseleber durch ein Haarsieb streichen und mit der übrigen Lebermenge vermischen.

Eine Terrinenform mit Speckscheiben auslegen. Die marinierte Gänseleber einschichten und fest andrücken. Die Speckenden einschlagen und mit einer Speckscheibe abdecken. Die Terrine im Rohr bei 80 °C Wassertemperatur zirka eine Stunde pochieren. Nach dem Pochieren beschweren und erkalten lassen. Das ausgetretene und erkaltete Fett bildet eine ideale Schutzschicht für die Terrine.

Die Terrine stürzen, in Scheiben schneiden und mit Portweingelee oder Birnengelee und schwarzen Trüffeln als Vorspeise servieren.

Anstelle von Speckscheiben kann zum Auskleiden der Terrinenform auch eine befettete Folie verwendet werden.

Die Gänsestopfleber kann auch in ein Tuch gewickelt und über Dampf gegart oder in eine Folie gerollt und pochiert werden.

800 g Gänsestopfleber, 1 KL Salz, 1 KL Zucker, weißer Pfeffer, 2 cl Armagnac

200 g grüner Speck

Foto Seite 206/207

Terrine von Steinbutt, Hummer und Lachs

Für 15 Personen

Die Steinbuttfilets durch die feinste Scheibe der Faschiermaschine drehen, im Cutter mit der Panade vermischen und mit Salz, Pfeffer, Muskat, Cayennepfeffer, Zitronensaft und Cognac abschmecken. Auf Eis das halbfest geschlagene Obers darunterziehen und die Farce kalt stellen.

Das Lachsfilet mit Salz, Pfeffer und Zitronensaft würzen.

Das Steinbuttfilet mit Salz und Zitronensaft marinieren und in die blanchierten Spinatblätter wickeln.

Eine Terrinenform mit Butter bestreichen und mit Folie auslegen. Ein Drittel der Farce einfüllen und die Farce an den Formenwänden zirka zwei Zentimeter dick bis an den oberen Rand hochziehen.

Das Lachsfilet, die Hummerstücke und das Steinbuttfilet einlegen und die Zwischenräume mit Farce verstreichen. Die restliche Farce darauf verteilen und mit Folie abdecken.

Im Rohr bei 80 °C Wassertemperatur zirka 90 Minuten pochieren. Die Terrine beschweren und erkalten lassen. Stürzen, die Folie entfernen und in Scheiben schneiden. Mit Keta-Kaviar servieren.

Anstelle von Steinbutt, Lachs und Hummer können auch Trüffeln, Garnelen und Lachsforelle für die Einlage verwendet werden.

600 g Steinbuttfilets, 70 g Weißbrotpanade, Salz, weißer Pfeffer, Muskat, Cayennepfeffer, Saft von ½ Zitrone, 4 cl Cognac, 80 cl Obers

300 g Lachsfilet, Salz, weißer Pfeffer, Zitronensaft

200 g Steinbuttfilet, Salz, Zitronensaft, 60 g blanchierter Blattspinat

Butter

250 g blanchierte Hummerstücke

Foto Seite 206/207

Wildtaubenterrine

Für 10 Personen

Die Tauben ausnehmen, zerlegen und die Knochen auslösen.

Die Taubenbrüstchen mit Salz und Pfeffer würzen, in Öl anbraten und erkalten lassen.

Die Gänsestopfleber mit Salz, Pfeffer und Cognac marinieren.

Die Schalotten in Butter anschwitzen, die Petersilie dazugeben und mit dem würfelig geschnittenen Apfel dünsten.

4 Wildtauben, à 400 g, Salz, Pfeffer, 2 EL Öl

300 g Gänsestopfleber, Salz, weißer Pfeffer, 4 cl Cognac

50 g gehackte Schalotten,
30 g Butter, 3 EL gehackte Petersilie,
1 Apfel

200 g Hühnerfleisch, 2 Eier, Saft von
1 Zitrone, 6 cl Portwein, 4 cl Cognac,
Salz, weißer Pfeffer, Pastetengewürz,
25 cl Obers

40 g Champignons, 30 g Trüffeln,
80 g Pökelzunge, 50 g Pistazien

200 g grüner Speck

Foto Seite 206/207

Das ausgelöste Taubenfleisch und das Hühnerfleisch zweimal durch die feinste Scheibe der Faschiermaschine drehen. Im Cutter mit Eiern, Zitronensaft, Portwein und Cognac vermischen und mit Salz, Pfeffer und Pastetengewürz abschmecken. Bei Bedarf durch ein Sieb passieren und auf Eis das Obers nach und nach darunterziehen.

Die Champignons blanchieren und würfelig schneiden. Trüffeln und Pökelzunge ebenfalls würfelig schneiden und mit den Champignons und den Pistazien unter die Farce mischen. Eine Terrinenform mit Speckscheiben auslegen und einen Teil der Farce einfüllen. Die gebratenen Taubenbrüste und die Gänseleber einlegen und die restliche Farce darauf verteilen. Die Speckenden einschlagen und mit einer Speckscheibe abdecken.

Im Rohr bei 80 °C Wassertemperatur 50 Minuten pochieren. Die Terrine beschweren und erkalten lassen. Das ausgetretene Fett entfernen und eventuell mit Portweingelee auffüllen.

Galantinen

Charakteristisch für die Galantine ist ihre Hülle von Fleisch oder Fisch. Die Galantine war ursprünglich ein farciertes Geflügel, dessen Form möglichst naturgetreu erhalten werden sollte. Es wurde nur so weit von den Knochen befreit, daß es beim Anrichten leicht aufgeschnitten werden konnte. Für festliche Anlässe wählt man auch heute noch diese Art der Zubereitung.

Rationeller ist die Herstellung der Galantine als **Rollpastete.** Geflügel-, Wild- oder Schlachtfleisch vollständig von den Knochen befreien. Die Farce darauf verteilen, mit den Einlagen belegen und einrollen. Die Rollpastete in eine hitzebeständige Folie oder ein Tuch wickeln. In ein Tuch gewickelte größere Stücke mit einem Faden umwickeln und an den Enden zusammenbinden. Die Rollpastete in einem zum Grundbestandteil passenden Fond pochieren. Im Fond erkalten lassen, auswickeln, in eine frische Serviette einrollen, leicht pressen und zum Erkalten in den Kühlschrank stellen.

Der Fond kann für die Zubereitung von Aspik oder einer Chaud-froid-Sauce verwendet werden.

Die Galantine wird mit Aspik glaciert oder mit einer Chaud-froid-Sauce überzogen und in Scheiben geschnitten.

Für Kalte Platten wird oft nur ein Teil der Galantine aufgeschnitten, das restliche Stück wird mit Chaud-froid-Sauce überzogen, dekoriert und als Schaustück verwendet.

Forellengalantine

50 g Schalotten, 40 g Butter

40 g entrindetes Weißbrot

300 g enthäutete Forellenfilets,
2 Eiklar, 5 EL Obers, Salz,
weißer Pfeffer, Muskat, Senfpulver,
20 cl Obers

100 g Stockschwammerl,
100 g Champignons, 40 g Butter,
Salz, Pfeffer

3 EL gehackte Kräuter (Basilikum,
Petersilie, Zitronenmelisse)

40 g dünne Trüffelscheiben

Für 10 Personen

Die Schalotten in Scheiben schneiden, in Butter anschwitzen und überkühlen lassen. Das Weißbrot in dünne Scheiben schneiden.

Die Forellenfilets in Streifen schneiden und auf ein Blech legen. Weißbrot und Schalotten darauf verteilen und mit Eiklar und Obers übergießen. Mit Salz, Pfeffer, Muskat und Senfpulver würzen, mit Folie abdecken und kalt stellen.

Das Ganze zweimal durch die feinste Scheibe der Faschiermaschine drehen und durch ein Haarsieb streichen. Auf Eis das geschlagene Obers darunterziehen.

Stockschwammerl und Champignons in Scheiben schneiden, in Butter kurz dünsten und mit Salz und Pfeffer würzen.

Einen Teil der Farce mit den Pilzen und den Kräutern vermischen.

Die Trüffelscheiben nebeneinander auf eine Alufolie legen und die Pilzfarce aufdressieren. Mit der Folie einrollen, die Enden gut verschließen und zehn Minuten pochieren.

Die Forellenfilets in Klarsichtfolie einhüllen und plattieren. Mit Salz und Zitronensaft würzen und mit der Hautseite nach unten auf eine Alufolie legen. Mit Dill bestreuen und die restliche Farce darauf verteilen.

Die erkaltete Pilzrolle aus der Folie wickeln und auf die Farce legen. Die Filets mit der Folie einrollen und die Enden gut verschließen.

Im Fischfond bei 70 °C Wassertemperatur 20 bis 30 Minuten pochieren. Im Fond auskühlen lassen, in eine neue Folie fest einrollen und kalt stellen.

Die Forellengalantine in Scheiben schneiden und mit Blattsalaten und Dillsauce als Vorspeise servieren.

Anstelle der Pilze können auch mit Cognac marinierte Krebse für die Einlage verwendet werden.

10 Forellenfilets, à 80 g, Salz, Saft von 1 Zitrone, 2 EL gehackter Dill

Fischfond (siehe Seite 279)

Foto Seite 208

Galantine vom Schweinslungenbraten

Für 10 Personen

Den Schweinslungenbraten parieren, der Länge nach einschneiden und auseinanderklappen. Mit Hilfe einer Folie vorsichtig plattieren und mit Salz, Pfeffer und zerdrücktem Knoblauch würzen.

Schweinefleisch und Hühnerfleisch fein faschieren und das Obers eincuttern. Die Farce durch ein Haarsieb streichen, mit Salz und Pfeffer würzen und das Paprikabrunoise und die würfelig geschnittenen Trüffeln daruntermischen.

Die blanchierten Lauchblätter auf den Schweinslungenbraten legen, mit der Farce bestreichen und einrollen.

In eine mit Öl bestrichene Folie straff eindrehen und 20 bis 25 Minuten bei zirka 80 °C Wassertemperatur im Fond pochieren. Aus dem Fond nehmen, auswickeln, in eine neue Folie fest einwickeln und im Fond erkalten lassen.

Die erkaltete Galantine in Tranchen schneiden und bei Bedarf mit Aspik glacieren.

Als Vorspeise kann die Galantine mit mariniertem Gemüse angerichtet werden.

Rezept Ewald Plachutta

800 g Schweinslungenbraten, Salz, weißer Pfeffer, 1 Knoblauchzehe

100 g fettes Schweinefleisch, 50 g Hühnerfleisch, 8 cl Obers, Salz, weißer Pfeffer, 80 g Brunoise von gelben, grünen und roten Paprika, 40 g Trüffeln

100 g blanchierte Lauchblätter

Öl, heller Kalbsfond (siehe Seite 279)

Foto Seite 85

Gefüllte Kaninchenkeule

Für 8 Personen

Die Kaninchenkeulen hohl auslösen und mit Salz, Pfeffer und Cognac marinieren.

Kaninchenfleisch, Schweinefleisch und Speck in grobe Stücke schneiden, mit Salz, Pfeffer, Piment, Thymian, Liebstöckel, Rosmarin und Lorbeer würzen und zugedeckt kühl stellen.

Für die Einlage die Champignons kleinwürfelig schneiden, mit Zitronensaft beträufeln und kurz blanchieren.

Die Leber in Öl sautieren, überkühlen und kleinwürfelig schneiden. Das gewürzte Fleisch faschieren und im Cutter mit Ei und Obers vermischen. Den Speck ebenfalls faschieren und kurz mitcuttern.

Champignons, Leber und Pfefferkörner unter die Farce mengen und die Kaninchenkeulen damit füllen. Die Keulen in eine hitzebeständige Folie wickeln oder in ein Tuch hüllen und binden. Im Kaninchenfond 20 Minuten bei zirka 80 °C Wassertemperatur pochieren. Die Keulen aus dem Fond nehmen, auswickeln, in eine neue Folie fest einwickeln und im Fond erkalten lassen.

Die erkalteten Galantinen in Scheiben schneiden.

Als Vorspeise kann diese Galantine mit mariniertem Frühlingsgemüse und einer Sauce aus Crème fraîche, Zitronensaft, Salz, Pfeffer und Kren, die mit Kaninchenfond auf die gewünschte Konsistenz gebracht wird, serviert werden.

4 Kaninchenkeulen, Salz, weißer Pfeffer, 2 cl Cognac

150 g Kaninchenfleisch, 150 g mageres Schweinefleisch, 150 g grüner Speck, Salz, weißer Pfeffer, Piment, Thymian, Liebstöckel, Rosmarin, Lorbeer

100 g Champignons, 1 EL Zitronensaft, 1 Kaninchenleber, 2 EL Öl

1 Ei, 6 cl Obers

1 KL grüne Pfefferkörner, 1 KL rosa Pfefferkörner

heller Kaninchenfond (siehe Seite 279)

Foto Seite 162

Gefüllter Gänsehals

Für 12 Personen

500 g mageres Schweinefleisch,
200 g Gänsefleisch, 350 g grüner
Speck, 50 g entrindetes Weißbrot,
10 cl heller Geflügelfond (siehe
Seite 279), 50 g gehackte Zwiebeln,
50 g Butter, Salz, Pfeffer, Paprika,
Muskat, Thymian, Majoran,
Liebstöckel, Beifuß,
2 Knoblauchzehen

4 Gänsehälse

200 g Gänseleber, 3 EL Öl,
4 cl Madeira, Salz, Pfeffer

50 g Maiskörner, 50 g Erbsen,
50 g grüne und rote Paprikawürfel,
150 g Würfel von grünem Speck

200 g Schinkenwürfel

heller Geflügelfond (siehe Seite 279)

Foto Seite 208

Schweinefleisch, Gänsefleisch und Speck in große Würfel schneiden und auf ein Blech legen. Das Weißbrot in Scheiben schneiden, auf dem Fleisch verteilen und mit dem Geflügelfond übergießen.

Die Zwiebeln in Butter kurz dünsten, überkühlen lassen und über das Fleisch geben. Mit Salz, Pfeffer, Paprika, Muskat, Thymian, Majoran, Liebstöckel, Beifuß und zerdrückten Knoblauchzehen würzen, mit Folie abdecken und kalt stellen.

Die Haut von den Gänsehälsen abziehen, ohne sie dabei aufzuschneiden, und an einem Ende zusammennähen.

Für die Einlage die Gänseleber in Öl kurz sautieren, mit Madeira ablöschen und mit Salz und Pfeffer würzen. Die überkühlte Gänseleber in kleine Würfel schneiden. Den Fond für die Farce reservieren.

Maiskörner, Erbsen, Paprikawürfel und Speckwürfel getrennt blanchieren.

Das Fleisch mit dem Weißbrot zweimal durch die feinste Scheibe der Faschiermaschine drehen, den Speck separat faschieren. Im Cutter die Fleischmasse mit dem Gänseleberfond vermischen und den Speck einarbeiten.

Gänseleberwürfel, blanchierte Einlagen und Schinkenwürfel unter die Farce mischen. Die Gänsehälse damit fest füllen und zusammennähen. Damit die Gänsehälse eine goldbraune Farbe bekommen, läßt man sie einige Stunden warm räuchern.

Anschließend noch zirka 30 Minuten bei 80°C Wassertemperatur im Geflügelfond pochieren und im Fond erkalten lassen.

Den Gänsehals in Scheiben schneiden und mit Weißkrautsalat mit Äpfeln als Vorspeise servieren. Auf diese Weise lassen sich auch Truthahnhälse füllen.

Gefüllter Kaninchenrücken

Für 8 Personen

2 Kaninchenrücken

150 g Kaninchenfleisch,
150 g mageres Schweinefleisch,
150 g grüner Speck, Salz, weißer
Pfeffer, Piment, Thymian, Liebstöckel,
Rosmarin, Lorbeer

4 Kaninchennieren,
2 Kaninchenlebern, 4 EL Öl

1 Ei, 6 cl Obers

20 g Trüffelwürfel,
100 g Schinkenwürfel

Butter

50 cl heller Kaninchenfond (siehe
Seite 279)

8 Blätter Gelatine

Foto Seite 162

Die Kaninchenrücken auslösen, der Länge nach einschneiden und auseinanderklappen. In Klarsichtfolie einhüllen und vorsichtig plattieren.

Aus den Knochen und Parüren einen Jus herstellen, entfetten und reduzieren lassen.

Kaninchenfleisch, Schweinefleisch und Speck in grobe Stücke schneiden, mit Salz, Pfeffer, Piment, Thymian, Liebstöckel, Rosmarin und Lorbeer würzen und zugedeckt kühl stellen. Für die Einlage die Nieren und die Lebern in Öl kurz sautieren und überkühlen lassen. Die Nieren der Länge nach halbieren und die Lebern kleinwürfelig schneiden.

Das gewürzte Fleisch faschieren und im Cutter mit Ei und Obers vermischen. Den Speck ebenfalls faschieren und kurz mitcuttern.

Trüffel-, Schinken- und Leberwürfel unter die Farce mischen. Mit einem Spritzsack einen Streifen Farce auf die Rückenfilets auftragen, die Nieren in der Mitte eindrücken und die Filets zusammenklappen. In eine mit Butter bestrichene Folie wickeln, zu einer Rolle formen und binden. Im Kaninchenfond 15 Minuten bei zirka 80°C Wassertemperatur pochieren. Aus dem Fond nehmen, auswickeln, in eine neue Folie fest einwickeln und im Fond erkalten lassen.

Die Gelatine im Kaninchenfond auflösen und mit dem Kaninchenjus vermischen. Die Galantine auf einem Glaciergitter mit dem Kaninchengelee überziehen, gut kühlen und in Scheiben schneiden.

Als Vorspeise wird die Galantine mit marinierten Blattsalaten, Avocadoscheiben und sautierten Eierschwammerln angerichtet.

Gefüllter Schweinsfuß – Zampone

Für 10 Personen

1 vordere Schweinsstelze, Salz,
Pfeffer

Die Schweinsstelze blanchieren, putzen und die feinen Haare absengen. Die Stelze so auslösen, daß die Schwarte nicht verletzt wird, und den Fußknochen in der Stelze belassen. Diese Hülle einige Stunden wässern. Mit Salz und Pfeffer würzen.

Schweinefleisch und Speck in große Würfel schneiden. Mit Salz, Pökelsalz, zerdrückten Knoblauchzehen, Wacholderbeeren, gehacktem Basilikum, Rosmarin, Thymian, Muskatblüte, Paprika und Sherry marinieren und einige Stunden gekühlt ziehen lassen.
Fleisch und Speck zweimal durch die feinste Scheibe der Faschiermaschine drehen. Im Cutter mit dem Eiklar vermischen, auf Eis das halbfest geschlagene Obers darunterziehen und die Farce kalt stellen.
Den Speck würfelig schneiden und blanchieren. Den Schinken in große und die Trüffeln in kleine Würfel schneiden. Speck, Schinken, Trüffeln und Pistazien unter die Farce mischen und die Stelze damit lückenlos, aber nicht zu fest füllen.
Die Stelze zusammennähen und einen Tag bei 40 bis 50 °C warm räuchern. Die Haut mit einer Nadel mehrmals anstechen, damit sie beim Garen nicht reißt.
Den Schweinsfuß in ein nasses Tuch hüllen und binden.
In einem Fond mit Karotten, Sellerie, Zwiebeln, Weißwein, Salz und Bouquet garni zirka zwei Stunden bei 80 °C Wassertemperatur pochieren und im Fond erkalten lassen.

500 g mageres Schweinefleisch, 100 g grüner Speck, 10 g Salz, 5 g Pökelsalz, 2 Knoblauchzehen, zerdrückte Wacholderbeeren, Basilikum, Rosmarin, Thymian, Muskatblüte, Paprika, 10 cl Sherry
1 Eiklar, 12 cl Obers
80 g grüner Speck, 80 g Schinken, 20 g Trüffeln, 20 g Pistazien
50 g Karotten, 50 g Sellerie, 50 g Zwiebeln, 12 cl Weißwein, Salz, Bouquet garni
Foto Seite 208

Gefülltes Zanderfilet

Für 10 Personen
Den Zander filetieren, entgräten und enthäuten.
Die Zanderabschnitte durch die feinste Scheibe der Faschiermaschine drehen und durch ein Haarsieb passieren. Mit Salz, Pfeffer und Muskat abschmecken, mit Eiklar und Dill vermischen und das halbfest geschlagene Obers darunterziehen.
Die Zanderfilets auf eine befettete Alufolie legen und mit Salz, Pfeffer und Zitronensaft würzen. Mit der Farce gleichmäßig bestreichen und die Filets mit der Folie einschlagen. Im Fischfond bei 80 °C Wassertemperatur zirka 10 Minuten pochieren und erkalten lassen. Die Folie entfernen und die Galantine in Scheiben schneiden.
Mit mariniertem Eichblattsalat, Räucherlachsrosen, Krevetten und Limettenspalten anrichten.
Rezept Eduard Mitsche

1 Zander mit 1,5 kg
Salz, weißer Pfeffer, Muskat, 1 Eiklar, 2 EL gehackter Dill, 25 cl Obers
Butter
Salz, weißer Pfeffer, Saft von 1 Zitrone
Fischfond (siehe Seite 279)
Foto Seite 252

Hühnergalantine

Für 10 Personen
Die Poularde ausnehmen und die Haut längs dem Rücken nach beiden Seiten vorsichtig lösen, sodaß das Fleisch an der Haut bleibt und das Gerippe mit den Schenkel- und Flügelknochen freigelegt wird. Das Schenkelfleisch und zum Teil auch das Brustfleisch vom übrigen Fleisch lösen, sodaß die Haut gleichmäßig mit einer dünnen Fleischschicht überzogen bleibt.
Die Schalotten in Butter anschwitzen und überkühlen lassen. Schalotten, Schweinefleisch, Kalbfleisch und 100 Gramm gelöstes Schenkelfleisch faschieren und im Cutter mit Eiern und Obers vermengen. Den Speck ebenfalls faschieren und kurz mitcuttern.
Für die Einlage 100 Gramm gelöste Poulardenbrust würfelig schneiden. Die Pistazien hacken und Zunge, Schinken, Trüffeln und Paprika würfelig schneiden. Brustfleisch, Pistazien, Zunge, Schinken und Trüffeln mit Cognac und Madeira marinieren und unter die Farce mischen.
Das Schweinsfilet mit Salz und Pfeffer würzen. In Öl kurz anbraten und erkalten lassen. Das Filet in Speckscheiben einwickeln.
Die Farce auf die ausgebreitete Geflügelhaut streichen, das Filet darauf legen, einrollen, wurstähnlich formen und beide Hautseiten zusammennähen.
Die Galantine in Folie straff einwickeln, in ein Tuch hüllen und binden. Im Geflügelfond 60 Minuten bei zirka 80 °C Wassertemperatur pochieren. Im Fond überkühlen lassen, auswickeln, in eine neue Folie einwickeln, leicht pressen und erkalten lassen.
Einen Teil der Galantine in Tranchen schneiden. Das Hauptstück und die Tranchen nach Bedarf mit Aspik oder Chaud-froid-Sauce überziehen und mit Trüffeln garnieren.
Zur Zubereitung der Chaud-froid-Sauce den Geflügelfond verwenden, in dem die Galantine pochiert wurde.

1 Poularde mit 1,5 kg
60 g Schalotten, 30 g Butter, 200 g Schweinefleisch, 300 g Kalbfleisch, 2 Eier, 20 cl Obers, 500 g grüner Speck
50 g Pistazien, 60 g Pökelzunge, 60 g Schinken, 50 g Trüffeln, 50 g rote Paprika, 50 g gelbe Paprika, 3 cl Cognac, 3 cl Madeira
200 g Schweinsfilet, Salz, Pfeffer, Öl, 50 g grüner Speck
heller Geflügelfond (siehe Seite 279)
Aspik (siehe Seite 281), weiße Chaud-froid-Sauce (siehe Seite 283), Trüffeln
Foto Seite 208

Pochierte Lachsforellenfilets mit Hechtfarce

800 g Lachsforellenfilets, Salz, weißer
Pfeffer aus der Mühle, Saft von
1 Zitrone, Butter

300 g Hechtfilets, Salz, weißer Pfeffer,
Zitronensaft, 1 EL gehackter Dill,
1 Eiklar, 25 cl Obers

Fischfond (siehe Seite 279)

Foto Seite 252

Für 10 Personen

Die Lachsforellenfilets mit Salz, Pfeffer und Zitronensaft würzen und auf eine befettete Alufolie legen.

Die Hechtfilets durch die feinste Scheibe der Faschiermaschine drehen und durch ein Haarsieb streichen. Mit Salz, Pfeffer, Zitronensaft und Dill abschmecken und das Eiklar dazugeben. Auf Eis das halbfest geschlagene Obers darunterziehen.

Die Lachsforellenfilets mit der Hechtfarce bestreichen und in die Alufolie einschlagen.

Im Fischfond bei 80°C Wassertemperatur zirka 20 Minuten pochieren und erkalten lassen.

Die Folie entfernen, die Galantine in Tranchen schneiden und mit Keta-Kaviar und Blattsalaten anrichten.

Rezept Eduard Mitsche

Gefüllte Seezungenröllchen

12 Seezungenfilets, à 70 g, Salz,
weißer Pfeffer, Saft von ½ Zitrone

200 g Steinbuttfilets, Salz,
Zitronensaft, 1 Eiklar, 20 cl Obers

3 EL gehackter Dill

50 g Tomates concassées

Fischfond (siehe Seite 279)

Foto Seite 252

Für 10 Personen

Die Seezungenfilets plattieren, mit Salz, Pfeffer und Zitronensaft würzen und auf eine befettete Alufolie legen.

Die Steinbuttfilets zweimal durch die feinste Scheibe der Faschiermaschine drehen und durch ein Haarsieb streichen. Mit Salz und Zitronensaft würzen und das Eiklar dazugeben. Auf Eis das halbfest geschlagene Obers darunterziehen.

Die Hälfte der Farce mit dem gehackten Dill vermischen. Unter die restliche Farce die feingehackten Tomates concassées mischen.

Die Seezungenfilets mit den Farcen bestreichen, mit der Folie einrollen und zu einer Rolle formen.

Im Fischfond bei 80°C Wassertemperatur zirka zehn Minuten pochieren und erkalten lassen.

Die Galantine in Scheiben schneiden und mit Tomaten, Chicorée und pochierten Wachteleiern anrichten.

Rezept Eduard Mitsche

Seezungenröllchen mit Lachs und Kerbel

200 g Zanderfilets, 15 cl Obers,
20 g passierter Spinat, Salz, weißer
Pfeffer, 1 EL gehackter Kerbel

100 g Lachsfilet, Salz, Zitronensaft

800 g Seezungenfilets, Salz, Saft von
1 Zitrone, 100 g gekochte
Lauchstücke

Öl

Foto Seite 85

Für 10 Personen

Die Zanderfilets faschieren und mit einem Drittel der Obersmenge cuttern. Den passierten Spinat dazugeben und mit Salz, Pfeffer und Kerbel würzen. Auf Eis das restliche Obers einrühren und die Farce kalt stellen.

Das Lachsfilet mit Salz und Zitronensaft würzen.

Die Seezungenfilets mit Salz und Zitronensaft marinieren, mit der Hautseite nach oben auflegen und mit der Farce bestreichen. Mit den Lauchstücken gleichmäßig belegen und das Lachsfilet in die Mitte legen.

Die Seezungenfilets einrollen, auf eine mit Öl bestrichene Folie legen und straff eindrehen. Die Galantine fünf bis acht Minuten bei zirka 80°C Wassertemperatur pochieren und erkalten lassen. Auswickeln, in eine neue Folie wickeln und kalt stellen.

Die Galantine aus der Folie nehmen, in Scheiben schneiden und bei Bedarf glacieren.

Als Vorspeise können die Seezungenröllchen auf marinierten Gurkenscheiben serviert werden.

Rezept Ewald Plachutta

Wildentengalantine

1 Wildente mit 1,5 kg, Salz, Pfeffer,
Majoran

Für 8 Personen

Die Wildente ausnehmen und die Haut längs dem Rücken nach beiden Seiten vorsichtig lösen, sodaß das Fleisch an der Haut bleibt und das Gerippe freigelegt wird. Das Brustfleisch gleichmäßig auf der Haut verteilen und mit Salz, Pfeffer und Majoran würzen. Das gelöste Schenkelfleisch für die Farce reservieren.

Die Schalotten in Butter anschwitzen und die Äpfel und die Petersilie kurz dünsten. Das Ganze mit dem Schenkelfleisch und dem Schweinefleisch zweimal durch die feinste Scheibe der Faschiermaschine drehen und im Cutter mit dem Ei vermischen. Orangen- und Zitronensaft, Portwein und Cognac dazugeben und mit Salz, Pfeffer und Pastetengewürz würzen. Die Farce durch ein Haarsieb streichen. Auf Eis das Obers nach und nach einarbeiten. Trüffeln und Pökelzunge würfelig schneiden und mit den gehackten Pistazien unter die Farce mischen.

Die Entenhaut auf ein feuchtes Tuch legen und mit einem Teil der Farce bestreichen.

Die Entenlebern mit Salz und Pfeffer würzen. Die Oliven halbieren. Die Karotten blanchieren und in Streifen schneiden. Entenlebern, Oliven, Karotten und Pfefferkörner auf der Farce verteilen und die restliche Farce darauf verstreichen. Das Ganze einrollen und die Enden zusammennähen.

Die Galantine in Folie straff einwickeln, in ein Tuch hüllen und binden. Im Geflügelfond eine Stunde bei zirka 80 °C Wassertemperatur pochieren und überkühlen lassen. Auswickeln, in eine neue Folie einwickeln, fest pressen und erkalten lassen. Die Galantine nach Bedarf mit Chaud-froid-Sauce oder Entenaspik überziehen.

Für die Herstellung des Geflügelfonds die Entenknochen verwenden.

40 g gehackte Schalotten, 20 g Butter, 30 g würfelig geschnittene Äpfel, 1 EL gehackte Petersilie
200 g Schweinsschlegel, 1 Ei, Saft von ½ Orange, Saft von ½ Zitrone, 5 cl Portwein, 3 cl Cognac, Salz, Pfeffer, 1 KL Pastetengewürz, 20 cl Obers
20 g schwarze Trüffeln, 60 g Pökelzunge, 40 g Pistazien
3 Entenlebern, Salz, Pfeffer, 8 entkernte Oliven, 2 Karotten, grüne Pfefferkörner
heller Geflügelfond (siehe Seite 279)
Foto Seite 208

Mousses

Das Wort Mousse kommt aus dem Französischen und bedeutet übersetzt „Schaum". Die Erklärung für die Wortwahl ist relativ einfach.

Die Mousse ist ein besonders feines und leichtes Püree aus gegartem Material, wie zum Beispiel Schinken, Geflügel, Geflügelleber, Wild, Fisch, Krustentieren oder Gemüse, und wird in der Regel mit Velouté, Béchamel oder reduziertem Fond, Obers und Aspik oder Gelee vermischt und gesulzt. Bei manchen Rezepten für Mousses wird das Püree nur mit Obers und Gelatine zubereitet.

Wegen ihrer cremig-schaumigen Konsistenz wird die Mousse auch als **Schaumbrot** bezeichnet. Von der gut gekühlten Mousse werden die Portionen nockerlartig mit einem Löffel ausgestochen. Mousses können auch in einer tiefen Schüssel präsentiert werden, wo sie mit passendem Aspik bedeckt und harmonisch dekoriert werden.

In kleinen Formen hergestellte Mousses bezeichnet man als **Mousselines.** Diese kleinen Schaumbrote werden meist oval geformt oder ausgestochen oder in kleine Porzellantöpfchen oder Mürbteigschiffchen gefüllt, entsprechend dekoriert und glaciert. Portionsweise werden die Mousses auch in chemisierte und dekorierte kleine Formen gefüllt und gut gekühlt auf Tellern serviert.

Für Kalte Buffets werden Mousses in große, chemisierte und dekorierte Formen gefüllt, gestürzt und als Mittelpunkt von Kalten Platten in Kombination mit Fleisch-, Fisch- oder Eiergerichten angerichtet.

Weiters werden Schaumbrote zum Füllen von Karkassen und verschiedenen Unterlagen für Vorspeisen und Garnituren verwendet.

Avocadomousse

Für 8 Personen

Die Avocados der Länge nach halbieren und die Kerne entfernen. Das Fruchtfleisch herauslösen und passieren. Mit Zitronensaft, Cognac und Pfefferkörnern abschmecken und mit der aufgelösten Gelatine binden. Das halbfest geschlagene Obers darunterziehen und kalt stellen. Die Mousse als Vorspeise mit Flußkrebsen anrichten.

8 Avocados (800 g Fruchtfleisch)
Saft von 2 Zitronen, 4 cl Cognac, 1 EL grüne Pfefferkörner, 8 Blätter Gelatine, 50 cl Obers

Forellenmousse

Für 8 Personen

5 Schalotten, 20 g Butter

500 g pochierte Forellenfilets,
10 cl Fischvelouté, 100 g Butter,
4 Blätter Gelatine, Salz, weißer Pfeffer,
1 EL gehackter Dill, Saft von
1 Zitrone, 2 cl Pernod, 12 cl Obers

Die Schalotten hacken, in Butter anschwitzen und überkühlen lassen. Die Forellenfilets enthäuten und entgräten, mit den Schalotten und der Velouté durch die feinste Scheibe der Faschiermaschine drehen und cuttern.

Die schaumig gerührte Butter und die aufgelöste Gelatine dazugeben und mit Salz, Pfeffer, Dill, Zitronensaft und Pernod abschmecken. Das Obers halbfest schlagen und darunterziehen.

Die Mousse in kleine Förmchen füllen und kalt stellen.

Die Förmchen stürzen und die Mousse mit Keta-Kaviar und Spargel als Vorspeise servieren. Anstelle von pochierten Forellenfilets können auch geräucherte Forellenfilets oder Lachsfilets für die Mousse verwendet werden.

Geflügellebermousse

Für 8 Personen

2 Schalotten, 50 g Butter,
500 g Hühnerlebern

4 cl Cognac, Salz, Pfeffer, Piment,
Thymian, Bohnenkraut, Oregano

20 cl Geflügelvelouté, 25 cl Obers

Die Schalotten fein hacken und in Butter anschwitzen. Die Lebern dazugeben und sautieren. Mit Cognac ablöschen und flambieren. Die Lebern mit Salz, Pfeffer, Piment, Thymian, Bohnenkraut und Oregano würzen und überkühlen lassen.

Die lauwarme Masse cuttern und die Velouté dazugeben. Das halbfest geschlagene Obers darunterziehen und die Mousse kalt stellen.

Die Geflügellebermousse kann auf Artischockenböden dressiert und mit Spargelspitzen als Vorspeise serviert werden.

Anstelle von Hühnerlebern können auch Lebern von Enten und Gänsen verwendet werden.

Lachsmousse

Für 10 Personen

500 g pochierter Lachs

20 cl Fischvelouté, Salz,
Cayennepfeffer, Saft von 1 Zitrone,
20 cl Aspik (siehe Seite 281),
25 cl Obers

Die Lachsfilets durch die feinste Scheibe der Faschiermaschine drehen, im Cutter mit der Velouté vermischen und mit Salz, Cayennepfeffer und Zitronensaft abschmecken. Mit dem Aspik vermischen und das halbfest geschlagene Obers darunterziehen.

Die Mousse in eine chemisierte Dachrinnenform füllen, gut kühlen und in Scheiben schneiden.

Die Mousse mit Keta-Kaviar und Räucherlachsrosen als Vorspeise servieren.

Die Mousse eignet sich auch sehr gut zum Füllen von gekochten, halbierten Eiern.

Mousse von geräuchertem Bachsaibling

Für 10 Personen

Fischaspik (siehe Seite 282)

500 g geräucherte Saiblingsfilets,
Salz, weißer Pfeffer, 6 cl Weißwein,
Saft von 1 Zitrone, 10 Blätter Gelatine,
50 cl Obers

70 g blanchierter Blattspinat

Foto Seite 179

Eine Terrinenform mit Fischaspik, zirka einen halben Zentimeter dick, chemisieren und kalt stellen.

Zwei Drittel der Saiblingsfilets zweimal durch die feinste Scheibe der Faschiermaschine drehen und durch ein Haarsieb streichen. Mit Salz, Pfeffer, Weißwein und Zitronensaft abschmecken und die aufgelöste Gelatine dazugeben. Das Obers halbfest schlagen und darunterziehen.

Die restlichen Saiblingsfilets in blanchierte Spinatblätter wickeln. Die Hälfte der Mousse in die chemisierte Terrinenform füllen, die Saiblingsfilets einlegen und mit der restlichen Mousse bedecken.

Zirka fünf Stunden gut kühlen. Zum Stürzen die Form in heißes Wasser tauchen und die Mousse in Tranchen schneiden.

Die Mousse mit Wiesenkräutersalaten als Vorspeise servieren.

Anstelle von Saiblingsfilets können auch geräucherte Forellenfilets für die Mousse verwendet werden.

Räucherlachsmousse mit Brokkoli

Für 10 Personen

Räucherlachs und Lachsfilet durch die feinste Scheibe der Faschiermaschine drehen, im Mixer oder Cutter mit dem Obers vermischen und mit Salz, Pfeffer, Zitronensaft und Kren abschmecken. Durch ein Haarsieb streichen, die aufgelöste Gelatine dazugeben und auf Eis das halbfest geschlagene Obers darunterziehen.

Fischfond mit Obers vermischen und die aufgelöste Gelatine dazugeben. Eine Dachrinnenform damit chemisieren und kalt stellen.

Die Gurke in dünne Scheiben schneiden.

Kurz vor dem Stocken der Chaud-froid-Sauce die Gurkenscheiben dachziegelartig in die Sauce einlegen und kalt stellen.

Den Räucherlachs in Scheiben schneiden und die chemisierte Form damit auslegen. Die Hälfte der Mousse einfüllen und die Brokkoliröschen in einer Reihe einlegen. Mit der restlichen Mousse bedecken und einige Stunden gut kühlen.

Die Mousse stürzen, in Scheiben schneiden und mit mariniertem Gemüse, Salaten oder Keta-Kaviar servieren.

Rezept Ewald Plachutta

250 g Räucherlachs, 150 g Lachsfilet, 25 cl Obers, Salz, weißer Pfeffer, Zitronensaft, geriebener Kren, 12 Blätter Gelatine, 18 cl Obers

12 cl Fischfond (siehe Seite 279), 6 cl Obers, 5 Blätter Gelatine

1 ungeschälte Gurke

250 g Räucherlachs

150 g gekochte Brokkoliröschen

Foto Seite 85

Schinkenmousse

Für 8 Personen

Den Schinken durch die feinste Scheibe der Faschiermaschine drehen und cuttern. Die Kalbsvelouté dazugeben und mit Cognac, Salz und Pfeffer würzen. Die aufgelöste Gelatine einarbeiten und das halbfest geschlagene Obers darunterziehen.

Die Mousse in Glasschüsseln füllen und kalt stellen.

Die Mousse in Blätterteigpolster füllen oder mit einem Spritzsack auf Teller dressieren und als Vorspeise servieren.

Anstelle von gekochtem Schinken kann auch gekochter Räucherschinken für die Mousse verwendet werden.

500 g gekochter Schinken, 20 cl Kalbsvelouté, 4 cl Cognac, Salz, weißer Pfeffer, 4 Blätter Gelatine, 20 cl Obers

Selleriemousse

Für 10 Personen

Den Sellerie schälen, in Stücke schneiden, kurz blanchieren und weich dünsten.

Die erkalteten Selleriestücke im Mixer oder Cutter mit der Velouté vermischen und mit Salz, Pfeffer und Zitronensaft würzen. Durch ein Haarsieb streichen, mit dem Aspik vermischen und das halbfest geschlagene Obers darunterziehen.

Die Mousse in Glasschüsseln füllen und gut kühlen.

Die Mousse kann auf Artischockenböden dressiert und mit Hummermedaillons als Vorspeise serviert werden.

Anstelle von Sellerie können auch rote Paprika für die Mousse verwendet werden.

500 g Sellerie

20 cl Kalbsvelouté, Salz, weißer Pfeffer, Saft von 1 Zitrone, 20 cl Aspik (siehe Seite 281), 25 cl Obers

Spargelmousse

Für 10 Personen

Den Spargel schälen, in Salzwasser mit Butter und Zucker weich kochen und erkalten lassen.

Den Spargel zweimal durch die feinste Scheibe der Faschiermaschine drehen und durch ein Haarsieb streichen. Mit Salz, Zucker und Zitronensaft würzen und mit der aufgelösten Gelatine vermischen. Das halbfest geschlagene Obers darunterziehen und kalt stellen.

Eine Terrinenform mit Klarsichtfolie auslegen, die Mousse einfüllen und vier bis fünf Stunden kalt stellen.

Mit Räucherlachs, ausgelösten Garnelen, Blattsalaten oder Spargelspitzen anrichten.

1 kg weißer Spargel, Salz, Butter, Zucker

Salz, Zucker, Saft von 2 Zitronen, 10 Blätter Gelatine, 75 cl Obers

Foto Seite 179

Wildentenmousse

Für 10 Personen

Die Ente in Öl rosa braten, erkalten lassen und das Fleisch von den Knochen lösen.

Die Entenlebern in kleine Stücke schneiden, im Schweinefett sautieren und mit Salz, Pfeffer, Thymian und Lorbeer würzen.

Das Entenfleisch und die Lebern durch die feinste Scheibe der Faschiermaschine drehen und cuttern.

Cognac, Armagnac und Bratensaft dazugeben und mit Salz, Pfeffer, Cayennepfeffer und Muskat würzen. Gut cuttern und das halbfest geschlagene Obers darunterziehen.

Die Mousse in eine Glasschüssel füllen und 24 Stunden kalt stellen.

Aus der Mousse Nockerln ausstechen und mit würfelig geschnittenem Birnengelee und halbierten Erdbeeren als Vorspeise servieren.

Anstelle von Wildenten können natürlich auch gezüchtete Enten für die Mousse verwendet werden.

1 Wildente mit 1 kg, Öl

400 g Entenlebern, 2 EL Schweinefett, Salz, Pfeffer, Thymian, Lorbeer

2 cl Cognac, 2 cl Armagnac, Salz, Pfeffer, Cayennepfeffer, Muskat, 50 cl Obers

Foto Seite 179

Parfaits

Das Parfait ist noch feiner und zarter als die Mousse. Wegen seiner besonders leichten Konsistenz wurde es von der „Nouvelle Cuisine" wiederentdeckt.

Die ideale Basis für diese hochwertigen Produkte bilden vor allem Gänseleber, aber auch Hühnerleber, Edelfische, Krustentiere, Geflügel und Gemüse.

Parfaits können unterschiedlich zubereitet werden.

Je nach Grundbestandteil wird die Farce mit Eiern gebunden, mit Obers oder Butter aufgezogen und im Wasserbad im Rohr pochiert.

Parfaits werden aber auch aus feinen Pürees hergestellt, die mit Obers zu einer lockeren Masse verarbeitet und mit Gelatine gesulzt werden.

Eine Ausnahme bildet das Gänseleberparfait. Die Lebern werden pariert, getrüffelt, mariniert und gewürzt, in eine mit Speckscheiben ausgelegte Form gepreßt und wie eine Terrine pochiert.

Zum Pochieren von Parfaits werden runde, halbrunde oder eckige Formen mit Folie ausgekleidet.

Die erkalteten Parfaits entweder mit einem Löffel ausstechen oder stürzen und naturbelassen oder mit passendem Aspik glaciert, in Scheiben schneiden.

Auf kaltem Wege hergestellte Parfaits können in chemisierte Formen eingesetzt werden. Erkaltet werden sie gestürzt und in Scheiben geschnitten.

Gänseleberparfait

Für 10 Personen

Die Gänsestopfleber parieren und in kleine Stücke brechen. Mit Salz, Zucker, Pfeffer und Armagnac marinieren und sechs Stunden ziehen lassen. Die Leberstücke durch ein Haarsieb streichen.

Eine Terrinenform mit Speckscheiben auslegen, die Lebermasse einfüllen und gut andrücken. Die Speckscheiben einschlagen und mit dem Deckel der Terrine verschließen.

Im Rohr bei 80 °C Wassertemperatur zirka eine Stunde pochieren und überkühlen lassen.

Das Parfait beschweren und erkalten lassen.

Das ausgetretene, erstarrte Fett entfernen und mit Portweingelee auffüllen.

Das Parfait nach Erkalten des Gelees stürzen und in Scheiben schneiden.

In das Parfait können auch ganze, marinierte Gänseleberstücke eingelegt werden.

600 g Gänsestopfleber, Salz, Zucker, Pfeffer, Armagnac

200 g grüner Speck

Portweingelee (siehe Madeiragelee, Seite 283)

Geflügelleberparfait

Für 10 Personen

Die Geflügellebern parieren und mit Weißwein, Madeira und Cognac marinieren.
Die Schalotten in Butter anschwitzen und überkühlen lassen.
Die Geflügellebern mit der Marinade durch die feinste Scheibe der Faschiermaschine drehen.
Mit Salz, Pfeffer, Majoran und Salbei würzen und Eier, Schalotten und Butter nach und nach eincuttern.
Die Farce durch ein Haarsieb streichen und kalt stellen.
Eine Terrinenform mit Alufolie und Speckscheiben auslegen. Die Farce einfüllen, die Speckscheiben einschlagen und mit Alufolie abdecken.
Im Rohr bei 80 °C Wassertemperatur zirka 100 Minuten pochieren. Das Parfait beschweren, erkalten lassen, stürzen und in Scheiben schneiden.
Für dieses Parfait eignen sich auch Truthahn- oder Kaninchenlebern.
Die Tranchen sollen rasch serviert werden, da sich die Schnittflächen schnell verfärben.

600 g Geflügellebern, 2 EL Weißwein, 2 cl Madeira, 2 cl Cognac

60 g gehackte Schalotten, 600 g Butter

Salz, Pfeffer, Majoran, Salbei, 3 Eier

200 g grüner Speck

Geflügelleberparfait mit Lebereinlage

Für 10 Personen

Die Geflügelleber parieren und faschieren. Mit Pastetengewürz, Cognac und Portwein abschmecken und mit den Eiern vermischen.
Zwiebeln und Knoblauch in der geklärten Butter anschwitzen, abseihen und überkühlen lassen. Die Lebermasse mixen oder cuttern und die lauwarme, geklärte Butter langsam dazugeben. Die Rosinen mit Cognac marinieren und unter die Farce mischen.
Eine Dachrinnenform mit dünnen Speckscheiben auslegen und die Hälfte der Farce einfüllen. Die Geflügellebern einlegen und mit der restlichen Farce bedecken. Die Speckenden einschlagen und mit Alufolie abdecken. Das Parfait im Rohr bei 80 °C Wassertemperatur zirka eine Stunde pochieren. In der Form auskühlen lassen und einen Tag im Kühlschrank kühlen. Das Parfait stürzen und in Scheiben schneiden.

500 g Geflügellebern, 15 g Pastetengewürz, 2 cl Cognac, 4 cl Portwein, 2 Eier

50 g gehackte Zwiebeln, 1 zerdrückte Knoblauchzehe, 500 g geklärte Butter, 100 g Rosinen, 4 cl Cognac

200 g grüner Speck

250 g Geflügellebern

Forellenparfait

Für 10 Personen

Die Forellenfilets mit einem Teil des Obers mixen oder faschieren und mit Weißwein, Salz, Pfeffer, Zitronensaft und Muskat abschmecken. Das restliche Obers halbfest schlagen, nach und nach dazugeben und die Farce kalt stellen.
Den Spinat blanchieren und passieren. Mit 200 Gramm Farce vermischen und die Masse mit einem Dressiersack ohne Tülle wie Kroketten auf eine Alufolie dressieren. Die Folie einrollen und die Enden zusammendrehen. Zehn Minuten pochieren und kalt stellen.
Eine Dachrinnenform mit Klarsichtfolie auslegen und die Hälfte der Farce einfüllen. Die pochierten Farcerollen aus der Folie wickeln und in die Form legen. Die restliche Farce einfüllen, gut verstreichen und mit Folie abdecken. Das Parfait im Rohr bei 80 °C Wassertemperatur zirka 30 Minuten pochieren.
Aus der Form nehmen, die Folie entfernen und in Scheiben schneiden. Bei Bedarf mit Aspik überziehen.

500 g Forellenfilets

75 cl Obers, 10 cl Weißwein, auf 4 cl reduziert, Salz, Pfeffer, Saft von 1 Zitrone, Muskat

50 g Blattspinat

Lachsparfait

Für 10 Personen

Das Lachsfilet in große Stücke schneiden, mit Salz, Pfeffer und Cayennepfeffer würzen und kalt stellen.
Die Forellenfilets in Stücke schneiden, mit Salz, Pfeffer und Zitronensaft marinieren und kalt stellen.
Für die Einlage das Lachsfilet kleinwürfelig schneiden und mit Salz, Pfeffer und Zitronensaft würzen.

300 g Lachsfilet, Salz, weißer Pfeffer, Cayennepfeffer

150 g Forellenfilets, Salz, weißer Pfeffer, 1 EL Zitronensaft

150 g Lachsfilet, Salz, weißer Pfeffer, 1 EL Zitronensaft

30 cl Obers, 50 g Eiklar

15 cl Obers, 20 g Eiklar

Butter

Foto Seite 206/207

Für die Lachsfarce den Lachs durch die feinste Scheibe der Faschiermaschine drehen und mit der Hälfte des Obers und dem Eiklar mixen oder cuttern. Die Masse durch ein Haarsieb streichen und auf Eis das restliche, geschlagene Obers darunterziehen.

Aus den marinierten Forellenstücken mit Obers und Eiklar auf dieselbe Art eine Farce herstellen und die Lachswürfel daruntermischen.

Die Farce mit einem Dressiersack auf eine befettete Alufolie dressieren, mit der Folie einrollen und die Enden gut verschließen.

Zehn Minuten pochieren und in einer passenden halbrunden Form erkalten lassen.

Eine Dachrinnenform mit Butter bestreichen und mit Klarsichtfolie auslegen. Einen Teil der Lachsfarce mit einem Dressiersack in die Form dressieren, anklopfen und glattstreichen. In die Mitte das von der Folie befreite Forellenparfait legen und die restliche Lachsfarce verstreichen. Mit Folie abdecken und mit dem Deckel die Form verschließen.

Das Parfait bei 80 °C Wassertemperatur 30 bis 40 Minuten pochieren und überkühlen lassen. Leicht pressen und erkalten lassen.

Das Parfait stürzen, von der Folie befreien und in Scheiben schneiden.

Sulzen

Sulzen sind kräftige, gelierende Fonds mit Fleisch-, Fisch- oder Gemüseeinlagen.

Grundsätzlich wird für eine Sulze der Hauptbestandteil mit den dazu harmonierenden Zutaten unter dem Siedepunkt gegart. Die Sulze darf nicht kochen, da sie sonst trüb wird und die Gallertstoffe sich nicht aus dem Hauptbestandteil herauslösen.

Der entstandene Fond wird entfettet, nach Bedarf geklärt, mit den Einlagen vermischt, in Formen gegossen oder in Wursthüllen gefüllt und gesulzt. Für Vorspeisen werden Sulzen auch portionsweise hergestellt.

Als Sulzgerichte werden aber auch in chemisierte Formen schichtweise in Aspik oder Gelee eingelegte gegarte Lebensmittel wie Hirn, Bries, Fisch, Gänseleber, Schweinskoteletts oder Huhn bezeichnet.

Zum Stürzen der Sulze die Form in heißes Wasser tauchen. Die Sulze in Scheiben schneiden und mit einer Marinade oder Salaten anrichten.

Entenbrustsulze

Für 10 Personen

80 g Karotten, 80 g Sellerie, 80 g Zucchini

20 Blätter Gelatine, 2 cl Madeira, 2 cl Noilly Prat, 1 l heller Entenfond (siehe Seite 279)

200 g Steinpilze, 40 g Butter

3 Barberie-Enten-Brüste, Öl

Die geputzten Karotten, Sellerie und Zucchini blanchieren und würfelig schneiden.

Die Gelatine in Madeira und Noilly Prat auflösen und in den lauwarmen Entenfond einrühren.

Eine Terrinenform mit Klarsichtfolie auslegen und den gelierenden Entenfond zirka zwei Zentimeter hoch einfüllen.

Die Hälfte der Gemüsewürfel einlegen und gut kühlen.

Die Steinpilze putzen, in Scheiben schneiden und in Butter kurz dünsten. Die Pilze auf dem festen Gelee verteilen, mit etwas Fond bedecken und kalt stellen.

Die Entenbrüste in Öl rosa braten und überkühlen lassen. In die Form einlegen, mit Fond bedecken und kühlen.

Die restlichen Gemüsewürfel darauf verteilen, mit Fond auffüllen und kalt stellen.

Die Sulze stürzen, in Scheiben schneiden und mit marinierten Gemüsen und Trüffelvinaigrette servieren.

Gemüsesulze mit Austernpilzen

Für 10 Personen

Die Gemüse putzen, in Stücke schneiden und knackig kochen. Die Karotten in Streifen schneiden und kurz blanchieren. Den Lauch im ganzen kochen.

Die Austernpilze mit Salz, Pfeffer und Zitronensaft würzen, in Butter sautieren und erkalten lassen.

In der lauwarmen Rindsbouillon die eingeweichte Gelatine auflösen und mit Salz, Pfeffer und Zitronensaft abschmecken.

Eine Terrinenform mit den Lauchblättern und den Karottenstreifen so auslegen, daß die Blätter über den Terrinenrand hängen.

Die Gemüse und die Austernpilze schichtweise in die Form geben und mit der Bouillon übergießen. Die Karottenstreifen und die Lauchblätter einschlagen und die Sulze kalt stellen.

Die Sulze stürzen, in Scheiben schneiden und mit einer Vinaigrette servieren.

Rezept Eduard Mitsche

250 g Karfiol, 250 g Lauch, 250 g Karotten, 150 g Fisolen, 2 Karotten, 1 Lauch

250 g Austernpilze, Salz, Pfeffer, Zitronensaft, Butter

50 cl Rindsbouillon, 15 Blätter Gelatine, Salz, Pfeffer, Saft von ½ Zitrone

Foto Seite 252

Gemüsesulze

Für 6 Personen

Die Gemüse knackig kochen, abschrecken und in kleine Stücke schneiden. Die aufgelöste Gelatine in den Gemüsefond einrühren und die Gemüse daruntermischen. In Förmchen füllen und kalt stellen.

Die Sulze stürzen und mit einer einfachen Salatmarinade servieren.

100 g Karotten, 100 g Karfiol, 100 g Erbsen, 50 g Kohlrabi, 50 g Kohlblätter

6 Blätter Gelatine, 25 cl Gemüsefond (siehe Seite 280)

Foto Seite 122

Gemüsesulze mit Wachteleiern

Für 10 Personen

Die Gemüse und die Paprika würfelig schneiden.

Den Geflügelfond mit Sherryessig, Salz und Pfeffer abschmecken. Die aufgelöste Gelatine einrühren und die Gemüse dazugeben. Eine dreieckige Terrinenform mit den blanchierten Lauchblättern auslegen. Die Hälfte der Sulze einfüllen, abstocken lassen, die Wachteleier in die Mitte setzen und mit der restlichen Gemüsesulze auffüllen. Mit Lauchblättern verschließen und gut kühlen.

Die Sulze in Scheiben schneiden und mit einer Marinade mit Sherryessig und Schalotten servieren.

Anstelle von Wachteleiern kann auch Kalbshirn oder Bries eingelegt werden.

Mit Blattsalaten oder Gemüsesalaten servieren.

Die Gemüsesulze kann auch mit Kürbiskernöl beträufelt werden.

Rezept Ewald Plachutta

700 g gekochte Gemüse (Karotten, gelbe Rüben, Zucchini, Sellerie), 50 g rote Paprika

50 cl heller Geflügelfond (siehe Seite 279), 4 EL Sherryessig, Salz, weißer Pfeffer, 24 Blätter Gelatine

150 g blanchierter Lauch

12 gekochte Wachteleier

Foto Seite 85

Gesulzter Gemüsesalat mit Schnittlauch

Für 6 Personen

Die Gemüse grob teilen, abtropfen und erkalten lassen.

Den Gemüsefond auf 25 Zentiliter reduzieren lassen und die aufgelöste Gelatine einrühren. Mit den Gemüsen vermischen und mit Selleriesalz, Pfeffer, Zitronensaft und Essig abschmecken.

Das Ganze in leicht gelierendem Zustand vermischen und mit Schnittlauch auf Tellern anrichten.

600 g gekochte Gemüse (Karotten, Zucchini, Erbsen, Brokkoli, Radieschen, Erbsenschoten, Spargel, Karfiol, Champignons, Eierschwammerln)

50 cl Gemüsefond (siehe Seite 280), 6 Blätter Gelatine, Selleriesalz, weißer Pfeffer, Saft von ½ Zitrone, 2 EL Estragonessig

Schnittlauch

Foto Seite 180

Haxerlsulze

Für 6 Personen

Die Stelzen gut waschen und mit so viel Wasser zustellen, daß alles gut bedeckt ist. Mit Essig und Salz abschmecken und zum Kochen bringen.

Zwiebel, Karotte, Petersilie, Zitronenschale, Bouquet garni und Gewürze dazugeben und unter öfterem Abschäumen köcheln lassen.

Das Fleisch auskühlen lassen, entbeinen und würfelig schneiden. Karotte und Petersilie ebenfalls würfelig schneiden.

Fleisch und Gemüse in eine Terrinenform geben.

Den Fond auf einen halben Liter reduzieren lassen, entfetten, abseihen und die aufgelöste Gelatine einrühren. Den Fond über Fleisch und Gemüse gießen und alles gut durchrühren.

Die Sulze kalt stellen und stocken lassen.

In Scheiben schneiden, mit Zwiebelringen und Vogerlsalat garnieren und mit einer einfachen Salatmarinade servieren.

2 kg Schweinsstelzen mit Haxen und Schwarten, Essig, Salz, 1 große Zwiebel, 1 große Karotte, 1 Petersilwurzel, Schale von ¼ Zitrone, Bouquet garni, 8 Pfefferkörner, 4 Neugewürzkörner

5 Blätter Gelatine

Foto Seite 180

Kaninchensulze

Für 6 Personen

Das Kaninchenfleisch mit Bouquet garni, Karotten, Salz und Pfeffer weich kochen und überkühlen lassen. Das Fleisch von den Knochen lösen und mit den Karotten in kleine Würfel schneiden.

Den Fond auf einen halben Liter reduzieren lassen, abseihen und die aufgelöste Gelatine einrühren. Mit dem Fleisch und den Karotten vermischen, in einen Wurstdarm füllen und erstarren lassen.

Die Sulze in Scheiben schneiden, mit Petersilie und Tomatenrosen garnieren und mit einer Gemüsevinaigrette servieren.

400 g Kaninchenschulter mit Bauchlappen, Bouquet garni, 80 g Karotten, Salz, weißer Pfeffer

14 Blätter Gelatine

Foto Seite 122

Krabbensulze

Für 6 Personen

Das Krabbenfleisch mit Zitronensaft und Sherry marinieren.

Die Oliven entkernen und brunoise schneiden. Das Ei würfelig schneiden. Mit dem Paprika und Sellerie unter die Krabben mischen. Mit Salz und Pfeffer abschmecken. Das Obers schlagen, die aufgelöste Gelatine einrühren und darunterheben. In eine mit Öl bestrichene Ringform füllen und zirka drei Stunden kalt stellen.

Die Sulze stürzen, in Scheiben schneiden und auf marinierten Salatblättern anrichten.

Rezept Gerd Hartwig

350 g gekochte, ausgelöste Krabben, 2 EL Zitronensaft, 1 EL Sherry

5 grüne Oliven, 1 gekochtes Ei, 2 EL brunoise geschnittene Paprika, 50 g brunoise geschnittener Stangensellerie, Salz, weißer Pfeffer, 25 cl Obers, 4 bis 5 Blätter Gelatine

Lammsulze

Für 6 Personen

Das Lammfleisch würfelig schneiden und in der Bouillon kurz köcheln lassen. Das geputzte Wurzelgemüse, die mit Nelken gespickte Zwiebel und die Gewürze dazugeben und mitkochen.

Den Fond entfetten und überkühlen lassen.

Die Zucchini in Stäbchen schneiden. Die Champignons putzen, vierteln und mit den Zucchini in etwas Fond dünsten. Die Erbsen kurz blanchieren.

Lammfleisch, Gemüse, Tomates concassées, Petersilie und Kresse mit dem Fond vermischen und die aufgelöste Gelatine dazugeben.

Die Sulze in eine Form füllen und kalt stellen.

Die Form stürzen, die Sulze in Scheiben schneiden und als Vorspeise mit Korianderdressing servieren.

400 g Lammfleisch (Schulter, Hals, Haxerl), 50 cl fettfreie Bouillon, 150 g Wurzelgemüse (Karotten, Sellerie, Petersilie), 2 Nelken, 1 Zwiebel, 1 Lorbeerblatt, Salz, 1 Knoblauchzehe, Rosmarin

50 g Zucchini, 50 g Champignons, 50 g Erbsen

50 g Tomates concassées, 1 EL gehackte Petersilie, 1 EL gehackte Kresse, 10 Blätter Gelatine

Lauchsulze

Für 10 Personen

Ein Viertel des Lauchs in Salzwasser blanchieren und in Eiswasser abschrecken. Den restlichen Lauch in Scheiben schneiden und mit einem Teil der Bouillon weich dünsten.
Die Karotten kochen und der Länge nach in dünne Scheiben schneiden. Den gedünsteten Lauch im Mixer pürieren und durch ein Haarsieb streichen. Mit der restlichen Bouillon vermischen, mit Salz, Pfeffer und Weißwein abschmecken und die aufgelöste Gelatine einrühren.
Eine Terrinenform mit befetteter Alufolie und blanchierten Lauchblättern auslegen. Etwas Lauchpüree einfüllen und die Form mit Karottenstreifen auslegen.
Lauchstücke und Lauchpüree abwechselnd in die Form schichten und mit Karottenstreifen, etwas Lauchpüree und Lauchstreifen abdecken.
Gut durchkühlen lassen, stürzen und in Scheiben schneiden.
Die Sulze mit Olivenöl bepinseln und mit einer Vinaigrette mit Radieschen servieren.

1 kg Lauch, Salz, 50 cl Bouillon
200 g Karotten
Salz, weißer Pfeffer, 12 cl Weißwein, 10 Blätter Gelatine
Butter
Foto Seite 162

Mosaik von der Lachsforelle

Für 10 Personen

Das Gemüsebrunoise kurz blanchieren, abschrecken und abtropfen lassen.
Die Lachsforellenfilets in Streifen schneiden (1 cm dick, 20 cm lang), in der Court-bouillon pochieren und kalt stellen.
Fischfond und Gemüsefond vermischen, mit Noilly Prat, Zitronensaft, Salz und Pfeffer abschmecken und die aufgelöste Gelatine dazugeben.
Lachsforellenstreifen, Gemüsebrunoise und Dillspitzen in eine Terrinenform schichten und mit dem gelierenden Fond aufgießen.
Die Sulze erkalten lassen, stürzen und in Scheiben schneiden.
Mit Vogerlsalat und Walnußöldressing anrichten. Die Terrinenform kann auch mit blanchierten Spinatblättern ausgelegt werden.
Rezept Eduard Mitsche

500 g Gemüsebrunoise (Karotten, Zucchini, Sellerie)
500 g Lachsforellenfilets, 50 cl Court-bouillon (siehe Seite 279), 25 cl Gemüsefond (siehe Seite 280)
2 cl Noilly Prat, Saft von 1 Zitrone, Salz, weißer Pfeffer, 15 Blätter Gelatine
Dillspitzen
Foto Seite 252

Nagelrochenflossen in Joghurtsulze

Für 10 Personen

Die Nagelrochenflossen mit Weißwein und Dill marinieren und einige Stunden ziehen lassen. In der Court-bouillon weich dünsten und erkalten lassen.
Joghurt und Crème fraîche vermischen, die aufgelöste Gelatine einrühren und mit Salz und Zitronensaft abschmecken. Den Felchenkaviar dazugeben und das Ganze abwechselnd mit den Nagelrochenflossen in eine Terrinenform füllen. Zirka acht Stunden gut kühlen.
Die Sulze stürzen, in Scheiben schneiden und mit Blattsalaten anrichten.
Anstelle von Nagelrochenflossen können auch Rheinanken- oder Forellenfilets für die Sulze verwendet werden.

1 kg enthäutete Nagelrochenflossen, 25 cl trockener Weißwein, 1 KL gehackter Dill
50 cl Court-bouillon (siehe Seite 279)
400 g Joghurt, 300 g Crème fraîche, 10 Blätter Gelatine, Salz, Saft von 1 Zitrone, 20 g Felchenkaviar

Räucheraalsulze

Für 6 Personen

Das Fischaspik mit Wermut vermischen und eine Timbaleform einen halben Zentimeter mit Aspik chemisieren.
Den Räucheraal von Kopf und Haut befreien, filetieren und alle Gräten entfernen.
Die Oliven in Scheiben und die Paprika in Streifen schneiden. Die chemisierte Form abwechselnd mit Olivenscheiben, Paprikastreifen und den Aalfilets auslegen.
Das restliche Aalfleisch, die Kapern und die Perlzwiebeln klein schneiden und mit Kren und Zitronensaft vermischen. Diesen Salat in die Form füllen und mit dem restlichen Fischaspik auffüllen. Die Sulze gut kühlen, stürzen und in Scheiben schneiden.
Anstelle von Räucheraal werden auch gerne Räucherforellen und Schillerlocken verwendet.

50 cl Fischaspik (siehe Seite 282), 4 cl Wermut
1 Räucheraal mit 1 kg
6 schwarze Oliven, 200 g blanchierte rote Paprika
40 g Kapern, 30 g Perlzwiebeln, 20 g geriebener Kren, Saft von ½ Zitrone

Schwammerlsulze mit Rehfilets

Für 15 Personen

650 g Pilze (Eierschwammerln, Steinpilze, Reizker)

50 cl Bouillon, 20 Blätter Gelatine, Salz, Pfeffer, 1 EL gehackter Kerbel, 1 EL gehackte Petersilie

50 g Blattspinat, Salz

500 g parierte Rehfilets, Salz, Pfeffer, Olivenöl

Die geputzten und gewaschenen Pilze mit etwas Wasser weich dämpfen. Den Fond abseihen und mit der Bouillon und der aufgelösten Gelatine vermischen. Mit Salz und Pfeffer abschmecken und die Pilze mit den gehackten Kräutern beigeben.

Die Spinatblätter in Salzwasser kurz blanchieren und trocken tupfen. Die Blätter durch das flüssige Pilzgelee ziehen und eine Terrinenform damit auslegen.

Die Form für einige Minuten in den Kühlschrank stellen, damit die Geleeschicht mit den Blättern fest werden kann.

Die Rehfilets mit Salz und Pfeffer würzen und in Olivenöl von allen Seiten rasch anbraten. Im Rohr rosa braten und kalt stellen.

Einen Teil des Pilzgelees in die Terrine füllen. Nach dem Erstarren die Rehfilets einlegen und diesen Vorgang so oft wiederholen, bis die Terrine gefüllt ist. Mit den restlichen blanchierten Spinatblättern, abdecken und kalt stellen.

Die Form in heißes Wasser tauchen und stürzen. Die Sulze in einen Zentimeter dicke Scheiben schneiden und mit Vinaigrette und Vogerlsalat anrichten.

Sulze von gepökelter Rindszunge

Für 10 Personen

1,5 kg gepökelte Rindszunge

75 cl heller Geflügelfond (siehe Seite 279), 20 Blätter Gelatine, 25 cl Madeira, Salz

Foto Seite 122

Die Zunge in siedendem Wasser garen. In kaltem Wasser abschrecken und die Haut abziehen.

In den lauwarmen Hühnerfond die aufgelöste Gelatine einrühren und mit Madeira und Salz abschmecken.

Die Zunge in Scheiben schneiden und abwechselnd mit dem gelierenden Fond in eine Terrinenform füllen.

Die Sulze gut kühlen, stürzen, in Scheiben schneiden und mit einer Gemüsevinaigrette servieren.

Tafelspitzsulze

Für 6 Personen

600 g Tafelspitz, 200 g Wurzelgemüse, Bouquet garni, 1 Knoblauchzehe, Pfefferkörner, Salz

1 EL Essig, 2 cl Madeira, 8 Blätter Gelatine

Den Tafelspitz mit kaltem Wasser zustellen und langsam köcheln lassen. Nach eineinhalb Stunden Wurzelgemüse, Bouquet garni, Knoblauch und Pfefferkörner dazugeben.

Eine weitere halbe Stunde köcheln lassen und erst zum Schluß mit Salz würzen.

Das Fleisch aus der Suppe nehmen, kalt abschrecken und erkalten lassen. Die Suppe auf einen halben Liter einkochen, Essig und Madeira dazugeben und die aufgelöste Gelatine einrühren.

Den Tafelspitz in dünne Scheiben und das Wurzelgemüse würfelig schneiden und mit dem gelierenden Fond vermischen. Die Sulze in eine Form füllen und erkalten lassen.

Die Form stürzen, die Sulze in Scheiben schneiden und mit Kräutervinaigrette oder Tomatenvinaigrette servieren.

Tintenfischsulze

Für 8 Personen

600 g Kalmare, 50 cl Court-bouillon (siehe Seite 279)

50 cl Rotwein, Salz, weißer Pfeffer, 20 Blätter Gelatine

Foto Seite 180

Die Kalmare in der Court-bouillon weich kochen. Die Körper en julienne schneiden und die Fangarme für die Garnitur verwenden.

Fischfond und Rotwein aufkochen, bei Bedarf klären und mit Salz und Pfeffer würzen. Die aufgelöste Gelatine daruntermischen und die Tintenfischstücke dazugeben.

Das Ganze in einen Kunstdarm füllen und kalt stellen.

Die Sulze in Scheiben schneiden, mit Friséesalat und den Fangarmen garnieren und mit Aceto balsamico beträufeln.

Restaurationsteller und Restaurationsplatten

Für Schnellimbisse, Selbstbedienungsrestaurants oder auch für bestimmte Formen von offenen kalten Buffets (siehe Buffetorganisation, Seite 228) eignet sich das Anrichten der Speisen auf Restaurationstellern und -platten.

Restaurationsteller sind fertig auf Tellern angerichtete kalte Gerichte für eine Person.

Bei Restaurationsplatten werden Einzelgerichte samt den dazugehörenden Garnituren oder Beilagen für mehrere Personen (6–10) so angerichtet, daß jedem Gast seine Portion vorgelegt werden oder er sich selbst bedienen kann. Zum Unterschied von den kalten Buffetplatten gibt es hier keinen Aspikspiegel, und die Speisen werden auch nicht mit Aspik überglänzt. Die einzelnen Portionen werden für sich ohne Schaustück auf den Platten angerichtet.

Der Vorteil dieser Art von Tellern und Platten liegt in der Möglichkeit, sie schon einige Zeit vor dem gewünschten Service fertigzustellen.

Sie werden dann, mit Frischhaltefolie abgedeckt, in Kühlvitrinen oder im Kühlschrank aufbewahrt. Damit ist gewährleistet, daß die Gäste stets in gleichbleibender Qualität und prompt bedient werden können.

Restaurationsteller und -platten bilden auch eine Bereicherung des Jausen- und Zwischenmahlzeitangebotes und sind ohne großen Personalaufwand in der Küche herzustellen.

Häufig werden sie auch bei kleiner Personenanzahl, Pressekonferenzen, Hochzeitsjausen, späten Stimmungsrunden oder ähnlichem anstelle eines kalten Buffets verwendet.

Ähnlich in Aufwand und Präsentation sind auch die verschiedenen Aufschnittplatten und -teller. Auch sie können für eine oder mehrere Personen im vorhinein zubereitet und dann mit Folie bedeckt kühl gestellt werden.

Aufschnittplatte von Braten

Für 8 Personen

Das Rindsfilet mit Salz und Pfeffer würzen und auf allen Seiten kurz anbraten. Im Rohr 15 Minuten bei 180 °C braten und erkalten lassen.

Die Truthahnbrust mit Salz, Pfeffer und Rosmarin würzen. Im Rohr 20 Minuten bei 180 °C braten und erkalten lassen.

Die Spanferkelbrust mit der Hautseite nach unten kurz in kochendes Wasser legen, damit die Haut weich wird, und einschneiden. Mit Salz, Pfeffer, Kümmel und zerdrückten Knoblauchzehen würzen und im Rohr zirka 30 Minuten bei 200 °C braten. Öfters mit dem eigenen Saft übergießen und kurz vor dem Fertigwerden die Oberhitze im Rohr verstärken. Dadurch wird die Spanferkelbrust knuspriger.

Die Netzmelone in acht Spalten schneiden und mit Kiwischeiben und Erdbeeren garnieren.

Die Essiggurkerln an den Seiten abflachen und der Länge nach halbieren.

Topfen mit Salz, Pfeffer und Schnittlauch vermischen und mit einem Dressiersack auf die Gurken spritzen. Mit Tomatenspalten und Wachteleiern garnieren.

Rindsfilet, Truthahnbrust und Spanferkelbrust in Tranchen schneiden und mit den Melonenspalten und den Essiggurkerln anrichten.

Zutaten (Aufschnittplatte von Braten):
- 600 g pariertes Rindsfilet, Salz, Pfeffer, 2 EL Öl
- 600 g Truthahnbrust, Salz, Pfeffer, gemahlener Rosmarin, 2 EL Öl
- 1 kg Spanferkelbrust, Salz, Pfeffer, gemahlener Kümmel, 2 Knoblauchzehen, 2 EL Öl
- 250 g Netzmelone, 2 Kiwi, 8 Erdbeeren
- 4 Essiggurkerln, 250 g Topfen, Salz, weißer Pfeffer, 1 EL geschnittener Schnittlauch, 1 Tomate, 8 gekochte Wachteleier

Aufschnittplatte von Schinken

Für 8 Personen

Westfäler Schinken, Osso collo, Beinschinken, Bündner Saftschinken, Putenbrust und Gänsebrust in dünne Scheiben schneiden und auf einer Platte anrichten.

Den Lachsschinken dünn aufschneiden und den Spargel darin einrollen.

Die Weißbrotstäbchen mit San-Danielle-Schinken umwickeln.

Die Essiggurkerln der Länge nach halbieren, aushöhlen und mit Liptauer füllen.

Die Honigmelone in acht Spalten schneiden. Das Fruchtfleisch bis zur Schale einschneiden und gegeneinander verschieben.

Die Zuckermelone schälen und in Würfel schneiden.

Zutaten (Aufschnittplatte von Schinken):
- 80 g Westfäler Schinken, 80 g Osso collo, 160 g Beinschinken, 100 g Bündner Saftschinken, 100 g geräucherte Putenbrust, 80 g geräucherte Gänsebrust
- 100 g Lachsschinken, 16 Stangen gekochter Spargel
- 8 Weißbrotstäbchen, 80 g San-Danielle-Schinken

4 Essiggurkerln, 160 g Liptauer
(siehe Seite 275)

1 Honigmelone

1 Zuckermelone,
100 g Schinkenspeck

160 g Butter

12 cl Obers, 40 g geriebener Kren,
Zesten und Saft von 1 Orange, Salz,
weißer Pfeffer

Den Schinkenspeck dünn aufschneiden und die Melonenstücke damit umwickeln.
Aus der Butter Kugeln ausstechen.
Alle Zutaten auf der Platte anrichten.
Das Obers schlagen und mit Kren, Orangenzesten, Orangensaft, Salz und Pfeffer vermischen. Die Sauce extra servieren.

Brettljause

Für 1 Person

Den Bauerntopfen mit Salz, Pfeffer, Rahm und einem Teil des Schnittlauchs verrühren. Mit einem Löffel Nockerln ausstechen. Die Nockerln auf einem Radicchioblatt anrichten und mit dem restlichen Schnittlauch bestreuen.
Den Schweinsleberaufstrich mit einem Eisportionierer zu einer Kugel formen. Auf das Häuptelsalatblatt legen und mit Zwiebelringen garnieren.
Osso collo und Salami dünn aufschneiden, Bauernschinken und Emmentaler im ganzen lassen und mit dem Bauerntopfen und dem Schweinsleberaufstrich auf einem Holzteller anrichten.
Mit Tomatenspalten, Senfgurken, Perlzwiebeln, Pfefferoni und Cornichon garnieren. Mit Butter und Vollkornbrot servieren.

40 g Bauerntopfen, Salz, weißer
Pfeffer, 2 EL Rahm, 2 EL
geschnittener Schnittlauch,
1 Radicchioblatt

30 g Schweinsleberaufstrich,
1 Häuptelsalatblatt, 1 kleine Zwiebel

20 g Osso collo, 20 g Salami,
30 g geräucherter Bauernschinken,
20 g Emmentaler

½ Tomate, 20 g Senfgurken,
2 Perlzwiebeln, 1 milder Pfefferoni,
1 Cornichon

20 g Butter, 2 Scheiben Vollkornbrot,
2 Brötchen aus Schrot

Forellenfilets mit Kartoffel-Lauch-Salat

Für 1 Person

Die Forelle zwölf Minuten in der Court-bouillon pochieren und im Fond erkalten lassen.
Die Kartoffeln in Scheiben und den Lauch in Streifen schneiden. Die noch warmen Kartoffeln mit dem Lauch und der Salatmarinade vermischen.
Die Tomate enthäuten, halbieren und entkernen. Den Oberskren mit einem Spritzsack in die Tomatenhälften dressieren.
Die Forelle filetieren und die Filets auf einem Teller auflegen. Links und rechts davon die gefüllte Tomate und den Kartoffel-Lauch-Salat anrichten.
Mit Eischeiben und Dill garnieren.
Rezept Johann Jantschnig

1 Forelle, Court-bouillon (siehe
Seite 279)

80 g gekochte Kartoffeln, 50 g Lauch,
2 EL einfache Salatmarinade (siehe
Seite 128)

1 kleine Tomate, Oberskren (siehe
Seite 278)

1 gekochtes Ei, Dill

Kaninchenrückenfilet auf Linsensalat

Für 1 Person

Das Filet mit Salz und Pfeffer würzen und in Butter rosa braten. Mit Sherry ablöschen und erkalten lassen.
Die Schalotte hacken und unter die noch warmen Linsen mischen. Mit Aceto balsamico, Kürbiskernöl, Salz und Pfeffer marinieren.
Den Friséesalat waschen und den Linsensalat darauf anrichten.
Das Hasenrückenfilet in dünne Tranchen schneiden und fächerartig um den Linsensalat auflegen.
Mit einem Rosmarinzweig und einer Zwergtomate garnieren.
Rezept Johann Jantschnig

200 g ausgelöstes
Kaninchenrückenfilet, Salz, Pfeffer,
Butter, 1 cl Sherry

1 Schalotte, 60 g gekochte Linsen,
1 EL Aceto balsamico,
1 EL Kürbiskernöl, Salz, Pfeffer

Friséesalat

1 Rosmarinzweig, 1 Zwergtomate

Lachsschinken auf Vogerlsalat

Für 1 Person

Den Vogerlsalat mit Nußöl, Sherryessig, Salz, Pfeffer und Zucker marinieren.
Den Lachsschinken in Streifen schneiden, in Öl kurz sautieren und erkalten lassen.

50 g Vogerlsalat, 2 EL Nußöl,
1 EL Sherryessig, Salz, Pfeffer, Zucker

Die Champignons blättrig schneiden und mit Salz, Pfeffer und Zitronensaft marinieren. Die Schalotten in Streifen schneiden.
Champignons und Schalotten über den Salat streuen und den Lachsschinken darauf anrichten.

Rezept Johann Jantschnig

100 g Lachsschinken ohne Speckrand, Öl

2 Champignons, Salz, weißer Pfeffer, Zitronensaft

2 Schalotten

Rehrückenfilets mit Gänseleber und Steinpilzsalat

Für 8 Personen

Die Filets mit Salz, Pfeffer, Thymian und Wacholder würzen. In Öl kurz anbraten und im Rohr bei 220 °C fünf Minuten braten. In Folie wickeln, rasten und erkalten lassen.
Die Gänseleber in acht Scheiben schneiden und mit Salz und Pfeffer marinieren. In Öl auf beiden Seiten kurz sautieren, aus der Pfanne nehmen und mit Sherryessig beträufeln.
Die Äpfel schälen, in Scheiben schneiden und in Weißwein mit etwas Zucker und Nelken pochieren.
Erkalten lassen und die Gänseleberscheiben darauf legen.
Die Steinpilze in Scheiben schneiden, in Öl sautieren und erkalten lassen.
Den Lauch en julienne schneiden und mit den Pilzen vermischen. Mit Weißweinessig, Zitronensaft, Traubenkernöl, Salz und Pfeffer marinieren.
Auf einer länglichen Platte die Rehfilets in einer Reihe auflegen. Links und rechts davon die Apfelscheiben mit der Gänseleber und den Steinpilzsalat anrichten.

800 g Rehrückenfilets, Salz, Pfeffer, Thymian, zerdrückte Wacholderbeeren, Öl

160 g Gänsestopfleber, Salz, weißer Pfeffer, Öl, 1 EL Sherryessig

2 säuerliche Äpfel, 8 cl Weißwein, Zucker, Nelken

600 g Steinpilze, Öl, 200 g Lauch, 2 EL Weißweinessig, Saft von ½ Zitrone, 4 EL Traubenkernöl, Salz, weißer Pfeffer aus der Mühle

Restaurationsplatte von Geflügel

Für 8 Personen

Die Entenbrüste mit Salz, Pfeffer und Thymian würzen. Auf jeder Seite sechs Minuten braten und in Folie wickeln. Rasten und erkalten lassen und in Scheiben schneiden.
Die Stubenkücken mit Salz, Pfeffer und Rosmarin würzen und mit zerlassener Butter bestreichen. Im Rohr 20 Minuten knusprig braten. Die Stubenkücken vierteln und kalt stellen.
Die Wachteln mit Salz und Pfeffer würzen und in den Bauchraum ein Salbeiblatt legen. Mit zerlassener Butter bestreichen, im Rohr zwölf Minuten bei 220 °C braten und erkalten lassen.
Die Ananas schälen, in Scheiben schneiden und die Scheiben halbieren.
Die Tomaten enthäuten, halbieren und aushöhlen. Mit Waldorfsalat füllen und mit Walnüssen garnieren.
Am Kopfende einer großen Platte die gefüllten Tomaten im Kreis anordnen.
Die Artischocken vierteln und sternförmig um die Tomaten auflegen.
Eine Seite der Platte mit den Ananasscheiben auslegen und jede Scheibe mit einer Erdbeere garnieren. Entlang den Ananasscheiben die Entenbrustscheiben auflegen. Die Wachteln auf Salatblätter setzen und in einer Reihe neben den Entenbrustscheiben anrichten. Die geviertelten Stubenkücken auf der Platte anordnen.
Die Vinaigrette wird extra zur Platte serviert.

2 Entenbrüste, à 250 g, Salz, weißer Pfeffer, Thymian, 4 EL Öl

2 Stubenkücken, à 400 g, Salz, weißer Pfeffer, Rosmarin, 20 g Butter

8 Wachteln, Salz, weißer Pfeffer, 8 Salbeiblätter, 20 g Butter

1 kleine frische Ananas

4 Tomaten, 400 g Waldorfsalat (siehe Seite 147), Walnußkerne

2 gekochte Artischocken

8 Erdbeeren

Häuptelsalatblätter

20 cl Vinaigrette (siehe Seite 130)

Truthahnbrust mit Sellerie-Apfel-Schinken-Salat

Für 1 Person

Den Sellerie in Stücke schneiden und kochen. Den Apfel blättrig und den Schinken in Streifen schneiden.
Sellerie, Apfel und Schinken mit Rahm, Mayonnaise, Salz, Pfeffer, Zucker und Zitronensaft vermischen. In der Mitte des Tellers anrichten und mit einem Walnußkern garnieren.
Die Truthahnbrust in dünne Tranchen schneiden und rund um den Salat anrichten.

Rezept Johann Jantschnig

60 g Stangensellerie, 1 säuerlicher Apfel, 50 g Beinschinken, 1 EL Rahm, 1 KL Mayonnaise, Salz, Pfeffer, Zucker, 1 EL Zitronensaft, 1 Walnußkern

150 g gebratene Truthahnbrust

Das kalte Buffet

Das kalte Buffet ist die Krönung der Kalten Küche. Im Idealfall erfüllt hier der Gardemanger alle Ansprüche an Ideenreichtum und Ausdrucksform, an handwerkliches Können und geschmackliche Vollkommenheit und nicht zuletzt an die gekonnte Präsentation der gebotenen Speisen. Jeder gastronomische Betrieb, gleichgültig welcher Organisationsform, hat hier die Chance, seine Leistungen attraktiv zur Schau zu stellen. Durch die Vielzahl der Speisen kann und darf ein kaltes Buffet niemals eintönig sein.

Vom kleinen Imbiß-Buffet über ein Frühstücksbuffet bis hin zum großen Galabuffet – auf jede Art muß die größtmögliche Sorgfalt verwendet werden. Mehr als bei den warmen Gerichten kann hier dem Gast die Leistungsfähigkiet eines Betriebes in seiner ganzen Fülle demonstriert werden.

Eine solche Leistungsschau läßt dem begabten Koch alle Möglichkeiten offen, das Buffet nach den Grundsätzen der Harmonie und dem Sinn für das Schöne zu gestalten.

Kalte Buffets werden zu den verschiedensten Anlässen arrangiert. Sie haben meist festlichen Charakter mit einer reichlichen Auswahl von Speisen, die den Gästen als erfrischende Imbisse oder als Hauptgerichte angeboten werden. Auch eine größere Anzahl von Gästen kann dabei gleichzeitig und schnell bedient werden.

Allerdings erfordert ein kaltes Buffet eine präzise Planung in Küche und Service.

Vielleicht läßt sich aber auch die Wandlung des Geschmacks auf keinem Gebiet der Küche besser feststellen als in der Kalten Küche. Bei der Anwendung der Grundzubereitungsarten hat sich im Laufe der Zeit manches geändert, die Techniken sind verfeinert worden, und man ist wählerischer geworden.

Bei aller Neigung für farbenfrohe und künstlerische Kompositionen sollte man dem Natürlichen und Einfachen den Vorzug geben. Der Gast liebt in den seltensten Fällen überladene und in kalte Sulzsaucen getauchte oder darunter verborgene Gebilde.

Man ist wieder darauf zurückgekommen, Schlachtfleisch, Geflügel, Wild, Fische und Krustentiere in ihrer natürlichen Form darzubieten. Ob es sich um einen Braten, Schinken, einen Lachs oder einen schönen Hummer handelt: gut zubereitet und mit den passenden Beilagen schmackhaft serviert, wirken sie appetitanregend und fördern das Renommee jeden Hauses. Viele Köche sind durch die Schöpfungen der Kalten Küche für ihren Beruf begeistert worden und ihm treu geblieben. Vom Gardemanger wird aber mehr als die Zubereitung von Schau- und Glanzstücken verlangt. Er muß ein ganzer Meister und Könner, handwerklich und künstlerisch begabt sein.

Buffetorganisation

Grundsätzlich gibt es zwei verschiedene Arten von Buffets: die sogenannten offenen und die geschlossenen Buffets.

Bei **offenen Buffets** ist der jeweilige Betrieb selbst der Veranstalter. Jeder Gast kann daran teilnehmen. Ballveranstaltungen, Heringsschmaus oder ein Lunchbuffet sind einige von vielen Anlässen dazu. Die Gäste können sich entweder zu einem fixen Preis am ganzen Buffet bedienen, oder es werden für die einzelnen Speisen Portionspreise berechnet.

Bei dieser Variante gibt es verschiedene Verrechnungsmöglichkeiten:

Der Gast kauft an der Kassa Bons und löst diese am Buffet ein, oder er passiert am Ende des Buffets die Kasse und bezahlt die von ihm ausgewählten Speisen. Eine dritte Möglichkeit ist die Bestellung anhand einer Buffetkarte und das Service durch einen Kellner.

Bei offenen Buffets werden die Speisen meist portionsweise angerichtet. Eine andere Art ist das **geschlossene Buffet.** Es wird immer für einen besonderen Anlaß und eine bestimmte Anzahl von Gästen bestellt. Kongresse, Empfänge, Einweihungen, Hochzeiten und Firmenfeiern sind nur einige Beispiele für die vielen Anlässe zu einem geschlossenen Buffet. Auch hier bedienen sich die Gäste selbst, bekommen die Speisen von hinter dem Buffet stehenden Köchen oder Kellnern gereicht, oder es wird an den Tischen in der Menüfolge serviert. Nach den Anlässen und Wünschen des Bestellers richten sich dann die Aufmachung und die Anzahl der gebotenen Speisen. Sie kann sehr einfach sein, aber auch den größten Luxus aufweisen.

Von Cocktails, kalten Suppen, Eierspeisen, Fisch, Schal- und Krustentieren, Fleisch- und Wurstwaren bis zu Braten von Schlachttieren, Wild und Geflügel, Pasteten und Terrinen, Galantinen, verschiedenen Salaten, Gemüse, Süßspeisen, Früchten, Käse und Gebäck findet alles auf einem kalten Buffet Platz.

Kernstücke werden meistens besonders sorgfältig angerichtete und dekorierte Prunk- oder Schauplatten sein.

Um den reibungslosen Ablauf eines solchen Buffets zu garantieren, ist es notwendig, schon bei der Auftragsentgegennahme mit einer möglichst genauen Planung zu beginnen. Alle erforderlichen Vorbereitungen, der Lebensmitteleinkauf und der Personaleinsatz müssen Schritt für Schritt festgelegt werden. Es empfiehlt sich daher, schon bei der Bestellung zusammen mit dem Auftraggeber anhand einer Checkliste (siehe Seite 233) alle Details festzulegen. Nach Möglichkeit sollte schon bei dieser ersten Besprechung der Gardemanger oder der Küchenchef anwesend sein. Nur sie können beurteilen, ob die Beschaffung der Rohmaterialien (jahreszeitabhängig) in der gewünschten Art und Menge überhaupt und in ausreichender Menge durchführbar ist. Auch die Auswahl der Speisen, ihre Reihenfolge und die Art der Zubereitung können eigentlich nur mit dem Gardemanger oder dem Küchenchef besprochen werden.

Aufgrund der Checkliste können dann Einkaufspläne, Küchendienst- und Servicepläne erstellt werden.

Den Einkaufsplan erstellt der Gardemanger anhand der ausgefüllten Buffetliste und unter Berücksichtigung seiner Lagerbestände.

Zweckmäßig sind eigene Listen für die einzelnen Warengattungen (z. B. Fleischer, Geflügelhändler, Wildhändler, Fischhändler, Obst- und Gemüselieferant, Molkerei, Trocken- und Dosenwaren, Tiefkühlwaren, Bäckerei und eventuell Gärtnerei).

Diese Einkaufslisten sollten unbedingt genaue Mengenangaben, Warenbeschreibungen und den Liefertermin beinhalten. Außerdem enthalten sie Namen und Telefonnummer des Lieferanten, den Anlaß des Einkaufs und eventuell die Preise der gelieferten Waren. Die Angabe der Preise ist bei der Abrechnung und bei der Nachkalkulation des Buffets sehr hilfreich.

Ein besonderes Problem stellt die Berechnung der Einzelportionen dar.

Als Durchschnittswerte rechnet man von jedem Menügang eine Buffetportion pro Person. Das heißt eine Vorspeise, eine Fischportion, eine Fleischspeise, eine Geflügelportion, ein Dessert und die entsprechenden Beilagen. Werden von den einzelnen Menügängen mehrere Variationen angeboten, muß die Zahl der gesamten Buffetportionen durch die Zahl der Variationen geteilt werden.

Zum Beispiel: Gibt es bei einem Buffet für 120 Personen nur eine Vorspeisenart, müssen 120 Buffetportionen gerechnet werden. Gibt es aber bei der gleichen Personenzahl drei verschiedene Vorspeisen, werden von jeder Art nur noch 40 Buffetportionen gerechnet, was insgesamt wieder 120 Portionen ergibt. Auf die gleiche Art können auch alle anderen Menügänge berechnet werden. Insgesamt kann man pro Person zwischen 600 und 700 Gramm Gesamtkonsumation berechnen. Dann entfallen ca. 100 g für die Vorspeise, 100 g Fisch, 200 g Fleisch mit Knochen, 150 g für Salate und Beilagen und 150 g für Dessert, Käse oder Obst. Zusätzlich rechnet man zwei bis drei Stück Jourgebäck und ein bis zwei Stück Spezialbrot.

Die Speisenauswahl der einzelnen Menügänge richtet sich nach dem Anlaß des Buffets, nach dem Gästekreis und dem vorgegebenen Preislimit.

Alle Details einer solchen Veranstaltung wollen gründlich bedacht sein, so daß nicht noch im letzten Augenblick Probleme auftreten können.

Ein wichtiger Punkt sind die Räumlichkeiten, in denen das Buffet stattfinden soll. Es muß gesichert sein, daß in den gewählten Räumen genügend Platz für die geplante Anzahl von Personen vorhanden ist. Dabei darf nicht übersehen werden, daß vor dem Buffet ein ausreichender Freiraum für Gäste und Servierpersonal notwendig ist. Bei bestimmten Formen muß auch hinter dem Buffet noch Platz für die Köche und für das Abräumen oder Austauschen von leeren Platten bleiben.

Auch die Temperatur des Raumes muß beachtet werden. Durch die Anwesenheit vieler Menschen entsteht Wärme, was den Gelierüberzug der einzelnen kalten Platten schnell unansehnlich macht. Das kann zum Teil durch die rechtzeitige Senkung der Raumtemperatur verhindert werden. Auch sollten die gekühlten Platten erst zum spätestmöglichen Zeitpunkt eingebaut werden.

In der Nähe des Buffets muß ausreichend Platz und Abstellraum für Reserveplatten oder leere Platten vorhanden sein. Besondere Aufmerksamkeit ist auch der Tischwäsche, dem Besteck und den Gläsern zu widmen. Es sollte beizeiten darauf geachtet werden, daß Teller, Besteck, Servietten und andere Servier- und Tafelgeräte in ausreichender Zahl zur Verfügung stehen.

Auch auf Blumengestecke und grüne Pflanzen sollte nicht vergessen werden. Sie verleihen einem Buffet Glanz und Frische und runden den festlichen Rahmen ab.

Buffetaufbau

Wichtig ist dabei zuerst einmal die Wahl des richtigen Platzes für die Buffettafel. Sie soll im Blickfeld der Gäste an einem gut zugänglichen und möglichst kühlen Ort aufgestellt werden. Die jeweilige Form, Länge und Breite des Buffettisches werden vom Gardemanger bestimmt. Er kennt die Anzahl und Größe der Platten, Schüsseln, Saucieren und des Dekormaterials. Es werden dabei verschiedene Buffetformen unterschieden:

Längsform, U-Form oder halbovale Form wird für die meisten Buffets gewählt. Eine runde Form kann nur bei einem Selbstbedienungsbuffet verwendet werden.

Höchstens eine halbe Stunde vor dem Eintreffen der Gäste werden die Speisen auf das Buffet gestellt. Sie sollten maximal eineinhalb Stunden am Buffet stehen. Das Aufstellen der Platten besorgen die Köche. Wie die Platten und Schüsseln auf dem Buffet plaziert werden, ist unterschiedlich. Am besten wird schon nach der Bestellung ein Plan gemacht, auf dem die Anordnung der Platten und der Dekorationselemente ersichtlich ist.

Bei großen Buffets wird mit dem Aufbau in der Mitte begonnen. Nach rechts und links werden spiegelverkehrt Platten mit gleichem Inhalt aufgestellt. Die Mitte bilden eine Prunkplatte und eventuell eine Fett- oder Eisskulptur oder ein Arrangement aus Gemüseblumen (siehe Seite 232, 237 ff.). Rechts und links davon stehen die Fleisch- und Fischplatten mit passenden Saucen, dann die Vorspeisen und Salate. Käse, Obst und Süßspeisen stehen an den Enden des Buffets oder auf eigenen Tischen.

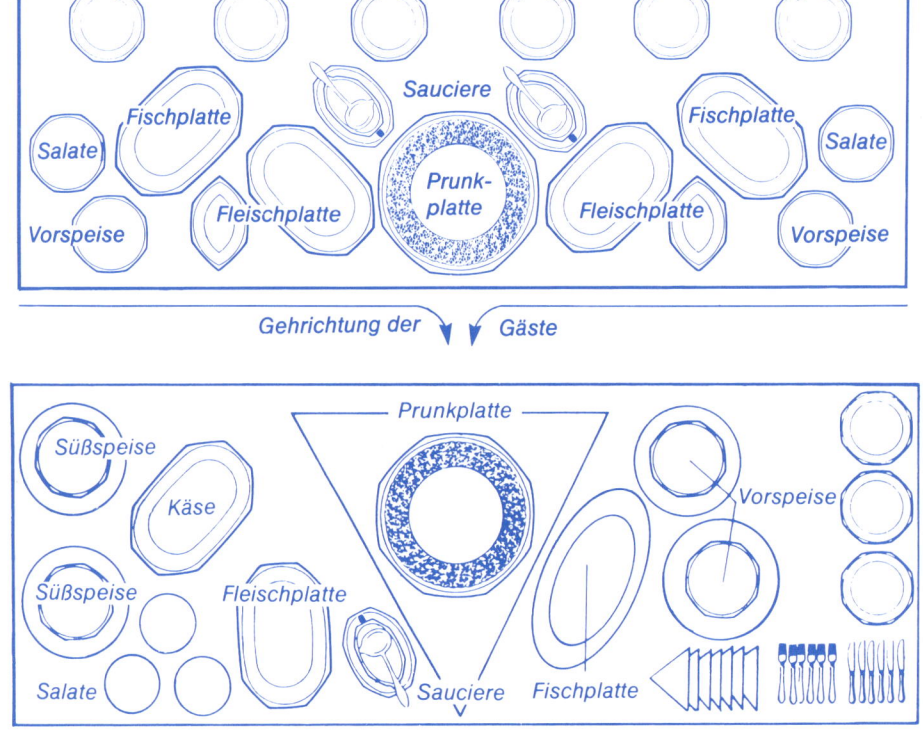

Köche

Sauciere · Fischplatte · Salate · Vorspeise · Fleischplatte · Prunkplatte · Fischplatte · Salate · Fleischplatte · Vorspeise

Gehrichtung der ⌄⌄ *Gäste*

Süßspeise · Käse · Süßspeise · Salate · Fleischplatte · Sauciere · Prunkplatte · Vorspeise · Fischplatte

Gehrichtung der Gäste

Bei kleineren Buffets wird der Aufbau asymmetrisch vorgenommen. Nach den Tellern kommen Vorspeisen und Salate, dann die Fisch- und Fleischplatten und am Ende Käse, Obst und Süßspeisen. In der Mitte wird die Prunkplatte plaziert.

Buffets sollen immer so aufgebaut sein, daß man die Gäste schnell und bequem bedienen kann.

Bei Selbstbedienung müssen die verschiedenen Speisen und Platten leicht zu erreichen sein.

Grundsätzlich werden Buffets im Sinne der Menüfolge zusammengestellt. Ein klarer Aufbau ohne viele überflüssige Dekorationselemente erhöht den optischen Reiz. Auf die Harmonie der einzelnen Gerichte und Platten soll besonders geachtet werden (siehe auch Kalte Platten, Seite 245).

Verschiedene Buffetarten

Entsprechend den vielfältigen Anlässen für ein Buffet ergeben sich auch eine Reihe von verschiedenen Arten, ein Buffet zusammenzustellen.

Das **Hors-d'œuvre-Buffet** (Vorspeisenbuffet) wird an einem gut sichtbaren Platz im Restaurant aufgebaut. Die Vorspeisen können sich auch auf einem fahrbaren Wagen befinden. Durch ein solches Buffet soll der Gast zum Kauf der Vorspeisen animiert werden.

Ein **Lunchbuffet** ist ein kalt-warmes Buffet in Betrieben mit konzentriertem Mittagsgeschäft. Durch diese Buffetart kann die Küche zu den Spitzenzeiten stark entlastet werden.

Smørgas børded ist eine aus Schweden kommende Buffetart, deren Hauptbestandteil Fisch- und Fischräucherwaren sind. Es werden aber auch verschiedenste andere Grundmaterialien verwendet. Eine Eigenheit ist die süß-saure Zubereitung der Speisen.

Smøre-brød ist die dänische Art von skandinavischem Buffet. Der Hauptbestandteil sind belegte Brote mit variationsreichen Belägen.

Das **Bauernbuffet** ist rustikal mit bäuerlichem Geschirr, Holztellern und Holzschüsseln aufgebaut. Die Speisen sind regional unterschiedlich, aber immer bodenständig und eher deftig (siehe Foto Seite 242/243).

Bei einem **Konsumationsbuffet** werden kleine Speisen portionsweise angerichtet und verkauft. Diese offene Buffetform ist vor allem bei Ballveranstaltungen üblich.

Bei einem **Stehbuffet** oder einer **Cocktailparty** werden die Speisen im Stehen verzehrt. Von der Küche werden daher mundgerechte Portionen wie Canapés (siehe Seite 188), Cocktailbissen (siehe Seite 184) oder Sandwiches (siehe Seite 191) und warme Snacks vorbereitet.

Das **Schaubuffet** stellt die zur Auswahl stehenden Speisen „zur Schau". Die Gäste bestellen die ausgestellten Speisen beim Kellner und bekommen sie dann serviert.

Ein **Galabuffet** ist für eine geschlossene Gesellschaft mit besonders festlichem Rahmen gedacht. Es ist eine kleine Kochkunstschau, bei der die Küchenbrigade ihre Kreativität und Leistungsfähigkeit beweisen kann. Das Galabuffet ist vorwiegend bei Kongressen, Empfängen oder bei großen Hochzeiten üblich.

Das **Heringsschmaus-Buffet** ist eine Besonderheit, weil es nur einmal im Jahr stattfinden kann. Angeboten werden vorwiegend Speisen von Fischen und Krustentieren (siehe Foto Seite 244). Es kann sowohl als offenes oder als geschlossenes Buffet (siehe Seite 228) veranstaltet werden.

Das **Salatbuffet** ist eine hauptsächlich in Restaurants angewandte Form. Die Salate können in Selbstbedienung aus dem vorhandenen Angebot ausgewählt werden. Es können aber auch ganze Buffets in der Menüfolge in Form von Salaten zusammengestellt werden.

Sakuska ist ein Buffet mit russischen Speisen. Ursprünglich wurde die Sakuska in einem eigenen Raum als Vorspeisenbuffet serviert. Es werden dazu Kaviar, Lachs, Krustentiere, Pilze, Gurken und verschiedenes Gemüse gereicht. Zur Sakuska werden im allgemeinen Wodka und Champagner oder Krimsekt getrunken.

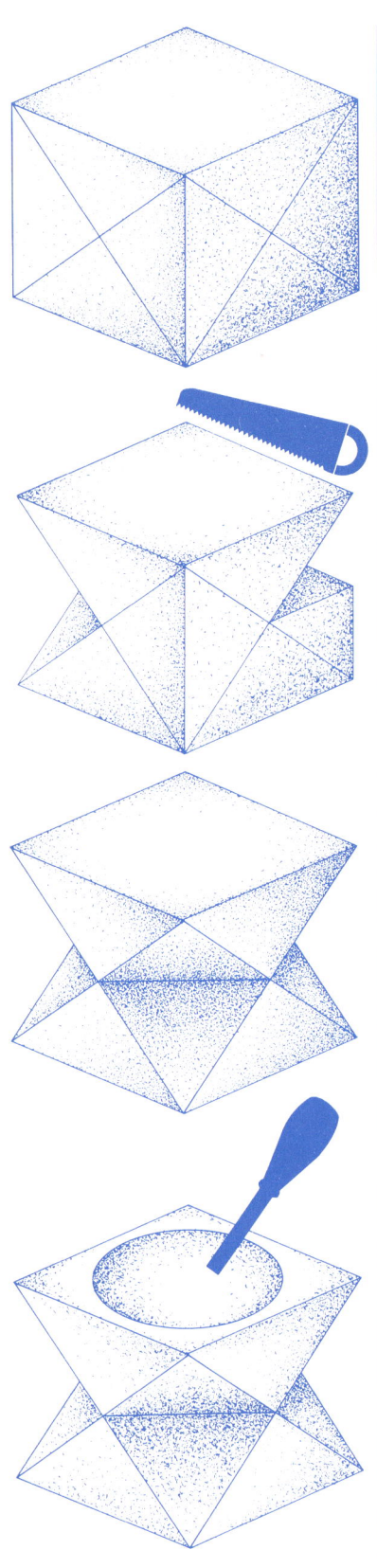

Eisskulpturen

Eisskulpturen oder Behälter bzw. Sockel oder Aufsätze aus Eis eignen sich sehr gut als Blickfang für kalte Buffets. In den Eisbehältern können Kaviar, Aspiks, Mousses oder ähnliche Speisen angerichtet werden.

Figuren aus Eis sollten wirklich nur dann auf ein Buffet gestellt werden, wenn sie von vollendeter Form sind. Unbeholfen gemeißelte Eisfiguren werden immer plump wirken.

Letztendlich ist es für den Koch nur von Bedeutung, einfache und zweckmäßige Sockel oder Behälter herstellen zu können.

Eisherstellung

Je nach der gewünschten Größe des Eisproduktes einen passenden Behälter aussuchen. Diesen Behälter zu einem Drittel mit Eiswürfeln und zu zwei Dritteln mit kaltem Wasser füllen. Anschließend gut umrühren, damit eventuell eingeschlossene Luftblasen entweichen können. Das Ganze wird dann bei ca. minus 15°C gefroren. Um ein Brechen des Eises zu verhindern, darf während der Gefrierzeit der Behälter nicht bewegt werden.

Je nach Größe des Eisblockes dauert es zwischen einem und vier Tage, bis der Block ganz durchgefroren ist.

Um das Eis geschmeidiger zu machen, läßt man es vor der Bearbeitung ein bis zwei Stunden bei Raumtemperatur antauen.

Risse im Eis verschwinden, indem man Wasser hineingießt und den Block noch einmal zwei Tage lang einfriert.

Einmal gerissene Eisblöcke müssen dann aber äußerst vorsichtig behandelt werden.

Werkzeuge

Für die Herstellung von Eisarbeiten gibt es spezielle Eismeißel. Es können aber als Ersatz dafür auch entsprechende Holzschnitzwerkzeuge verwendet werden. Wichtig sind eine Eissäge oder eine Fuchsschwanzsäge, drei oder vier verschieden breite Meißel mit Klingen von einem bis etwa vier Zentimeter Breite, ein kleiner V-förmiger Meißel und ein kleiner halbrunder Meißel. Empfehlenswert ist auch das Tragen von Baumwollhandschuhen (wie sie von Fotografen benutzt werden) während der Arbeit, damit das Eis nicht ständig aus den Händen rutscht.

Ausführung

Der Ausgangspunkt jeder Eisfigur ist ein genauer Entwurf. Die gewünschte Figur wird in Originalgröße und in allen Ansichten (oben, unten und die vier Seiten) auf Papier gezeichnet. Dieser Entwurf wird dann auf den rohen, aber schon auf die richtige Größe zugeschnittenen Eisblock übertragen, indem sie mit der Kante des kleinen Meißels eingeritzt wird. Entsprechend dieser Vorgabe werden nun aus dem ganzen Block zuerst die Grundformen und dann die Feinheiten herausgearbeitet.

Grundsätzlich muß beim Herausarbeiten der Formen sehr vorsichtig verfahren werden. Eispartien, die einmal entfernt sind, lassen sich nicht mehr ersetzen. Es empfiehlt sich daher, in so kleinen Schritten wie möglich zu arbeiten.

Bei Behältern für Schalen wird dann das Loch ausgehöhlt, das die Schale aufnehmen soll. Die ausgewählte Schale wird anschließend mit heißem Wasser gefüllt und so lange in die dafür vorgesehene Vertiefung gesetzt, bis das Eis abschmilzt und die Schale genau in den Eissockel paßt.

Wird der untere Teil des Sockels oder einer Figur ausgehöhlt, so kann dort eine Beleuchtung in Form einer Taschenlampenbirne und einer Batterie untergebracht werden.

Größere Figuren oder Behälter können auch, je nach ihrer Form, aus zwei oder mehreren Eisblöcken gemeißelt werden.

Bei der Herstellung von Eisfiguren und Behältern aus Eis empfiehlt es sich, zuerst mit einfachen und kleinen Arbeiten zu beginnen. Erst mit wachsender Erfahrung und Routine sollte man sich an komplizierte und größere Arbeiten heranwagen.

Checkliste kaltes Buffet

1. Art der Veranstaltung:

2. Datum: 3. Zeit: 4. Personen:

5. Raum: 6. Preis pro Person:

7. Name des Bestellers:

   Adresse:

   Telefon: Telex:

8. Raummiete:

9. Sonderwünsche:	Getränke:
Dekor:	Rauchwaren:
Tafelform:	Technik: Lautsprecher, Tonband
Sitzplan/Tischkarten:	Projektor für Dias/Filme, Video
Aperitifs:	TV etc.
Digestivs:	Blumengestecke, Grünpflanzen:

10. Anzahlung: erhalten am:

11. Unterschrift des Bestellers:

12. Für den Betrieb:

Ergeht an:	Unterschrift:
Küche:	
Lager/Keller/Einkauf:	
Service:	
Wäschebeschließung:	
Haustechnik:	
Rezeption:	
Telefonzentrale:	
Direktion:	

Speisenliste

Stück		Speise	Garnitur	Platten-zahl	Größe u. Art
	V O R S P E I S E N				
	F I S C H E				
	F L E I S C H				
	B E I L A G E N				
	D E S S E R T S				
	Brot/Gebäck				
gesamt				Platten/gesamt	

Detailplan Küche

Stück	Anmerkungen	Datum	Zeit	Name
	Fettskulptur			
	Eisskulptur			
	Vorbereitung warm			
	Salate und Garnituren/Saucen			
	Desserts/Käse			
	Schaustücke/Prunkplatten/Anrichten der			

Buffetaufstellung, Office, Service

Tafelform: Längsform, U-Form, Halboval, Rund, Quadrat

Buffetgröße (L/B): _____ Benötigte Tischzahl: _____

Tafelwäsche: _____

Tafeldekor: _____

Geschirr: _____ Teller groß, _____ Teller klein, _____ Schüsseln

Besteck: _____ Messer, _____ Gabeln, _____ Dessertmesser, _____ Dessertgabeln

Dienstplan Service

Arbeit	Zeit	Namen
Buffetaufbau		
Aufdecken		
Mise en place		
Service Speisen		
Service Getränke		
Buffetdienst		
Küche		
Leitung		

Stellungsplan Buffet (Schaustück, Prunkplatte, andere Platten, Dekor, Geschirr):

Figuren aus Ziehmargarine

Ähnlich wie Eisfiguren dienen die sogenannten „Butterskulpturen" als optische Bereicherung von Buffets. Während aber aus Eis auch Behälter für verschiedene Speisen geschnitzt werden können, kommt den Figuren aus Ziehmargarine rein dekorative Bedeutung zu. Abgesehen vom Material, bestehen weitere grundlegende Unterschiede zu den Eisskulpturen. Zum einen sollten für Butterfiguren nur bewegte Motive verwendet werden. Besonders gut eignen sich dafür in Bewegung befindliche Menschen und Tiere. Das elastische Material Ziehmargarine ist für fließende und bewegte Formen prädestiniert.

Der zweite grundlegende Unterschied bezieht sich auf die Herstellung der Figuren. Während man Eisfiguren aus einem Block herausarbeitet (subtrahierendes Verfahren), werden Butterfiguren auf ein Grundgerüst aufgebaut (additives Verfahren). Es können also bei der Endausfertigung noch einzelne Teile durch Hinzufügen oder Wegnehmen korrigiert werden.

Material

Wie oben schon erwähnt, werden sogenannte „Butterskulpturen" aus Ziehfetten hergestellt. Das sind plastische Speisefette, die eigentlich für Bäckerei- und Patisseriezwecke hergestellt werden. Besonders gut geeignet ist **Ziehmargarine.** Sie enthält weniger Wasser als normale Margarine, hat einen relativ hohen Schmelzpunkt und ist sehr widerstandsfähig gegen mechanische Bearbeitung. Zudem ölt Ziehmargarine nicht, sie bleibt beim Kneten in der Hand trocken.

Entwurf

Es ist unbedingt notwendig, vor dem Beginn der Arbeit genau festzulegen, wie die Figur aussehen soll. Als Vorlage können dazu bestehende Figuren aus Holz, Gips oder Porzellan, aber auch Fotos oder eigene Zeichnungen verwendet werden. Meistens wird die Vorlage kleiner sein als die gewünschte fertige Figur. Gleichgültig, ob ein plastisches Modell oder ein Foto (Zeichnung) als Vorlage dient, sollte eine maßstabsgetreue Skizze in der Originalgröße der Butterskulptur angefertigt werden. Dabei muß auf die richtigen Proportionen und die Größe geachtet werden. Zu kleine Figuren geraten an den Gliedmaßen auf Grund der Herstellungsweise meist zu plump. Es ist zum Beispiel kaum möglich, bei einem zu kleinen Tier die Beine entsprechend schlank zu gestalten. Außerdem ist das Modellieren von Feinheiten bei größeren Figuren wesentlich einfacher.

Ausführung

Die Skulpturen bestehen eigentlich nur an ihrer Außenseite aus Fett. Innen befindet sich eine Unterkonstruktion aus Holz, Draht oder Eisen. Holzgestelle eignen sich nur für einfache Figuren oder Sockel. Gestelle aus Draht lassen sich sehr leicht biegen und eignen sich gut für kleinere Figuren.

Unterkonstruktionen aus Eisenstäben eignen sich für fast jede Art von Figuren. Sie verleihen den Skulpturen große Stabilität. Allerdings werden dadurch die Figuren auch relativ schwer, und die Konstruktion muß meist von einem Schlosser oder Schmied angefertigt werden. Bei Figuren ab einer Größe von etwa 30 Zentimetern sollte aber unbedingt ein Eisengestell verwendet werden.

Zweckmäßig ist es, wenn die Unterkonstruktion ungefähr dem Knochenbau der jeweiligen Figur entspricht.

Der fertige Unterbau wird an der Grundplatte der Figur befestigt. Anschließend wird die Unterkonstruktion locker mit Alufolie umwickelt. Mit Gips und Gipsbandagen wird dann die Figur von unten her grob modelliert. Besonders die Beine müssen, da sie meist die ganze Figur tragen, gut eingegipst werden. Nach etwa zwölf Stunden ist der Gips trocken, und es können noch einmal Korrekturen vorgenommen werden.

Jetzt kann mit dem Auftragen der Ziehmargarine begonnen werden. Dazu wird der Fettblock gut durchgeknetet, damit eventuell vorhandene Luftblasen beseitigt werden und sich das Fett der Arbeitstemperatur anpaßt. Dann wird das in flache Stück geschnittene Fett in mehreren Schichten von unten nach oben aufgetragen. Dabei ist zu beachten, daß sich die Fettmasse immer an der Unterkonstruktion abstützt. In sich hat die Fettmasse zuwenig

Festigkeit, um auch wirklich stabil zu bleiben. Bei senkrechten Figurenteilen sollte die Zieh-margarine nicht mehr als etwa zwei Zentimeter dick aufgetragen werden. Alle dickeren Fett-schichten müssen entweder am Sockel oder an Verstrebungen des Gestells abgestützt sein.

Bei waagrechten Figurenteilchen kann die Fettauflage an der Oberseite etwas stärker sein, an der Unterseite wieder nur etwa zwei Zentimeter.

Die Feinmodellierung erfolgt erst zum Schluß, wenn die ganze Figur in ihren Grundzügen fertiggestellt ist. Für diese Arbeit werden spezielle Modellierwerkzeuge verwendet, die im einschlägigen Fachhandel (Künstlerbedarf) erhältlich sind.

Lagerung

Figuren aus Ziehmargarine werden kühl gelagert. Größere kurzfristige Temperaturschwan-kungen sollten auf alle Fälle vermieden werden. Über längere Zeit können Fettskulpturen in einem trockenen Kühlraum gelagert werden. Vor dem Wiederaufstellen muß sich die Figur ungefähr einen halben Tag lang wieder an die Zimmertemperatur anpassen können. Erst dann können eventuell entstandene Transportschäden oder Risse ausgebessert werden.

Gemüsedekorationen – Gemüseblumen

Zur Dekoration von Kalten Platten oder anderen Speisen können mit Fingerfertigkeit Gebilde aus Gemüse oder Obst hergestellt werden. Ob es sich dabei um stilisierte Pflanzen, Blumen, Tiere oder um Phantasiegebilde handelt, bleibt dem Gardemanger überlassen. Sie sollten aber immer das bleiben, was sie sind: Dekorationselemente und nicht die Platten oder Speisen überdeckende eigene Kunstwerke. Die für diese Dekorationen verwendeten Materialien sind nicht verloren, sondern können auf verschiedene Arten weiterverwendet werden. Fertige Dekorationen sind im Kühlraum und in Eiswasser eingelegt einige Zeit halt-bar, Abfälle können für Gemüsefonds oder ähnliches verwendet werden. Im folgenden werden einige einfache Dekorationsmittel gezeigt. Es sind bei der Herstellung dieser Dinge der Phantasie keine Grenzen gesetzt.

Gurkenblatt

Von einer geraden Gurke ein Stück von etwa zehn Zentimeter Länge abschneiden. Mit einem langen, scharfen Messer die Haut etwa zwei Millimeter dick abschälen (1) und sie dann in zwei gleiche Teile schneiden (2). Die Gurkenschalen in Form eines Blattes zuschneiden (3) und mit schmalen V-förmigen Schnitten die Blattverästelungen so ein-ritzen, daß das Blatt nicht auseinanderfällt (4).

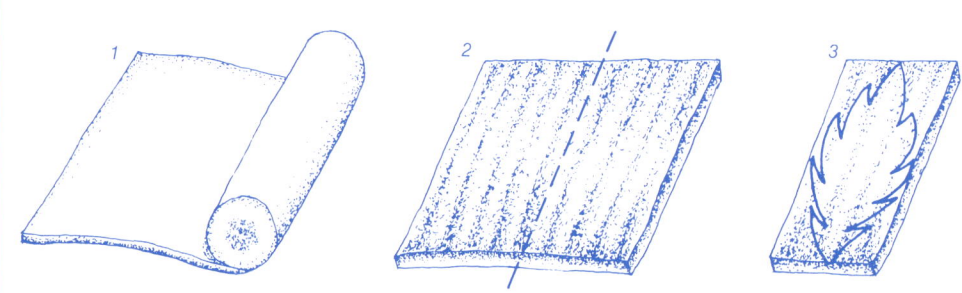

Pfefferoniblume

Von einem frischen roten Pfefferoni die obere Hälfte abschneiden, so daß ein etwa fünf bis sechs Zentimeter langes Stück mit dem Stengelansatz übrigbleibt (1). Acht senkrechte Ein-schnitte so anbringen, daß die Samengehäuse nicht beschädigt werden (2). Die Schale des Pfefferoni am unteren Ende vom Samengehäuse trennen. Das Samengehäuse muß dabei aber mit dem Stielansatz verbunden bleiben. Den Pfefferoni einige Zeit ins Eiswasser legen und anschließend die eingeschnittenen Schalenteile nach außen biegen (3).

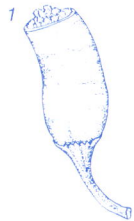
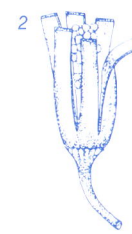
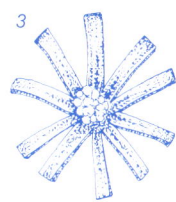

Radieschenblüte

An dem Radieschen 12 senkrechte Einschnitte bis kurz vor dem Stielansatz anbringen. Das Radieschen einige Zeit in gesalzenes Eiswasser legen. Die entstandenen „Blätter" vorsichtig mit der Messerspitze vom weißen Fleisch lösen, so daß sie am unteren Ende noch zusammenhängen, und leicht nach außen biegen.

Taschenkrebs aus Tomaten

Eine feste Tomate halbieren (1). In die Tomatenhälfte vier waagrechte Schnitte so anbringen, daß die einzelnen Teile noch an einem Ende zusammenhängen (2). Die unteren vier Teile in der Mitte durchschneiden und auseinanderziehen (3).

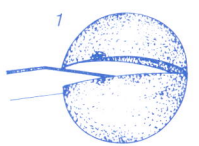
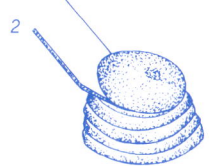
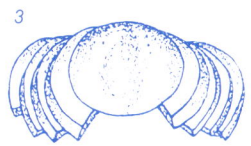

Zwiebelblume

Eine mittelgroße Zwiebel enthäuten und waagrecht durchschneiden (1). Die Schnittflächen kronenförmig einschneiden (2). Die Zwiebel in ihre einzelnen Schichten zerlegen (3) und gegeneinander versetzt wieder zusammenfügen (4).

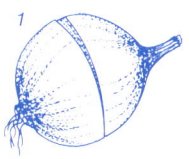
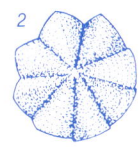

Tomatenfächer

Von einer festen Tomate am Boden ein dünnes Stück abschneiden, sodaß sie in einem leicht schrägen Winkel steht. An einer Seite einen V-förmigen Keil herausschneiden. Aus diesem Keil weitere sechs bis sieben V-förmige Keile schneiden (1). Die einzelnen Abschnitte jeweils etwa fünf Millimeter in die Höhe ziehen (2). Diese Schnittart kann auch bei Äpfeln, Birnen und Radieschen angewendet werden.

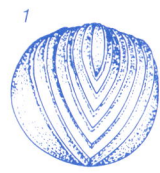

Tomatenkörbchen

Von einer festen Tomate werden die oberen zwei Viertel so abgeschnitten, daß ein etwa fünf Millimeter breiter Halbkreis stehen bleibt (1). Mit einem scharfen Messer den Körbchenrand kronenförmig einschneiden (2). Mit einem kleinen Parisienneausstecher das Fruchtfleisch entfernen. An der Unterseite leicht abflachen. Auf ähnliche Art können auch Körbchen von Orangen oder anderen Zitrusfrüchten gemacht werden.

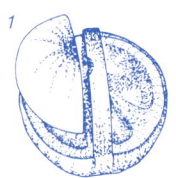 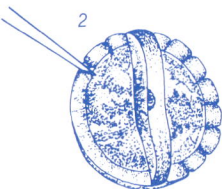

Tomatenrose

Von einer kleinen, festen Tomate mit einem sehr scharfen Messer eine Kappe abschneiden. Mit der Kappe zusammenhängend die Tomate wie einen Apfel schälen (1). Das Ende der Schale aufrollen und auf die Kappe setzen (2). Die so entstandene Tomatenrose mit einer Messerspitze noch etwas nachformen.

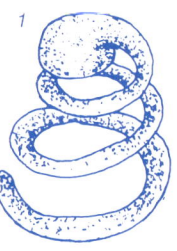 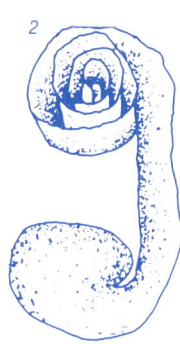 

Frivolités *Geflügelleberparfait mit gehackten Trüffeln, Artischockenböden mit Hummermedaillons und Trüffeln, Hühnergalantine mit Pistazien, Gänseleberparfait in Madeiragelee, Entenmousse mit gehackten Pistazien, Gefüllte Eier mit Lachsmousse, Rehmedaillons mit Pilzpüree*

Bauernbuffet

Heringsschmausbuffet *Restaurant „Zu den 3 Husaren", Wien*

Kalte Platten

Ein wichtiger Bereich der Kalten Küche und ein zentraler Punkt eines jeden Buffets sind die kalten Platten. Meist handelt es sich dabei um ganze Bratenstücke von Schlachtfleisch oder Wild, ganze Fische, Krustentiere oder Geflügel, die tranchiert bzw. portioniert mit den passenden Garnituren angerichtet werden.

Beim Anrichten der kalten Platten sollten immer bestimmte Richtlinien eingehalten werden.

○ Form und Größe der Platte sollen mit der darauf anzurichtenden Speise übereinstimmen. Auf zu großen Platten verlieren sich die Gerichte, zu kleine Platten wirken immer überladen. Eiergerichte werden auf Glas- oder Porzellanplatten angerichtet.

○ Silber- oder Stahlplatten werden mit neutralem Gelee oder mit säurefreiem Aspik ausgegossen. Dadurch wird vermieden, daß die Speisen mit oxidierendem Metall in direkte Berührung kommen. Holzplatten müssen so versiegelt werden, daß weder der Geruch des Holzes noch eventuelles Harz oder ähnliches mit den Speisen in Berührung kommen können. Der Aspikspiegel wird mit festem Aspik hergestellt und farblich der Speise angepaßt: wasserklares Aspik für Fisch, bernsteinfarbenes Aspik für dunkles Fleisch und für Wild und helles Aspik für weißes Fleisch und für Geflügel.

Zum Ausgießen der Platte soll das Aspik warm sein. Es wird in der Mitte der Platte möglichst blasenfrei ausgegossen und durch leichtes Kippen gleichmäßig verteilt. Blasen werden durch leichtes Anklopfen der Platte oder durch Antippen mit dem Finger zum Platzen gebracht.

○ Es sollte immer eine praxisgerechte und zeitgemäße Anrichteweise gewählt werden. Je natürlicher und einfacher kalte Platten angerichtet sind, desto mehr werden sie den wahren Feinschmecker ansprechen.

○ Die Platten dürfen nicht überladen sein, der Plattenrand muß frei bleiben.

○ Um ein möglichst gleichmäßiges Anrichten der Platten zu gewährleisten, können aus dickem Karton Schablonen geschnitten werden.

○ Grundsätzlich muß alles, was auf der Platte angerichtet ist, auch eßbar sein. Ausnahmen sind Papiermanschetten, Zierspieße, Muschelschalen, Karkassen und ähnliches.

Aus hygienischen Gründen sind Gefieder, Blumen, Holz- oder Fettsockel und ähnliches auf kalten Platten verboten.

○ Fleischtranchen werden mit der schöneren Seite (zarter Fettrand bei Schinken, Roastbeef oder Schweinsbraten) nach außen in gleichmäßigen Abständen angerichtet.

Auf exaktes Tranchieren und richtige Schnittführung beim Schneiden des Fleisches achten. Die Fleischtranchen nicht zu dünn schneiden.

○ Alle auf der Platte angerichteten Teile müssen mühelos weggenommen werden können. Damit die Speisen sauber von der Platte auf den Teller angerichtet werden können, sollten Sockel aus Mayonnaise oder mayonnaisegebundenen Salaten vermieden werden. Ebenso sind Verzierungen aus Mayonnaise zu vermeiden.

○ Zu überglänzende Speisen müssen immer gut durchgekühlt sein. Das dafür verwendete Aspik oder Gelee soll kalt, aber noch gut flüssig sein. Den Aspiküberzug beim Überglänzen eher dünn halten.

○ Schaustücke sind meist für das Nachservice gedacht und werden oft erst bei Bedarf tranchiert.

○ Kalte Platten werden zur Zwischenlagerung mit Klarsichtfolie abgedeckt und vor dem Servieren gut durchgekühlt.

Werden kalte Platten nach diesen Richtlinien arrangiert, so ist der halbe Weg zum Erfolg meistens schon gesichert.

Es muß aber auch auf die sorgfältige Auswahl der Lebensmittel und die richtige Zusammenstellung der Speisen geachtet werden.

Die Wirkung der kalten Platten sollte von der natürlichen Wirkung und der einfachen Anrichteweise der verwendeten Lebensmittel ausgehen. Die übertriebene Verwendung von Chaud-froid- und Aspiküberzügen oder ähnlichem ist zu vermeiden.

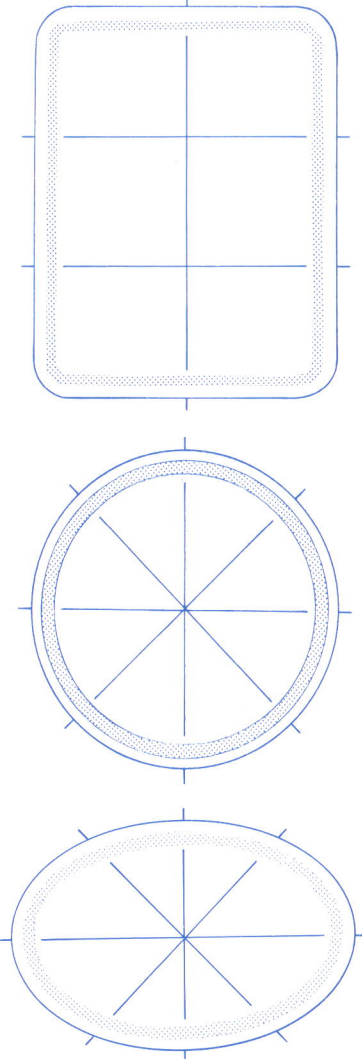

Die folgenden Skizzen zeigen das „goldene Maß". Die daraus hervorgehenden Raster bilden die Grundlage zum Anrichten von kalten Platten. Das Hauptstück sollte ungefähr zwei Rasterteile einnehmen. Das Höhenverhältnis von Hauptstück zu Garnituren sollte höchstens 2 : 1 sein.

Beinschinken mit Gervaiscreme und Radieschen

Für 16–20 Personen

4 kg gekochter Beinschinken vom Jungschwein

2 kg Schinkenmousse (siehe Seite 217)

50 cl Oberskren (siehe Seite 278), Aspik (siehe Seite 281), 8 Perlzwiebeln, Radieschen, Krauspetersilie

Aspik (siehe Seite 281), 8 Radieschenrosen, Kresse

Aspik (siehe Seite 281), 16 mit Gervaiscreme gefüllte Lauchstücke (siehe Seite 267)

Den Schlußknochen auslösen. Die Schwarte bei der Stelze einkerben, bis auf die Stelze abziehen und als Unterlage beim Fassonieren des Schinkens verwenden.

Den Schlußbraten auslösen und das Frikandeau am Röhrenknochen entlang abheben. Die Schale mit einem waagrechten Schnitt entlang des Knochens abtrennen. Vom Frikandeau das Fett bis auf eine dünne Schicht parieren. Frikandeau und Schale in zirka zwei Millimeter dünne Scheiben schneiden, und die Scheiben in der Reihenfolge, in der sie geschnitten wurden, auflegen.

Die Schinkenabschnitte und den Schlußbraten für die Herstellung der Mousse verwenden. Die aus der Schale geschnittenen 16 Schinkenscheiben der Länge nach auflegen, der Breite nach den Oberskren aufdressieren und die Scheiben einrollen. Durch das doppelte Einrollen erhält man schöne, runde Röllchen von vier bis fünf Zentimetern Länge, die sich leicht schneiden lassen.

Die Schinkenröllchen mit Aspik überziehen, mit halbierten Perlzwiebeln und Radieschenscheiben belegen und mit Krauspetersilie dekorieren. Noch einmal mit Aspik glacieren und die Röllchen kalt stellen. Vor dem Anrichten die Enden der Schinkenröllchen glatt abschneiden.

Den ausgelösten Beinschinken auf die Schwarte setzen, mit Schinkenmousse füllen und in die ursprüngliche Schinkenform bringen. Die überstehende Schwarte abschneiden.

Die Frikandeauscheiben in gleichmäßigen Abständen von links nach rechts auf den Schinken auflegen und mit Aspik überglänzen.

In der Mitte des Schinkens die Radieschenrosen mit Hilfe von Holzspießchen bukettartig anordnen und mit Kresse dekorieren.

Den Schinken gut durchkühlen lassen und auf einer chemisierten Platte mit den Schinkenröllchen und den Lauchstücken anrichten.

Der Knochen der Stelze kann mit einer Masche dekoriert werden.

Galantine von Lachs und Dorsch

Für 10 Personen

2 Lachsfilets, à 500 g

300 g Dorschfilet, Salz, weißer Pfeffer, Saft von 1 Zitrone, 2 cl Pernod, 25 cl Obers

40 g Trüffeln, 80 g gekochte, ausgelöste Shrimps

100 g Blattspinat

Salz, Saft von 1 Zitrone

Fischfond (siehe Seite 279)

Aspik (siehe Seite 281)

10 mit Lachscreme gefüllte Artischockenböden (siehe Seite 268), 10 Fenchelschiffchen mit Kalmaren (siehe Seite 265)

Die Lachsfilets entgräten, enthäuten und kalt stellen.

Das gut gekühlte Dorschfilet in kleine Stücke schneiden und cuttern. Durch ein Sieb passieren und mit Salz, Pfeffer, Zitronensaft und Pernod würzen. Auf Eis das geschlagene Obers darunterziehen. Trüffelwürfel und Shrimps daruntermischen und die Farce kalt stellen.

Den Blattspinat blanchieren und abschrecken.

Die gekühlten Lachsfilets nebeneinander auf eine Klarsichtfolie legen und mit Salz und Zitronensaft marinieren. Die Spinatblätter darauf legen und die gekühlte Farce mit einer Palette fünf Millimeter dick auftragen. Die Filets mit Hilfe der Klarsichtfolie vorsichtig zusammenschlagen und im Rohr bei 80 °C Wassertemperatur 20 bis 25 Minuten im Fischfond pochieren. Im Fond auskühlen lassen und kalt stellen.

Die Galantine aus der Folie nehmen und in Scheiben schneiden. Die Tranchen auf ein Gitter legen und chemisieren.

Die Galantine mit den Artischockenböden und Fenchelschiffchen auf einer Platte anrichten. Sämtliche Edelfische, wie zum Beispiel Forelle und Äsche, lassen sich auf diese Art zubereiten.

Dazu serviert man gerne eine Dillsenfsauce.

Rezept Günter Walder

Gefüllte Kalbsrückenrose mit Kohlrabischüsserln

Für 8 Personen

Die Kalbsrückenrose auslösen und parieren.

250 Gramm Fleisch für die Farce würfelig schneiden und zweimal durch die feinste Scheibe der Faschiermaschine drehen. Gut cuttern und mit Salz, Pfeffer und Pastetengewürz abschmecken. Auf Eis das halbfest geschlagene Obers darunterziehen und die Farce kalt stellen.

Die Kalbsfilets mit Salz, Pfeffer und Basilikum würzen, in Öl kurz anbraten und erkalten lassen.

Die Kalbsrückenrose der Länge nach aufschneiden und auseinanderklappen. Das entstandene Rechteck gleichmäßig klopfen, mit Salz, Pfeffer und Basilikum würzen und mit der Kalbsfarce bestreichen.

Den Mangold blanchieren und erkalten lassen.

Die Kalbsfilets zirka einen Zentimeter dick in Mangold einschlagen und auf die Kalbsrückenrose legen. Das Fleisch über die Filets schlagen und binden.

Die Roulade in eine Bratfolie fest einwickeln und binden. Im Rohr 20 Minuten bei 200 °C und 90 Minuten bei 100 °C unter öfterem Wenden braten. Die Innentemperatur der Roulade soll 68 °C nicht übersteigen.

Nach dem Braten den Bindfaden lösen, fest nachbinden und die Roulade erkalten lassen.

Die Kalbsrückenrose aus der Folie wickeln, in Tranchen schneiden und chemisieren.

Die Tranchen auf einer chemisierten Platte mit den Garnituren anrichten.

1,5 kg Kalbsrückenrose
Salz, weißer Pfeffer, Pastetengewürz, 80 cl Obers
500 g Kalbsfilets, Salz, weißer Pfeffer, Basilikum, Öl
Salz, weißer Pfeffer, Basilikum
500 g Mangold
Aspik (siehe Seite 281)
8 Tomaten mit Spargel (siehe Seite 270), 8 Gurkenscheiben mit Wachteleiern (siehe Seite 267), 8 Kohlrabischüsserln (siehe Seite 267)
Foto oben

Gefüllter Fasan

Für 4 Personen

1 bratfertiger Fasan mit 1 kg

1 Fasanenleber,
20 g gehackte Schalotten,
10 g Butter, 20 g grüner Speck,
4 cl Cognac, Thymian, Rosmarin,
Pistazien, Salz, Pfeffer, Schweinsnetz

2 Scheiben grüner Speck

150 g Gemüse (Karotten, Sellerie,
Petersilie), 50 g Speckabschnitte, Öl

4 EL Weißwein, 4 cl Cognac,
50 cl brauner Fond (siehe Seite 281)

Aspik (siehe Seite 281)

grüne Weintrauben, 4 gebackene
Teigblätter mit Kastanienpüree
(siehe Seite 265)

Die Keulen vom Brustteil lösen, ausbeinen und von den Sehnen befreien. Zirka 50 Gramm Fleisch von den Keulen für die Fülle verwenden.

Fasanenleber und Schalotten in Butter anrösten und unter das Schenkelfleisch und den Speck mischen.

Den Bratenrückstand mit Cognac ablöschen und über das Fleisch gießen. Mit Thymian und Rosmarin würzen, gut kühlen und fein faschieren. Die gehackten Pistazien unter die Masse mengen und mit Salz und Pfeffer abschmecken. Die Keulen damit füllen und in ein Schweinsnetz wickeln.

Die Fasanenbrust mit Salz, Pfeffer, Thymian und Rosmarin würzen und mit dem Speck bardieren.

Karotten, Sellerie und Petersilwurzeln kleinwürfelig schneiden und mit den Speckabschnitten in einer Pfanne kurz anrösten. Fasanenbrust und gefüllte Keulen darin saftig braten. Das Fleisch herausnehmen und erkalten lassen.

Die Gemüse mit Weißwein, Cognac und Fond ablöschen und eine Stunde köcheln lassen. Das Ganze abseihen und auf zwölf Zentiliter reduzieren.

Mit dieser Glace Brust und Keulen bestreichen, erkalten lassen und mit Aspik überziehen. Brust und Keulen in je vier Tranchen schneiden, die Tranchen wieder auf der Karkasse auflegen und mit Aspik überziehen.

Mit Weintrauben und gebackenen Teigblättern mit Kastanienpüree garnieren.

Die Karkasse kann auch mit Kastanienpüree bestrichen werden, damit die Tranchen darauf besser haften.

Gefüllter Hasenrücken

Für 12 Personen

4 Hasenrücken, à 400 g

100 g Schweinefleisch, 1 Apfel,
40 g gehackte Schalotten,
40 g Butter, 4 cl Madeira

100 g grüner Speck, Salz, Pfeffer,
Thymian, 4 Wacholderbeeren

240 g grüner Speck

Öl

12 cl Rotwein, 50 cl Wildfond
(siehe Seite 280)

200 g Kastanienpüree

12 Blätterteigpastetchen mit Gänselebermousse (siehe Seite 260),
12 Brokkoli-Pilz-Sulzen (siehe
Seite 260)

Die Hasenrücken auslösen und vom vorderen Teil 200 Gramm Fleisch für die Farce in Würfel schneiden.

Hasenfleischwürfel, würfelig geschnittenes Schweinefleisch, würfelig geschnittenen Apfel und Schalotten in Butter anrösten. Mit Madeira ablöschen und gut kühlen.

Das Ganze mit dem Speck durch die feinste Scheibe der Faschiermaschine drehen und cuttern. Mit Salz, Pfeffer, Thymian und gehackten Wacholderbeeren würzen.

Die Hasenfilets der Länge nach einschneiden und plattieren.

Mit dünn geschnittenen Speckscheiben belegen und mit der Farce bestreichen. Die Filets einrollen und binden.

Die Karkasse halbieren und den vorderen Teil zerhacken.

Karkasse und gehackte Knochen in eine Pfanne mit Öl geben und die Filets darin rosa braten. Die Filets auskühlen lassen und die Karkasse auf eine Platte legen.

Den Bratenrückstand mit Rotwein ablöschen und mit Wildfond aufgießen. Zur Glace reduzieren lassen, abseihen und die Filets damit überziehen.

Auf die Karkasse etwas Kastanienpüree dressieren und die in Tranchen geschnittenen Filets darauf anrichten.

Als Garnitur eignen sich Blätterteigpastetchen und Brokkoli-Pilz-Sulzen.

Es gibt zwei Möglichkeiten, kalte Platten mit und ohne Knochen anzurichten, wobei die letztere die gebräuchlichste ist.

Gefüllter Hirschrücken mit glacierten Kastanien

Für 8 Personen

Den Hirschrücken auslösen, die Filets mit einem langen, dünnen Messer in der Mitte durchstechen und kalt stellen.

Für die Farce Kalbfleisch und Schweinefleisch würfelig schneiden und durch die feinste Scheibe der Faschiermaschine drehen. Mit Ei, Salz, Pastetengewürz und Cognac cuttern und das Obers nach und nach einarbeiten.

Die Pistazien hacken. Pökelzunge, Schinken und Trüffeln in kleine Würfel schneiden und unter die Kalbsfarce mischen.

Den Speck in dünne Scheiben schneiden, mit Trüffelscheiben belegen und die Farce mit einem Dressiersack mit großer Lochtülle der Länge nach aufdressieren. Vorsichtig zusammenrollen, in Alufolie einschlagen und zehn Minuten pochieren. Gut kühlen und aus der Folie nehmen.

Die Hirschrückenfilets damit füllen und mit Salz und zerdrückten Pfefferkörnern würzen. Mit Öl bestreichen und im vorgeheizten Rohr sieben Minuten bei 180 °C braten. Das Fleisch soll noch rosa sein. Um ein Nachziehen zu verhindern, stellt man das Fleisch anschließend zum Auskühlen in den Kühlschrank.

Den Pastetenteig fingerdick ausrollen und über eine mit Alufolie umwickelte Flasche geben. Den Teig mit Milch und Eidotter bestreichen und mit einer Gabel Muster in den Teig ziehen. Im Rohr 20 Minuten bei 180 °C goldgelb backen. Den gebackenen Teig im heißen Zustand von der Flasche ziehen und auskühlen lassen. Den ausgekühlten Teig in ein enges Gefäß stellen, den gebratenen Hirschrücken hineingeben und mit gekühltem Madeiragelee auffüllen.

2 kg Hirschrücken

150 g Kalbfleisch (Schulter), 150 g Schweinefleisch, 1 Ei, Salz, Pastetengewürz, 2 cl Cognac, 15 cl Obers

40 g Pistazien, 40 g Pökelzunge, 40 g Schinken, 40 g Trüffeln

500 g grüner Speck, 80 g Trüffeln

Salz, grüne Pfefferkörner, Öl

1 kg Pastetenteig (siehe Seite 285) mit Schmalz, Milch, 1 Eidotter

1,5 l Madeiragelee (siehe Seite 283)

Aspik (siehe Seite 281)

400 g Geflügelleberparfait mit Lebereinlage (siehe Seite 219)

8 glacierte Kastanien (siehe Seite 266), 8 Birnen mit Erdbeeren (siehe Seite 260)

Foto oben

Vom Hirschrücken acht eineinhalb Zentimeter dicke Scheiben schneiden und die Schnittflächen mit Aspik überziehen. Das Hauptstück und die Tranchen auf einer chemisierten Platte anrichten.

Das Geflügelleberparfait in acht eineinhalb Zentimeter dicke Scheiben schneiden, mit Aspik überziehen und neben dem Hauptstück anrichten.

Als Garnitur eignen sich für diese Platte besonders glacierte Kastanien und Birnen mit Erdbeeren.

Gefüllter Hecht

Für 10 Personen

1 Hecht mit 2,5–3 kg, Salz, Saft von 1 Zitrone

750 g entgrätetes Hechtfleisch, 300 g Semmelpanade, Salz, weißer Pfeffer, Zitronensaft, 4 EL Weißwein, 25 cl Obers

50 g Trüffeln, 100 g rote Paprika, 100 g grüne Paprika

50 g Trüffeln

Fischfond (siehe Seite 279)

Fischaspik (siehe Seite 282)

10 mit Schnittlauchtopfen gefüllte Tomaten (siehe Seite 269), 10 gefüllte Eier mit Shrimps (siehe Seite 265), 10 Spalten Zitronen-Kaviar-Aspik (siehe Seite 270)

Den Hecht säubern und Kopf und Schwanz abtrennen. Entlang des Rückgrats beidseitig so einschneiden, daß das Rückgrat freigelegt wird. Mit einem flach angesetzten Messer die Filets von den Brustgräten so lösen, daß sie an der Bauchseite noch zusammenhängen. Das Rückgrat und die Innereien entfernen und die Filets gut waschen. Feine Gräten werden mit den Fingern oder einer Pinzette herausgezogen.

Die Filets auf ein befettetes Tuch legen und mit Salz und Zitronensaft würzen.

Das entgrätete Hechtfleisch und die Weißbrotpanade fein faschieren. Mit Salz, Pfeffer, Zitronensaft und Weißwein abschmecken und durch ein Haarsieb passieren. Auf Eis das halbfest geschlagene Obers darunterziehen. Brunoise von Trüffeln, roten und grünen Paprika unter die Farce mischen und kalt stellen.

Die Hechtfilets mit dünnen Trüffelscheiben belegen, die Fischfarce darauf verteilen und mit einer Palette gleichmäßig verstreichen. Die Filets mit Hilfe des Tuches einschlagen und zusammennähen.

In Klarsichtfolie und Tuch fest einwickeln, leicht binden und im Fischfond mit dem Kopf- und Schwanzstück 35 Minuten bei 80 °C pochieren. Den Hecht anschließend im Fond erkalten lassen.

Bindfäden, Tuch und Folie entfernen und den Hecht in zehn Tranchen schneiden. Kopf- und Schwanzstück und die Tranchen mit Fischaspik überziehen und auf einer chemisierten Platte anrichten.

Die Garnituren links und rechts davon auflegen.

Gefülltes Huhn mit Ananas

Für 6 Personen

1 Masthuhn mit 1,5 kg

20 g gehackte Schalotten, Butter, 50 g grüner Speck

4 cl Sherry

Basilikum, Salz, weißer Pfeffer, 5 g Trüffeln

150 g Röstgemüse (Karotten, Petersilie, Sellerie), 50 g Speckabschnitte, Öl, Salz, Pfeffer, Basilikum, 50 g Butter

10 cl Weißwein, 10 cl heller Geflügelfond (siehe Seite 279)

1 Ananas mit Weißweingelee (siehe Seite 259), Aspik (siehe Seite 281)

Das Huhn ausnehmen, die Keulen vom Brustteil lösen und ausbeinen. 50 Gramm Fleischabschnitte für die Fülle reservieren.

Leber und gehackte Schalotten in Butter anrösten und mit dem würfelig geschnittenen Speck und den Fleischabschnitten in eine Schüssel geben. Den Bratensatz mit Sherry ablöschen und über das Fleisch gießen. Gut kühlen und das Ganze durch die feinste Scheibe der Faschiermaschine drehen. Mit Basilikum, Salz und Pfeffer würzen und die in Würfel geschnittenen Trüffeln daruntermischen.

Die ausgelösten Keulen damit füllen und zusammennähen.

Hühnerklein, kleingeschnittenes Röstgemüse, Speckabschnitte, Hühnerbrust und gefüllte Keulen in Öl anbraten und mit Salz, Pfeffer und Basilikum würzen. Das Ganze mit der heißen Butter übergießen und 20 bis 30 Minuten saftig braten.

Die Fleischstücke herausnehmen und auskühlen lassen. Den Bratensatz mit Weißwein ablöschen, den Geflügelfond dazugeben und zur Glace reduzieren lassen. Die Geflügelteile damit überziehen und erkalten lassen.

Die Hühnerbrust der Länge nach tranchieren und die Keulen in Scheiben schneiden.

Die Ananas mit Weißweingelee in die Mitte einer chemisierten Platte setzen und die Geflügeltranchen im Kreis anrichten.

Kalte Platte *Gefüllter Lammrücken mit gesulztem Ratatouille*

Gefüllter Lammrücken mit gesulztem Ratatouille

Für 8 Personen

Den Lammrücken im ganzen auslösen und das Fett parieren. Mit Salz, Pfeffer, Rosmarin und zerdrückten Knoblauchzehen würzen.

Die ausgelösten Lammfilets ebenfalls würzen und in Öl kurz sautieren.

Die Pilze in Stücke teilen, in Öl sautieren, mit Salz und Pfeffer würzen und erkalten lassen. Für die Farce das Lammfleisch zweimal fein faschieren und cuttern.

Die Eidotter dazugeben und mit Salz würzen. Das halbfest geschlagene Obers darunterziehen und die Kräuter kurz mitcuttern.

Den Blattspinat blanchieren, abschrecken und abtropfen lassen.

Den Lammrücken ausbreiten und mit einem Teil der Kräuterfarce bestreichen. Zwischen den Karreerosen den Blattspinat verteilen, die Lammfilets einlegen und mit etwas Farce verstreichen. Die Pilze darauf verteilen und die restliche Farce verstreichen.

Die Bauchlappen einschlagen und binden.

In Öl saftig braten, noch warm den Bindfaden entfernen, leicht pressen und erkalten lassen. Vom Lammrücken acht Tranchen schneiden und den restlichen Teil als Schaustück verwenden. Die Tranchen mit Aspik überziehen und das Schaustück mit mit Aspik versetztem, entfettetem Jus glacieren.

Das Schaustück mit Salbeiblättern und einem Rosmarinzweig dekorieren und auf eine chemisierte Platte legen.

Die Tranchen und die Garnituren auf der Platte anrichten.

1,5 kg Lammrücken, Salz, weißer Pfeffer, Rosmarin, 2 Knoblauchzehen
Öl
250 g Pilze (Austernpilze, Champignons, Eierschwammerln), Öl, Salz, Pfeffer
400 g Lammschulter, 3 Eidotter, Salz, 20 cl Obers, gehackte Kräuter (Basilikum, Oregano, Salbei, Thymian)
50 g Blattspinat
Öl
Aspik (siehe Seite 281), Salbeiblätter, Rosmarinzweig
16 Stück gesulztes Ratatouille (siehe Seite 266), 16 mit Pilzsalat gefüllte Tomaten (siehe Seite 268)
Foto oben

Kleines Fischbuffet *Gefülltes Zanderfilet, Mosaik von der Lachsforelle, Gemüsesulze mit Austernpilzen, Pochierte Lachsforellenfilets mit Hechtfarce, Gefüllte Seezungenröllchen, Lachsfilet in Blätterteig*

Langustenplatte mit Jakobsmuschelmousse

Für 8 Personen

1 Languste mit 1–1,5 kg,
Court-bouillon (siehe Seite 279)

Aspik (siehe Seite 281)

300 g Jakobsmuschelfleisch, Salz,
weißer Pfeffer

10 cl Crème fraîche

1 kleine Karotte, ½ Fenchelknolle,
6 Blätter Gelatine, Salz, weißer Pfeffer,
Zitronensaft, 12 cl Obers

20 g Trüffeln, Aspik (siehe Seite 281)

8 mit Kräuterobers gefüllte Tomaten
(siehe Seite 267), 8 gefüllte Eier mit
Shrimps (siehe Seite 265)

Die Languste auf ein Brett binden und in die kochende Court-bouillon geben. Zirka 20 Minuten ziehen und im Fond erkalten lassen.

Das Fleisch vorsichtig auslösen, damit die Languste nicht beschädigt wird und die Fühler nicht brechen. Die Languste abtrocknen und mit Aspik überziehen.

Das Muschelfleisch parieren und mit Salz und Pfeffer würzen. In etwas Langustenfond aufkochen und fünf Minuten ziehen lassen. Die Muscheln überkühlen und im Mixer pürieren. Den Muschelfond mit der Crème fraîche verrühren und auf die Hälfte reduzieren lassen. Den reduzierten Fond mit den Muscheln vermischen und kalt stellen.

Karotten und Fenchel würfelig schneiden, kernig kochen und unter die Muschelmasse mischen. Die aufgelöste Gelatine einrühren und mit Salz, Pfeffer und Zitronensaft abschmecken. Das geschlagene Obers darunterziehen, die Masse in kleine Förmchen füllen und einige Stunden kühlen.

Das Langustenfleisch in gleichmäßige Scheiben schneiden, mit Trüffelscheiben belegen und mit Aspik überziehen.

Den Langustenpanzer in die Mitte einer chemisierten Platte geben. Die Langustentranchen und die gestürzten Muschelmousses links und rechts davon anrichten.

Als Garnitur können auch gefüllte Tomaten und gefüllte Eier verwendet werden.

Die Langustentranchen können auch auf dem Panzer angerichtet werden.

Gefülltes Schweinskarree mit gesulzten Mixed Pickles

Für 16 Personen

Die Rose der Schweinskarrees genau in der Mitte mit einem horizontalen Schnitt einschneiden und mit einem Rundholz durchstoßen.

Für die Farce das Schweinefleisch zweimal und den Speck einmal faschieren und mit Eidottern, Cognac und Gewürzen cuttern.

Die Paprika würfelig schneiden und mit den Speckwürfeln blanchieren. Das Ganze mit den Schinkenwürfeln und den Pfefferkörnern unter die Farce mischen.

Mit Hilfe eines Dressiersacks die Farce in die Schweinskarrees füllen und die Schweinszüngerln in die Mitte einschieben.

Die Karrees in die Schweinsnetze einschlagen und die Enden gut verschließen. Bei 180 °C anbraten und bei reduzierter Hitze zirka eine Stunde braten. Das Fleisch rasten lassen, anschließend leicht pressen und kalt stellen.

Den Braten von den Knochen lösen, die Knochen für das Schaustück mit einem Messer abschaben und das Fleisch in acht Tranchen schneiden.

Das Karree ohne Knochen in 16 Tranchen schneiden und alle Fleischtranchen mit Aspik überziehen.

Die Fleischabschnitte faschieren und zum Bestreichen der Knochen verwenden.

Für das Schaustück die acht Fleischtranchen wieder auf die Knochen legen und das Ganze auf eine chemisierte Platte geben.

Die restlichen Fleischtranchen mit den Garnituren links und rechts davon anrichten.

1 kg Schweinskarree mit Knochen (langes Karree), 1 kg ausgelöstes Schweinskarree (kurzes Karree)

250 g mageres Schweinefleisch, 150 g grüner Speck, 2 Eidotter, 2 cl Cognac, Salz, Pastetengewürz, 2 Knoblauchzehen

50 g rote, grüne und gelbe Paprika, 100 g Speckwürfel, 100 g Schinkenwürfel, 2 EL eingelegte grüne Pfefferkörner, 2 gepökelte, gekochte Schweinszüngerln

Schweinsnetze, Öl

Aspik (siehe Seite 281)

16 Gurkenscheiben mit Krautsalat (siehe Seite 266), 16 gesulzte Mixed Pickles (siehe Seite 265)

Foto oben

Lammkrone mit Steinpilzen

Für 6 Personen

1,2 kg Lammkarree, Salz, Pfeffer,
1 KL Rosmarin, 1 KL Thymian,
3 Knoblauchzehen, 1 EL Senf, Öl

150 g Gemüse (Karotten, Sellerie,
Petersilie, Zwiebel), 1 EL Tomaten-
mark, 4 EL Weißwein, 1,5 l brauner
Fond (siehe Seite 281), Rosmarin,
Thymian

40 g Schalotten, 4 EL Olivenöl,
360 g Steinpilze, Salz, Pfeffer,
1 EL gehackte Petersilie,
4 EL Weißwein

Aspik (siehe Seite 281)

6 mit Maissalat gefüllte Tomaten
(siehe Seite 268), 6 mit Pfefferonisalat
gefüllte Fenchel (siehe Seite 268)

Das Lammkarree parieren, die Rippenknochen herausstehen lassen und blank putzen. Mit Salz, Pfeffer, Rosmarin, Thymian, zerdrückten Knoblauchzehen und Senf würzen, zur Krone formen und zusammenbinden.

Die Krone im Rohr rosa braten und erkalten lassen.

Die Karotten in Scheiben und Sellerie, Petersilie und Zwiebel würfelig schneiden. Die Gemüse braun rösten, Tomatenmark beigeben und mit Weißwein ablöschen. Mit Fond aufgießen, mit Rosmarin und Thymian würzen und zirka eine Stunde köcheln lassen. Das Ganze abseihen und auf zwölf Zentiliter reduzieren. Mit dieser Glace die Lammkrone bestreichen und erkalten lassen.

Die kleinwürfelig geschnittenen Schalotten in Olivenöl goldgelb anschwitzen und die geputzten und geviertelten Steinpilze darin sautieren. Mit Salz, Pfeffer, Petersilie und Weißwein abschmecken und auskühlen lassen.

Die Lammkrone auf eine runde chemisierte Platte setzen, mit den Steinpilzen füllen und daneben die gefüllten Tomaten und die gefüllten Fenchel anrichten.

Medaillons von der Zunge mit Spargel

Für 12 Personen

2 gepökelte Rindszungen, à 1 kg,
Bouquet garni

10 cl Velouté, 4 cl Madeira, Salz,
Pfeffer, Thymian, 4 cl Aspik (siehe
Seite 281), 10 cl Obers

200 g Lauch

24 schwarze Oliven, 200 g rote
Pfefferoni

Aspik (siehe Seite 281)

24 Stangen Spargel, 40 g Butter,
Salz, Zucker

50 cl Aspik (siehe Seite 281)

Die Zungen aufkochen lassen, abschäumen und das Bouquet garni beigeben. Die Zungen weich sieden, erkalten lassen und enthäuten.

Ein Drittel einer Zunge als Schaustück verwenden. Aus dem verbleibenden Rest 48 dünne Tranchen schneiden und 300 Gramm Zungenabschnitte für die Mousse aufheben.

Diese Zungenabschnitte faschieren und mit Velouté, Madeira und den Gewürzen vermischen. Aspik und geschlagenes Obers vorsichtig darunterrühren und kalt stellen. Die Mousse mit einem Spritzsack auf 24 Zungentranchen dressieren und die Tranchen einrollen.

Den Lauch blanchieren und in Scheiben schneiden.

Die Zungenröllchen auf die restlichen Tranchen setzen, mit blanchierter Lauchscheibe, Olive und Pfefferoni belegen und die Medaillons mit Aspik überziehen.

Den Spargel schälen, mit Butter, Salz und Zucker weich kochen, im Sud erkalten und gut abtropfen lassen.

Das Schaustück mit Aspik überziehen und auf eine chemisierte Platte legen. Die Zungenmedaillons in vier Reihen vor dem Hauptstück auflegen.

Jeden Spargel dritteln und je sechs Stücke zu einer Pyramide zusammenlegen. Mit einem blanchierten Lauchband zusammenbinden und zwischen den Zungenmedaillons anrichten.

Mit Dörrobst gefülltes Schweinskarree

Für 12 Personen

2,5 kg Schweinskarree

150 g getrocknete Feigen,
60 g getrocknete Marillen,
60 g Dörrzwetschken

Salz, Pfeffer, Kümmel, Öl

Aspik (siehe Seite 281)

12 mit Gervaiscreme gefüllte
Lauchstücke (siehe Seite 267),
6 Feigen

Das Schweinskarree auslösen und parieren. Das Karree der Länge nach mit einem dünnen, langen Messer durchstechen, die Öffnung mit den würfelig geschnittenen Trockenfrüchten füllen und mit Hilfe eines Kochlöffelstieles die Früchte nachschieben. Dieser Vorgang läßt sich einfacher mit einem Ladierstab durchführen.

Das Karree binden und mit Salz, Pfeffer und Kümmel würzen. Im Rohr bei 200 °C 15 Minuten und bei 180 °C zirka 40 Minuten unter öfterem Begießen braten. Nach dem Braten das Fleisch erkalten lassen.

Den Bratenrückstand reduzieren lassen, das Karree damit mehrmals bestreichen und kalt stellen.

Einen Teil des Karrees in Tranchen schneiden und die Schnittflächen mit Aspik überglänzen.

Die Tranchen rechts und links vom Hauptstück auf einer chemisierten Platte anrichten und mit den gefüllten Lauchstücken und den geviertelten Feigen garnieren.

254

Pochierter Lachs mit gefüllten Kalmaren

Für 8 Personen

Den Lachs filetieren, entgräten und parieren. Die Filets in Folie wickeln und auf ein dünnes Brett binden.

Aus den Abschnitten und Gräten einen Fischfond bereiten, die Lachsfilets darin 15 Minuten pochieren und im Fond erkalten lassen. Die Kalmare putzen und gut waschen.

Die Hechtfilets durch die feinste Scheibe der Faschiermaschine drehen und durch ein Haarsieb streichen. Mit Salz, Pfeffer, Zitronensaft und Dill abschmecken und auf Eis das halbfest geschlagene Obers darunterziehen.

Rote und grüne Paprika und Karotten würfelig schneiden und unter 900 Gramm Farce mischen. Die Kalmare damit füllen, in Alufolie fest einwickeln und mit den Kalmarenköpfen im Fischfond pochieren.

Die Tiefseegarnelen in Salzwasser mit etwas Kümmel und Dill fünf Minuten köcheln und im Fond erkalten lassen. Die Garnelen aus der Schale brechen, den Darm entfernen und an den Enden abflachen.

Den Lachsersatz durch ein Sieb streichen und mit 200 Gramm Hechtfarce vermischen. Die Masse zu einer Rolle von fünf Zentimetern Durchmesser formen und in Alufolie wickeln. Die restliche Farce (100 g) mit dem Spinat vermischen, zu einer kleineren Rolle mit zwei Zentimetern Durchmesser formen und ebenfalls in Alufolie wickeln. Beide Rollen zirka 20 Minuten im Fischfond pochieren und kalt stellen.

Eine Bombenform einen halben Zentimeter dick mit Aspik chemisieren und mit ausgestochenen Trüffelscheiben auslegen.

2 kg Lachs
Fischfond (siehe Seite 279)
8 Kalmare mit Köpfen
750 g Hechtfilets, Salz, weißer Pfeffer, Saft von 2 Zitronen, gehackter Dill, 45 cl Obers
20 g rote Paprika, 20 g grüne Paprika, 20 g gekochte Karotten
24 Tiefseegarnelen, Salz, Kümmel, Dill
50 g Lachsersatz
50 g passierter Spinat
Aspik (siehe Seite 281), 60 g Trüffeln, Rahm
1 kg Lachsmousse (siehe Seite 216)
16 gekochte grüne Spargelköpfe, Salz, weißer Pfeffer, Zitronensaft, Aspik (siehe Seite 281)
Foto oben

Aspik und Rahm vermischen, die Form damit ausgießen und kalt stellen. Aus den Abschnitten eine Lachsmousse herstellen. Die Mousse in die Form füllen und einige Stunden kühlen.

Die pochierten Lachsfilets aus der Folie wickeln, das ausgetretene Eiweiß entfernen und in Tranchen schneiden.

Die Spargelköpfe mit Salz, Pfeffer und Zitronensaft marinieren, auf die Lachstranchen legen und das Ganze mit Aspik überziehen.

Die gefüllten Kalmare aus der Folie wickeln, in dicke Scheiben schneiden und mit Aspik überziehen.

Die Kalmarenköpfe so parieren, daß sie aufrecht stehen bleiben, und in Aspik tauchen.

Die beiden Hechtfarcerollen von der Folie befreien und in Scheiben schneiden.

Mit einem Ausstecher nachstechen und die Spinatscheiben auf die Lachsscheiben setzen.

Die Bombenform vorsichtig stürzen und auf eine chemisierte Platte setzen. Rundherum die Tiefseegarnelen auflegen.

Die Lachstranchen und die Kalmarenscheiben auflegen und als Garnitur die Kalmarenköpfe und die zusammengesetzten Hechtfarcescheiben auf der Platte anrichten.

Rehrücken mit Rotweinbirne

Für 10 Personen

Den Rehrücken so auslösen, daß die beiden Rückenfilets zusammenbleiben, und anschließend parieren.

Die Filets zwei Stunden in die Rotweinbeize legen. Gut trocken tupfen, mit Salz und Pfeffer würzen und in Öl rasch anbraten. Aus der Pfanne nehmen und auskühlen lassen.

Für die Farce die Lebern anbraten. Den Apfel schälen, entkernen, würfelig schneiden und mitrösten. Die Orangenzesten dazugeben, mit Cognac ablöschen und mit gesiebter Rotweinbeize aufgießen. Etwas reduzieren und erkalten lassen.

Das kleinwürfelig geschnittene Rehfleisch, die gekühlten Lebern und die Rotweinbeize cuttern. Mit Pastetengewürz, Salz und Pfeffer würzen und auf Eis das halbfest geschlagene Obers darunterziehen.

Den Speck würfelig schneiden und blanchieren. Die Trüffeln in kleine Würfel schneiden. Speck, Trüffeln und Pistazien unter die Farce mischen.

Den Speck in zwei Millimeter dicke Scheiben schneiden. Eine Rehrückenform mit Klarsichtfolie und Speckscheiben auslegen. Die gebratenen Rehrückenfilets in die Form geben und mit der Rehfarce auffüllen. Mit Speckscheiben und Klarsichtfolie abdecken. Im Rohr bei 80 °C Wassertemperatur 30 Minuten pochieren. In der Form auskühlen lassen, beschweren und kalt stellen.

Den Rehrücken aus der Form nehmen, die Folie vorsichtig entfernen und auf ein Glaciergitter geben. Mit einer kräftigen Glace einige Male chemisieren. Nach dem Erkalten den glacierten Rehrücken in einen Zentimeter dicke Tranchen schneiden und mit Aspik überziehen.

Die Rehrückentranchen auf einer chemisierten Platte mit den Rotweinbirnen und den Stanitzeln anrichten.

Rezept Günter Walder

Zutaten (linke Spalte)

2,5 kg Rehrücken, Rotweinbeize (siehe Rohmarinade, Seite 107)

Salz, Pfeffer, Öl

200 g Kalbslebern, 1 Apfel, Zesten von 1 Orange, 4 cl Cognac

400 g Rehfleisch (Schulter), Pastetengewürz, Salz, Pfeffer, 30 cl Obers

250 g grüner Speck, 40 g Trüffeln, 60 g Pistazien

250 g grüner Speck

25 cl Glace (siehe Fleischglace, Seite 281)

Aspik (siehe Seite 281)

10 Rotweinbirnen mit Kastanienpüree (siehe Seite 269), 10 Stanitzel mit Früchten und Gemüse (siehe Seite 270)

Rindsfilet im Pfeffermantel

Für 10 Personen

Den Lungenbraten gleichmäßig parieren und in einer Marinade aus Olivenöl, Senf, Rosmarin und Pfeffer zirka zwei Stunden beizen.

Kalbfleisch und Schweinefleisch würfelig schneiden, faschieren und cuttern. Mit Cognac und Zitronensaft abschmecken und auf Eis das geschlagene Obers darunterziehen.

Champignons, Schalotten und Petersilie fein hacken und in Butter anrösten. Mit Salz und Pfeffer würzen und erkalten lassen. Das Duxelles unter die Farce mischen und kalt stellen.

Den marinierten Lungenbraten zu einer Rolle binden, mit Salz einreiben und im heißen Öl gleichmäßig anbraten. Das Filet erkalten lassen und den Bindfaden entfernen.

Den Speck in drei Millimeter dicke Scheiben schneiden und den Lungenbraten damit umwickeln.

Zutaten (linke Spalte)

1,6 kg Rindslungenbraten, 15 cl kaltgepreßtes Olivenöl, 1 KL Senf, Rosmarin, Pfeffer

250 g Kalbfleisch, 250 g Schweinefleisch, 4 cl Cognac, Saft von 1 Zitrone, 25 cl Obers

250 g Champignons, 200 g Schalotten, 100 g Petersilie, Butter, Salz, weißer Pfeffer

Salz, Öl

Alufolie ausbreiten und eine zum Braten geeignete Klarsichtfolie darauf legen. Die Farce zirka fünf Millimeter dick aufstreichen, das mit Speckscheiben umwickelte Filet darauf legen und mit der Folie einrollen.
Zusammenbinden und im vorgeheizten Rohr bei 210 °C 15 bis 20 Minuten backen.
Den ausgekühlten Lungenbraten aus der Folie nehmen und in geschrotetem Pfeffer rollen. Einen Teil davon in Tranchen schneiden. Das Hauptstück und die Tranchen auf ein Glaciergitter geben und mit Aspik überglänzen.
Als Garnitur eignen sich Gurkenscheiben mit Schinkenröllchen und Gemüseschiffchen.
Rezept Günter Walder

500 g grüner Speck
100 g weißer, schwarzer und rosa Pfeffer
Aspik (siehe Seite 281)
10 Gurkenscheiben mit Schinkenröllchen (siehe Seite 267), 10 Gemüseschiffchen (siehe Seite 265)

Roastbeef mit Gemüseschiffchen

Für 8 Personen
Die Beiried parieren und die Fettschichte einschneiden. Mit Salz, Pfeffer und Kräutern einreiben und mit der Fettseite nach unten anbraten. Im Rohr bei 220 °C zirka 15 bis 20 Minuten braten. Die Kerntemperatur soll 60 °C nicht übersteigen.
Das Fleisch auskühlen lassen und gut durchkühlen.
Vom Roastbeef 16 Tranchen schneiden und das restliche Fleisch als Schaustück verwenden.
Die Tranchen und das Hauptstück auf einer chemisierten Platte anrichten und mit Aspik überziehen. Mit Tomatenrosen und Kresse dekorieren und noch einmal überglänzen.
Die Gemüseschiffchen und die Zucchinischeiben auf der Platte anrichten und mit würfelig geschnittenem Madeiraaspik dekorieren.
Roastbeef soll immer erst am Tag des Verbrauches zubereitet werden.

1,5 kg Beiried ohne Knochen, Salz, Pfeffer, gehackte Kräuter (Thymian, Rosmarin, Basilikum), Öl
Aspik (siehe Seite 281)
Tomatenrosen, Kresse
8 Gemüseschiffchen (siehe Seite 265), 8 Zucchinischeiben mit Oberskren (siehe Seite 270)
Madeiraaspik (siehe Seite 282)

Schweinsrücken in der Pfefferhülle

Für 12 Personen
Das Schweinskarree mit Salz, Pfeffer, zerdrückter Knoblauchzehe und Thymian würzen. In Öl anbraten und erkalten lassen.
Schweinefleisch, Kalbfleisch und Lebern würfelig schneiden. Die Zwiebeln in Butter anschwitzen und die Petersilie dazugeben. Das Ganze zweimal durch die feinste Scheibe der Faschiermaschine drehen und cuttern. Mit Salz, Pfeffer, zerdrückter Knoblauchzehe und Pastetengewürz abschmecken und die Eier dazugeben. Auf Eis das geschlagene Obers darunterziehen und die Farce kalt stellen.
Grüne Pfefferkörner als Einlage unter die Farce mischen und die Farce auf eine Klarsichtfolie streichen. Das Schweinskarree darauf legen und mit der Folie einrollen. In Alufolie einwickeln und öfters mit einer Nadel einstechen.
Das Ganze in eine Dachrinnenform geben, im Rohr bei 200 °C anbacken und bei 170 °C zirka 45 Minuten backen.
Erkalten lassen, in Tranchen schneiden und mit Aspik überziehen. Die Tranchen auf einer chemisierten Platte mit den Tomatenspalten und den Gemüseschiffchen anrichten.

1,5 kg ausgelöstes Jungschweinskarree, Salz, Pfeffer, 1 Knoblauchzehe, Thymian, Öl
200 g Schweinefleisch, 100 g Kalbfleisch, 150 g Schweinslebern, 40 g gehackte Zwiebeln, 20 g Butter, 2 EL gehackte Petersilie
Salz, Pfeffer, 1 Knoblauchzehe, Pastetengewürz, 2 Eier, 25 cl Obers
2 EL grüne Pfefferkörner
Aspik (siehe Seite 281)
12 mit Paprikaoberscreme gefüllte Tomatenspalten (siehe Seite 268), 12 Gemüseschiffchen (siehe Seite 265)

Seezungenbombe mit Riesengarnelen

Für 12 Personen
Eine Bombenform (1,5 l) mit den blanchierten Speckscheiben auslegen und kalt stellen.
Die enthäuteten Seezungenfilets mit Salz, Pfeffer und Zitronensaft würzen. Die Bombenform mit den Filets so auskleiden, daß sie am Rand etwas überstehen, und wieder gut kühlen.
Die Schalotten in Butter anschwitzen und überkühlen lassen. Mit den Lachsfilets zweimal durch die feinste Scheibe der Faschiermaschine drehen. Mit Salz und Pfeffer würzen und Zitronensaft, Cognac, Noilly Prat und Ei dazugeben. Das Ganze anschließend durch ein feines Sieb passieren und kalt stellen.
Die Riesengarnelen in Butter dünsten und halbieren. Trüffeln und Karotten in kleine Würfel schneiden, die geschälten Pistazien halbieren.

250 g blanchierte Speckscheiben
700 g Seezungenfilets, Salz, weißer Pfeffer, Saft von ½ Zitrone
40 g gehackte Schalotten, 20 g Butter, 300 g Lachsfilets, Salz, weißer Pfeffer, Saft von 1 Zitrone, 2 cl Cognac, 2 cl Noilly Prat, 1 Ei
300 g Riesengarnelen, 40 g Butter
30 g schwarze Trüffeln, 30 g Karotten, 30 g Pistazien

12 Gurkenscheiben mit Lachspüree (siehe Seite 266), 12 mit Kräuterobers gefüllte Tomaten (siehe Seite 267)

Riesengarnelen, Trüffeln, Karotten und Pistazien unter die Farce mischen und in die Bombenform füllen.

Die überstehenden Seezungenfilets einschlagen und die Seezungenbombe mit blanchierten Speckscheiben abdecken.

Mit Folie oder Deckel verschließen und im Rohr eine Stunde bei 80 °C Wassertemperatur pochieren. Die Seezungenbombe auskühlen und im Kühlschrank erkalten lassen.

Stürzen und in Segmente schneiden oder im ganzen auf eine chemisierte Platte setzen und mit den Gurkenscheiben und den gefüllten Tomaten anrichten. Eventuell mit Chaud-froid-Sauce überziehen oder mit Trüffeln oder Krebsen garnieren. Die Seezungenbombe eignet sich auch als Schaustück für kalte Platten.

Spanferkelroulade

Für 12 Personen

Schweinefleisch und Kalbfleisch würfelig schneiden.

Den Spinat blanchieren und pürieren.

Die Schalotten in Butter anschwitzen und mit der Petersilie vermischen.

Das Ganze zweimal durch die feinste Scheibe der Faschiermaschine drehen und cuttern.

Mit Salz, Pfeffer und zerdrücktem Knoblauch würzen. Auf Eis das geschlagene Obers darunterziehen und die Farce kalt stellen.

Trüffeln, Zunge und blanchierten Speck würfelig schneiden und unter die Farce mischen.

Die Farce auf die Innenseite des Spanferkelrückens streichen und von den Bauchseiten beginnend einrollen.

Die Roulade in Klarsichtfolie und Alufolie straff einwickeln und in der Bouillon zirka 90 Minuten bei 90 °C pochieren. Die Innentemperatur der Roulade soll 70 °C nicht übersteigen.

Die Galantine überkühlen lassen, in eine neue Folie fest einwickeln und kalt stellen.

Die Spanferkelroulade aus der Folie wickeln, in Tranchen schneiden und die Tranchen mit Aspik überziehen.

Auf einer chemisierten Platte mit den Garnituren anrichten.

200 g mageres Schweinefleisch, 200 g Kalbfleisch, 150 g Blattspinat, 40 g gehackte Schalotten, 30 g Butter, 2 EL gehackte Petersilie

Salz, Pfeffer, 2 Knoblauchzehen, 25 cl Obers

30 g Trüffeln, 60 g Pökelzunge, 50 g blanchierter grüner Speck

2 kg gepökelter, ausgelöster Spanferkelrücken

Bouillon

Aspik (siehe Seite 281)

12 mit roten Bohnen gefüllte Fenchel (siehe Seite 269), 12 Stück Weißkrautsalat auf Maiskolbenscheiben (siehe Seite 270)

Variationen von Rinds- und Schweinsfilets

Für 8 Personen

Den Rindslungenbraten parieren, mit Salz und Pfeffer würzen, in Öl anbraten und erkalten lassen.

Die Schweinsfilets parieren, enthäuten und 200 Gramm Fleischabschnitte für die Farce aufheben. Die Filets mit Salz und Pfeffer würzen, in Öl kurz anbraten und auskühlen lassen.

Für das Duxelles die Schalotten in Butter anschwitzen. Die Champignons fein hacken und kurz mitdünsten. Mit Salz, Pfeffer, Zitronenmelisse und Oregano abschmecken, die Petersilie dazugeben und auskühlen lassen. Das Duxelles mit Ei und Weißbrot binden.

Für die Farce die Fleischabschnitte zweimal durch die feinste Scheibe der Faschiermaschine drehen, mit Ei binden und mit Salz, Pfeffer, Knoblauch und Ingwer abschmecken.

Die Spinatblätter entstielen, blanchieren, abschrecken und gut abtropfen lassen.

Den Blätterteig zirka drei Millimeter dick ausrollen, die Teigecken schräg abschneiden und in die Mitte einen Teil des Duxelles auftragen. Den Rindslungenbraten mit der Oberseite nach unten darauf legen, mit dem restlichen Duxelles bestreichen und in Blätterteig einschlagen.

Den Lungenbraten mit der Verschlußstelle nach unten auf ein Blech legen, mit Eidotter bestreichen und mit einer Gabel Muster in den Teig ritzen. Bei zirka 230 °C anbacken und bei 200 °C 25 Minuten backen. Der Lungenbraten soll innen rosa bleiben.

Das gewässerte Schweinsnetz auflegen, den Blattspinat darauf verteilen und mit der Schweinsfarce bestreichen. Die Schweinsfilets darauf legen, einrollen und in das Schweinsnetz gut einschlagen. Im Rohr bei 230 °C 15 bis 20 Minuten braten und erkalten lassen.

Die Champignonköpfe von der Mitte ausgehend einkerben, mit Essig, Öl, Salz und Pfeffer kurz andünsten und marinieren lassen.

700 g Rindslungenbraten, Salz, Pfeffer, Öl

2 Schweinsfilets, à 350 g, Salz, weißer Pfeffer, Öl

50 g gehackte Schalotten, 30 g Butter, 100 g Champignons, Salz, Pfeffer, gehackte Zitronenmelisse, Oregano, 1 EL gehackte Petersilie, 1 Ei, 2 EL geriebenes Weißbrot

1 Ei, Salz, Pfeffer, zerdrückter Knoblauch, Ingwer

100 g Blattspinat

200 g Blätterteig (siehe Seite 284), 1 Eidotter

Schweinsnetz

8 Champignonköpfe, 2 EL Weißweinessig, 2 EL Öl, Salz, Pfeffer

Aspik (siehe Seite 281)

8 Kohlrabischeiben mit Stockschwammerln (siehe Selleriescheiben mit Stockschwammerln, Seite 269), 8 Gurkenscheiben mit Tomatenmousse (siehe Seite 267)

Von den gut gekühlen Filets je acht Tranchen schneiden und den Rest als Schaustücke verwenden. Mit Aspik überziehen und auf einer chemisierten Platte anrichten.
Neben den Rindsfilettranchen die Kohlrabischeiben mit den Stockschwammerln und entlang den Schweinsfilettranchen die Gurkenscheiben auflegen. Zwischen den Schaustücken die gut abgetropften Champignonköpfe anrichten.
Anstelle von Blattspinat können auch Kohlblätter zum Einwickeln der Schweinsfilets verwendet werden.

Garnituren

Die Garnituren müssen immer mit dem Grundbestandteil der Hauptspeise harmonieren. Sie bestimmen meist den Charakter eines Gerichtes, das sehr oft auch nach der Garnitur benannt ist.
Wie bei den kalten Platten müssen auch bei den Garnituren bestimmte Richtlinien eingehalten werden.
○ Die Garnituren müssen größen- und mengenmäßig sowie farblich und geschmacklich zu dem Gericht passen und es ergänzen.
○ Bei kalten Platten werden meistens eine bis höchstens drei Garnituren pro Buffetportion gegeben. Je mehr Garnituren, desto kleiner soll jede einzelne von ihnen sein.
○ Die Garnituren sollen zart, aber nicht zu klein gehalten werden und exakt ausgeführt sein. Ihr Aussehen soll eher einfach sein, der Eindruck von zuviel Handarbeit sollte vermieden werden. Gemüse muß immer genau geschnitten oder tourniert werden.
○ Zu üppige, aufdringliche Garnituren sind ebenso fehl am Platz wie die Verwendung artfremder Stoffe. Dekor und Garnituren müssen farblich und geschmacklich aufeinander abgestimmt sein.
○ Eiergarnituren, Salate, Mousses und ähnliches werden gerne auf einem Sockel von Gemüse angerichtet.
Geeignet sind dafür Scheiben von Gurken, Zucchini und Sellerie sowie ausgehöhlte Tomaten und ähnliches.
○ Durch die Verwendung von frischen Kräutern und frischem Gemüse und Obst werden die Garnituren auch ernährungsphysiologisch aufgewertet.
○ Die Garnituren werden bei Bedarf mit passendem Aspik glaciert, entstandene Aspikränder müssen beim Anrichten entfernt werden.
○ Das zum Überglänzen verwendete Aspik soll möglichst hell sein, sodaß die Garnituren ihre eigene Farbe behalten und nicht durch zu dunkles Gelee farblich verfälscht werden.
○ Die Anrichteweise der Garnituren soll das Gesamtbild der Platte abrunden, es soll eine klare Linienführung erkennbar sein.

Ananas mit Weißweingelee

Für 2 Stück

Die Ananas mit den Blättern der Länge nach halbieren und den Strunk entfernen. Die Hälften an den Unterseiten abflachen, das Fruchtfleisch herauslösen, in Stücke schneiden und in die ausgehöhlten Ananashälften füllen.
Mit Kirschen belegen und mit Weißweingelee überziehen.

1 Ananas

12 Kirschen, 6 cl Weißweingelee
(siehe Seite 283)

Birnen mit Erdbeeren

Für 8 Stück

2 frische Williams Birnen mit Stengel, 2 EL Weißwein, Zucker, Zimtrinde, 2 Nelken

8 Erdbeeren mit Stielansatz

Foto Seite 249

Die Birnen schälen und vierteln, sodaß bei jedem Viertel ein Teil des Stielansatzes erhalten bleibt. Die Kerngehäuse ausstechen und die Birnen mit Weißwein, Zucker, Zimtrinde und Nelken blanchieren.

Von den Erdbeeren ein Viertel der Länge nach so abschneiden, daß auf den verbleibenden Stücken die Blätter erhalten bleiben. Diese Stücke mit der Schnittfläche und dem Stielansatz nach oben auf die Birnenspalten setzen.

Birnen mit Moosbeeren

Für 8 Stück

4 Birnen, 10 cl Weißwein, Saft von ½ Zitrone, 50 g Zucker, Zimtrinde, Nelken

100 g Moosbeeren, 6 cl Rotwein, 25 g Zucker

Avocadostreifen, Weißweingelee (siehe Seite 283)

Foto Seite 261

Die Birnen schälen, halbieren und entkernen.

Mit Weißwein, Zitronensaft, Zucker, Zimtrinde und Nelken pochieren und im Fond erkalten lassen.

Die Birnen gut abtrocknen, an den Unterseiten schräg abflachen und aufstellen.

Die Moosbeeren mit Rotwein und Zucker kurz aufkochen, abtropfen lassen und auf den Birnen pyramidenförmig anrichten. Mit Avocadostreifen dekorieren und mit Weißweingelee überziehen.

Blätterteigpastetchen mit Gänselebermousse

Für 12 Stück

250 g Blätterteig (siehe Seite 284), 1 Eidotter

300 g Gänseleber, Salz, weißer Pfeffer, 20 g Butter, 2 cl Cognac, 2 cl Portwein

60 g Butter, 12 cl Obers

6 Erdbeeren, Brunnenkresse, Weißweingelee (siehe Seite 283)

Foto Seite 261

Den Blätterteig sechs Millimeter dick ausrollen und Ringe mit einem Durchmesser von vier bis fünf Zentimetern ausstechen. Den Teigrest zwei Millimeter dick ausrollen und gleich große Böden ausstechen.

Ein Backblech mit Wasser benetzen und die Teigböden darauf legen. Die Oberfläche mit Eidotter bestreichen. Der Rand muß dabei sauber bleiben, sonst gehen die Pastetchen beim Backen schief auf. Die Teigringe auf die Teigböden legen, leicht andrücken und mit Eidotter bestreichen. Die Teigböden mit einer Gabel anstechen, damit beim Backen keine Blasen entstehen.

Der Blätterteig soll vor dem Backen mindestens 15 Minuten kühl rasten. Die Pastetchen fünf Minuten bei 230 °C anbacken und bei 200 °C 15 bis 20 Minuten fertigbacken.

Die Gänseleber parieren und mit Salz und Pfeffer würzen. Mit Butter, Cognac und Portwein schmoren, überkühlen lassen und durch ein Haarsieb streichen. Die Butter flaumig rühren, mit dem Gänseleberpüree verrühren und das geschlagene Obers darunterziehen.

Die Gänselebermousse in die Blätterteigpastetchen dressieren, mit halbierten Erdbeeren und Brunnenkresse dekorieren und mit Weißweingelee überglänzen.

Damit die Pastetchen beim Backen gleichmäßig aufgehen, zirka drei Zentimeter hohe, mit Wasser benetzte Metallhülsen so auf die Teigböden setzen, daß sie an den Innenrändern der Teigringe anliegen.

Brokkoli-Pilz-Sulze

Für 12 Stück

150 g Champignons, 100 g Eierschwammerln, Zitronensaft, Salz, weißer Pfeffer, Knoblauch

8 Blätter Gelatine, 60 cl Gemüsefond (siehe Seite 280)

150 g gekochte Brokkoliröschen

Foto Seite 261

Die Pilze putzen und in wenig Wasser mit etwas Zitronensaft dämpfen. Mit Salz, Pfeffer und Knoblauch würzen und erkalten lassen.

Die aufgelöste Gelatine in den Gemüsefond einrühren.

Eine kleine Terrinenform damit ausgießen und die Brokkoliröschen einlegen. Mit Gemüsegelee bedecken und erstarren lassen.

Die Pilze einlegen, mit dem restlichen Gemüsegelee aufgießen und die Sulze kalt stellen. Zum Stürzen die Form in heißes Wasser tauchen und die Sulze in Scheiben schneiden.

Garnituren *Birnen mit Moosbeeren, Blätterteigpastetchen mit Gänselebermousse, Gefüllte Eier mit Avocadokugeln, Selleriescheiben mit Stockschwammerln, Mit Gervaiscreme gefüllte Lauchstücke, Brokkoli-Pilz-Sulze*

TIEFE

Galabuffet *Hotel Hilton, Wien*

Garnituren *Mit Kräuterobers gefüllte Tomaten, Gurkenscheiben mit Tomatenmousse, Mit Paprikaoberscreme gefüllte Tomatenspalten, Zucchinischeiben mit Oberskren, Gemüseschiffchen, Gurkenscheiben mit Lachspüree*

Fenchelschiffchen mit Kalmaren

Für 10 Stück

Den Fenchel putzen, halbieren und den Strunk herausschneiden. Aus den Fenchelteilen zehn Schiffchen (5 cm lang, 2,5 cm breit) schneiden und in Salzwasser mit etwas Zitronensaft kochen.
Die Butter flaumig rühren und mit dem passierten Thunfisch und etwas Öl vermischen. Mit Salz und Pfeffer würzen und mit der Crème fraîche vermischen.
Die Thunfischcreme mit einem Dressiersack in die Fenchelschiffchen dressieren und mit Kalmarenköpfen und Paprikastreifen garnieren.

300 g Fenchel, Salz, Saft von 1 Zitrone
50 g Butter, 100 g Thunfisch in Öl, Salz, weißer Pfeffer, 2 EL Crème fraîche
10 gekochte Kalmarenköpfe, 1 roter Paprika

Gebackene Teigblätter mit Kastanienpüree

Für 4 Stück

Den Blätterteig zwei Millimeter dick ausrollen und mit Hilfe einer Schablone vier Kastanienblätter ausschneiden. Mit Eidotter bestreichen und im Rohr bei 220 °C goldgelb backen.
Das Kastanienpüree mit Cognac und Honig abschmecken und das geschlagene Obers darunterziehen. Mit einem Spritzsack auf die ausgekühlten Blätter dressieren und mit Mandarinenspalten garnieren.
Eventuell mit Gelee überziehen.

200 g Blätterteig (siehe Seite 284), 1 Eidotter
120 g Kastanienpüree, 2 cl Cognac, 1 EL Honig, 6 cl Obers, 4 Mandarinenspalten

Gefüllte Eier mit Avocadokugeln

Für 8 Stück

Die Eier schälen, der Breite nach halbieren und die Dotter herausnehmen.
Die Dottercreme mit dem Sardellenpüree vermischen und mit einem Spritzsack in die Eihälften dressieren.
Mit den Avocadokugeln garnieren und mit Aspik glacieren.

4 gekochte Eier
200 g Dottercreme (siehe Seite 157), 1 EL Sardellenpüree
8 Avocadokugeln, Aspik (siehe Seite 281)
Foto Seite 261

Gefüllte Eier mit Shrimps

Für 10 Stück

Die Eier schälen, die Deckel abschneiden und die Dotter herausnehmen.
Die Eier am Boden abflachen, sodaß sie gut stehen können, mit Dottercreme füllen und mit Shrimps garnieren.

10 gekochte Eier
300 g Dottercreme (siehe Seite 157), 10 gekochte Shrimps

Gemüseschiffchen

Für 10 Stück

Zehn Metallschiffchen in zwei Reihen aufstellen. Den Mürbteig drei Millimeter dick ausrollen und über die Formen legen. Mit einem Rollholz fest andrücken, sodaß der Teig abgeschnitten wird. Den Teig in den Formen gut andrücken, die Ränder glatt schneiden und eine Stunde rasten lassen.
Mit einer Gabel anstechen und im Rohr bei 220 °C zirka 15 Minuten blind backen. Aus den Formen nehmen und auskühlen lassen.
Die gegarten Gemüse gut abtropfen und erkalten lassen und in die Teigschiffchen legen.
Das Aspik mit Salz, Pfeffer und Essig abschmecken und das Gemüse damit überpinseln.

200 g Mürbteig (siehe Seite 285)
100 g gekochter Karfiol, 100 g gekochte Fisolen, 10 tournierte, gekochte Karotten, 10 tournierte, gekochte Kohlrabi, 10 gekochte Spargelspitzen
Aspik (siehe Seite 281), Salz, weißer Pfeffer, Weißweinessig
Foto Seite 264

Gesulzte Mixed Pickles

Für 16 Stück

Den Karfiol in Röschen teilen, die Karotten in Stäbchen schneiden, die Fisolen putzen und einmal durchschneiden. Karfiol, Karotten und Fisolen sortengetrennt kochen. Den Paprika blanchieren und in Streifen schneiden.

100 g Karfiol, 100 g Karotten, 100 g Fisolen, 1 roter Paprika

10 cl Weinessig, 10 cl Wasser,
1 EL Zucker, Salz, zerdrückte
Senfkörner, zerdrückte Pfefferkörner,
1 Lorbeerblatt

50 g eingelegte Perlzwiebeln,
50 g Essiggurkerln,
20 cl Gemüsefond (siehe Seite 280),
6 Blätter Gelatine

Maiskörner, Piri-Piri, Krauspetersilie,
Aspik (siehe Seite 281)

Foto Seite 253

Essig, Wasser, Zucker, Salz, Senfkörner, Pfefferkörner und Lorbeerblatt aufkochen und abseihen. Noch warm über die Gemüse gießen und die Perlzwiebeln und die in Stäbchen geschnittenen Essiggurkerln dazugeben. Mit Gemüsefond auffüllen, die aufgelöste Gelatine einrühren und das Ganze in eine kleine Form füllen.

Die Form stürzen, die gesulzten Mixed Pickles in 16 Scheiben schneiden, mit Maiskörnern, Piri-Piri und Krauspetersilie garnieren und mit Aspik überglänzen.

Gesulztes Ratatouille

Für 16 Stück

Essig, Wasser, Salz, Thymian, Lorbeerblatt und zerdrückte Knoblauchzehe aufkochen und den Sud abseihen.

Zwiebeln und Melanzane würfelig schneiden und im Sud kochen. Paprika und Zucchini ebenfalls würfelig schneiden, blanchieren und in den Sud geben. Die Tomaten schälen, entkernen, würfelig schneiden, in den Sud geben und die aufgelöste Gelatine daruntermischen. Mit Pfeffer und Petersilie abschmecken und das gesulzte Ratatouille in kleine Dachrinnenformen füllen.

Die Form stürzen, das Ratatouille in 16 Scheiben schneiden und mit aufgeschnittenen Oliven und Basilikumblättern garnieren.

5 cl Weinessig, 50 cl Wasser, Salz,
Thymian, 1 Lorbeerblatt,
1 Knoblauchzehe

100 g Zwiebeln, 100 g Melanzane,
1 grüner Paprika, 100 g Zucchini,
150 g Tomaten, 6 Blätter Gelatine,
Pfeffer, gehackte Petersilie

16 gefüllte Oliven, Basilikumblätter

Foto Seite 251

Glacierte Kastanien

Für 8 Stück

Das Kastanienpüree mit dem Honig vermischen. Die Masse zu acht Kastanien formen und so oft mit Fleischglace überziehen, bis die Glasur die gewünschte Stärke und Farbe hat. Den Sellerie schälen und acht Scheiben (7 cm Durchmesser, 1 cm dick) mit einem gezackten Ausstecher ausstechen. Die Selleriescheiben in Zitronenwasser mit etwas Salz weich kochen.

Die Kastanien halbieren und auf die Selleriescheiben geben.

400 g Kastanienpüree, 80 g Honig,
25 cl Fleischglace (siehe Seite 281)

1 kg Sellerie, Saft von 2 Zitronen, Salz

Foto Seite 249

Gurkenscheiben mit Krautsalat

Für 16 Stück

Das Weißkraut nudelig schneiden und einsalzen.

Paprika und Karotten en julienne schneiden und mit dem gut ausgedrückten Weißkraut und der Marinade vermischen.

Von der Gurke mit einem Kannelierer Streifen abziehen und die Gurke in 16 schräge Scheiben schneiden.

Mit Salz und Pfeffer würzen und mit dem ausgedrückten Krautsalat belegen.

Die Zwiebel in Spalten schneiden, den Salat damit dekorieren und mit Aspik überziehen.

300 g Weißkraut, Salz

50 g grüner Paprika, 50 g Karotten,
8 cl einfache Salatmarinade (siehe
Seite 128)

1 Gurke, Salz, Pfeffer

1 rote Zwiebel, Aspik (siehe
Seite 281)

Foto Seite 253

Gurkenscheiben mit Lachspüree

Für 12 Stück

Von der Gurke mit einem Kannelierer Streifen abziehen.

Die Gurke in Scheiben schneiden und mit Salz und Pfeffer würzen.

Die Butter flaumig rühren und mit dem Räucherlachs und der Crème fraîche vermischen.

Mit Salz, Cayennepfeffer und Worcestershiresauce abschmecken und das Lachspüree auf die Gurkenscheiben dressieren.

Mit Räucherlachsrosen und gestoßenen Pfefferkörnern dekorieren.

1 Gurke, Salz, Pfeffer

120 g Butter, 120 g passierter
Räucherlachs, 2 EL Crème fraîche,
Salz, Cayennepfeffer, Worcestershire-
sauce

60 g Räucherlachsscheiben,
gestoßene Pfefferkörner

Foto Seite 264

Gurkenscheiben mit Schinkenröllchen

Für 10 Stück

In die Gurke mit einem Kannelierer Rillen einschneiden und die Gurke in acht Millimeter dicke Scheiben schneiden. Die Scheiben in Salzwasser blanchieren und erkalten lassen. Die Tomaten enthäuten und in fünf Millimeter dicke Scheiben schneiden. Den Preßschinken auf Folie legen und den Gervais mit einem Dressiersack und glatter Tülle aufdressieren. Den Schinken einrollen und in Stücke schneiden.

Jede Garnitur besteht aus einer Tomatenscheibe, darauf die Gurkenscheibe und ein Stück Schinkenrolle, die mit einem Trüffelpunkt garniert wird.

1 Gurke, Salz
4 kleine Tomaten
2 Scheiben Preßschinken, à 25 g, 100 g Gervais
Trüffeln

Gurkenscheiben mit Tomatenmousse

Für 8 Stück

Die Gurke schälen, in Scheiben schneiden und mit Salz und Pfeffer würzen.

Die Tomaten schälen, die Deckel abschneiden und aushöhlen.

Das geschlagene Obers unter das Tomatenpüree ziehen und mit Salz, Cayennepfeffer, Zucker und Zitronensaft abschmecken. Die Trüffelwürfel darunterziehen und mit der aufgelösten Gelatine binden.

Die Mousse in die ausgehöhlten Tomaten füllen und gut kühlen.

Die Tomaten vierteln, auf die Gurkenscheiben setzen und mit Aspik überziehen.

½ Gurke, Salz, weißer Pfeffer
2 Tomaten
6 cl Obers, 50 g frisches Tomatenpüree, Salz, Cayennepfeffer, Zucker, Zitronensaft, 10 g Trüffelwürfel, 2 Blätter Gelatine
Aspik (siehe Seite 281)
Foto Seite 264

Gurkenscheiben mit Wachteleiern

Für 8 Stück

Die Gurke in einen halben Zentimeter dicke Scheiben schneiden und die Scheiben mit Salz und Pfeffer würzen.

Den Topfen passieren und mit einem Spritzsack auf die Gurkenscheiben dressieren.

Mit halbierten Wachteleiern belegen, mit Petersilie dekorieren und mit Aspik überziehen.

½ Gurke, Salz, Pfeffer
120 g Topfen
4 gekochte Wachteleier, Petersilie, Aspik (siehe Seite 281)
Foto Seite 247

Kohlrabischüsserln

Für 8 Stück

Die Kohlrabi schälen, die Deckel abschneiden und aushöhlen. In Zitronenwasser knackig kochen und erkalten lassen.

Die Gemüsekugeln blanchieren, abschrecken und in die ausgehöhlten Kohlrabi füllen.

Die Kohlrabischüsserln mit Aspik überziehen.

8 kleine Kohlrabi, Zitronensaft
240 g Gemüsekugeln (Karotten, Kohlrabi, Zucchini)
Aspik (siehe Seite 281)
Foto Seite 247

Mit Gervaiscreme gefüllte Lauchstücke

Für 12 Stück

Den Lauch im ganzen in Salzwasser blanchieren und abschrecken.

Den Gervais durch ein Haarsieb streichen und mit der Kresse vermischen. Mit Salz, Pfeffer, Knoblauch und Zitronensaft abschmecken und die aufgelöste Gelatine darunterrühren.

Die Innenblätter des Lauchs mit Hilfe eines Kochlöffelstieles entfernen, die Gervaiscreme einfüllen und gut kühlen.

Den Lauch in schräge Stücke schneiden und nach Bedarf mit Aspik überglänzen.

150 g Lauch, Salz
150 g Gervais, 2 EL gehackte Kresse, Salz, weißer Pfeffer, Knoblauch, Saft von ½ Zitrone, 2 Blätter Gelatine
Foto Seite 261

Mit Kräuterobers gefüllte Tomaten

Für 12 Stück

Die Tomaten schälen, die Deckel abschneiden und aushöhlen.

Das Obers schlagen und mit Spinat, Kresse und Dill vermischen.

12 kleine Tomaten
20 cl Obers, 50 g passierter Spinat,

2 EL gehackte Kresse, 2 EL gehackter Dill, Salz, weißer Pfeffer, 3 Blätter Gelatine

Aspik (siehe Seite 281)

Foto Seite 264

Mit Salz und Pfeffer abschmecken und die aufgelöste Gelatine darunterheben.
Das Kräuterobers mit einem Spritzsack und glatter Tülle in die Tomaten dressieren und gut kühlen.
Vor dem Anrichten mit Aspik glacieren.

Mit Lachscreme gefüllte Artischockenböden

Für 10 Stück

10 Artischockenböden, Salz, Saft von 1 Zitrone

125 g Butter, 80 g Lachsersatz, Salz, weißer Pfeffer, Saft von 1 Zitrone, Worcestershiresauce

5 gekochte Wachteleier, 20 g Keta-Kaviar

Die Artischockenböden mit einem runden Ausstecher (3 cm Durchmesser) ausstechen, an den Unterseiten etwas abflachen und in Salzwasser mit etwas Zitronensaft kochen.
Die Butter flaumig rühren und mit dem passierten Lachsersatz vermischen. Mit Salz, Pfeffer, Zitronensaft und Worcestershiresauce abschmecken.
Die Lachsbuttercreme mit einem Dressiersack auf die Artischockenböden dressieren.
Die gefüllten Artischockenböden mit halbierten Wachteleiern und Keta-Kaviar garnieren.

Mit Maissalat gefüllte Tomaten

Für 6 Stück

6 Tomaten

200 g Zuckermais, Salz, 60 g rote und grüne Paprikawürfel, 30 g gehackte Zwiebeln

2 EL Essig, 2 EL Öl, Salz, Pfeffer, 1 EL gehackte Petersilie

Die Tomaten blanchieren, in Eiswasser abschrecken und enthäuten. Die Deckel abschneiden und die Tomaten aushöhlen.
Den Zuckermais in Salzwasser kochen, abtropfen und auskühlen lassen. Mit den Paprikawürfeln und den Zwiebeln vermischen.
Den Salat mit einer Marinade aus Essig, Öl, Salz, Pfeffer und Petersilie marinieren und in die ausgehöhlten Tomaten füllen. Die gefüllten Tomaten bei Bedarf mit Aspik überziehen.

Mit Paprikaoberscreme gefüllte Tomatenspalten

Für 12 Stück

3 Tomaten

10 cl Obers, 1 EL geriebener Kren, 60 g blanchierte rote, grüne und gelbe Paprikawürfel, Salz, weißer Pfeffer, Saft von ½ Zitrone, 2 Blätter Gelatine

Foto Seite 264

Die Tomaten schälen, der Länge nach halbieren und aushöhlen.
Das Obers schlagen und mit dem Kren und den Paprikawürfeln vermischen. Mit Salz, Pfeffer und Zitronensaft abschmecken und die aufgelöste Gelatine einrühren.
Die Creme in die Tomatenhälften füllen, gut kühlen und halbieren.

Mit Pfefferonisalat gefüllte Fenchel

Für 6 Stück

3 kleine Fenchel, Salz, 20 g Butter

100 g milde Pfefferoni, 100 g Zwiebeln, 100 g gekochte weiße Bohnen, 2 EL Essig, 2 EL Öl, Salz, Pfeffer

Die Fenchel mit Salz und Butter weich kochen, in Eiswasser abschrecken und der Länge nach halbieren. Den Strunk entfernen und die Fenchel aushöhlen.
Die entkernten Pfefferoni und die Zwiebeln in Scheiben schneiden und die Bohnen daruntermischen. Das Ganze mit Essig und Öl marinieren und mit Salz und Pfeffer abschmecken.
Den Pfefferonisalat in die Fenchelhälften füllen und bei Bedarf mit Aspik überziehen.

Mit Pilzsalat gefüllte Tomaten

Für 16 Stück

2 EL Weinessig, 10 cl Wasser, Salz, Pfeffer, Thymian, 1 Knoblauchzehe, 1 EL gehackte Schalotten

150 g Pilze, 2 Blätter Gelatine

4 Tomaten

Rosmarin

Foto Seite 251

Essig, Wasser, Salz, Pfeffer, Thymian, zerdrückte Knoblauchzehe und Schalotten aufkochen lassen.
Die Pilze putzen, in Stücke teilen und in der Marinade ziehen lassen. Zirka zehn Zentiliter der Marinade mit der aufgelösten Gelatine vermischen und die Pilze dazugeben.
Die Tomaten schälen, halbieren, entkernen und mit dem Pilzsalat füllen. Anschließend gut kühlen, in Spalten schneiden und mit Rosmarin dekorieren.

Mit roten Bohnen gefüllte Fenchel

Für 12 Stück

Den Fenchel putzen, halbieren und den Strunk herausschneiden. Aus dem Fenchel zwölf Schiffchen schneiden (5 cm lang, 2,5 cm breit) und in Salzwasser mit etwas Zitronensaft kernig kochen.

Die Bohnen mit Essig, Öl, Salz, Pfeffer und Kräutern marinieren und in die Schiffchen füllen. Mit Zwiebelringen dekorieren und mit Aspik überglänzen.

350 g Fenchel, Salz, Saft von 1 Zitrone

480 g gekochte rote Bohnen, 2 EL Essig, 2 EL Öl, Salz, Pfeffer, 4 EL gehackte Kräuter (Petersilie, Kerbel, Bohnenkraut)

kleine Zwiebelringe, Aspik (siehe Seite 281)

Mit Schnittlauchtopfen gefüllte Tomaten

Für 10 Stück

Die Deckel der Tomaten abschneiden und die Tomaten aushöhlen.

Den Magertopfen fein passieren und mit Salz und Zitronensaft würzen. Die aufgelöste Gelatine dazugeben und mit dem Schnittlauch vermischen. Die Tomaten damit füllen und kalt stellen.

Mit ausgestochenen Trüffeln belegen und mit Oliven garnieren.

10 kleine Tomaten

250 g Magertopfen, Salz, Saft von ½ Zitrone, 2 Blätter Gelatine, 2 EL geschnittener Schnittlauch

Trüffeln, 10 gefüllte grüne Oliven

Pilzpüree auf Orangenscheiben

Für 8 Stück

Die Eierschwammerln putzen und mit den Zwiebeln und dem würfelig geschnittenen Speck in Butter anschwitzen. Die Béchamel dazugeben und mit Petersilie, Salz, Pfeffer und Zitronensaft abschmecken. Die Masse im Mixer pürieren und erkalten lassen.

Aus den Orangen acht eineinhalb Zentimeter dicke Scheiben schneiden und die Scheiben ausstechen, sodaß die Schale entfernt wird.

Das Pilzpüree auf die Orangenscheiben dressieren und mit den Kiwischeiben und den halbierten und entkernten Weintrauben belegen.

Das Pilzpüree kann aber auch auf Kohlrabi-, Zucchini- oder Fenchelscheiben dressiert und entsprechend dekoriert werden.

250 g Eierschwammerln, 50 g gehackte Zwiebeln, 30 g Räucherspeck, Butter, 10 cl Béchamel, 1 KL gehackte Petersilie, Salz, Pfeffer, Saft von ½ Zitrone

2 Orangen

8 Kiwischeiben, 4 blaue Weintrauben

Rotweinbirnen mit Kastanienpüree

Für 10 Stück

Die Birnen schälen, halbieren und die Kerngehäuse ausstechen. Die Birnenhälften an den Unterseiten schräg abflachen, in Rotwein zehn Minuten pochieren und darin erkalten lassen.

Die Kastanien schälen, in Salzwasser weich kochen und erkalten lassen. Die gegarten Kastanien passieren, mit Staubzucker und Rum vermischen und das geschlagene Obers darunterziehen.

Das Püree mit einem Dressiersack auf die ausgekühlten Rotweinbirnen dressieren.

5 Birnen, 50 cl Rotwein

250 g Kastanien, Salz

Staubzucker, 1 cl Rum, 12 cl Obers

Selleriescheiben mit Stockschwammerln

Für 8 Stück

Die Selleriescheiben mit einem gezackten Ausstecher ausstechen (3 bis 4 cm Durchmesser) und in Zitronenwasser dünsten.

Die Stockschwammerln putzen, blanchieren und auf den Selleriescheiben anrichten. Mit der Salatsauce bepinseln, mit Paprikastücken dekorieren und mit Aspik überziehen.

Anstelle von Sellerie kann auch Kohlrabi verwendet werden.

8 Selleriescheiben, Saft von 1 Zitrone

80 g Stockschwammerln, 4 EL italienische Salatsauce (siehe Seite 128), Paprikastücke

Aspik (siehe Seite 281)

Foto Seite 261

Stanitzel mit Früchten und Gemüse

Für 10 Stück

400 g Pastetenteig (siehe Seite 285), 1 Eidotter

200 g gekochte Brokkolirosen, 10 gekochte, geschälte Kastanien, 100 g Walnüsse, 10 eingelegte Eierschwammerln, 100 g Ribiseln

Aus Pappkarton zehn Stanitzel formen (5 cm lang, 2,5 cm Durchmesser) und mit Alufolie umwickeln. Den Pastetenteig drei Millimeter dick ausrollen und darüberschlagen. Mit Dotter bestreichen und die Stanitzel eine Stunde rasten lassen. Noch einmal mit Dotter bestreichen und im Rohr bei 200 °C 20 Minuten backen. Den Pappkarton entfernen und die Stanitzel auskühlen lassen.

Brokkolirosen, Kastanien, Walnüsse, Eierschwammerln und Ribiseln in die Stanitzel füllen.

Tomaten mit Spargel

Für 8 Stück

4 Tomaten

16 Spargelspitzen, Salz, Butter, Zucker

Aspik (siehe Seite 281)

Foto Seite 247

Die Tomaten blanchieren, abschrecken, schälen und halbieren.

Den Spargel in Salzwasser mit Butter und Zucker kochen und erkalten lassen.

Je zwei Spargelspitzen auf einer Tomatenhälfte anrichten und mit Aspik überglänzen.

Weißkrautsalat mit Maiskolbenscheiben

Für 12 Stück

200 g Weißkraut, Salz, Essig, Zucker, gemahlener Kümmel, 50 g Karotten, 1 grüner Paprika, 2 EL Mayonnaise, 3 EL Crème fraîche

2 gekochte Maiskolben, Salz, 2 EL geschnittener Schnittlauch

Das Weißkraut nudelig schneiden und mit Salz, Essig, Zucker und Kümmel marinieren. Karotten und Paprika en julienne schneiden.

Das Weißkraut ausdrücken und mit Mayonnaise und Crème fraîche vermischen. Karotten und Paprika dazugeben und den Salat kalt stellen.

Die Maiskolben in zwölf Scheiben schneiden und mit Salz würzen.

Den Krautsalat mit einem Löffel formen, auf den Maisscheiben anrichten und mit Schnittlauch bestreuen.

Zitronen-Kaviar-Aspik

Für 12 Stück

3 Zitronen

15 cl Aspik (siehe Seite 281), 70 g Kaviar

Die Zitronen halbieren, das Fruchtfleisch herauslösen und auspressen.

Zur halbfesten Aspikmasse den Kaviar und den Zitronensaft geben und in die Zitronenhälften füllen.

Erkalten lassen und die Zitronenhälften in Spalten schneiden.

Zucchinischeiben mit Oberskren

Für 8 Stück

120 g Zucchini, Salz, Pfeffer

10 cl Obers, 2 EL geriebener Kren, 1 EL Zitronensaft, Salz, weißer Pfeffer, 1 Blatt Gelatine

8 Piri-Piri, 4 schwarze Oliven, Aspik (siehe Seite 281)

Foto Seite 264

Die Zucchini in Scheiben schneiden, blanchieren und mit Salz und Pfeffer würzen.

Das Obers schlagen und mit Kren, Zitronensaft, Salz und Pfeffer abschmecken. Die aufgelöste Gelatine darunterziehen und den Oberskren auf die Zucchinischeiben dressieren.

Mit Piri-Piri und halbierten, entkernten Oliven garnieren, gut kühlen und mit Aspik glacieren.

Canapés *Canapé mit Lachsschinken, Canapé mit Beef tatar, Canapé mit Salami, Canapé mit Spargel, Canapé mit Shrimps, Canapé mit geräucherter Forelle, Canapé mit Räucherlachs, Canapé mit Sevruga-Kaviar, Canapé mit Keta-Kaviar*

Belegte Brote *Beinschinken auf Graubrot, Belegtes Brot mit geräuchertem Forellenfilet und Matjesfilet, Belegtes Brot mit Lachsschinken und Schinkenspeck, Gemischter Käse auf Pumpernickel, Gemüsebrot, Hühnerbrust auf Vollkornbrot, Ochsenzunge und Osso collo auf Vollkornbrot, Räucherlachs auf Dreikornbrot, Schweinskarree und Salami auf Roggenbrot*

Grundrezepte

Buttermischungen

Die folgenden Rezepte basieren auf 500 Gramm Butter, die flaumig gerührt und mit den zerkleinerten oder pürierten geschmacksgebenden Bestandteilen vermischt und abgeschmeckt wird.
Schalotten grundsätzlich blanchieren oder in etwas Butter anschwitzen, da sie sonst leicht bitter werden.
Die Buttermischung anschließend auf eine feuchte Alufolie dressieren, zu Rollen formen und im Kühlschrank kühlen.
Je nach Verwendungszweck die gekühlten Butterrollen beliebig schneiden oder formen oder zu Kugeln ausstechen. Die Werkzeuge, die dafür verwendet werden, vor Gebrauch in heißes Wasser tauchen. Die Butter läßt sich dann leicht bearbeiten.
Die Buttermischung kann auch mit Hilfe eines Dressiersacks protioniert werden.
Buttermischungen werden für am Rost gebratene Gerichte, zum Montieren und als Aufstrich verwendet. Für Brotaufstriche dienen die noch cremigen Buttermischungen.

Café-Paris-Butter

Schalotten, Knoblauch, Sardellen, Petersilie, Schnittlauch, Dill, Thymian, Majoran, Estragon und Rosmarin im Mixer pürieren und mit Salz, Cayennepfeffer, Curry, Paprika, aufgelöstem Senfmehl, Tomatenketchup, Senf, Worcestershiresauce, Zitronen- und Orangensaft, Zitronenschale, Madeira und Cognac vermischen.
Das Ganze zugedeckt zirka 24 Stunden bei Zimmertemperatur ziehen lassen und anschließend unter die flaumig gerührte Butter mischen.

100 g gehackte blanchierte Schalotten, 3 Knoblauchzehen, 6 Sardellenfilets, 1 EL gehackte Petersilie, 1 EL geschnittener Schnittlauch, 1 KL gehackter Dill, Thymian, Majoran, Estragon, Rosmarin, Salz, Cayennepfeffer, Curry, Paprika, Senfmehl, 3 EL Tomatenketchup, 1 KL Senf, Worcestershiresauce, Saft und Schale von ½ Zitrone, Saft von ½ Orange, 1 cl Madeira, 2 cl Cognac, 500 g Butter

Dillbutter

Die Butter flaumig rühren und mit Dill, Zitronensaft, Salz und Pfeffer abschmecken.

500 g Butter, 6 EL gehackter Dill, Saft von ½ Zitrone, Salz, weißer Pfeffer

Knoblauchbutter

Die Schalotten und den zerdrückten Knoblauch in etwas Butter anschwitzen und pürieren. Das Ganze unter die flaumig gerührte Butter mischen und mit Salz, Pfeffer, Zitronensaft und Petersilie abschmecken.

50 g gehackte Schalotten, 100 g Knoblauch, 500 g Butter, Salz, weißer Pfeffer, Saft von ½ Zitrone, 2 EL gehackte Petersilie

Kräuterbutter

Die Schalotten in etwas Butter anschwitzen. Die restliche Butter flaumig rühren, mit den Schalotten und Kräutern vermischen und mit Salz und Pfeffer abschmecken.

50 g gehackte Schalotten, 500 g Butter, 4 EL gehackte Kräuter (Petersilie, Estragon, Kerbel), 1 EL geschnittener Schnittlauch, Salz, weißer Pfeffer

Krebsenbutter

500 g Krebsenkarkassen,
100 g gehackte Schalotten,
500 g Butter, Saft von ½ Zitrone, Salz,
weißer Pfeffer, 2 cl Cognac

Die Krebsenkarkassen zerkleinern und mit den Schalotten in Butter dünsten. Auf einem Sieb abtropfen lassen und die Butter mit Zitronensaft, Salz, Pfeffer und Cognac abschmekken.
Krebsenbutter wird für Aufstriche mit püriertem Krebsenfleisch hergestellt.

Krenbutter

500 g Butter, 100 g geriebener und gehackter Kren, Salz, weißer Pfeffer, Saft von ½ Zitrone

Die Butter flaumig rühren, mit dem Kren vermischen und mit Salz, Pfeffer und Zitronensaft abschmecken.

Lachsbutter

200 g Räucherlachs, 100 g gehackte, blanchierte Schalotten, 500 g Butter, Salz, Cayennepfeffer

Den Räucherlachs fein hacken, durch ein Sieb streichen und mit den pürierten Schalotten unter die flaumig gerührte Butter mischen. Mit Salz und Cayennepfeffer abschmecken.

Sardellenbutter

500 g Butter, 150 g pürierte Sardellenfilets, Saft von ½ Zitrone

Die Butter flaumig rühren, mit den pürierten Sardellen vermischen und mit Zitronensaft abschmecken.

Schalottenbutter

150 g gehackte Schalotten,
500 g Butter Salz, weißer Pfeffer,
Worcestershiresauce, Saft von
½ Zitrone

Die Schalotten in etwas Butter anschwitzen und pürieren. Mit der restlichen flaumig gerührten Butter vermischen und mit Salz, Pfeffer, Worcestershiresauce und Zitronensaft würzen.

Senfbutter

500 g Butter, 75 g Estragonsenf, Salz, weißer Pfeffer, Worcestershiresauce, Saft von ½ Zitrone

Die Butter flaumig rühren und mit Senf, Salz, Pfeffer, Worcestershiresauce und Zitronensaft vermischen.

Trüffelbutter

50 g gedünstete Trüffeln,
3 EL brauner Kalbsfond, 3 cl Madeira,
500 g Butter, Salz, Cayennepfeffer,
Saft von ½ Zitrone

Die Trüffeln fein hacken, Trüffelfond, Kalbsfond und Madeira dazugeben und reduzieren lassen. Das Ganze unter die flaumig gerührte Butter mischen und mit Salz, Cayennepfeffer und Zitronensaft würzen.

Würzbutter

500 g Butter, 8 EL gehackte Petersilie, englisches Senfmehl, Salz, Pfeffer, Saft von ½ Zitrone, Worcestershiresauce

Die flaumig gerührte Butter mit der Petersilie, dem aufgelösten Senfmehl und den Gewürzen vermischen.

Aufstriche

Die folgenden Rezepte ergeben zirka ein Kilogramm Aufstrich.

Avocadoaufstrich

Die Avocados halbieren und entkernen. Das Fruchtfleisch herauslösen und zerdrücken. Mit Zwiebeln und Schnittlauch vermischen und mit Zitronensaft, zerdrückten Knoblauchzehen, Salz und Pfeffer abschmecken.

700 g Avocados, 200 g gehackte Zwiebeln, 100 g geschnittener Schnittlauch, Zitronensaft, 2 Knoblauchzehen, Salz, Pfeffer

Eiaufstrich

Die Butter flaumig rühren und den Topfen dazugeben. Die Semmeln einweichen, gut ausdrücken und passieren. Eier, Essiggurkerln und Zwiebeln hacken und mit den passierten Semmeln unter die Topfen-Butter-Mischung mengen. Mit Salz, Pfeffer, Senf, Paprika, Schnittlauch und Petersilie würzen.
Der Eiaufstrich kann mit Sardellenpaste, Thunfisch oder Schinkenwürfeln variiert werden.
Rezept Erika Wildmann

100 g Butter, 250 g Topfen, 100 g Semmeln, 10 gekochte Eier, 100 g Essiggurkerln, 70 g gehackte Zwiebeln, Salz, Pfeffer, 1 EL Senf, Paprika, 2 EL geschnittener Schnittlauch, 2 EL gehackte Petersilie

Geflügelleberaufstrich

Die Lebern waschen, abtrocknen und in Stücke schneiden. Die Zwiebeln in Butter anschwitzen, die Lebern darin gut durchrösten und mit einer Gabel fein zerdrücken. Die gehackten Eier daruntermischen und das Ganze mit Salz, Pfeffer, Senf, Oregano und Petersilie würzen.
Rezept Erika Wildmann

500 g Hühnerlebern, 200 g gehackte Zwiebeln, 100 g Butter, 4 gekochte Eier, Salz, Pfeffer, Senf, Oregano, gehackte Petersilie

Gorgonzola-Aufstrich

Den Gorgonzola mit dem Gervais, dem kleinwürfelig geschnittenen Schinken und der Mayonnaise vermischen. Mit Cognac, gestoßenem Kümmel, Salz, Pfeffer, Schnittlauch und Petersilie abschmecken.
Anstelle von Gorgonzola kann auch Roquefort verwendet werden.
Rezept Erika Wildmann

400 g Gorgonzola, 200 g Gervais, 200 g Schinken, 4 EL Mayonnaise, 2 cl Cognac, Kümmel, Salz, Pfeffer, geschnittener Schnittlauch, gehackte Petersilie

Heringsaufstrich

Die Heringe entgräten, kurz waschen und trocken tupfen. Mit den geschälten Kartoffeln und dem Sardellenfilet faschieren.
Die Eier hacken und das Ganze mit den Zwiebeln und dem Topfen vermischen. Mit Salz, Pfeffer, Paprika und Tabascosauce abschmecken.
Rezept Wolfgang Kraml

500 g Filets von grünen Heringen (eventuell mit Rogen), 150 g gekochte mehlige Kartoffeln, 1 Sardellenfilet, 2 gekochte Eier, 100 g gehackte blanchierte Zwiebeln, 250 g Topfen (20 % F. i. T.), Salz, Pfeffer, Paprika, Tabascosauce

Kartoffelaufstrich

Die Kartoffeln kochen, schälen und durch die Presse drücken. Essiggurkerln und Eier hacken und mit dem Rahm und den Zwiebeln unter die Kartoffeln mischen. Mit Salz, Pfeffer, Zitronensaft, Schnittlauch und Petersilie abschmecken.
Es können auch Paprikawürfel oder Thunfischstücke beigegeben werden. Den Aufstrich bei Bedarf mit dem Öl des Thunfisches geschmeidiger machen.
Rezept Erika Wildmann

400 g mehlige Kartoffeln, 150 g Essiggurkerln, 2 gekochte Eier, 4 EL Rahm oder 125 g Crème fraîche, 100 g gehackte Zwiebeln, Salz, Pfeffer, Zitronensaft, geschnittener Schnittlauch, gehackte Petersilie

Kräuteraufstrich mit Radieschen

Die Butter flaumig rühren. Topfen und Crème fraîche dazugeben. Zerdrückte Knoblauchzehen, gehackte Kapern und Kräuter daruntermischen. Die Radieschen grob reiben, leicht ausdrücken und dazugeben. Mit Salz und Pfeffer würzen.
Die Konsistenz des Aufstriches kann durch Zugabe von gekochten zerkleinerten Kartoffeln fester oder durch Einrühren von Rahm oder Joghurt weicher gemacht werden.

100 g Butter, 500 g Topfen, ⅛ l Crème fraîche, 2 Knoblauchzehen, 10 g Kapern, 3 EL Petersilie, 2 EL Kresse, 1 EL Dill, 3 Zitronenmelissenblätter, 3 Salbeiblätter, 3 EL Schnittlauch, 200 g Radieschen, Salz, Pfeffer aus der Mühle

Liptauer

150 g Zwiebeln, 70 g Kapern,
300 g Butter, 300 g Brimsen,
2 EL gehackte Petersilie,
2 EL geschnittener Schnittlauch,
Salz, Pfeffer, gemahlener Kümmel,
Paprika, Sardellenpaste, Knoblauch,
Essiggurkerln

Zwiebeln und Kapern fein hacken und mit Butter und Brimsen vermischen. Petersilie und Schnittlauch dazugeben und mit Salz, Pfeffer, Kümmel, Paprika, Sardellenpaste und eventuell Knoblauch oder Essiggurkerln würzen.
Der Brimsen kann auch zum Teil durch Gervais ersetzt werden.
Rezept Erika Wildmann

Rohkostaufstrich

400 g Topfen, 12 cl Rahm,
200 g geraspelte Karotten,
200 g geraspelter Sellerie,
2 KL gehackte Petersilie, Knoblauch
Salz, Pfeffer

Topfen, Rahm, Karotten und Sellerie vermischen und mit Petersilie, Knoblauch, Salz und Pfeffer abschmecken.
Rezept Erika Wildmann

Sardellenaufstrich

150 g Butter, 500 g Topfen
(20 % F. i. T.), 25 Sardellenfilets,
4 gekochte Eier, Salz, Pfeffer,
2 EL scharfer Senf, Tabascosauce,
Kapern, Zitronensaft, 2 EL Rahm

Die Butter flaumig rühren und Topfen, kleingeschnittene Sardellenfilets und gehackten Eier darunterheben.
Mit Salz, Pfeffer, Senf, Tabascosauce, gehackten Kapern und Zitronensaft abschmecken und den Rahm dazugeben.
Rezept Erika Wildmann

Schinken-Ei-Aufstrich

500 g Gewürzschinken, 6 gekochte
Eier, 70 g Butter, 120 g Schmelzkäse,
Salz, Pfeffer, Senf, geschnittener
Schnittlauch

Schinken und Eier hacken, mit Butter und Schmelzkäse vermischen und mit Salz, Pfeffer, Senf und Schnittlauch abschmecken.
Rezept Friederike Kraml

Thunfischaufstrich

400 g Thunfischfilet, 5 gekochte Eier
50 g Essiggurkerln, 1 Sardellenfilet,
100 g gehackte blanchierte
Zwiebeln, 200 g Topfen (20 % F. i. T.),
Salz, Pfeffer, Saft von 1 Zitrone

Das Thunfischfilet gut abtropfen lassen und mit einer Gabel zerkleinern. Eier, Essiggurkerln und Sardellenfilet fein hacken und das Ganze mit den Zwiebeln und dem Topfen vermischen. Mit Salz, Pfeffer und Zitronensaft würzen.
Rezept Wolfgang Kraml

Trockenfrüchteaufstrich

500 g Topfen, (40 % F. i. T.),
300 g Trockenfrüchte,
100 g geriebene Nüsse, 4 EL Honig,
1 EL Zitronensaft, Orangenspalten

Den Topfen mit den kleingeschnittenen Trockenfrüchten, den Nüssen und dem Honig gut vermischen. Mit Zitronensaft abschmecken und mit Orangenspalten dekorieren.
Rezept Erika Wildmann

Wildaufstrich

600 g gegartes mageres Wildfleisch,
150 g Räucherspeck, 100 g gehackte
Zwiebeln, 100 g Butter, 1 KL Senf,
1 KL Preiselbeermarmelade,
1 EL Rahm, Saft von ½ Zitrone,
Salz, Pfeffer, Thymian, Oregano,
Rosmarin

Wildfleisch und Räucherspeck faschieren und mit Zwiebeln, Butter, Senf, Preiselbeermarmelade und Rahm vermischen. Mit Zitronensaft, Salz, Pfeffer, Thymian, Oregano und Rosmarin würzen.
Rezept Erika Wildmann

Kalte Saucen

Mayonnaise

Die Eidotter mit Salz, Pfeffer, Essig und Zitronensaft verrühren. Unter ständigem Schlagen das Öl nach und nach dazugeben.

Ist die Mayonnaise zu dick, so kann mit Essig oder Zitronensaft verdünnt werden. Bei Bedarf mit Worcestershiresauce abschmecken.

Die Haltbarkeit der Mayonnaise wird erhöht, indem man einen Eßlöffel heißes Wasser einrührt.

Die Zutaten für die Mayonnaise müssen Zimmertemperatur haben. Die Mayonnaise nicht zu kalt aufbewahren und vor Gebrauch noch einmal durchrühren.

3 Eidotter, Salz, weißer Pfeffer, 2 EL Essig, 1 EL Zitronensaft, 50 cl Öl, Worcestershiresauce

Apfel-Brunnenkresse-Sauce

Den Apfel reiben und mit der gehackten Brunnenkresse unter das geschlagene Obers mischen. Mit Salz, Pfeffer, Zitronensaft und Worcestershiresauce abschmecken.
Rezept Claudia Zanner

1 Apfel, 10 g gehackte Brunnenkresse, 25 cl Obers, Salz, weißer Pfeffer, Zitronensaft, Worcestershiresauce

Cocktailsauce

Die Mayonnaise mit dem halbfest geschlagenen Obers, dem Cognac und dem Tomatenketchup vermischen. Mit Salz, Kren, Chilisauce und Worcestershiresauce abschmecken.

250 g Mayonnaise, 8 cl Obers, 2 cl Cognac, 4 EL Tomatenketchup, Salz, 1 KL geriebener Kren, Chilisauce, Worcestershiresauce

Currymayonnaise

Die Mayonnaise mit Joghurt und Curry verrühren. Die Äpfel schälen, reiben und unter die Mayonnaise mischen. Für Paprikamayonnaise wird anstelle von Curry und Apfel Paprika und Knoblauch verwendet.

250 g Mayonnaise, 125 g Joghurt, 1 KL Curry, 2 säuerliche Äpfel

Dillsenfsauce

Joghurt, Rahm und Senf gut verrühren. Mit Salz, Staubzucker, Pfeffer und Zitronensaft abschmecken und den Dill darunterrühren.

10 cl Joghurt, 10 cl Rahm, 1 EL Dijon-Senf, Salz, Staubzucker, weißer Pfeffer, 1 EL Zitronensaft, 1 EL gehackte Dill

Knoblauchmayonnaise – Sauce aïoli

Die Knoblauchzehen mit Salz zerdrücken und fein zerreiben. Mit Eidotter und Zitronensaft verrühren und das Öl nach und nach einschlagen. Mit hellem Fond oder Bouillon verdünnen und mit Salz und Pfeffer würzen. Die zerriebenen Knoblauchzehen können auch in eine fertige Mayonnaise eingerührt werden.

3 Knoblauchzehen, Salz, 1 Eidotter, Saft von ½ Zitrone, 25 cl Öl, heller Fond (siehe Seite 279) oder Bouillon, Salz, Pfeffer

Kräutermayonnaise – Sauce ravigote

Mayonnaise und Joghurt verrühren, mit Salz, Pfeffer und Knoblauch abschmecken und die Kräuter daruntermischen.

250 g Mayonnaise, 125 g Joghurt, Salz, weißer Pfeffer, 1 Knoblauchzehe, 3 EL gehackte Kräuter (Kresse, Petersilie, Dill, Schnittlauch, Estragon, Kerbel)

Krenmayonnaise – Sauce raifort

Mayonnaise und Rahm vermischen, den Kren dazugeben und mit Salz und Zitronensaft abschmecken.

250 g Mayonnaise, 6 EL Rahm, 3 EL geriebener Kren, Salz, Saft von ½ Zitrone

Oberskren

25 cl Obers, 1 EL geriebener Kren, Saft von ½ Zitrone, Salz, Staubzucker, weißer Pfeffer, 1 Blatt Gelatine

Das Obers halbfest schlagen und den Kren daruntermischen. Mit Zitronensaft, Salz, Staubzucker und Pfeffer abschmecken und die aufgelöste Gelatine darunterrühren.
Wird der Oberskren sofort verwendet, kann die Gelatine auch weggelassen werden.

Obersmayonnaise – Sauce Chantilly

250 g Mayonnaise, Salz, Zucker, Saft von ½ Zitrone, 10 cl Obers

Die Mayonnaise mit Salz, Zucker und Zitronensaft abschmecken und kurz vor dem Servieren das geschlagene Obers darunterziehen.

Pikante Preiselbeersauce – Sauce Cumberland

250 g Preiselbeeren, 250 g Johannisbeeren, 3 cl Portwein, Cayennepfeffer, englischer Senf, gemahlener Ingwer, 10 cl Orangensaft, 10 cl Zitronensaft, 12 cl Rotwein, 12 cl Wasser, Zesten von 2 Zitronen und 2 Orangen

Preiselbeeren und Johannisbeeren passieren und mit dem Portwein glattrühren. Mit Cayennepfeffer, Senf und Ingwer abschmecken und Orangen- und Zitronensaft dazugeben. Rotwein und Wasser aufkochen, die Zitronen- und Orangenzesten kochen und die Zesten unter die Sauce mischen.

Remouladensauce – Sauce rémoulade

1 Essiggurkerl, Kapern, 1 Sardellenfilet, 2 EL gehackte Kräuter (Petersilie, Kerbel, Estragon), 1 EL gehackte Zwiebeln, 250 g Mayonnaise, 1 KL Estragonsenf

Essiggurkerl, Kapern und Sardellenfilets fein hacken und mit den Kräutern und Zwiebeln unter die Mayonnaise mischen. Mit Senf abschmecken.

Senfsauce

5 EL Weinessig, 1 EL Dijon-Senf, Salz, Staubzucker, weißer Pfeffer, 10 cl Öl, 5 cl Wasser

Weinessig und Senf gut verrühren und mit Salz, Staubzucker und Pfeffer abschmecken. Mit dem Öl aufschlagen und mit Wasser verdünnen.

Tatarensauce – Sauce tartare

250 g Mayonnaise, 4 gekochte Eidotter, 2 EL geschnittener Schnittlauch, 1 EL gehackte Kräuter (Kerbel, Petersilie, Estragon), Senf, Cayennepfeffer

Die Mayonnaise mit den passierten Eidottern vermischen. Den Schnittlauch und die Kräuter dazugeben und mit Senf und Cayennepfeffer abschmecken.
Die Tatarensauce kann auch aus einer Remouladensauce ohne Sardellen hergestellt werden.

Tomatenmayonnaise – Sauce tyrolienne

250 g Mayonnaise, 80 g Tomates concassées oder frisches Tomatenpüree, 4 EL gehackte Zwiebeln, 3 EL gehackte Kräuter (Petersilie, Estragon, Kerbel), weißer Pfeffer, Worcestershiresauce, Chilisauce

Die Mayonnaise mit den Tomates concassées, den Zwiebeln und den Kräutern vermischen und mit Pfeffer, Worcestershiresauce und Chilisauce würzen.
Nach Bedarf mit etwas Tomatenketchup versetzen.

Fonds

Heller Kalbsfond

Für 2 Liter

Die Knochen und Parüren mit kaltem Wasser aufstellen und zum Kochen bringen. Zwei bis drei Stunden köcheln lassen und ständig abschäumen. Den Fond leicht salzen. Nach der halben Kochzeit die restlichen Zutaten dazugeben. Den Fond anschließend durch ein Etamin seihen. Ein vollständiges Entfetten des Fonds wird erreicht, indem man ihn nach dem Kochen kurz in den Kühlschrank stellt und anschließend die gestockte Fettschicht entfernt. Damit der Fond eine goldgelbe Farbe erhält, können Knochen und Gemüse etwas angeschwitzt werden. Beides aber anschließend gut erkalten lassen, damit der Fond klar wird.

1 kg kleingehackte Kalbsknochen, 1 kg Parüren, 4 l Wasser, Salz, 100 g Karotten, 100 g Zwiebeln, 50 g Lauch, 50 g Sellerie, Petersilie, Thymianzweig, Lorbeerblatt, Estragonblätter, Champignons, 1 Nelke, weiße Pfefferkörner, Neugewürz, 1 Knoblauchzehe, 25 cl trockener Weißwein

Heller Entenfond

Wird wie heller Kalbsfond hergestellt. Verwendung finden Entenkarkassen und Entenjunges ohne Innereien. Die Haut sollte nur sparsam verwendet werden, da sie den Fond fett macht. Die Gewürze können durch Zugabe von Rosmarin erweitert werden.

Heller Geflügelfond

Der Geflügelfond wird wie der helle Kalbsfond angesetzt, allerdings werden die Kalbsknochen durch Geflügelkarkassen, Geflügelklein und Suppenhühner ersetzt. Knoblauch kann weggelassen werden.

Heller Kaninchenfond

Die Herstellung ist wie beim hellen Kalbsfond. Vom Kaninchen werden Knochen, Bauchlappen und Parüren verwendet. Die Zugabe von Champignons kann entfallen. Die Gewürze werden mit Rosmarin und Liebstöckel ergänzt.

Court-bouillon (Würzsud zum Pochieren von Fischen)

Für 2 Liter

Wasser und Wein aufkochen, die übrigen Zutaten dazugeben, 10 bis 15 Minuten köcheln lassen und je nach Bedarf abseihen.
Für Süßwasserfische wird der Sud würziger gehalten. Seefische sind meist schmackhafter und werden nur mit Wasser, Salz, Zitronensaft und eventuell mit einem Lorbeerblatt, einigen Pfefferkörnern und einem Dillzweig gegart. Zum Blaukochen genügen Essigwasser und Salz. Je feiner der Fisch, desto weniger Würzstoffe sollen verwendet werden.
Zum Pochieren von Krustentieren wird etwas gestoßener Kümmel beigegeben.

2 l Wasser, 50 cl trockener Weißwein, 200 g Wurzelgemüse, 100 g Zwiebeln, 100 g Weißes vom Lauch, Petersilie, Dillzweig, 2 Lorbeerblätter, Thymianzweig, zerdrückte weiße Pfefferkörner, Koriander, Salz

Fischfond

Für 2 Liter

Die Fischgräten und -abschnitte unter kaltem Wasser gut abspülen oder kurze Zeit wässern. Das Gemüse in Öl anschwitzen, die Gräten und Abschnitte dazugeben und einige Minuten dünsten. Mit dem Weißwein ablöschen und etwas einkochen lassen. Zitronensaft, Gewürze, Kräuter und Champignonabschnitte dazugeben und leicht salzen. Das kalte Wasser dazugeben, aufkochen lassen und bei schwacher Hitze 20 bis 30 Minuten unter dem Siedepunkt ziehen lassen. Dazwischen immer wieder den Schaum abschöpfen.
Den fertigen Fond durch ein Etamin seihen, je nach Verwendungszweck mehr oder weniger reduzieren lassen und kalt stellen.

2 kg Fischgräten und Abschnitte von Seezunge, Steinbutt, Forelle, Hecht usw., 100 g Zwiebeln, 50 g Petersilwurzeln, 50 g Sellerie, 100 g Weißes vom Lauch, 5 EL Öl, 20 cl trockener Weißwein, Saft von ½ Zitrone, zerdrückte weiße Pfefferkörner, Koriander, 2 Lorbeerblätter, Thymianzweig, Petersilie, Fenchel oder Dill, 50 g Champignon-abschnitte, Salz, 3 l Wasser

Gemüsefond

Für 2 Liter

Zwiebel, Lauch und Wurzelgemüse blättrig schneiden, in Öl anschwitzen, die Champignons dazugeben und mit Knoblauch, Lorbeer, Thymian, Pfefferkörnern, Nelken und Salz würzen. Petersilie und Sellerieblätter dazugeben, mit Wasser aufgießen und 30 Minuten sieden lassen. Durch ein feines Sieb oder Etamin passieren und abschmecken. Je nach Verwendung können auch Tomaten, Fenchel oder Kohlblätter dazugegeben werden. Zur Geschmacksintensivierung können einzelne Gemüse in größeren Mengen beigegeben werden.

1 Zwiebel, 100 g Weißes vom Lauch, 200 g Wurzelgemüse (Karotten, Sellerie, Kohlrabi), 5 EL Öl, 100 g Champignonabschnitte, 1 Knoblauchzehe, 1 Lorbeerblatt, Thymianzweig, weiße zerdrückte Pfefferkörner, 1 Nelke, Salz, Petersilie, Sellerieblätter, 3 l Wasser

Brauner Kalbsfond

Für 2 Liter

Die Knochen und Parüren im Rohr braten, bis alles gleichmäßig gebräunt ist, und das Röstgemüse und den Räucherspeck mitrösten.

Das Ganze auf ein Sieb schütten, abtropfen lassen und ohne Fett wieder in die Pfanne geben. Das Tomatenmark dazugeben, mit Weißwein ablöschen und mit einem Teil der Flüssigkeit aufgießen. Reduzieren lassen und glacieren. Dieser Vorgang kann einige Male wiederholt werden, um eine bessere Bräunung zu erzielen.

Das Ganze anschließend in einen Topf umfüllen, mit der restlichen Flüssigkeit auffüllen, kurz aufkochen und unter ständigem Abschäumen drei bis fünf Stunden köcheln lassen. Nach zwei Dritteln der Garzeit Gewürze, Petersilie und Champignonabschnitte dazugeben und salzen.

Den Fond durch ein Etamin passieren, entfetten, entsprechend reduzieren und abschmecken.

1 kg kleingehackte Kalbsknochen, 1 kg Parüren, Kalbsschwanz, ausgelöste Kalbshaxen, 5 EL Öl, 400 g würfelig geschnittenes Röstgemüse (Zwiebeln, Karotten, Sellerie, Lauch), 50 g würfelig geschnittener Räucherspeck, 2 EL Tomatenmark, 25 cl Weißwein, 4 l Wasser (kann teilweise auch durch hellen Kalbsfond ersetzt werden), 2 Lorbeerblätter, Thymianzweig, Rosmarin, zerdrückte weiße Pfefferkörner, Neugewürz, 2 zerdrückte Knoblauchzehen, Petersilie, Champignonabschnitte, Salz

Brauner Entenfond

Wird wie brauner Kalbsfond hergestellt. Die Karkassen im Rohr anrösten, das Gemüse dazugeben und mitrösten, bis es Farbe angenommen hat. Mit Wein ablöschen, mit Wasser aufgießen und aromatisieren.

Für Wildentenfond Karkassen, Gemüse und Speck anrösten, Tomatenmark beigeben und mit Rotwein ablöschen. Die Gewürze mit Wacholderbeeren ergänzen.

Brauner Kaninchenfond

Die Herstellung ist wie beim braunen Kalbsfond. Knochen und Röstgemüse im Rohr braun braten und mit Rotwein ablöschen. Die Knochen immer wieder mit Wasser aufgießen und schmoren lassen.

Lammfond

Wird als heller oder brauner Fond wie Kalbsfond hergestellt. Verwendung finden Lammknochen und fettarme Parüren. Anstelle von Weißwein kann Rotwein oder Madeira verwendet werden. Die Gewürze werden durch Oregano, Salbei und Basilikum ergänzt.

Wildfond

Wildfond wird wie brauner Kalbsfond hergestellt. Verwendet werden Wildknochen und Parüren von Reh, Hirsch oder Wildgeflügel. Zusätzlich werden Rotwein, Wacholderbeeren und Salbei beigegeben.

Brauner Fond – Grandjus

Wird wie brauner Kalbsfond hergestellt. Rinds-, Kalbs-, Schweinsknochen und anfallende Parüren werden gemischt verwendet. Auch anfallende Bratrückstände und Saucenreste werden während der Kochzeit beigegeben.
Der Grandjus wird als Aufgußmittel für Fonds, Saucen und Fleischgerichte verwendet.

Fleischglace – Glace de viande

Um einem Fond einen kräftigeren Geschmack, eine festere Konsistenz und eine dunklere Farbe zu geben, läßt man ihn reduzieren.
Für Fleischglace braunen Fond oder braunen Kalbsfond bei schwacher Hitze zu sirupartiger Dicke, oft bis auf ein Zehntel des Volumens, einkochen. Während des Reduzierens den Fond ständig abschäumen, mehrmals passieren und in kleinere Kasserollen umfüllen. So erhält man eine klare Glace. Die Glace wird noch heiß in entsprechende Formen gefüllt. Sie ist im Kühlschrank einige Wochen haltbar und kann auf Vorrat hergestellt werden. Die Glace wird zum Überglänzen von Speisen und zur Geschmacks- und Farbgebung von Saucen und Aspik verwendet.
Für die Fleischglace kann der braune Kalbsfond nur aus Kalbsknochen, Zwiebeln, Tomatenmark und Wasser hergestellt werden.
Glaces oder Fondextrakte können auch aus Fisch, Geflügel und Wild hergestellt werden.

Morchelglace

Für die Morchelglace einen braunen Kalbsfond mit Morchelabschnitten, Madeira und Cognac ansetzen und wie Fleischglace fertigstellen.
Morchelglace kann aber auch aus Fleischglace hergestellt werden, der eingekochter Morchelfond beigegeben wird.

Wachtelglace

Der Wachtelfond wird wie brauner Kalbsfond hergestellt. Dafür Wachtelknochen und Wachtelklein verwenden und zusätzlich mit Wacholderbeeren und Madeira abschmecken. Den Wachtelfond wie Fleischglace fertigstellen.

Aspik

Aspik gewinnt man durch Auskochen von bindegewebereichen Fleischteilen. Es handelt sich dabei um natürliche Gelierstoffe, die aus Schweinsköpfen und -füßen, Schwarten, Kalbsköpfen und -füßen, Knochen aller Art, Rind-, Geflügel- oder Wildfleisch oder aus Fischen gewonnen werden.

Aspikfond

Für 2 Liter

Die Kalbs-, Schweinsfüße, Kalbsknochen und Schwarten blanchieren. Das Ganze mit den Parüren mit kaltem Wasser zustellen, aufkochen, abschäumen und zwei Stunden köcheln lassen. Wurzelgemüse, Zwiebeln, Lauch, Gewürze, Kräuter, Essig und Salz beigeben und ein bis zwei Stunden langsam sieden lassen. Den Sud abseihen, kalt stellen und das gestockte Fett von der Oberfläche abschöpfen. Zum Klären den Sud wieder erwärmen. Das Eiklar mit Weißwein und Zitronensaft leicht verschlagen, in den Sud einrühren und so lange rühren, bis der Fond aufkocht. Den Fond bei schwacher Hitze ziehen lassen, bis er klar ist. Durch ein Etamin seihen und abschmecken.

3 kg gehackte Kalbs-, Schweinsfüße, Kalbsknochen, 500 g Schweinsschwarten, 500 g Rindsparüren, 6 l Wasser, 500 g Wurzelgemüse (Karotten, Sellerie, Petersilwurzeln), 2 Zwiebeln mit Schale, 1 Lauch, 2 Lorbeerblätter, Pfefferkörner, Neugewürz, Thymianzweig, Petersilie, Sellerieblätter, 3 Knoblauchzehen,

10 cl Weinessig, Salz, 5 Eiklar,
20 cl Weißwein, Saft von 1 Zitrone

Wenn das Aspik nicht die nötige Konsistenz aufweist, kann mit aufgelöster Gelatine oder Trockengeleepulver (Trockenaspikpulver) nachgeholfen werden. Aspik ist wegen des Eiweißgehaltes sehr anfällig für Keime und Bakterien und ist daher nur eine Woche gekühlt lagerfähig.

Fischaspik

Für 2 Liter

2 l Fischfond (siehe Seite 279),
4 Eiklar, 500 g Fischabschnitte,
Kerbel, Estragonzweig, Dill,
8 Blätter Gelatine oder
40 g Trockengeleepulver

Zum Klären den Fond erwärmen. Das Eiklar mit den Fischabschnitten vermischen, in den Fond einrühren und die Kräuter dazugeben. Den Fond ständig umrühren, damit sich das Eiweiß nicht anlegt. Den Fond bis zum Klarwerden ziehen lassen und anschließend durch ein Etamin seihen. Mit aufgelöster Gelatine oder in etwas Wasser gequollenem Trockengeleepulver gelierfähig machen. Die Farbe soll hell bis wasserklar sein.

Fleischaspik

Für 2 Liter

2 l ungeklärter Aspikfond
(siehe Seite 281), 5 Eiklar,
20 cl Weißwein, 300 g faschiertes
mageres Rindfleisch, 10 cl Madeira

Zum Klären den Fond erwärmen. Das Eiklar mit dem Weißwein und dem Rindfleisch vermischen, in den Fond einrühren und so lange rühren, bis der Fond aufkocht. Den Fond ziehen lassen, bis er klar ist.
Durch ein Etamin seihen und mit Madeira vollenden. Die Farbe soll bernsteinfarbig sein. Steht kein Aspikfond zur Verfügung, kann entfettete Bouillon oder Consommé verwendet werden. Diese muß allerdings mit Trockengeleepulver (Trockenaspikpulver) oder Gelatine gesulzt werden.

Madeiraaspik

Entsprechende Menge Aspikfond oder Fleischaspik mit Madeira versetzen. Pro Liter Aspik werden 10 bis 20 Zentiliter Madeira gerechnet. Für Portweinaspik wird anstelle von Madeira Portwein verwendet.

Gelee

Bei Gelee handelt es sich um ein industriell hergestelltes Produkt, welches im Handel als Trockengeleepulver oder als Blattgelatine erhältlich ist.
Der jeweils zum Rohstoff passende Fond wird geklärt und mit aufgelöster Gelatine oder gequollenem Trockengeleepulver gelierfähig gemacht.
Auf einen Liter Fond rechnet man:
für kompakteres Gelee 18 bis 24 Blätter Gelatine oder 60 bis 80 Gramm Trockengeleepulver,
für leichteres Gelee 12 bis 16 Blätter Gelatine oder 40 Gramm Trockengeleepulver.

Birnengelee

Für 2 Liter

1 l Weißwein, 1 l heller Geflügelfond
(siehe Seite 279), 100 g Zucker,
10 cl Birnenbrand, 200 g Karotten,
100 g Sellerie, 36 Blätter Gelatine

Weißwein, Geflügelfond, Zucker, Birnenbrand, kleinwürfelig geschnittene Karotten und Sellerie aufkochen, 20 Minuten köcheln und auskühlen lassen. Durch ein Etamin seihen und noch einmal zum Kochen bringen. Vom Herd nehmen, die aufgelöste Gelatine darunterrühren und erstarren lassen.

Kräutergelee

Das Gelee in entsprechender Menge mit den zum Rohstoff passenden feingehackten Kräutern vermischen (z. B. Petersilie, Estragon, Kerbel, Schnittlauch). Anstelle von gehackten Kräutern kann auch nur der Saft ausgepreßt und mit dem Gelee vermischt werden.

Madeiragelee

Die entsprechende Menge Gelee mit Madeira versetzen. Pro Liter Gelee verwendet man 10 bis 20 Zentiliter Madeira. Anstelle von Madeira kann auch Portwein verwendet werden.

Neutrales Gelee

Zum Ausgießen von Platten wird aus wirtschaftlichen und hygienischen Gründen das Gelee nur aus Wasser und Geliermittel ohne Zusätze hergestellt.

Pfefferminzgelee

Das entsprechende Gelee mit einem Auszug aus Pfefferminzblättern abschmecken. Bei Bedarf mit Pfefferminzlikör färben. Für Melissengelee werden die Pfefferminzblätter durch Melissenblätter ersetzt.

Weißweingelee

Für 2 Liter

Weißwein mit Wasser oder Fruchtsaft, Zucker und Zitronensaft aufkochen, nach Bedarf durch ein Etamin passieren und mit der aufgelösten Gelatine binden. Das Weißweingelee wird hauptsächlich zum Gelieren von Früchtegarnituren verwendet.

1 l trockener Weißwein, 1 l Wasser oder Fruchtsaft, 200 g Zucker, Saft von 2 Zitronen, 30 Blätter Gelatine

Chaud-froid-Saucen

Chaud-froid-Saucen dienen zum Überziehen bzw. Übersulzen von Speisen und bestehen aus einem der Speise angepaßten reduzierten Fond und Aspik. Mit Tomatenpüree, Paprika, Spinatsaft und Fleischglace können die Chaud-froid-Saucen getönt werden.

Braune Chaud-froid-Sauce – braune Sulzsauce

Für 2 Liter

Den Fond bis auf einen Liter einkochen, passendes Aspik oder Gelee und Madeira dazugeben und durch ein Etamin passieren. Auf die gleiche Weise kann für Wild und Wildgeflügel mit dem entsprechenden Fond eine Sulzsauce zubereitet werden. Zum Aromatisieren kann auch Portwein, Sherry oder Trüffelessenz verwendet werden.

2 l brauner Kalbsfond (siehe Seite 280), 80 cl Aspikfond, Fleischaspik oder passendes Gelee (siehe Seiten 281, 282), 20 cl Madeira

Weiße Chaud-froid-Sauce – weiße Sulzsauce

Für 2 Liter

Den Fond bis auf einen Liter einkochen, das Obers dazugeben und noch etwas reduzieren lassen. Mit Salz und Pfeffer abschmecken, nach Bedarf mit Gelatine binden (Gelierprobe) und durch ein Etamin passieren. Auf die gleiche Weise kann mit Fischfond eine Sulzsauce zubereitet werden, die man mit Noilly Prat verfeinert.

2 l heller Kalbs- oder Geflügelfond (siehe Seite 279), 1 l Obers, Salz, weißer Pfeffer, 12 Blätter Gelatine

Blinis

15 g Germ, 25 cl lauwarme Milch,
250 g Buchweizenmehl

4 Eier, 50 g Butter, Salz, 3 cl Obers

Öl

Für 10 Stück

Für das Dampfel die Germ in etwas Milch auflösen, mit etwas Mehl vermischen und zehn Minuten gehen lassen. Das restliche Mehl, die Milch, die Eidotter und die zerlassene Butter mit dem Dampfel vermengen und salzen.

Eiklar und Obers schlagen, unter den Teig heben und 15 Minuten gehen lassen. Den Teig mit einem Löffel dünn in die befettete Blinispfanne streichen. Im vorgeheizten Rohr bei 220°C aufgehen lassen, wenden, hellbraun backen und sofort servieren.

Blinis werden mit Rahm, Joghurt oder Crème fraîche serviert und sind die ideale Beilage zu Kaviar und Räucherfischen.

Briocheteig

60 g Germ, 40 cl lauwarme Milch,
1 kg Mehl

200 g Butter, 8 Eidotter, 15 g Salz,
20 g Zucker

Für das Dampfel die Germ in etwas Milch auflösen, mit etwas Mehl vermischen und 15 Minuten gehen lassen. Butter, Dotter, Salz und Zucker schaumig rühren und mit dem Dampfel, dem restlichen Mehl und der Milch zu einem glatten Teig verarbeiten. Den Teig zweimal 15 Minuten rasten lassen.

Butterteig – Blätterteig

800 g Mehl, 200 g Butter,
40 cl Wasser, 20 g Salz, 1 EL Essig,
1 Ei

800 g Butter, 200 g Mehl

einfache Tour

doppelte Tour

Für den Vorteig Mehl, Butter, Wasser, Salz, Essig und Ei zu einem glatten Teig verarbeiten und zugedeckt im Kühlschrank 15 Minuten rasten lassen.

Für den Butterziegel die Butter in Würfel schneiden, das Mehl darübersieben und rasch verkneten. Beide Teige sollen die gleiche Konsistenz haben.

Den Vorteig zu einem Rechteck (70×40 cm) ausrollen. Den Butterziegel ausrollen (35×30 cm), in die Mitte des Vorteiges geben und die Ränder mit Wasser bestreichen. Den Teig von beiden Seiten über die Butter schlagen, in der Mitte etwas überlappen lassen und zusammendrücken, sodaß der Butterziegel gut in den Teig eingeschlossen ist.

Nach allen Richtungen ausrollen (70×40 cm). Ein Drittel des Teiges einschlagen, von der anderen Seite das zweite Drittel darüberschlagen (einfache Tour) und 20 Minuten rasten lassen.

Den Teig wieder ausrollen (40×80 cm), eine Seite über die Mitte einschlagen und weiter zusammenfalten, sodaß vier Lagen entstehen (doppelte Tour). Wieder 20 Minuten rasten lassen, beide Touren noch einmal wiederholen und den Teig zugedeckt im Kühlschrank rasten lassen.

Für Blätterteig wird anstelle von Butter Ziehfett oder Ziehmargarine verwendet. Dem Teig muß etwas mehr Flüssigkeit zugesetzt werden, und der Fettziegel wird fast ohne Mehl eingearbeitet.

Germteig

1 kg glattes gesiebtes Mehl,
60 g Germ, 30 cl lauwarme Milch

200 g Butter, 20 g Zucker, 20 g Salz,
Zitronenschale, 4 Eier

Das Mehl in eine Schüssel sieben, in die Mitte eine Vertiefung drücken und die Germ mit einem Drittel der Milch darin auflösen. Den Vorteig zudecken und 15 Minuten gehen lassen. Die weiche Butter mit Zucker, Salz, Zitronenschale, restlicher Milch und den Eiern vermischen und zum Vorteig geben.

Den Teig gut schlagen, 20 Minuten gehen lassen und noch einmal zusammenschlagen.

Käsemürbteig

800 g Butter, 1 kg glattes gesiebtes
Mehl, 800 g geriebener Emmentaler,
4 Eier, 20 g Salz

Die Butter in Würfel schneiden, mit Mehl, Käse, Eiern und Salz kurz verkneten und rasten lassen.

Dieser Teig eignet sich für Käsekekse, die mit Ei bestrichen, mit Mohn, Paprika, Kümmel, geriebenem Käse oder Mandeln bestreut und bei 190°C gebacken werden.

Käselaibchen

Für 10 Personen

Wasser mit Kümmel, Fenchel und Anis aufkochen. Das Ganze über die Weizenkleie gießen und fünf Minuten ziehen lassen. Den Weizenschrot dazugeben und weitere fünf Minuten ziehen lassen. Weizenmehl, Leinsamen und zerbröselten Germ hinzufügen. Das Ganze zu einem Teig kneten. Nach Bedarf lauwarmes Wasser beigeben. Den Teig zirka 20 Minuten rasten lassen.

Den Käse zur Hälfte in kleine Würfel schneiden und zur Hälfte reiben.

Den Teig mit dem Salz verkneten und die Käsewürfeln einkneten. Zehn flache Laibchen formen und mit einer Seite in Mehl tauchen. Die Laibchen mit der bemehlten Seite nach unten auf ein Blech setzen. Mit geriebenem Käse und Paprikapulver bestreuen. Im Rohr bei 220 °C zirka 15 Minuten backen.

Zum Bestreuen kann auch Mohn oder Sesam verwendet werden. Der Brotteig soll leicht salzig sein, damit die Laibchen nach dem Backen nicht fad schmecken.

Rezept Erich Hofbauer

12 cl Wasser, 1 KL Kümmel, 1 KL Fenchel, 1 KL Anis, 75 g Weizenkleie, 125 g Weizenschrot, 250 g Weizenmehl, 50 g Leinsamen, 25 g Germ, 200 g Emmentaler, Salz, Paprikapulver

Mürbteig

Das Mehl mit der würfelig geschnittenen Butter und den restlichen Zutaten rasch verkneten und etwas rasten lassen.

1 kg glattes gesiebtes Mehl, 650 g Butter, 4 Eidotter, 15 g Salz 15 g Zucker

Nudelteig

Mehl, Salz, Eier und Öl zu einem glatten Teig verarbeiten, mit Öl bestreichen oder in Folie wickeln und bei Zimmertemperatur eine Stunde rasten lassen.

Der Teig kann durch Zugabe von Spinat oder Tomatenpürree oder Rote-Rüben-Saft gefärbt werden.

1 kg griffiges Mehl, 20 g Salz, 10 Eier, 6 cl Öl

Pastetenteig

Das Mehl mit der würfelig geschnittenen Butter locker vermischen und Eier, Wasser und Salz dazugeben. Das Ganze zu einem glatten Teig verarbeiten und längere Zeit kalt stellen. Anstelle von Butter kann auch 450 Gramm Schweineschmalz oder Ziehmargarnie verwendet werden.

Durch Zugabe von Backmalz (20 g pro kg) wird beim Backen eine schönere Färbung erreicht.

1 kg glattes gesiebtes Mehl, 500 g Butter, 4 Eier, 12 cl Wasser, 15 g Salz

Rahmteig

Bei Zimmertemperatur Mehl, Butter, Crème fraîche, Essig und Salz zu einem glatten Teig verarbeiten. Den Teig zirka einen Tag rasten lassen.

Der Rahmteig wird zum Einschlagen von Fleisch und Fisch verwendet.

Rezept Helmut Hagler

1 kg Mehl, 250 g Butter, 40 cl Crème fraîche, 2 EL Essig, Salz

Strudelteig

Mehl, Öl, Ei und Salz mit warmem Wasser zu einem glatten Teig kneten. In eine befettete Schüssel legen, mit Öl bestreichen und zugedeckt bei Zimmertemperatur mindestens eine Stunde rasten lassen.

1 kg glattes gesiebtes Mehl, 6 cl Öl, 1 Ei, 15 g Salz, 40 cl lauwarmes Wasser

Fachausdrücke

Abatis – Geflügelklein wie Magen, Leber, Flügel und Hals

Abfrischen – heißes, gekochtes oder blanchiertes Kochgut mit viel kaltem Wasser übergießen

Ablöschen – angebratenes Fleisch, Gemüse oder den Bratrückstand mit kalter oder warmer Flüssigkeit begießen

Abschrecken – kochenden Speisen kaltes Wasser oder Eiswürfel zugeben, um den Garvorgang zu unterbrechen

Aloyau – Rückenstück des Rindes (Roastbeef und Filet)

Anschwitzen – Gemüse (Zwiebeln), Mehl etc. in Fett ohne Farbe leicht anrösten

Antipasti – italienische Bezeichnung für Vorspeisen

Aiguillettes – in Streifen geschnittene Stücke von Fleisch, Geflügel oder Fisch

Ausbrechen – das Fleisch aus dem Panzer der Krustentiere herauslösen

Ballotinen – Galantinen aus Geflügelkeulen (entbeinte, mit Farce gefüllte, rund geformte und pochierte Geflügelkeulen)

Bardieren – mit Speckscheiben belegen oder umbinden, um den Braten vor dem Austrocknen zu schützen

Barquettes – Teigschiffchen zum Füllen, für Vorspeisen und Garnituren – Formen, in denen die Teigschiffchen gebacken werden

Bâtonnets – Gemüsestäbchen

Blind backen – das Backen einer Teighülle ohne Füllung; Backformen mit Teig (Mürbteig, Pastetenteig) auslegen, mit getrockneten Hülsenfrüchten oder Reis auffüllen und backen

Bouchées – Mundbissen, kleine Blätterteigpastetchen, die gebacken und anschließend gefüllt werden

Boucherie – garfertig vorportioniertes Fleisch – französisches Wort für Fleischhauerei

Bouquet garni – Kräutersträußchen aus Petersilie, Thymian, Lorbeerblatt, oft auch mit Porree oder Selleriegrün oder Knoblauch ergänzt

Bridieren – Binden von Geflügel, Fisch oder Fleisch, damit die Form erhalten bleibt

Brunoise – feinwürfelig geschnittenes Gemüse

Chemisieren – Platten oder Formen dünn mit Aspik ausgießen – Eisbombenformen mit einer Schichte Speiseeis auskleiden

Concasser – zerhacken, z. B. geschälte, entkernte, zerhackte Tomaten (Tomates concassées)

Court-bouillon – Würzsud zum Kochen oder Pochieren von Fischen

Crépinette – kleines Würstchen in Schweinsnetz

Cutter – Zerkleinerungsmaschine zum Pürieren von Fleisch und Gemüse, besonders für die Zubereitung von Farcen

Darne – Mittelstück eines ganzen größeren Fisches

Deglacieren – ablöschen, meistens den Bratrückstand

Degraissieren – Entfetten, Abschäumen von Fonds, Suppen und Saucen

Duxelles – gehackte Zwiebeln (Schalotten) und Champignons in Öl oder Butter anschwitzen und mit Salz, Pfeffer und Petersilie abschmecken – wird als Füllung verwendet

Emincieren – in sehr dünne Scheiben schneiden, schnitzeln (feinblättrig schneiden)

Escalope – eine dünne Schnitte von einem rohen Stück, Schnitzel

Etamine – Passiertuch, festes, feines Tuchgewebe zum Seihen und Passieren von Fonds, Suppen, Saucen etc.

Farcieren – mit Farce füllen oder bestreichen

Feuillantines – kleine Blätterteigkuchen

Fleurons – kleine gebackene Blätterteigstücke in verschiedenen Formen, z. B. Halbmonde – Verwendung als Garniturbestandteil

Fumet – Essenz, besonders kräftiger, eingekochter Fond

Gelatine – reines, farb- und geschmackloses Produkt aus Knochenleim in Blatt- oder Pulverform

Glacieren – überglänzen mit Gelee oder Aspik – überglänzen mit Braisierfond – mit Butter und Zucker dünsten – mit Fondant überziehen – Fische mit einer stark mit Butter versetzten Sauce rasch bräunen (überbacken)

Grüner Speck – ungeräucherter und ungesalzener roher Speck

Haut-goût – auch Faisandé, beim Abhängen oder Abliegen von Wild entsteht ein besonderer Geschmack

Hors d'œuvre – französische Bezeichnung für Vorspeisen

Julienne – feinstreifig Geschnittenes; Gemüse, Fleisch etc. en julienne schneiden

Jus – reiner Saft, Bratensaft, Fleischsaft – auch für Fruchtsaft

Karkasse – Knochengerüst, z. B. Gerippe vom Geflügel, Rücken vom Schlachtfleisch oder Wild, Panzer von Krustentieren

Klären, Klarifizieren – von Butter: Butter auf kleinem Feuer erhitzen, abschäumen und eventuell abseihen – von Suppen: Suppen feingehacktes Fleisch und Eiklar zugeben, die Trubstoffe werden gebunden und abgeschöpft – von Aspik: Eiklar mit kaltem Wasser verschlagen und dem Aspikfond beigeben – Läutern des Zuckers: durch Kochen mit Wasser unter ständigem Abschäumen

Lardieren – Fleisch mit dicken Speckstreifen mit Hilfe eines Lardierstabes oder eines dünnen Messers spicken

Mie de pain – entrindetes, geriebenes Weißbrot

Mirepoix – geschnittenes Wurzelwerk, Röstgemüse für Fonds, Fleischspeisen etc.

Nappieren – überziehen, überstreichen, bedecken, meist mit Sauce

Pain – Sulzbrot, gesulztes Fleischpüree mit Obers, kompakter als Mousse, eine Art Pastete ohne Teigkruste

Panade – Bindemittel und Lockerungsmittel für Füllungen und Farcen aus Weißbrot, Eiern, Mehl oder Reis

Papillote – Papier- oder Aluhülle, auch die Manschette für Kotelett- oder Geflügelknochen

Parieren – Fleisch oder Fisch herrichten, zurichten, zurechtschneiden, überflüssige Häute, Sehnen und Flossen wegschneiden

Parüren – Abschnitte beim Parieren

Paupiette – gefüllte oder ungefüllte Röllchen von Fleisch, Fisch oder Gemüse

Paysanne – halbrund oder halbmondförmig geschnittene Gemüsescheiben

Pie – allgemeine Bezeichnung für englische Pasteten (Schüsselpasteten)

Plattieren – Fleischstücke leicht klopfen, breit klopfen, um das Bindegewebe zu lockern, ohne die Fleischfasern zu durchtrennen

Reduzieren – einkochen, Verringern der Flüssigkeitsmenge

Rillettes – in Schmalz eingelegte Fleischaufstriche aus Schweinefleisch, Kaninchen- oder Gänsefleisch, die in Gläser oder Porzellantöpfchen abgefüllt werden

Salpikon – Fleisch, Geflügel, Wild, Innereien, Fisch, Gemüse, Pilze oder Früchte kleinwürfelig (½-cm-Würfel) schneiden

Suprême – das beste Stück eines Tieres, auf besonders feine Art zubereitet – auch für ausgelöste Geflügelbrust

Tournieren – formen, z. B. Gemüse, durch Zuschneiden, Abdrehen, z. B. olivenförmig

Tranche – eine Schnitte von einem gekochten Stück

Velouté – weiße Grundsauce; Mehl in Butter hell anschwitzen, mit hellem Fond aufgießen und verkochen

Vol-au-vents – größere Bouchées oder große Blätterteigpasteten

Zeste – dünn geschälte Schale von Orangen oder Zitronen – feinste Streifchen von Orangen- oder Zitronenschalen, die mit Hilfe eines Zestenreißers abgeschabt werden

Ziselieren – leichte Einschnitte gegen Zerreißen oder Aufspringen anbringen, insbesondere bei Fischen, aber auch um ein rascheres Durchbraten und ein gleichmäßiges Marinieren oder Beizen zu ermöglichen – Jungschweinsteile mit Schwarte einschneiden – österreichische Bezeichnung für schröpfen

Register

Bilderverzeichnis

Literaturverzeichnis

Alles über Fisch, Fischwirtschaftliches Marketing-Institut, Bremerhaven, 1985

Bewußt ernähren, gesund leben, Verlag Das Beste, Stuttgart, 1984

Buffets und Empfänge in der internationalen Küche, René Kramer u. a., 3. Auflage, Kochbuchverlag Heimeran KG, München, 1979

Das große Buch der Meeresfrüchte, Anton Mosimann, Holger Hofman, Teubner Edition im Verlag Gräfe und Unzer, München, 1985

Das große Buch der Pasteten, Friedrich W. Ehlert, Edouard Longue, Michael Raffael, Frank Wesel, Hannelore Blohm, 5. Auflage, Teubner Edition im Verlag Gräfe und Unzer, München, 1986

Das große Lebensmittellexikon, 3., durchgesehene Auflage, Pinguin-Verlag, Innsbruck, 1985

Das österreichische Lebensmittelrecht, Erich Feil, Band 1, 2, 3, 3. Auflage, Prugg-Verlag, Eisenstadt, 1984

Der Schweizer Käse im Gastgewerbe, Schweizer Käseunion, Bern, 1978

Die kalte Küche, Carl Friebel, Heinz Klinger, Fachbuchverlag Dr. Pfanneberg & Co, Gießen, 1974

Erlesenes aus Österreichs Küche, Werner Matt, Walter Glocker, 4. Auflage, Rudolf-Trauner-Verlag, Linz, 1982

Exotische Früchte und Gemüse, Brigitte Kranz, Südwest-Verlag, München, 1969

Handlexikon der Kochkunst, Karl Duch, 12. Auflage, Rudolf-Trauner-Verlag, Linz, 1985

Lehrbuch der Küche, Eugen Pauli, 10. Auflage, Fachbuchverlage Schweizer Wirteverband, Zürich, Union Helvetia, Luzern, Erbengemeinschaft E. Pauli, Aarau, 1984

Lexikon der Küchen- und Gewürzkräuter, Manfred Pawlak Verlagsgesellschaft mbH, Herrsching

Lexikon, Lebensmittel und Ernährung, Dr. August Oetker, 2. Auflage, Ceres-Verlag, Rudolf August Oetker KG, Bielefeld, 1983

Meine Fischküche, Marianne Kaltenbach, Hallwag-Verlag, Bern, 1985

Theorie neuzeitlicher Küchenpraxis, Kurt Bauer, Edgar Deisl, 5. Auflage, Rudolf-Trauner-Verlag, Linz, 1985

Gewichte und Maße

Folgende international gebräuchliche Abkürzungen wurden bei den Rezepten dieses Buches verwendet:

EL = Eßlöffel
KL = Kaffeelöffel
 g = Gramm
kg = Kilogramm
dl = Deziliter
cl = Zentiliter
 l = Liter

1 kg =	1.000 g	1 l =	100 cl oder	10 dl
½ kg =	500 g	½ l =	50 cl oder	5 dl
¼ kg =	250 g	¼ l =	25 cl oder	2,5 dl
⅛ kg =	125 g	⅛ l =	12,5 cl oder	1,25 dl

Die Autoren

Johann Hagenauer

war bereits maßgeblich an der Neubearbeitung des „Handlexikons der Kochkunst" beteiligt.

Neben dem Beruf des Kochs hat er auch noch das Bäckerhandwerk erlernt.

Nach Abschluß der beiden Lehren war Herr Hagenauer dann als Tournant, als Garde-manger und schließlich als Küchenchef in so renommierten Häusern wie dem Hotel Post in St. Anton, dem Weißen Rößl am Wolfgangsee, im Hotel Kaiserhof in Badgastein und im Hotel Goldener Hirsch in Wiener Neustadt tätig. Seit Mitte der sechziger Jahre vermittelt er sein Wissen und seine Erfahrungen dem gastronomischen Nachwuchs an der Landes-berufsschule für das Gastgewerbe in Waldegg in Niederösterreich. Er leitet auch die an der Schule angeschlossene Internatsküche.

Seine hervorragenden Leistungen wurden durch mehrere Goldmedaillen honoriert, die er im Rahmen von nationalen und internationalen Kochkunstausstellungen erringen konnte. Als Mitglied der Küchenbrigaden bei niederösterreichischen Spezialitätenwochen in Berlin, Düsseldorf, London, München, Zürich hat er viel dazu beigetragen, den Ruf der österreichi-schen Küche im Ausland zu beweisen und zu verbessern.

Günter W. Hager

ist Pächter und Küchenchef des Gault-Millau-Hauben-gekrönten Restaurants Allegro in Linz.

Seine Lehrzeit verbrachte er im Bahnhofrestaurant Wittenhofer in Wels. Die anschließenden Wanderjahre führten ihn unter anderem ins Hotel Philipp in Seefeld, ins Schloßhotel Dürn-stein, ins Hotel Schillerpark in Linz, in den Stephanskeller zu Berthold Sieber in Konstanz, ins Restaurant Gala zu Gerhard Gartner in Aachen und ins Hotel Hilton zu Werner Matt in Wien. 1985 legte Günter Hager als Beweis seines Könnens die Küchenmeisterprüfung mit Aus-zeichnung ab.

Zahlreiche Goldmedaillen, errungen bei nationalen und internationalen Kochkunstausstel-lungen, säumen die Karriere dieses leidenschaftlichen Kochs. Seit 1982 führt er das Restau-rant Allegro in Linz. Durch seine Kochkunst wurde es auf Anhieb zu einem hochdekorierten und vielgerühmten Gourmettempel.

1986 wurde er mit der goldenen Kochhaube ausgezeichnet, er ist Mitglied der Chaîne de Rôtisseurs, Vizepräsident und Gründungsmitglied des Sommelierclubs Österreich-Mitte sowie Mitglied und Kellermeister der oberösterreichischen Weinbruderschaft.

Von der Casinos Austria AG wurde ihm für besondere Verdienste für die österreichische Gastronomie die „Goldene Roulette-Kugel" verliehen.

Franz Ebner

war bereits Mitautor des Buches „Spezialitäten aus Österreichs Regionalküchen".

Der gebürtige Kärntner hat die Lehre zum Koch in den Bahnhofsrestaurationen in Villach absolviert.

Seine reiche Erfahrung konnte Herr Ebner unter anderem in Betrieben in der Bundes-republik Deutschland, in England, der Schweiz, in Belgien, der UdSSR, in Holland und auf Kreuzfahrtschiffen sammeln. Nach 13 Jahren erfolgreicher Auslandstätigkeit kehrte er nach Österreich zurück und war dann in einigen bekannten Hotels als Küchenchef tätig. 1976 legte er die Küchenmeisterprüfung und die Lehramtsprüfung ab. Seitdem gibt er sein Wissen und seine Erfahrung an die Schüler der Höheren Landes-Lehranstalt für Fremden-verkehrsberufe in Villach weiter.

Seine Liebe zum Beruf, die Akribie bei der Arbeit und hohes Können wurden mit zahlreichen Gold- und Silbermedaillen ausgezeichnet, die er bei verschiedenen nationalen und inter-nationalen Kochkunstausstellungen erringen konnte.

15 Jahre lang leitete er während der Frühjahrsmessen in Hannover die „Kalte Küche für Extras". Seit 1977 gehört er dem Vorstand des Klubs der Köche Kärntens an.

Herbert Hüpfel (Hrsg.)

Spezialitäten aus Österreichs Regionalküchen

Die neuzeitliche Küche in den Bundesländern

Herbert Hüpfel, Präsident des Verbandes der Köche Österreichs und Chef de cuisine im Hotel Inter-Continental in Wien, und ein Autorenteam von erfahrenen Fachleuten aus Schule und Praxis haben sich bemüht, traditionelle bodenständige Gerichte der österreichischen Bundesländer zu einer neuen, leichteren regionalen Küche zu verfeinern.

Die Autoren greifen bewußt auf das zurück, was sich seit langer Zeit bewährt hat. Sie nehmen diese Tradition zum Ausgangspunkt, mit dem Ziel einer wesentlichen Verfeinerung der ausgewählten Gerichte.

Eduard Mayer, Karl Schuhmacher

Wiener Süßspeisen

In der nunmehr vorliegenden siebenten, völlig neu bearbeiteten Auflage wird den Forderungen der modernen Konditorei verstärkt Rechnung getragen. Der marktgerechten und leichten Küche entsprechend bauen die Rezepte nicht auf hohem Mehl- und Zuckeranteil auf, sondern überlassen dem zarten Fruchtgeschmack den Vorzug.

Eigene Kapitel beschäftigen sich mit Diätsüßspeisen, Schnellgerichten auf Frucht- oder Eisbasis und mit dem Zubereiten und Flambieren von Süßspeisen bei Tisch. Als Krönung des Werkes können allerdings die neu ins Buch aufgenommenen Skulpturen bzw. Kunstwerke aus Zucker und Schokolade bezeichnet werden, die viel Kreativität, Intuition, Idealismus und eine feine Hand voraussetzen.

Karl Duch

Handlexikon der Kochkunst

Modernes Nachschlagewerk der internationalen Hotel- und Restaurantküche

Das umfassende Speisenverzeichnis, welches alle Sachgebiete der internationalen Hotel- und Restaurantküche umfaßt, wurde nunmehr in der völlig überarbeiteten und erweiterten Auflage wiederum auf den heutigen Stand gebracht.

Mit kurzgefaßten Speisenerklärungen in Deutsch, Französisch, Englisch und Italienisch.

Ausgezeichnet mit der Goldmedaille der Gastronomischen Akademie Deutschlands.

Karl Duch

Menülexikon

Modernes Nachschlagewerk über die Zusammenstellung von internationalen Menüs für die Hotel- und Restaurantküche

Das Menülexikon ist der ergänzende 2. Band zum Handlexikon der Kochkunst. Wenn dieses die Frage klärt „Wie koche ich?", so vermittelt das Menülexikon sämtliche Hinweise zum Thema „Was koche ich?".

Karl Duch stellt in diesem Werk aufgrund seiner jahrzehntelangen Erfahrung Menüs für jeden Anlaß, für die Diätküche sowie Fremdsprachenmenüs zusammen.